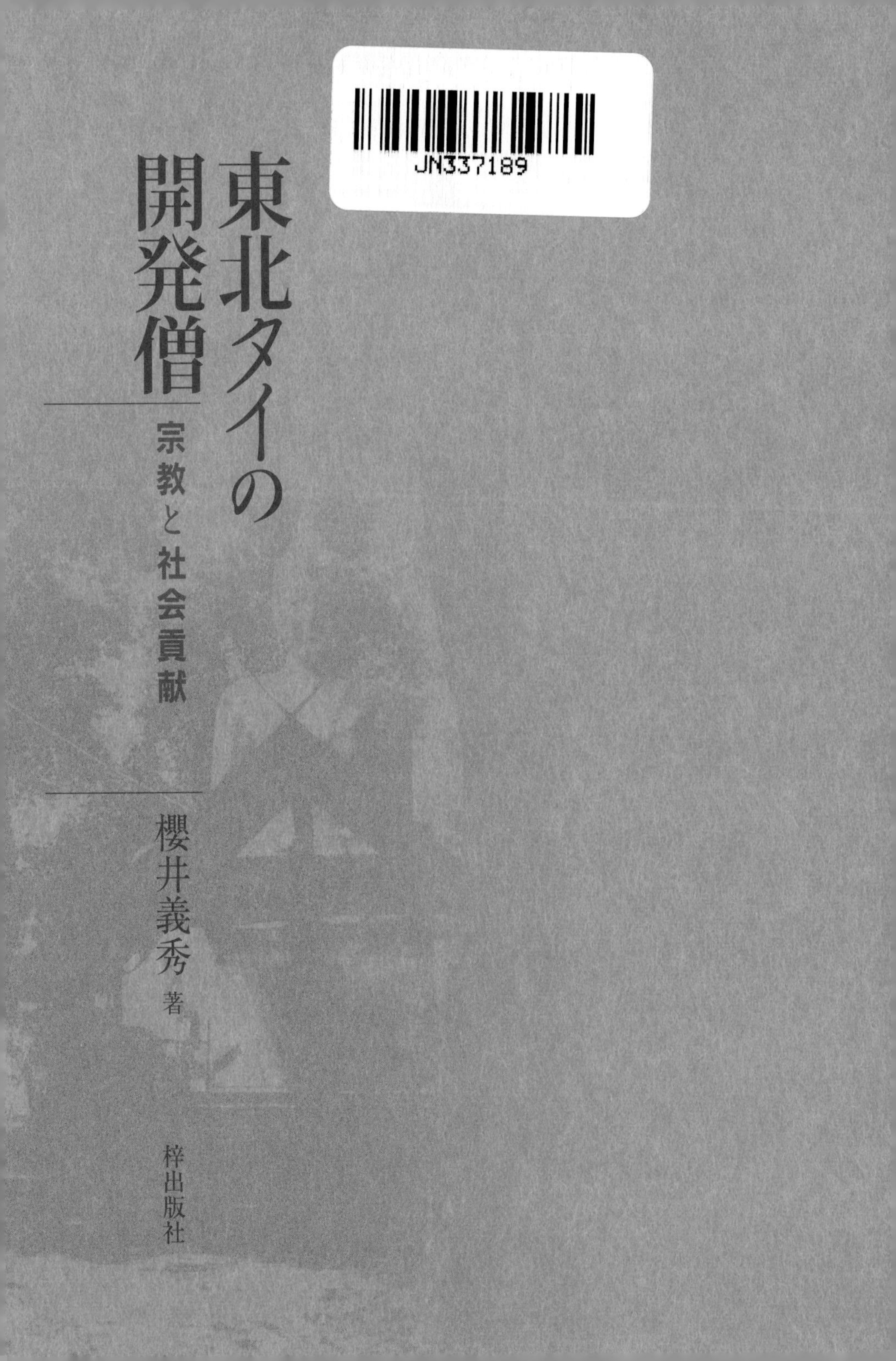

東北タイの開発僧

宗教と社会貢献

櫻井義秀 著

梓出版社

はじめに

宗教と社会貢献

本書では、タイ東北部で地域開発に関わる僧侶を事例に、宗教と社会貢献、宗教と社会開発の関係を考察する。筆者は、宗教が社会貢献しうる、或いはすべきであるといった規範的な論議や、社会開発には宗教の果たす役割が大きい、いや、宗教こそ社会開発の桎梏となっているといった論争的主題を提示するつもりはない。このような大きなテーマを考えるためには、まず、地域社会や政治的脈絡において、宗教と社会との関係を具体的に把握する必要がある。そのための基礎的な作業として、東北タイの地域社会において重要な役割を果たしている上座仏教寺院と僧侶達の活動を社会学的な方法論によって調査した。

タイでは研究者や地域開発ＮＧＯが社会開発に従事する僧侶を「開発僧（Phra Nak Phattana）」と呼び、タイの社会開発のモデルとされている。欧米の研究者は、ベトナムで焼身の抗議を行った僧侶達や台湾の仏教社会福祉の財団である慈済基金徳会のような大乗仏教による社会活動と、タイの開発僧やスリランカのサルボダーヤ財団をアジアの社会参画型仏教（Engaged Buddhism）として高く評価している。日本の研究者もまた、タイのプッタタート師が唱えた仏教の理念に基づく社会改良運動や師に感化された僧侶やタイの知識人の所説、及び村の知恵を生かす篤農家達を紹介しており、内発的な地域開発のモデルになるのではという期待を抱いている。先行研究において開発僧の活動がアジアにおける新しい宗教運動、オルターナティブな開発と捉えられてきたのだが、筆者は「宗教と社会貢献」、「宗教と社会開発」というもう少し大きなテーマを設定することができるのではないかと考えている。

しかしながら、現代の日本において「宗教と社会貢献」という問題設定は、既成宗教や新宗教の教団関係者と宗教研究者以外に殆ど注目されない論点であろう。無宗教・無信仰を称しながらその実様々な宗教儀礼に参加し、歳を重ねるにつれて先祖や自然との不可思議な絆を感じ始める日本人にとって、宗教が世の中にどのように役に立つかといった問題設定に違和感を禁じえまい。知識人やメディア関係者においては、宗教と距離を置くことで自身のリベラルな発想や合理的思考能力を示そうとする。宗教は人々の内心倫理にとどまり、市民社会に介入しないことが望ましいと考える人が大多数ではないだろうか。公教育で宗教は教えられていないし、マスメディアで報じられる宗教は高尚な倫理思想や文化伝統か、スキャンダラスで危険なカルト宗教かと両極端である。このような宗教への視線に慣れた私たちにとって、宗教とは特殊な制度や文化なのである。但し、これは日本的な宗教理解であって、どこの世界でも現代宗教がこのように考えられているわけではない。

世俗化が進展している西欧においても、宗教が公共空間において社会倫理の基盤となり、宗教組織が行政の社会福祉を補完する形で今なお様々な社会的サービスを提供し、政治に一定の力を行使している。アメリカでは性・暴力（戦争）に関わる社会倫理の争点に宗教勢力が介入してくる。イスラーム圏、上座仏教圏、カソリックや福音派プロテスタントが強い地域において、宗教が社会形成に関わるのは自明の事柄である。もちろん、その関与の仕方に関しては多くの政治的論議が戦わされている。

筆者が「宗教と社会貢献」という問題設定を行ったのは、宗教による社会形成が事実上なされていることを認めた上で問題をより限定したかったからである。すなわち、一九九〇年代に宗教が政治的・社会的問題となったのは、社会の保守化やバックラッシュを支えたファンダメンタリズムの流行、宗教的過激主義者によるテロリズム、そして、カルト宗教による市民への危害であった。宗教による社会変革運動が論争的・悲劇的結末を今なお生んでいる現状を改善するためには、宗教それ自体の変化も必要である。宗教が世俗を見下し、社会秩序の変革を求めて暴力すら辞さないという態度ではとうてい社会に受け入れられない。人間の絆への畏敬の感覚や奉仕の精神を活性化させるべく、社会の捨て石になることも厭わないというのが宗教心であってほしい。宗教倫理が本来備えていたはずの利他的精神を当の教団のみならず、社会全体に活かすためにどうすればよいのか。そのような見通しを立てるためにも、宗教が社会事業に関わってきた近代史を振り返るだけではなく、世界の様々な地域において宗教文化が社会福祉を下支えしている現代の事例から、宗教が社会にポジティブに関われる社会的条件を考えてみることが必要である。

但し、宗教が社会形成に参加する際、直接的に政治過程や政策立案に関わることの問題点も十分に検討を要する。とりわけ、特定宗教が公共宗教となっている国家において少数派宗教が抑圧されている事実や、善意が善果を生むとする宗教的思考の限界にも留意すべきである。本書では、タイの上座仏教とムスリムとの関係からこの問題を考察している。

宗教と社会開発

本書は第二のテーマとして「宗教と社会開発」を掲げた。経済・文化のグローバリズムが席巻する現代社会において、独自の歴史・文化を有する東南アジア諸国もまた大きな社会変動に曝されてきた。近代においてタイのみ独立を維持してきたが、東南アジアは植民地支配から独立を達成した後、社会主義体制や権威主義体制によって社会の近代化を達成しようとした。アセアン（ＡＳＥＡＮ）諸国はアジアＮＩＣＳにつぐ雁行的発展を遂げてきたが、地域農漁村の発展は国家経済やプライマリー都市の発展に必ずしも連動しなかった。むしろ、地域に外部から開発主義の理念・技術・資本が導入されることで自足的な生活圏が破壊され、首都の経済圏や国際資本主義への従属度を深めてきたのである。労働力は周辺から中心へ移動し、生存水準ぎりぎりの賃金で雇用される人々がいる。児童・青少年の人権を侵害する労働形態も発生した。社会開発の必要性は海外の開発支援機関のみならず、現地の人々の目にも明らかであった。地域の伝統文化や技術、住民組織や村の相互扶助の精神を生かしながら持続的な発展を図れないかが模索された。一九八〇年代以降の社会開発論は、地域に備わった社会資本、発展のキーパーソンを捜していた。そこで村人と共に仏教理念や草の根の人的資源を応用して地域開発を進める東北タイの僧侶が、研究者やＮＧＯの注目を集めたのである。

筆者は宗教・文化を地域開発の重要な社会資本とみなす理論を否定しない。しかし、伝統的な文化や互助的社会関係が社会資本になるという議論には、正負の評価が必要だと考えている。例えば、過剰な消費主義には良薬となる節制という上座仏教の理念が地域開発に役立つかどうかは、開発僧という事例でのみ論じることができる。上座仏教は足るを知ることをすべての人々に説いた。人口学的に最も多数派である社会下層の人々にこの教説が届けられたわけである。富者や貴族・特権層は前世の功徳によって社会の上層におり、貧者は前世の功徳が少ないから下にいるとタイの人々は信じてきた。彼らの目に社会主義思想が過激で非道徳的なものと映ったのは、反共政策のせいだけではない。貧者が富者を羨まず、現世で功徳を積み、来世の幸福を願う彼らの信仰は、プロテスタンティズムのように現世内禁欲に向かわず、資本の蓄積にも貢献しないと評されたこともある。コミュニティやグループ内の互恵主義、相互扶助の精神も村落レベルでは美徳だが、その域を超えて市民社会の各層に及べばコラプション（汚職）やクローニズム（縁故主義）となる。同じ社会資本がどのような社会的領域や脈絡で発現するのか、利用されるのかを見極めない限り、社会資本の利用が内発的発展につながるといった一般論に意味はない。つまり、社会資本を用いた社会開発には地域的脈絡の理解が欠かせないのである。

社会開発論や宗教の社会貢献活動だけから「開発僧」を捉えると、農民と共に汗を流す僧侶と世俗外禁欲を維持する大多数のタイ上座仏教僧との対比にのみ目が向いてしまう。実際は、本調査研究が示したように、瞑想修行に秀でたカリスマ的な僧侶や呪術・タイ方医療の使い手でもあるローカルな知者としての僧侶が多くの布施を受け、寺院の施設拡充後に教育、医療、地域経済に資する活動を展開している。彼らは本来行政がやるべき地域の公共事業や教育・福祉的サービスを提供しているのである。このような僧侶と典型的な開発僧として紹介されるNGOと協働する僧侶を比較すれば、地域に還元する布施の金額は前者の方が桁一つ多い。そして、サンガ（僧団）の方針と村人の期待に応えて、地方の一般僧侶も託児施設やコミュニティ・センターの機能を寺院に持たせている。このような地域と寺の互恵的関係と布施を地域開発資金に環流させる様々なやり方、そして、僧侶が政治・経済的領域に関わる際に露呈する限界などは、タイの開発主義の社会史やローカルな上座仏教伝統の脈絡からしか見えてこない。

以上、本書のテーマである「宗教と社会貢献」「宗教と社会開発」に関わる問題設定と留意点について説明してきた。これより、具体的に本書の内容を概観しておこう。

本書の構成

Ⅰ部で第一章「宗教と社会貢献」と第二章「宗教と社会開発」と題し、これまで述べてきた諸問題を包括的に考察する。ここでは宗教の社会貢献活動と宗教による社会開発論に関して既存の研究を批判的に検討し、地域の社会史や国家政策との関連で宗教の公共的活動が生じる条件を見極めようとする本書の研究目的が明らかにされる。

Ⅱ部では、近現代において東南アジアとタイ社会がどのような社会変動と文化変容を遂げてきたのかを先行研究から明らかにし、次いで民主化や市民社会を達成する過程で生じる諸問題を指摘する。以下、各章の要点を説明しておこう。

第三章「東南アジアの地域社会変動」では、そもそも歴史学・人類学・地域研究の知見から東南アジアという地域が歴史的‐文化的にどのように捉えられてきたのかを整理する。政治経済の体制に文化や歴史の厚みがある東アジアと比べて、東南アジアは生態系の利用形態や地政学的要因によって地域社会が形成されてきたという特徴がある。その結果、地域の固有性は、文化の混淆、人の移動、社会変動への柔軟な対応に特徴づけられる。この点を確認した後に、地域（農村‐都市関係）、家族・教育・労働、民族・宗教・文化の各領域における東南アジア社会の現状を概括的に説明した上で、社会学的な研究課題を提示しておいた。そして、最後に東南アジアにおける市民社会形成の難しさを地域と階層間の格差問題と、市民社会や民主主義の課題から考察する。

第四章「タイの開発と宗教」は東南アジアからタイに焦点を絞り、社会開発の現状と文化変容を扱ったものである。開発僧を含めてタイの上座仏教改革の運動や新宗教運動では、権威主義的国家による開発主義と西欧の資本主義に抵抗する反グローバリズムを主張する。その点を後期資本主義社会における新しい社会運動論から検討し、近年の宗教復興現象を読み解く視点を得る。具体的には、瞑想修行を都市中間層の癒しの技法に応用したタンマカーイと、菜食主義・禁欲的生活を堅持するサンティ・アソークという二つの上座仏教内のセクト運動を紹介する。併せて上座仏教を現代の心理主義的人間理解や社会参画への方向に読み解いたプッタタート師と、師の影響を受けた社会改革派の僧侶の動きにも注目したい。自身の宗教的覚醒と慣習的宗教実践に活動を制限していた上座仏教の僧侶が、なぜ地域開発という活動領域を求めたのか、その社会背景を探ろうと考えている。

第五章「南タイにおける暴力の問題」では、上座仏教の新展開を社会貢献・社会開発としてポジティブに捉えることの一面性を指摘する。社会改革の宗教運動が社会に適合していくか、社会と葛藤を深めていくのかは、宗教そのものに内在する性格というよりも、当該宗教が置かれた政治的な位置による。タンマカーイやサンティ・アソーク、開発僧の運動は上座仏教全体では少数派の運動であるが、タイの公共宗教の枠内において社会改革を志向しているという意味で国家に許容されている。ところが、タイ南部におけるマレー系ムスリム達のアイデンティティ・ポリティクスは分離主義とみなされ、タイ政府により長らく鎮圧されてきた。南タイ暴動で示されたように、タイ国民国家は、一四世紀末から一九世紀にかけてマレー系イスラーム国家として栄えたパタニ王国の版図であった地域において、マレー系ムスリムを政治的にも文化的にも抑圧してきた。そのしこりは容易に解消できない。このようなタイ仏教徒とマレー・ムスリムの葛藤は民族・宗教の違いに根ざした問題というより、英仏の植民地獲得政策とわたりあったタイの近代史が生み出したものである。さらに、現代の地域・階層間の経済格差が様々な暴動に拍車をかけているという見解にも注意すべきであろう。

宗教が対立・抗争の根源であるという分かりやすい図式は、結果を原因とみなした誤解か、実質的な問題の隠蔽と考えられる。主流派が対立する少数派の歴史を書き換え、文化の問題として葛藤を語るが、それこそイデオロギーである。文化間・文明間、或いは宗教間の対立は解消しようがないという見解は、権力側の言い方であり、現実を見ようとしない研究者側の怠慢を正当化する言説であろう。覇権国家の介入によって起こされた世界各地の紛争を価値観や世界観の相違に基づく争いとみなすような宗教研究は克服されなければならない。

Ⅲ部が本書の調査研究である。従来の開発僧に関わる研究・論考は、数例の典型的な開発僧から大きな主題や理論を構築してきた。その結果、多様で奥行きのあるタイ上座仏教の実態を研究者の枠組みに押し込めてきたようにみえる。

第六章「調査の視角と方法」では、まずタイの上座仏教の歴史、寺院と僧侶の数や宗教実践、サンガの体制や政治志向等を概略的に説明する。そのうえで、開発僧に関わる先行研究をタイ・日本の研究者達の業績から検討し、開発僧調査の視角を明確にする。調査に事例比較法を採用した理由や事例調査の手順を説明していく。

第七章「東北タイの開発僧」では、筆者が収集した開発僧の三二ヵ寺の事例から、一九九〇年代に活躍した開発僧による地域開発の特徴を明らかにする。併せて、政治に動員されるサンガや高名な森林僧の事例から、開発と仏教が政治に利用されるタイ独特の文化的コンテキストを叙述する。

第八章「寺院と地域社会」のねらいは、開発僧と呼ばれる僧侶と、地域の寺院に止住するごくふつうの僧侶との共通点と相違点を比較することで、開発僧の特徴を浮き彫りにすることにある。ふつうの僧侶であっても地域社会に貢献する諸活動を行っているが、「開発僧」と呼ばれるほどアクティブな社会貢献・社会開発活動を実践するには、僧侶の個人的な資質や環境的な条件が必要であることが分かる。

第九章「僧侶の社会活動に関わる三調査比較」が本研究のハイライトである。

本調査では①タイで四四例を集めたコーンケーン大学の調査事例、②筆者が東北タイ全域で収集した開発僧の三二ヵ寺の事例、③東北タイのカーラシン県カマラーサイ郡において悉皆調査を行った八一ヵ寺の事例を相互に比較する。その結果、次のような知見が得られた。①NGOと協働する典型的な開発僧は、一九八〇年代NGOが地域開発に乗り出した時期に多く、②ウィパッサナー瞑想（上座仏教の瞑想法）に優れ、そのために霊験あらたかな法力を持つと信じられる僧侶に対しては、一九九〇年代タイの経済成長により庶民の布施の額が増大した時期に多い。企業家や政治家が寺院ごと寄進することで徳を顕示し、結果的に寺院の余剰資金が地域開発に還流されたのである。しかし、③普通の僧侶も村人と互恵的な関係を維持しており、規模は小さいが様々な開発実践を行っていることが最終的に明らかにされる。

七、八、九章の知見は、東北タイの文化や人々の日常生活、地域の経済構造など様々な領域に及ぶ。開発僧の研究を通じて、現代の東北タイを描き出すことも本書が意図したことである。

資料編では、筆者の調査による全一一三ヵ寺の社会貢献活動、僧侶の来歴・思想等のダイレクトリーを掲載しており、東北タイの地域開発の現状やタイの上座仏教の現在を示す資料になっている。本文と併せて読んでいただければ幸いである。

タイ語のローマ字表記とカタカナについて

本書は本文が縦書き表記であるので、タイ語はカタカナ表記にして読みやすく心がけた。資料編は横書きであることと、再調査等をする場合、僧侶・寺院の名や所在地を現地で示す際に便利なようにローマ字表記にした。

1　カタカナ表記については、有気音と無気音の区別はせず、aとaeは「ア」、u'とuは「ウ」、eとaeは「エ」、oとorは「オ」、語尾のnとngは「ン」と表記する。母音の長短は区別する。なお、人名・地名については、石井米雄監修『タイの事典』（同朋社、１９９３年）の表記に従っている。

2　タイのローマ字表記は、タイ学士院が１９９９年に定めた「タイ語音のローマ字表記規則」に従っている。タイ学士院が１９３９年に同規則を定めて以降、規則は地名表記の必要に応じて改訂され、現在のものに至った。簡略化した表を下記に記載する。母音の長短に区別がない。

タイ語のローマ字表記法

子音	ローマ字		語例
	頭子音	末子音	
ก	k	k	กา=ka, นก=nok
ข ฃ ค ฅ ฆ	kh	k	ขอ=kho, สุข=suk โค=kho, ยุค=yuk ฆ้อง=khong, เมฆ=mek
ง	ng	ng	งาม=ngam, สงฆ์=song
จ	c	t	จีน=cin, อำนาจ=amnat
ฉ ช ฌ	ch	t	ฉิ่ง=ching ชิน=chin, คช=khot เฌอ=choe
ซ ทร (เสียง ซ) ศ ษ ส	s	t	ซา=sa, ก๊าซ=kat ทราย=sai ศาล=san, ทศ=thot รักษา=raksa, กฤษณ์=krit สี=si, รส=rot
ญ	y	n	ญาติ=yat, ชาญ=chan
ฎ ฑ (เสียง ด) ด	d	t	ฎีกา=dika, กฎ=kot บัณฑิต=bandit, ษัฑ=sat ด้าย=dai, เป็ด=pet
ฏ ต	t	t	ปฏิมา=patima, ปรากฏ=prakot ตา=ta, จิต=chit
ฐ ฑ ฒ ถ ท ธ	th	t	ฐาน=than, รัฐ=rat มณฑล=monthon เฒ่า=thao, วัฒน์=wat ถ่าน=than, นาถ=nat ทอง=thong, บท=bot ธง=thong, อาวุธ=awut
ญ น	n	n	ประณีต=pranit, ปราณ=pran น้อย=noi, จน=chon
บ	b	p	ใบ=bai, กาบ=kap
ป	p	p	ไป=pai, บาป=bap
ผ พ ภ	ph	p	ผา=pha พงศ์=phong, ลัพธ์=lap สำเภา=samphao, ลาภ=lap
ฝ ฟ	f	p	ฝั่ง=fang ฟ้า=fa, เสิร์ฟ=soep
ม	m	m	ม้าม=mam
ย	y	-	ยาย=yai
ร	r	n	ร้อน=ron, พร=phon
ล ฬ	l	n	ลาน=lan, ศาล=san กีฬา=kila, กาฬ=kan
ว	w	-	วาย=wai
ห ฮ	h	-	หา=ha ฮา=ha

母音	ローマ字	語例
อะ, ั (อะ ลดรูป), รร (มีตัวสะกด), อา	a	ปะ=pa, วัน=wan, สรรพ=sap, มา=ma
รร (ไม่มีตัวสะกด)	an	สรรหา=sanha, สวรรค์=sawan
อำ	am	รำ=ram
อิ, อี	i	มิ=mi, มีด=mit
อึ, อื	ue	นึก=nuek, หรือ=rue
อุ, อู	u	ลุ=lu, หรู=ru
เอะ, เ็ (เอะ ลดรูป), เอ	e	เละ=le, เล็ง=leng, เลน=len
แอะ, แอ	ae	และ=lae, แสง=saeng
โอะ, -(โอะ ลดรูป),	o	โละ=lo, ลม=lom, โล้=lo, เลาะ=lo,
โอ, เอาะ, ออ		ลอม=lom
เออะ, เิ (เออะ ลดรูป), เออ	oe	เลอะ=loe, เหลิง=loeng, เธอ=thoe
เอียะ, เอีย	ia	เผียะ=phia, เลียน=lian
เอือะ, เอือ	uea	-, เลือก=lueak
อัวะ, อัว, -ว- (อัว ลดรูป)	ua	ผัวะ=phua, มัว=mua, รวม=ruam
ใอ, ไอ, อัย, ไอย, อาย	ai	ใย=yai, ไล่=lai, วัย=wai, ไทย=thai, สาย=sai
เอา, อาว	ao	เมา=mao, น้าว=nao
อุย	ui	ลุย=lui
โอย, ออย	oi	โรย=roi, ลอย=loi
เอย	oei	เลย=loei
เอือย	ueai	เลื้อย=lueai
อวย	uai	มวย=muai
อิว	io	ลิ่ว=lio
เอ็ว, เอว	eo	เร็ว=reo, เลว=leo
แอ็ว, แอว	aeo	แผล็ว=phlaeo, แมว=maeo
เอียว	iao	เลี้ยว=liao
ฤ (เสียง รึ), ฤๅ	rue	ฤษี, ฤๅษี=ruesi
ฤ (เสียง ริ)	ri	ฤทธิ์=rit
ฤ (เสียง เรอ)	roe	ฤกษ์=roek
ฦ, ฦๅ	lue	-, ฦๅสาย=luesai

目次

東北タイの開発僧

——宗教と社会貢献——

Ⅰ　研究の視点

拡大する700万都市バンコク（2005）
筆者撮影

東北タイ農村の稲刈り風景（1997）筆者撮影

村内道清掃の陣頭指揮をとるナーン師（1998）泉経武氏提供

村民に聖水をかける
ナーン師（1997）
泉経武氏提供

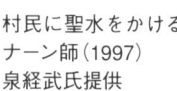

第一章　宗教と社会貢献

一　宗教と社会の葛藤から協働へ

宗教復興の様々な形態

二〇世紀後半は宗教制度や教団、及び全体社会が世俗化する一方で、宗教復興現象や社会の一部が再聖化するという逆転現象が見られた。これをどのように理解するのかという考察が宗教社会学者を魅了してきた。カレル・ドベラーレが示した世俗化論の三つの側面（①宗教的なるものへの感性の摩滅、②宗教制度・教団の弱体化、③社会が宗教的文化体系を自己の複製に必要としなくなったこと）においても（Dobbelaere, 1981＝1992）、世俗化は必ずしも近代化と並行して進む現象ではないことが認識されてきた。つまり、現代社会においても人間の価値を表象し、人間の絆を通してコミュナルな集団を形成する宗教の諸機能は維持されており、宗教的なるものは、教団や宗教制度という社会的次元からスピリチュアリティと呼ばれるような心理的次元に至るまで様々な形態で存在している。

現象面でいっても、既成宗教制度の衰退局面では、新宗教やニューエイジの運動が勃興しており、消費社会のサブカルチャーとして中間層の市民を取り込んでいった。また、グローバル化する資本主義経済の負の側面を批判し、乗り越えようとする政治的志向をもった宗教運動が、ファンダメンタリズムとして先進国や途上国に現れた（Marty and Appleby, 1993）。さらに、既成宗教が実質的に政治的関与を行う強い宗教の国家では、公共宗教というモデルで宗教の社会形成力が捉え直されている（Casanova, 1994＝1997）。

一九九〇―二〇〇〇年代には、宗教に対する否定的な見方が顕著であったような気がする。宗教と社会の葛藤が大きく政治・社会問題化し、既成社会に対する宗教運動側の挑戦ないしは抵抗が過激主義の様相を呈してきた。そして、それに対する体制側による統制も強化された。双方の衝突は、「カルト」や「宗教的過激主義」という概念で一般化され、世紀末に登場した新しい宗教運動のようにマスメディアでは報道されてきた。しかしながら、どちらも宗教的・社会的実体ではない。個人や社会にとって脅威となる「カルト」集団という概念は、現代の個人主義的自己実現や人権の観念にそぐわない共同体主義的なやり方で宗教組織の教勢拡大を図ろうとする教団の戦略を批判するために使われる言葉である。また、テロリズムと結びつけて語られる「宗教的過激主義」の概念も、特定の国家や資本主義的経済支配に対するゲリラ的抵抗活動を行う特定の思想背景をもつ集団に与えられた言葉である。しかも、この二つの言葉は、それを冠せられた集団を体制側が統制することを正当化する論理を内包している。

このような社会構築主義の見方には、社会問題化そのものが体制側の権力行為であるというマイノリティ擁護の主張が付随するものである。しかし、特定の宗教的マイノリティや政治的マイノリティがなにゆえにマイノリティであるのかという要因もまた確認されるべきであろう。「カルト」視される教団は、信者の布教・教化や資金調達の方法において一般市民が容易に認めがたい活動を行っており、葛藤の原因は教団側にある場合が多い。また、「過激主義」と評される行為には、批判対象の個人や集団、或いは集団に属する人間を無差別に殺戮する行為が含まれていることが少なくない。

日本社会では、オウム事件以降、こうした問題の所在をラベリングするカルト概念がメディアを通して社会に知られるようになり、宗教に対する社会的評価は明らかに下がっている。九・一一以降、アフガン戦争、イラク戦争、そしてイラク再建過程に見え隠れするアル・カーイダや関連するイスラームの過激組織を通して、宗教や宗教者のイメージはスキャンダラスなものから畏怖すべきものへと変わり、われわれにとって見事に「他者」となりつつある。

社会的葛藤か社会貢献か

このような宗教と社会の葛藤的局面だけをクローズアップするメディア報道の陰で、社会問題の解決に貢献しようとする宗教活動が継続して行われている。先進国・途上国を問わず、国家や市場が十分果たし得ない教育・社会福祉的機能を既成宗教や新宗教の団体・制度が担っている場合が少なくない。これらはニュースとして新奇性がないので報道されないが、社会に向けた宗教活動のポジティブな側面はネガティブな面より多いくらいではないか。もっとも、宗教団体による社会事業は、多くの人々が宗教的活動と思わないほど世俗化している。

ここでいう世俗化とは、宗教的信念から生まれた社会活動が世俗社会に受容され、一般社会と葛藤をおこさないという意味である。しかし、宗教の側に身をおくものであれば、世俗社会の価値や体制を全て許容してはいないであろう。宗教者は宗教的信念による社会的実践を考え、一般信者は物質主義文化とは異なる次元で人間や社会のあり方を考えている。

先に述べた「カルト」や「過激主義」の指導者やメンバー達も、自己や世界の救済を独特な思想で考え、解決の方策をめぐらしたあげくに社会と衝突した。彼らは、悪意がない分、容赦なく理念の徹底化を図ったのであろうが、それは世間常識を超えた異常なやり方であった。どうすれば、教団と社会の双方にとって悲劇的な結末を回避できたのであろうか。

一般社会では、「カルト」も「宗教的過激主義」も消滅することが望ましいとされている。しかし、既成の教団がカルト化し、過激主義者を輩出する可能性は常にある。宗教者の側にこそ落とし穴があるという認識は何度も繰り返されてきたことなのであるが、カルト問題に関しても再び語られるようになってきた（ウィリアム、二〇〇二／パスカル、二〇〇二）。

このように考えると、「宗教の社会的貢献」と「宗教と社会との葛藤」は一見正反対の事柄であるが、実は表裏一体の関係にあるのではないかと思われる。二つの問いを立ててみた。第一に、宗教集団や宗教運動による社会体制への批判と社会変革への動きが評価されるとすれば、どのような社会的条件・文化的条件の下で、既成社会が受容し評価するものとなるのか。第二に、個人的自己実現や社会的自己実現が自己閉塞的にならずに社会的に開かれていくためには、どのような宗教的信念のあり方や他者との協働の仕方があるのか。これらの問いに対しては、一般論ではなく、具体的な事例や社会的コンテキストをふまえて答えを探すべきであろう。

二　宗教の社会貢献という視座

タイの開発僧　仏教による社会開発

近年、現代アジアの仏教の動きを Engaged Buddhism, Engaged Religion という概念でとらえようという研究動向がある（Queen, and King, 1996）。タイの開発僧のような上座仏教僧侶による地域開発（西川・野田編、二〇〇一）を高く評価し、大乗仏教に基く社会福祉活動に学ぼうとする研究者や宗教者、NGO／NPO活動家たちの意識が日本でも高まっている（金子昭、二〇〇五）。本書では、東北タイの地域開発に関わる寺院や僧侶の活動を研究対象に据えているが、東南アジアの上座仏教や東アジアの大乗仏教の新しい動向に着目する研究が出てきた社会的背景をまずおさえておこう。

仏教と開発、オルターナティブな開発論のコンテキストにおいて、タイの上座仏教における開発に従事する僧侶は諸外国の研究者やNGO／NPOから特別な注目を集めている。しかしながら、行政やNGO／NPO等による地域開発事業と比較すると、僧侶の社会的活動に対してはその実態以上に社会貢献的であるという評価がなされてきたように思われる。それはなぜだろうか。また、開発僧の社会史的コンテキストを見ると、上座仏教の伝統や僧侶のイニシアチブだけから、このような地域開発や社会貢献の発想が出てきたものではないことが分かる。社会背景として三つの側面を考えてみたい。

第一に、タイ経済ではグローバリゼーション（資本主義化・西欧化）に巧みに適合することにより輸入代替型産業政策から輸出主導型に切り替えが進められた。タイは工業化と消費社会による内需拡大で高度経済成長をなし遂げ、経済力においてはインドシナ半島の盟主的地位に上りつめた。一九九〇年以降、タイ政府はもとより、タイ市民社会を担う中間層においても開発主義に代わってタイの国際的地位に見合ったタイ・アイデンティティの創出が構想され、民主主義の充実、環境・社会福祉政策の実現を政治・文化的課題として考えてきたのである。そこでは現状で解決すべき様々な社会問題の要因の一つに西欧の物質主義文化が挙げられた。これに対抗する文化的基盤として上座仏教の中道、節制、互助の通俗道徳があらためて注目され、タンマ（法）に基づく社会形成の議論が僧侶や一部の知識人だけではなく、市民からも広範な支持を集めつつある。

第二に、タイの社会問題は、中央と地方、階層間の経済格差に由来しており、一九九〇年代を通してジニ係数が〇・四三前後で推移しているが（国際協力銀行、二〇〇三：三）、その格差は東南アジアの中でも極めて高く、また拡大する方向にある。これは、タイが市民社会形成の過程で一九九七年の経済危機に直面し、アメリカが主導する新自由主義に基づく経済再建で景気回復に成功したことによる。このように社会問題の発生は、タイの政治や経済政策にあったのであり、資本主義経済のグローバル化という構造的問題でもある。そうであれば、欲望に任せた弱肉強食の市場主義や物質主義文化を倫理的に批判するよりも、資本主義そのものを批判すべきである。しかし、タイは一九六〇年代より周囲を社会主義政権に取り囲まれる東西冷戦体制のフロンティアであったために、タイ共産党や社会主義の思想を持つ労働運動や学生運動が徹底して抑圧され、社会主義的平等や公正の観念が十分に根付かなかった。また、一九八九年以降、東側が自壊するなかで社会主義思想への信憑性が低下したことも、上座仏教の伝統にオルターナティブ性を求めざるを得ない背景として考えられよう。

第三に、タイの開発の政治には、タイのサンガも動員され、僧侶が山地民や地方住民の教化のために派遣された。そこで語られたのは、タイ国民としての団結と仏教徒としてのタイ人らしさである。タイ南部四県のムスリムの不満はタイ・アイデンティティの創出政策と上座仏教の連携にあったといったら言い過ぎであろうか。もちろん、こうして首都の若い学僧が地方を実際に見て地域開発の重要性を認識し、地域住民やNGO／NPOと協働しながら社会貢献を考えるようになったことは、少数の事例とはいえ、ポジティブな結果を生み出している。現在、開発僧として高名な少数の僧侶以外にも、多くの地方の僧侶が地域開発に理解を示し、村人と様々なレベルで協力をしている。これは、上座仏教寺院が従来からコミュニティにおいて保持していた教育（出家した男性の村人に読み書きを教える）、医療（薬草、骨接ぎ等のタイ方医療）、福祉（布施を村のために使う）等の機能をさらに充実したものともいえ、タイのソーシャル・キャピタルとしてサンガを動員した開発の政治は、タイ社会のつぼをおさえていたといえよう（櫻井二〇〇〇：二七-四六／二〇〇四：二四五-二七五／二〇〇五a：一六三-一八四）。

台湾の慈済基金徳会　救済と救援の間

天理大学の金子昭は、宗教集団による社会貢献的活動を次のように考察する。金子には、天理教のひのきしんによる災害救援活動や社会福祉活動についての啓蒙的な著作がある（金子二〇〇二／金子他編二〇〇四）。この中で教団の固有的価値である救済と、一般社会への効用的価値である救援とのバランスを保つことの重要性を繰り返し強調している。宗教的世界観を前提とした救済の教義、儀礼、組織は教団の信者には固有の価値を持つが、教団外の人々は信者による救済行為を必要としていない。被災したり、日常生活の困難を抱えたりする人達が望むのは、生活上の欲求充足に関わるサポートである。この要望を無視して一気に人間的救済にまでことを進めようとするのは、教団の宣伝行為や大きなお世話と認識されかねない。しかし、単なる救援行為だけを目標にするのでは、宗教団体による社会奉仕活動の意義が薄れてくる。このジレンマの克服は、教団と社会との緊張関係への冷静な認識いかんに関わってくるのではないかと金子は指摘する。

金子が著作で紹介した台湾の慈済基金徳会は、尼僧の證厳法師（一九三七―）が一九六六年に会員三六人から始めたもので、一九八〇年に財団法人格を取得、一九八六年に慈済総合病院、一九八九年に慈済看護専門学校、一九九三年に骨髄バンク等を創設、その他、環境保護や地震等への国際救援活動、地域ボランティア組織の結成等を行ってきた。一九八六年には会員八千人ほどであったが、戒厳令が解除された翌年には約一〇万人に激増し、一九九〇年代に順調に会員を集め、現在では会員四〇〇万人を越える世界最大規模のＮＰＯであるという。

このような宗教系のボランティア団体が急激な成長を遂げたのは、一九八〇年代中盤から九〇年代にかけて台湾では経済が躍進し、政治的な規制緩和が進み、福祉政策の遅れを民間団体の社会的活動で補うことが可能になったことが背景にある。しかし、それにもまして慈済基金徳会の利他行に関わる教説と組織の特質が台湾の多くの人を活動に巻き込んでいった要因のように思われる。金子によると太虚大師の教えを台湾仏教界に導入した印順法師により、「為仏教、為衆生」という現世の実践が説かれたが、證厳法師は「仏法生活化、菩薩人間化」という菩薩道の実践を志工（ボランティア）に見いだし、このプラグマティズムが台湾の人々に受け入れられたと考えている。また、慈済基金徳会では、證厳法師を中心にした少数の尼僧達に在俗信者（会員）の崇敬が集まり、彼らの信仰のエネルギーはもっぱら社会奉仕の領域に向かうという。一般的に、宗教団体における成長・発展は、多くの場合、教勢拡大や資産の蓄積（人材のプールと土地・施設の獲得）に向かい、社会的活動は教団の基盤形成がなされた後か、社会的是認を必要とする場合になされることが少なくない。それに対して慈済基金徳会では効用価値（社会的活動）が固有価値になっている希有な例である。

さらに、證厳法師と尼僧集団の資金運用に関わる透明性と信用力の高さが、この団体の成功を導いていることは疑いようもない。この点は、タイの開発僧とも通じるものがある。しかも、指導者のカリスマも出家者に認められた信頼性と社会的感化力の高さの故なのであり、当該社会における宗教伝統の力が社会的資源としてあることの証左ともいえる。金子は、宗教不信や教団忌避の強いわが国にあっては、あらゆる宗教教団は、人々の潜在的な宗教心を開拓していくと同時に、社会へ還元すべく教団に付託された使命を果たしていかなければならないと述べる。確かに、日本は教団が社会的活動をするために教団外から人材や資金を調達することが難しいため、人材を集めることが布教になり、資金調達が布施や献金の懇請という形態をとりがちになる。まさに教勢拡大である。金子の議論は利他行のポテンシャルが生かされる際の条件を吟味したものと言えよう。

日本の宗教　宣教と社会事業

日本の在家型仏教集団による社会貢献に海外の研究者が着目することもある（ムコパディヤーヤ、二〇〇五）。ランジャナ・ムコパディヤーヤは、日本における Engaged Buddhism（彼女は社会参加仏教と訳する）として仏教系新宗教教団の社会事業を紹介している。その発想でいけば、仏教系新宗教による社会事業は相当な数と規模になるだろう。しかし、その一方で、ボランティア活動やNGO／NPO組織に宗教人や宗教団体が関わることを訝しがる市民が多いことも日本社会の特徴である。それには相当の理由がある。

確かに、近代日本において、イエやムラなど親族・地域共同体をこえた互助の精神や慈善事業を生み出してきたのは、キリスト教や仏教、神道等の既成宗教、新宗教団体の社会事業であった。世界的に見ても、宗教制度、宗教団体は教育・地域福祉の大きな役割を担っている。しかしながら、宗教による社会事業は、大きくは宣教計画の中にあるものであったし、独自の人間教育の理念に基づいた社会改革をめざすものでもあった。宗教的救済を社会全体に及ぼそうという宗教側の意図と、チャリティの社会的効用のみを期待したい世俗社会側の思惑にはすれ違いがつきものである。ましてや宗教の社会参画が政治的領域に及ぶ社会では、宗教と国家の関係や（中野、二〇〇三）、宗教の公共的役割が問われるであろう（Casanova, 1994）。いずれにしても、現代のように様々な宗教・文化的背景を持った人々が共住するグローバル化した社会空間において、特定の宗派や教派にのみ資する社会事業は社会的葛藤の原因にすらなる。

とはいえ、福祉国家モデルが修正され、新自由主義に基づいて相応の自助努力が求められる現在、地域や社会制度の様々な福祉的資源を動員し、活用する方策が求められている。Engaged Buddhism, Engaged Religion の動きや評価は、まさに地域社会に埋め込まれた伝統を再活性化させて、人々に社会の共同性や人間の絆を感じてもらい、他者のために協働することの意義と喜びを伝えようという社会運動として生じたものであった。

三　「社会貢献」への反省的問い直し

社会参加と政治

宗教のポテンシャルが評価されても、宗教活動が公共的な社会形成の役割を担うには検討すべき課題が多い。三つの問題を指摘しておきたい。

第一に、社会的貢献は政治活動を含むのかという点である。社会形成という大きな課題を考えるならば、宗教の社会的活動をボランティア行為だけに限定する必要はなく、社会に必要な政策の立案と施行を働きかけるべく、直接政治に宗教人、宗教団体として意見し、行動するというパブリックな活動がありうる。もっとも、日本の政教分離に対する一般的な認識は、戦前の国家神道体制への反省をふまえて宗教は政治に口を出すべきではないというものであるために、この点に関しては否定的なものになろう。しかし、欧米やアジアでは、キリスト教、仏教、イスラーム教の政治的影響力が極めて大きい。日本においても政治を直接志向する教団は創価学会だけであるが、間接的に特定の政党や政治家を後援している教団が少なくない。平和に対する宗教者の見解と、政治家としての立場のずれが、創価学会の平和主義と公明党の現実的な外交戦略との落差に垣間見られるような気もするし、この種の問題は教団が支援する候補者と教団との間にもありえることと思う。政治過程に参画してきた教団活動の功罪は十分検討されるべきである。この問題は次章においても取り上げることにする。

宗教の平和思想と政治的態度

第二に、諸宗教の平和思想と社会的公正・平等を求める理念や活動が葛藤する局面である。キリスト教界におけるいわゆる福音派と社会派の対立に顕著であるが、スピリチュアルな人間形成や世界救済をより宗教活動の本質と考える立場と、社会的不公正や不平等を正していく社会活動なしに個人のみの救済はありえないという立場がある。先進諸国では前者に相当する福音派が隆盛を誇る。それとは対照的に、途上国では反グローバリズム（反覇権主義）を掲げるファンダメンタリズムが影響力を強めている。世界的に加速化する国家・地域・階層間格差の問題を等閑視した信仰のあり方は問題があろう。他方で、ナショナリズムや政権奪取の意図を粉飾するために用いられるローカルな文化や宗教の主張にも警戒する必要がある。私たちは社会参画、社会貢献という言い方の裏にある政治的意図に鋭敏であるべきだ。

南山大学のロバート・キサラは、宗教団体による社会倫理・平和主義を長らく研究してきた。平和実現の具体的な方策が問われる時代において、日本の新宗教がもつ宗教的平和思想の位相を見ようとした。つまり、理念としての絶対平和、平和主義、平和を祈念するということはそれでよい。しかし、現代は冷戦体制の崩壊から短期間の多極化の時代を経て、超大国アメリカが政治・経済的覇権をめざし、それに対抗しようという勢力が宗教的理念により武装し、正義と公正の名の下に闘争する時代である。この事態の解決をどのように構想しうるのかが、政治のみならず宗教にも問われている。

キサラは、十数年間にわたり新宗教教団（日本山妙法寺、創価学会、立正佼成会、松緑神道大和山、修養団捧誠会、白光真宏会）の平和思想を検討しておおよそ次のような知見を得た（キサラ、一九九七）。絶対的な平和主義をとるのは、日本山妙法寺と白光真宏会であるが、前者はアメリカ大使館の前で慰霊祭を行い、イラクからの米軍の無条件撤退と不殺生戒の受持を要求する書簡を大統領宛に出したという。後者は「世界人類が平和でありますように」と祈念するが、現世的なことに関心が薄いとされる。創価学会は政権与党の一翼を担い、平和を構築するための武装と自衛隊派遣を認める。立正佼成会も武装を認めるが、世界宗教者平和会議等を通して宗教間対話と協力を進める。他の二教団も武装を是認したうえで、道徳的力による平和の実現を主張している。このような平和に関わる認識の相違は、日本の新宗教のみならず、日本の「平和主義」概念の抽象性・曖昧さに由来しているという。

「テロとの戦い」は、自衛のため、民主主義の実現のため、平和な国際関係実現のために必要な戦いなのだと、ブッシュ大統領や小泉首相をはじめとして、イラクへ派兵した国家元首により語られた。しかし、その効果が中東地域政策の専門家から疑問視された。大義の犠牲となったアフガンとイラクにおける民間人の死者を悼む声が一般市民やNGO／NPOの活動家から発せられる。そして、大義や専門的知見、声なき声が飛び交う中で復興産業への投資、出稼ぎ、派兵が当然のように行われ、示威的で絶望的なテロと封じ込めの作戦が継続される。出口が見えない状況に人々は言葉を失いつつある。

キサラは、平和を具体的に構築するために日本はどうすべきなのかという焦眉の問題に教団は十分な応答ができない状況を報告した。精神的な人間の成長なくして平和が実現されないのはその通りであるが、自分たちにとって重要な価値や大切なコミュニティを守るために、どのような手段が可能であり、それは道徳的に許容されるものであるかといった議論をすべきである。そのような提言こそ、宗教団体からなされるべきであるというのが彼の結論である。

但し、道徳に関わる言説は、社会よりも個人を戒める特質を持つために、思わぬ副次的効果を生み出す可能性があるとキサラは指摘している。イラクで拘束された日本人三名の人質事件において、日本では個人の現代的修養である「自己責任」の倫理が極めてねじれた形で展開された。人に迷惑をかけないといった修養的言説では、イラク問題の背景や日本が中東地域においてどのような政治的役割を果たすべきかという社会構造的認識の促進に役立つかどうかは分からない。また、手弁当で危険地域に出かけていったボランティア、NGO活動家、ジャーナリストの卵達の志を、準備不足や判断の甘さという観点からのみ批評していては若者が育っていかないだろう。さらに論点を付け加えれば、中東地域の歴史的・地政学的背景を度外視して、宗教的心情や理念のみで平和を願うというのもナイーブ過ぎる。戦闘的民主主義を採用する西欧諸国、ないしはクルセードやジハードの発想を持つ宗教文明との差異から、日本の思想性の特徴を平和主義（和合の倫理）と捉えるような文明論風の宗教的言説が教団にはある。しかし、これでは日本の戦争責任や植民地主義政策への反省が曖昧にされるのではないか。

日本の宗教団体における平和主義は、絶対的平和の実現にせよ、現実対応型の政策にせよ、日本一般に見られる平和主義の特徴を示している。戦争体験への強烈な反省としての平和なのであるが、国家総動員体制下の思想・人権の抑圧、戦時下の窮乏生活、広島・長崎の被爆体験、戦死者の慰霊を通して語られる戦争被害者としての意識が濃厚である。しかし、東アジア、東南アジアにおける植民政策、強制連行、虐殺等については、事実の認定を含めて加害者意識にはゆれがある。連合軍による戦争責任の追及に釈然としない気持ちを抱く人々は少なくないが、沖縄戦や満州・朝鮮半島で見られた皇軍の棄民戦略に対する国家の戦争責任は十分認識されているだろうか。政治や行政は遺族会や慰霊活動に十分な配慮をしているが、サハリン、中国から戻った残留孤児の人達が老後を生活保護によらざるをえない現実をどう考えているのであろうか。戦争体験、戦争の傷跡は、立場により様々であり、非戦の誓いは同じでも、平和を実現する手だては様々である。平和憲法を日本の社会倫理として維持するのかしないのか。この点でも、宗教団体は平和を願うことから平和を実現するための行動戦略を明らかにすることが求められている。

社会貢献の定義は可能か

第三の課題として、社会貢献と社会奉仕という概念の間にある落差を挙げたい。個人や団体の社会貢献を否定する人はいないが、奉仕という言葉のニュアンスを問題にする人は多い。これは先に述べた戦前の国家体制に対する反省をふまえてのことである。他方、戦後、あまりにも個人主義が行き過ぎたことから公共心が薄れたと考える人達は、奉仕の理念を社会化する手だてを様々に構想し、文教政策として実現しようとしている。ここには、社会現象としての個人化が理念によりもたらされたという錯誤が潜んでいる。実際は、都市化、子供部屋等住宅事情の変化、消費社会化・情報化によって日本人のライフスタイルが多様化し、そして個人化も進んだのである。精神的・経済的自立を前提とする個人主義化ではないので、社会体制や価値への不適応、自己愛的自己実現欲求により社会の網の目に組み込まれない個人が増えてきている。このような現代人や若者達を社会化する具体的な方法を宗教団体が持ち得ているとすれば、利他主義の理念と実践は、政府の掲げる奉仕活動の義務化よりすぐれたオルターナティブになろう。宗教の社会貢献というテーマが国家に対する奉仕に絡め取られないように、全体社会の動向にも注意すべきであろう。

最後に、社会貢献の定義について確認しておきたい。社会参加とどう違うのか。社会事業・社会活動一般との意味上の差異はあるか。社会貢献はどのように評価されるのか。宗教には本人の求道的な気持ちと他者を救済しようという気持ちがあるために、活動の範囲を広げるとどうしても教勢拡大を世界の救済、社会貢献と勘違いすることがある。

筆者は、社会貢献の中身を自ら概念的に定義することなく、様々な論者の議論を紹介し、論点を指摘してきた。それは、社会貢献という概念が、次章で述べる「社会開発」の概念と同様に様々な内容を含んでおり、行為を正当化する実践的な用法になっているからである。また、「貢献」は客観的な評価が難しい概念である。つまり、社会にとってプラスになることは誰にとってもプラスになるということなのか。そのようなことがありえるか。ありえるとして、誰がどのような権限でプラスになったと判断するのか。当事者か、一般市民か、専門家か、政治家か、歴史家か。さらに、短期的な評価と長期的な評価が食い違う可能性がある。当事者にはプラスでも、その他の社会成員には必ずしもそうはいえないということもありうる。宗教団体は団体にとってよいことを社会一般にとってよいことと思いがちである。金子がいうように、宗教者は、宗教の固有価値と効用価値への冷静な判断が必要であろう。また、キサラのいうように、教団は様々なジレンマに直面しながら宗教的見解を磨いていくことを求められている。

本章では、宗教の社会貢献という研究課題とその課題設定が内包する様々な問題点を列挙してきた。本書が扱うのは、東北タイの地域社会と宗教の関係だけであり、このような事例研究から、宗教の社会貢献という大きな課題に直接答えを見いだしていくことは不可能である。しかしながら、人間と社会に関わる本質的な議論をするためには、問題とされる出来事、事例を具体的に見ていきながら、その場で試行錯誤していくしかないというのが筆者の発想である。次章では、社会開発という開発論のトピックと宗教との関係を考察しながら、本研究の背景と意義について論じてみようと思う。

第二章　宗教と社会開発

一　社会開発論における社会資本

内発的発展論と社会資本論

社会開発という概念は、途上国の開発政策やＯＤＡ等の開発援助政策において経済開発の後に強調されるようになった概念であり、直接経済成長に資することはないが、人々の生活基盤を安定化させるために不可欠な医療・教育・福祉等の領域を整備することを意味する。社会開発は単に人道的な観点から必要であると主張されているのではない。公共事業や援助という形で外部から低開発地域に技術・資金を投入しても、結局のところそれを活用しうる人間がいなければ地域経済の振興は不可能ということが、一九六〇―七〇年代までの開発政策の帰結として了解されてきた。そこで、生産性の高い人的資本を育成するべく、人が育ち、学習する環境の整備が目指されるようになった。一九八〇―九〇年代、社会開発・人間開発という概念の下、開発援助機関は政府系、ＮＧＯ／ＮＰＯ系共に開発政策を推進していったのである（西川編、一九九七／萩原、二〇〇一）。

しかしながら、そのような包括的社会開発政策にもかかわらず、世界はもとより日本国内においても産業振興が成功する地域は少なかった。一章で述べたグローバリゼーションによる産業移転の恩恵を受けた国家群においても地域間の差異は大きい。その理由を説明する議論として注目されてきたのが、「内発的発展（endogenous development）」や、「社会資本（social capital）」の諸概念である。

内発的発展とは、論者により定義は異なるものの、地域内部の資源や外部資源を用いながら地域の主体的発展をなし遂げるという地域開発の理念型であり、独自の開発理念や推進役としてのキーパーソン、地域の生態や社会文化環境のポテンシャルを高く評価する。つまり、開発にとってもっとも肝心なものは人であり、文化であり、それは一朝一夕に外部からの資源導入により形成されるものではないが、その萌芽的なものを大事に育てるならば、いずれ地域の自律的発展がなされるであろうという主張である（川田・鶴見編、一九八九）。

近年の社会資本概念も同様であり、「調整された諸活動を活発化することによって社会の効率性を改善できる、信頼、規範、ネットワークといった社会組織の特徴」（Putnam, 1993=2001 : 206-207）があってはじめて政治活動を含めた市民社会的活動が活性化するという議論である。パットナムは、イタリアを事例に地域の民主的政治（分権化と市民の積極的政治参加の度合い）と社会（関係）資本（市民社会結社の数とそれへの加入率）が相関していることを示した。イタリアにおいて民主的政治が活性化する地域には市民の生活保障的な任意団体があり、これらの起源は中世にまで遡るという。単に資本と技術を導入するだけでなく、このような地域の社会関係資本を利用して開発プロジェクトの成功につなげようという発想が、世界銀行や開発援助機関に採用された。社会開発がめざすコミュニティの自治、地域振興には受け皿となる地域住民組織があるか、そのような組織形成の伝統がなければ成功しないということはもっともである。問題は、パットナムのいうように社会関係資本が長い歴史をかけて蓄積されるようなものであるなら、それを数年単位の開発プロジェクトで形成することなど無理であるが、果たしてそうかということである。

内発的発展論も社会資本論も、産業化や開発に成功した地域を対象に、市場経済や開発政策以外の要因を説明する点では興味深い。しかし、方法論としては、マックス・ウェーバーの『プロテスタンティズムの倫理と資本主義の精神』（Weber, 1905＝1988）に見られる地域的・歴史的文化エートス決定論に類似した近代化・産業化の説明でもある。近代化に適合的なエートスは発展した地域にのみ見受けられ、非発展地域には近代化のためのエートスが欠如しているか、近代化に阻害的エートスがあるという。これが、なぜ、西欧にのみ近代化が発生したのかという説明であった。冷静に考えれば後知恵や循環論の類である。文明論としては興味深いが、実践的な開発論では、産業化に適合的なエートスや社会資本が確認されない地域（つまり産業移転による発展も内発的発展もない地域）に、どのようにして開発のための社会的基盤を作ることができるのかが問題になる（田中夏子、二〇〇四：九七–一〇八／松宮、二〇〇四：一五一–一六二）。

社会資本を作ることは可能か

開発援助の研究では、社会関係資本醸成アプローチなるものが検討され、地域住民同士、住民と援助団体や政府機関の間にどのようにして信頼や互酬的関係が構築され、援助行為が円滑に進み、地域住民のイニシアチブを生み出す局面が支援プロジェクトにより形成されるのかが問われている。結論として、社会資本論で言われていたこれらの社会関係は、短期的には援助行為により仮設的に構築可能である。しかし、援助期間が過ぎ、外部から資源が導入されなくなると、地域住民の間で援助団体や政府に対して失望が生まれたり、援助慣れのメンタリティが生まれて自発性が損なわれたりする危険性も同時に存在しているという（佐藤寛、二〇〇一：二〇一–二二〇）。現実的なアプローチとして、社会資本が予め存在し、なおかつ阻害的なエートスがない地域を選んで開発することがプロジェクトの成果を上げる秘訣であり、その際、何が社会資本になりうるかを見極め、その支援こそが開発論の要諦となる。言うまでもなく、このような社会資本を利用した開発論は、グローバリゼーションによる不均等発展や政治的暴力行為が、人間の生命や生活基盤を根こそぎ奪っていない地域にのみ適用可能という限界がある。地域住民による自力更生のポテンシャルを殆ど奪われた紛争地域、災害地域には、生命を助ける緊急の支援活動が必要である。

さて、開発論においてオルターナティブをめざす一部の人には注目されたが、まだ公認された議論になりえていない課題が、社会関係資本としての宗教である。本書が扱う開発僧の事例は、上座仏教の実践的理念（教義に由来するが、社会生活の場面において説かれる倫理）、キーパーソンとしての僧侶、信頼と互酬性を培ってきた寺院中心の村落コミュニティである。これらの諸要素は内発的発展論にも、社会資本論にも適合的であることから、タイのみならず日本や西欧でも「仏教によるもう一つの開発」が注目され、西川潤（西川・野田編、二〇〇一）、駒井洋（駒井、二〇〇二）によってタイを中心としてスリランカ、カンボジアの事例が紹介されてきた。

筆者自身は彼らが注目した視角には意義を認めるし、事例の紹介も時宜にかなったものと考える。しかし、いささか「宗教」に対する過剰な期待が研究者の間に見受けられ、これが宗教をオルターナティブな理念として捉えすぎ、宗教コミュニティが社会資本になりうるかどうかという本来の開発論からずれていく可能性があることを懸念している。宗教者、宗教団体が市民社会に貢献し、社会形成の一翼を担うためにはいくつかの条件があり、その吟味を現実の宗教組織や宗教活動に即して行わなければならないと思う。

二　社会関係資本としての宗教

愛他主義の可能性

宗教的多元主義の現代において、宗教集団が宗教的救済の次元をどのように公共的な利益や市民の効用というレベルにすりあわせ、社会的支持を得られるか。このことを社会関係資本という観点から考えると、宗教的利他主義や宗教的ネットワークの互助的機能が活用可能な局面は社会のどこにあるのか。どのような仕掛けによって、特定の宗教制度や集団が人や資金を提供しうる資源になりうるのかという問題になる（稲場、二〇〇四：七二―八四）。

稲場圭信は、宗教思想や倫理に表明される愛他主義（altruism）の可能性を模索している。一九九〇年代は自然災害の被災者や難民、ハンディをもって生活を余儀なくされた人々を支援するボランティアが日本社会に定着してきた時代であった。金子郁容は、ボランティアに参加する日本人の意識が、慈善行為から、むしろ他者と関わることで自己の可能性を見いだしたり、人とのつながりを確認したりする行為に変わってきていることを指摘した（金子郁容、一九九二）。血縁や地縁、所属集団の関係を超えて、一個人として他者や社会と関わりを求める行為は、関係性を確保するまで不安定で傷つきやすいものである（自発性のパラドックス）。しかし、人間そのもの（人としての弱さ）をさらけだすことで、思いもよらぬ出会いを重ねて自己の可能性をのばしていくことができる。ボランティアこそ現代的なネットワーキングの構築と情報交換の可能性を示しているという金子の主張は斬新なものであったが、そのようなボランティアが集まって作ったネットワークや組織の運営には、予想外の難問があることに多くのボランティア関係者は気づいている。簡単に言えば、精神的・社会的な自己表出や関係性を求めて集まってくる人々は、自分が傷つきやすいだけでなく、他者を傷つけやすいとも言える。自己の善意を疑わない人々が論争しだすと神々の争いになりかねないからである。NGO／NPOの中には組織運営をめぐって分裂したり、自壊したりするところが少なくない。

日本のNGO／NPOは他国のそれと比べて規模の拡大、組織化がなされていないのは、ボランティア団体の組織的特性に加えて歴史・文化的要因が大きいように思う。愛他主義の理念化（精神的な目的性）と制度化（財団法や税制）の点において、前者には戦前・戦後の思想的断絶、後者には官主導、民不信がある。その点で、欧米の信仰を基盤とした慈善活動や社会奉仕活動には歴史的な継続性と、それゆえの社会的信頼があり、行政側のサポートも受けやすい。このような団体には、人々が自発性のパラドックスを避けながら、また、他者とも協調して比較的容易に奉仕活動に入っていける。社会奉仕という行為を若者に社会化するにあたって、高校教育への単位化や大学入学前（九月入学に変えることで五ヶ月間の余裕）の義務化といった議論が政治家や教育関連の審議会から出されている。そして、社会奉仕の概念や、「自発性」の「義務化」というパラドックスをめぐって推進派・反対派で論議が交わされているのである。これだけで国民が疲れてしまい、肝心の若者の社会化がいっこうに進まない日本から見ると、欧米はよい社会資源を持っていると言えよう。

稲場によれば、英・仏では貴族や王室、教会が貧者や社会的弱者の救済を中世から行っており、米ではボランタリーアクションがコミュニティレベルでもアソシエーションのレベルでも建国以来盛んであった。現在、英国には一八万のチャリティ団体があり、国民の四八パーセントが年に一度はボランティア活動をしている。仏では国民の一割程度が福祉・人権・各種支援の社団・財団に所属する。米では、NPO団体が一四七万あり、その多数は教会ベースであり、寄附金合計は年間一一七九億ドル（一九九六）にも達するという。このような活動は、アメリカが準則主義に基づき容易にNPOを設立でき、個人による寄附金が一定の枠内で所得から控除され、法人は損金算入できるという制度的支援があるからである（内国歳入法五〇一条（c）（三））。英・仏でも個人の所得控除が認められている。しかし、日本では損金算入できる公益団体（多くは行政の外郭団体）がそもそも少なく、NPO法により法人化した団体で該当するものは一パーセントに満たない。しかも個人の所得控除がなされない。国民に民間団体に寄付させるよりも、国が税を徴収し、中央に集めた金を政治的判断で適宜地方に配分する方がよいというのが日本のやり方であったし、補助金や公共事業に依存する体質は骨がらみといえる。

もちろん、欧米でも宗教的信念に基づく活動が閉鎖的・独善的になる危険性がある。稲場が指摘しているように、税制優遇の特権を使う商業活動（宗教によるものも）に対して監督権限を強化しようというのが近年の動向としてある。排他性や閉鎖性を乗り越えて教団外部の人に利他的な倫理観を伝えていく（利他行ネットワーキング）の可能性を宗教研究の課題にしてはというのが稲場の提案である（稲場、一九九八：一五三–一七九；Habito and Inaba, 2006）。稲場に限らず、宗教の社会貢献的活動に着目する宗教研究者は近年増えており、社会福祉論や市民社会組織論を再考する素材を与えるものと考えられる。しかし、歴史的に遡れば、日本の社会事業と宗教団体には密接な関係があった。

宗教団体による社会事業

日本の近代化は官主導で進められたが、女子教育や救貧・医療事業、教誨・矯風活動、解放運動のような貧困・被差別階層に対する社会事業は圧倒的に宗教団体により担われたものである。したがって、教団ごとの社会事業史には重厚な研究・資料集成が多く、近年は社会福祉関連学部・学科を抱える大学用テキストとしても数多くの著作が刊行されている。キリスト教の場合、明治以降の社会事業が中心である（室田、一九九四／日本キリスト教社会福祉学会編、一九九八)。それに対して、仏教はカリスマ的な開発僧であった行基以来の伝統を誇るだけあって、仏教福祉論は通史的構成が多い(吉田・長谷川、二〇〇一/清水、二〇〇二)。神道は戦前ある意味で公共宗教であったわけだが、戦後神職者が地域福祉や伝統芸能・祭りの復興事業に携わる例は少なくなかった。社会福祉を神社本庁や神職養成大学のレベルで意識してきたのは近年である(櫻井治男、二〇〇二)。これらの諸研究は特定宗教の制度・組織や事業内容をまとめるだけでも個人の手に余るという事情があり、個別教団・宗教の社会事業論か社会福祉論になっており、特定宗派を超えた宗教による社会貢献という大きな問題構成はこれからの課題と思われる。

しかしながら、既成宗教・新宗教双方のアピールにもかかわらず、日本における宗教集団の社会的位置づけは曖昧なままである。そのこともあってか、宗教集団が社会一般のボランタリーな組織(一つの市民社会組織)として、どのように現代の市民社会形成に参画していくのかという課題にあまり自覚的ではない教団が多い。日本においてNGO/NPOを含めた市民組織に参加する人々が西欧やアジア諸国に次いで東欧圏並みに低いのは、宗教組織が市民社会組織になりきれていない、そのように認知されていないという事情によることが大きい(山口、二〇〇四)。それどころか、カルト問題をきっかけに宗教不信の風潮さえある。その結果、宗教が社会形成に関わるという世界では普通の議論が日本では信憑性を得にくい状況である。社会事業や地域福祉に取り組んできた諸宗教の資産を生かせないことは惜しい。

宗教には文化圏や国民国家を超えるポテンシャルがある。文明間の衝突、或いは宗教間の戦争といったネオコンによる議論(結果を原因と取り違える)がある一方で、卓越した宗教者や宗教指導者による平和運動や宗教間対話の活動があり、地政学的な紛争の解決や妥協に一定の役割を果たしている。もちろん、世界宗教者平和会議のようなイベントの政治的効果に関しては十分な吟味が必要であるが、既成宗教・新宗教共に教団内外で平和運動(歴史的葛藤をめぐる和解を含めて）を推進する動機付けとなっていることは確かである。また、歴史的宗教の世界的伝播・宣教活動と、近年のグローバリゼーションによる国際労働力移動、難民・移民等の人の移動に伴い、諸宗教の信者が複数の文化圏や国家に居住するようになった。その結果、先進諸国は特定文化・宗教・民族を中心としたナショナリズムを主張しづらくなり、国内のエスニック集団への配慮から特定の民族国家・宗教国家を批判しにくくなるという状況が生じている。価値多元主義であれ、同化主義的であれ、国際的な利害関係を国内に抱え込んでしまったのである。宗教者や宗教集団のネットワークは国家や文化圏の枠を超えて、国際関係の結節点として機能するポテンシャルを持つ。但し、現状ではネガティブな側面（宗教的過激主義者の国際ネットワーク）が、ポジティブな側面以上に目につくことは事実であり、その転換こそ宗教の社会関係資本を十分に生かすことになるのではないかと考える。

三　世俗化社会における社会参画型宗教（Socially Engaged Religion）

社会参画型仏教の伝統

筆者は、宗教と社会貢献について考える際に、英文のタイトルとして、Socially Engaged Religion 或いは Engaged Religion を用いている。これはあまり汎用性のある用法ではないが、社会にポジティブに関わる宗教という意味である。元来は、Engaged Buddhism 或いは Socially Engaged Buddhism という言い方であった社会参画型仏教を拡大化した概念である。

Engaged Buddhism の言葉は、著名な禅仏教僧で平和活動家のティッ・ナァッ・ハン（Thích Nhất Hạnh, 1967）が

著作 *Vietnam: Lotus in a Sea of Fire* のなかで初めて用いたと言われている。一九六三年に、ベトナムの僧侶ティッ・クアン・ドゥッ(Thích Quảng Đức)が、南ベトナムのゴ・ディ・ジェム(Ngô Đình Diệm)政権の仏教弾圧に抗議して路上でガソリンをかぶり、自ら火を付け瞑想に入った。その写真は世界中に報道された(瞬間が撮影された)。アメリカは南ベトナムの支援を打ち切り、大統領はクーデターにより暗殺された。この事件に啓発された仏教者や批評家は少なくなく、近年の日本でも論評は続いている(安満、二〇〇三/宮内、二〇〇五)。筆者は自己犠牲(Self-immolation)の思想性よりも、行為が生み出された社会状況に関心がある。宗教が政治に関わらざるを得ない状況とはどのような状況であり、宗教が関わった政治行為はどのように後世に評価されるのであろうか。

おそらく、ノーベル平和賞を受賞されたダライ・ラマ法王一四世や、マグサイサイ賞を受賞したタイのプラウェート・ワシー(Prawet Wasi 地域医療推進者にして仏教的社会改革論者)(Prawet Wasi, 2530=1987)やチャムロン・シームアン(Chamlong Simuang 前バンコク都知事、元パランタム(法の力党党首))も Engaged Buddhism を実践しているということになろうか。同じく、タイのスラク・シワラク(Sulak Sivarakusa タイを代表する仏教者・社会評論家)も Engaged Buddhism の実践的思想家とみなされるだろう。スラクには *Socially Engaged Religion* という書名の著作もある。

インターネット(二〇〇六年八月二五日時点のグーグルの検索)で Engaged Buddhism は一一万六千の検索例があるのに対して、Engaged Christianity は六五三例、Engaged Islam は二五四例、Engaged Confucianism は一八七例である。Engaged Hinduism は一三例。ちなみに Engaged Shintoism の用例はない。Engaged Religion の用例が二七五例しかないところをみると、Engaged は主に仏教に冠して用いられ、それが他宗教にも適用された用例があるということであろう。

筆者が Engaged の含意として問題にしたい論点は二つある。第一に文化的バイアス、第二に政治的志向性の評価である。

英語の用例は当然のことながら英語圏の文化的バイアスも含んでいる。仏教は出家者の宗教、個人の解脱をめざす哲学・瞑想、或いは山里の寺院や歴史的建造物としての古刹において学僧により営まれる密教的な宗教という印象が欧米の人々にあるのかもしれない。ウェーバーも宗教倫理の類型論において、現世否定型の宗教のうち、ヒンドゥー教と仏教を現世逃避型の宗教とし、プロテスタンティズムが社会改革型の世俗内禁欲主義を持つと考えた（Weber, 1905＝1988）。出家者がめざす解脱は厳しい修行の果てにあるのだし、在家者にとって救いは浄土にある。救済が現世及び現世的な地位達成にない以上、仏教者が社会改革を直接めざすことはないという考えであろう。それゆえに、ベトナムの反政府活動やダライ・ラマの平和運動、タイの仏教に基づいた社会改革論に対して、敢えて社会に関わるというEngagedのイメージが付与されてきたのではないだろうか。これらの仏教の新しい動きは、近代化への対応という思想的背景を持つものとして評価されたという面もあろう。

アメリカのクィーンは、政治に強く関与する仏教運動を紹介している（Queen, and King, 1996）。日本では創価学会の政治活動や平和運動が紹介されているが、期せずして日本における Engaged Buddhism の歴史的耐久性を明らかにしている。日蓮主義仏教運動の中核にある立正安国論には、政治権力への接近（北条時頼への建白・諫暁）、国家的危機意識（蒙古襲来）、宗教的絶対主義（他宗排撃）など、ナショナリズムと接合される要素が見られる。近代にいたり明治・大正期の少なからぬ国家主義運動が法華系在家教団に胚胎した（大谷、二〇〇一）。

戦後の在家主義にたつ法華系教団は創価学会、霊友会、立正佼成会等、新宗教の大教団が多く、それぞれに支持政党や推薦候補者を決めて、政治への参加意欲を示している。中規模ではあるが、妙信講が改組された顕正会においては、法華経の広宣流布と国立戒壇を日蓮の御遺命として、旺盛な宣教活動を繰り広げている（浅井、二〇〇四）。こうした諸教団は明らかに社会変革型の宗教であり、現世拒否・逃避的瞑想とは無縁である。そうすると、日本には、中世より Engaged Buddhism や Engaged Religion が存在し続けているということになろう。

社会参画の政治性

Engaged Buddhism や Engaged Religion を社会参画（参加）型仏教、社会をつくる宗教というふうに理念型で捉えれば日本には社会参画型宗教の伝統がある。しかし、このようなとらえ方に躊躇する読者も少なくないことと思う。Engaged Buddhism や Engaged Religion が特定の宗派の宣教や特定の政治的イデオロギーの宣布にとどまらないという思いからかもしれない。Engaged の中味が問題にされるべきではないかと。しかしながら、個人であれ、集団であれ、政治や社会に参画するということは、特定の政治的立場や社会的価値・理念に立つということである。

先に挙げたベトナム僧侶の焼身自殺に政治目的を見る向きもあるかもしれない。タイの思想家や運動家も、タイなりの民主主義的見解に立っている。それらは体制側にとっては行き過ぎた過激思想と見えるかもしれないが、新しい社会を作ろうとするものには現実的な政策や戦略を欠いているようにも見える。誰にとっても有益な社会形成などない。社会参画の実質を Engaged の評価に用いようとすると、人物を評価したり、政治的な功罪を論じたりすることになる。

チャムロン・シームアンは、一九八〇年代後半よりサンティ・アソークというタイの仏教改革集団に参加した敬虔な仏教徒である。「パランタム（法の力）」党という政党を結成し、都議会や国会に政治的影響力を拡大しようとした。一九九一年、スチンダー・クラープラユーン国軍最高司令官のクーデター時には、民主主義陣営にあり、翌年非暴力のデモによって政権交代を実現させた。国王は軍の民間人射殺を含む制圧行為に際し、スチンダーとチャムロン両陣営の仲裁に入り、秩序を回復する。その後、チャムロンは政界から引退し、党首の座をタックシン・チンナワットに譲り、タックシンはそれをステップに政界への足がかりを掴み、タイ愛国党を結成して数年で首相にまで登りつめた。二〇〇一―二〇〇六年にわたる新自由主義かつ強権的タックシン政治の評価は様々に分かれようが、チャムロンという Engaged Buddhist は全く予期せぬ政治的結末をもたらすことになった。

ところで、タイのスラク・シワラクはもとより、僧侶の活動に着目する西欧の仏教者や研究者が、なぜ、socially engaged という言葉を用いるのであろうか。この点を宗教学の理論動向から考えてみたい。

世俗化論と公共宗教論

宗教学の理論的命題の一つに世俗化（secularization）がある。西欧社会の制度宗教であったカトリックやプロテスタント諸教派は、政教分離政策や近代合理主義のために、その政治的・社会的影響力を失い、社会を天蓋のように覆う文化そのものではなくなったというものである（Dobbelaere, 1981＝1992）。ここからさらに、人権思想、自由主義におけるプライバシーの観念が発達したために、宗教は誰にも侵犯されることのない内心の自由、個人的信仰という形態になったという。このように私事化（privatization）された信仰は、価値観や心理的癒しを提供する意味のパッケージとして市場の棚に陳列されているに過ぎないという議論に至った（Berger, 1974＝1977）。

世俗化はウェーバーの合理化論に典型的であるが、近代啓蒙主義の様々な社会思想が予測した伝統宗教の未来であり、西欧キリスト教伝統に固有の変動である。したがって、私事化論は、非キリスト教圏はもとより、世界中に土着化したカトリック社会から見るとかなり偏った議論であったが、日本を含めて急激な近代化・産業化を経験した社会では、社会変動の基本的な構図として受け取られたのである。

しかしながら、世俗化論が支配的であったのは一九六〇—七〇年代であり、一九八〇年代から「カルト」と呼ばれる新宗教や「ファンダメンタル」な教派の実態調査が進められ、西欧社会は非宗教化していないことが明らかにされてきた。これらの諸教団は宗教的マイノリティであるから政治や主流文化に影響力を行使し得ないと世俗化論者にみなされていたのであるが、アメリカの共和党は急成長する保守系教派、例えばキリスト教右派を票田として十分に利用した。

カサノヴァは、カトリックやプロテスタント諸教派のような伝統宗教も、公平に見て社会の公共的な領域に介入することが少なくなかったと述べ、公共宗教と呼ばれる宗教の存在形態があることを私事化の反証例とした。公共宗教(Public Religion)には、①独裁国家において宗教の自由だけではなく、市民の自由や権利を擁護する役割を果たす、②戦争を外交手段とする政治や統制されない資本主義に対して警告を発する、③市民的討議の領域(中絶論争等)において宗教的倫理に基づく見解を出す、という特徴がある(Casanova, 1994：57-58)。

彼の公共宗教論は、宗教と社会との関係をマクロに捉えた議論であり、現政権への批判や市民社会形成の推進役といった役割を宗教制度が担う場合があるというものであった。他方で、従来、福祉(チャリティ)や市民政治(信教の自由を守るなど)のために活動してきた宗教家もいたわけで、宗教の社会的貢献という機能が宗教の私事化の中で停滞してきたわけではなかった。福祉国家や社会主義(或いは社会民主主義)政権の下、国家による社会保障・福祉政策が宗教制度による機能を大幅に上回っていただけである。

ところが、この国家理念が凋落した現在の先進国において、NGO／NPO、市民活動といったサードセクターの役割が注目されており、こうした団体や団体活動の精神的支柱に宗教者が関わる場合が少なくない。社会政策として国民の生活保障が困難か、あるいは志向していない国家では、宗教制度や団体の活動は従前通り社会的に重要である。この点に積極的に着目したのが、社会開発に従事する活動家や理論家であった。

創価学会と公明党

宗教者が関わる社会活動に対する評価は注意を要する。Socially Engaged Buddhism の研究書として評価される *Engaged Buddhism* という本には、日本の創価学会の活動例が報告されている（Queen, and King, 1996）。創価学会は、「日蓮大聖人の仏法を広宣流布することを使命とする仏意仏勅の教団（会則前文）」として、平和・文化・教育活動を推進する日本最大の新宗教であるが、他面、中道主義と人間主義（生命・生活・生存）を党宣言とする公明党を通して、政治に積極的に関わろうとする志向性を有する。一方で戦後、伝統宗教や、創価学会以外の新宗教共に教団から議員を送り込もうとしたが、ほどなく信者や幹部が直接政治に関わることをやめ、現在は推薦という形での関わりがなされる程度である（中野、二〇〇三：一三九–二一〇）。日蓮主義が政治運動化しやすいとはいえ（大谷、二〇〇一）、政権与党を目ざし、日本政治のキャスティングボードを握る形で実現した教団は創価学会だけである。

公明党、創価学会への評価は、日本社会において多様であり、政治・文化両面にわたる多彩な活動を重要な社会貢献と見るか、単なる教勢拡大とみなすかは論者の立場によらざるをえない。創価学会インターナショナルという宗教・文化活動の海外宣教活動だけをみて創価学会を評価する西欧の研究には限界がある（Wilson, 1994＝1997；Hammond, 1999＝2000）。もっとも、信者数五百数十万（平成一二年他文化庁統計による日蓮正宗信者数からの推計）を擁する創価学会の教団内福祉は、人口規模でいえば北海道民全体（平成一四年約五六七万）の福祉に匹敵するわけであるから、明らかに日本の部分社会の形成に寄与しており、日本の代表的な社会参画型宗教運動であることは間違いない。

教団による社会福祉が教団内に留まるのか、外に開かれたものであるのか、或いは、さらに進めて一般社会の人々を主に対象とする福祉であるのかは、重要な論点である。この点を教団外の人々、一般社会に対して十分に説明ができるかどうかが、宗教団体による社会開発、社会福祉活動に課された課題であると言える。

社会参画型宗教の要件

金子は、教義的理念に基づく「救済」と社会的需要としての「救援」を概念として分別する。教団としては、宇宙論的・全人格的な救済を誰に対しても勧めたいが、日本のような世俗化された社会では一般市民の受け入れるところではない。しかし、教団や信者が信仰の発露として社会福祉的活動を一般社会の制度の枠内で推進するのであれば、宗教の効用的価値を社会は認めるであろう（金子昭他編、二〇〇四：二三六―二五六）。天理教では「なるほどの人」という考え方があり、社会の模範的人物になってこそ、その人の信仰が伝わるという。

日本でも明治以降、社会福祉制度が整備される前に、チャリティの精神に基づく多くの学校・病院・養護施設が宗教団体により創設された。宗教的救済よりも社会的救援を優先して、法律の枠内で寄附行為を定め、一般市民を対象に活動してきた。

現在、社会参画型宗教（socially engaged religion）が評価されているが、三つの点が確認されるべきであろう。第一に、社会形成に参画するという意味は、既存の社会を破壊することを含むような社会変革ではなく、一般市民の生活の質を精神的・物質的に向上させることである。このような宗教活動は歴史的に古くからなされてきたが、その過程で宗教理念よりも理念の発露としての社会貢献それ自体を目的とするようになってきた。これは宗教制度・組織による社会的活動の世俗化ともいえるが、宗教という部分社会の特殊な理念と実践が全体社会の普遍的なルールに適合してきた、ないしは福祉制度づくりに貢献した結果でもある。この過程を看過すべきではない。そこから、第二の論点として、教団の教勢拡大を意図した政治・文化活動は宗教活動であっても、公共的な社会活動ではないという評価基準が出てこよう。カルトやファンダメンタリズムと呼ばれる教団の活動は、自分たちのコミュニティを全体社会にまで拡大するか、一般社会からの撤退によってコミュニティを隔離された全体社会として維持しようとする。一般社会との協働を全く意図していないという点で、これらの宗教運動は、socially engaged religion ではない。

第三に、部分社会としての宗教制度の領域に留まる教団と、公共宗教としての位置を確立した教団の差には注意したい。世俗国家として政教分離が進められ、民主主義の理念に宗教を必要としない日本のような社会においては、仏法に基づく社会づくりといった主張は具体的な社会貢献の成果のみが評価される。第一と第二の論点である。しかし、上座仏教が公共宗教であるタイでは、宗教的言説を政治経済、教育文化に適用することが社会的公正の証明になり、保守から革新まで政治的イデオロギーと結びつきやすい。そのため、宗教的言説や活動は、一般社会に是認され、市民を活動に巻き込む可能性が高いという点において、社会に関わる活動をしやすいし、外形的には socially engaged と認められやすい（矢野、二〇〇四：六八－七一）。しかし、市民社会に貢献することを目指した宗教活動が実質的な成果を生み出しているのかどうかという課題に関して、当該国における理念的な評価と、宗教的行為の結果を政治経済的背景から考察する研究者の視点にはずれがある。宗教的言説を政治家も利用するために、宗教的言説や活動には副次的効果が発生しやすく、往々にして宗教者や庶民が望んでいない結果が生まれる。公共宗教が社会に関わることの評価には慎重さが求められるし、この点が開発僧をどのように評価するのかという問題と関わってくるのである（櫻井、二〇〇〇）。

Ⅱ 東南アジア・タイにおける社会変動と文化

戦車・兵士と写真をとるバンコク市民（2006） 9gaogao（ペンネーム）氏提供

旧国会議事堂前を封鎖（2006） 9gaogao氏提供

クルーセモスク（2006） 9gaogao氏提供

第三章　東南アジアの地域社会変動

一　東南アジア地域をどうとらえるか

東南アジアの範囲

東南アジアにおける日本の地域研究を概観し、近年の研究動向から現代の東南アジアをとらえる視点を確認しておこう。その前に日本の研究水準と特徴についてことわっておきたい。まず、東南アジア研究を行う場合に、日本の研究を概観するだけで世界的な研究動向が分かるのかという疑問を誰しも持つことと思う。日本の人文・社会科学の特徴として、欧米の研究動向には過敏すぎるくらいに研究水準をふまえた研究がなされている。概して研究成果は輸入超過である。しかも、地域研究者の数はアメリカに次ぐレベルにある。地理学・人類学・歴史学・社会学・政治学・経済学等諸学の研究者の厚みは相当なものである。したがって、日本における地域研究の水準で研究動向を探るというのもあながち無謀な試みではない。むしろ、そのレビューを精密にやりきることにも意義を認めていただきたいと考えている。

最初に、東南アジアをどのような地域として区切ることが適切であり、参照すべき学問分野がどのくらい多岐にわたっているかを確認しておく必要がある。一九九〇―九二年に京都大学東南アジア研究センターを中心に『講座東南アジア学』全一二巻（矢野暢編集代表、弘文堂）が編まれ、二〇〇一―三年には東南アジア史学会員（現在は東南アジア学会）を中心に『岩波講座東南アジア史』（池端雪浦編集代表、岩波書店）が纏められた。これらの講座ものが人文社会諸科学の専門家による領域研究（特定の地域・時代や学問領域）から構成されているところをみると、「東南アジア」研究は学際的な地域研究になっていることが分かる。

東南アジアは、中国とインドの二大文明に影響を受け、そして古代王朝と中華帝国へ朝貢していた港市国家から構成され、近代に西欧の植民地主義勢力に支配を受けた歴史を有する。第二次世界大戦を挟んで、東西冷戦体制に組み込まれながらも、ナショナリズム運動によって独立を達成し、権威主義体制による国家統合を進める資本主義圏と一党独裁の社会主義圏に分かれてそれぞれ国民国家を形成してきた。

東南アジアをアセアン加盟国（インドネシア、シンガポール、マレーシア、フィリピン、タイが一九六七年にアセアンを設立、ブルネイが一九八四年、ベトナム、ミャンマー、ラオスが一九九七年、カンボジアが一九九九年に加盟）と二〇〇二年に独立した東ティモールの範囲とすることに異論はなかろう。アセアン一〇ヵ国は、民族・宗教・言語が複合する国家である。国家間の「境域」に目をこらせば、歴史的に政治経済・文化面の様々な交流があったし、現在は域内富裕階層による資本投下や、貧困層の労働力移動により、東南アジアは東アジアを含めてひとつの地域「圏」を構成している。

マクロ的にこの地域を考察すれば、グローバリゼーションの影響や経済発展による新中間層の拡大、及び権威主義体制の弱体化による政治・民族・宗教的マイノリティによる抗議・分離主義運動が社会学的トピックになる（岡部・

池端・渡辺・末廣・絵所・天児、二〇〇一：一－二八）。地域・社会集団レベルの分析では、社会変動下の基礎社会（家族・親族、地域社会）と派生社会（市民社会組織、学校・職場、自治体や企業等）の趨勢が課題であろう。但し、地理的にも歴史的にも極めて多様性に富んだこの地域では、変容の行方を問うべき社会や文化が個性的であり、東南アジア社会として一括して論じることは不可能に近い。本来、国家や民族、大陸部や島嶼部といった地理的空間、政治体制や文化を同じくする地域や集団ごとに研究論文を概観し、さらにその要約を試みなければ、東南アジアを総体的に理解することができない。しかし、本章の役割は、現代のタイ社会の変動を東南アジア社会全体に位置づけるということにあるので、網羅的な研究の紹介はかえって煩雑になると考えた。そこで、極めて便宜的に参照文献の範囲と期間を次のように限定した。

レビューの期間と対象

研究の全体像を概観するために、一九九五―二〇〇五年の間の日本社会学会と東南アジア史学会のデータベースを利用して文献を収集した。日本の研究動向については、北原淳が東南アジア研究の草創期から一九九五年頃までを既にレビューしている。本章はこれを受けて、東南アジア社会の動向について社会学的研究を中心に一〇年の単位で見ようと思う。

ところで、「東南アジア」「個別のアセアン諸国名」を検索語にして上記のデータベースから抽出された個別論文の数は膨大なものである。ここに研究成果を登録していない研究者や収録漏れも相当数含まれることを考えると、一〇年の間に発表された日本人研究者による論文だけでも現実に読むことは難しい。ミャンマーやラオスだけでも一〇〇本弱の論文があり、最大多数のタイでは六〇〇本を超える。そこで、論文タイトルのみ概観して研究動向を把握し、実際に参照する論文は発表媒体を限定することにした。

具体的には、同期間の『社会学評論』『東南アジア研究』『アジア経済』『アジア研究』『東南アジア――歴史と文化――』に掲載された社会学的な研究論文を収集した。社会学評論以外の雑誌は地域研究専門誌であるが、社会学的視点を生かした論文は、政治学・経済学・歴史学・人類学等からも参照している。専門学会誌を参照する利点は、複数の論文を査読する専門家とのやりとりで掲載論文の中身が練られており、一定の学術的水準が保証され、かつ読ませる内容になっていることである。ところで、『社会学評論』（日本社会学会の学会誌、年四回刊行）とＩＪＪＳ（日本社会学会の英文の学会誌、年一回刊行）に掲載された東南アジアに関わる論文は、わずか六本にすぎない（櫻井、一九九六：三二七―三四七／一九九九 a：五四九―五六七；Kitahara, 1997：61-78, 2004：2004：7-21；小林、二〇〇五：九八―一一四／田巻、二〇〇五：三六三―三八〇）。したがって、参照論文は他の地域研究の雑誌が多い。

一般的に言うと、海外の地域研究では研究成果を論文として公刊する際、当該地域になじみのない読者に臨場感をもってもらうために、地域の状況を一通り説明する必要がある。つまり、地域概況の説明に相当の紙数を費やす。そのうえでローカルな知見を他の地域と比較しながら、一般性の高い仮説なり、知見なりを提示するのである。エスノグラフィーやモノグラフの記述的分析になればさらに紙数を要する。ところが、専門誌は社会学系で上限が四〇〇字詰め原稿用紙五〇枚、地域研究誌では六〇―七〇枚であろうか。これでは意を尽くせないということで、研究成果は紀要か学術出版となることが多い。

但し、紀要というのは審査を経ずに論文が掲載される大学の学部や学科単位の雑誌であり、大部の読ませる作品もあるが、学術論文以前の研究ノートや覚え書きのようなものも少なくない。研究者相互の批判（ピア・レビュー）や広く読者を求める（出版）という段階を経ていない研究成果はまだまだ洗練の余地があると考えられる。中身のある紀要論文は学術図書の形でいずれ公刊されるとも考えられるので、今回のレビューに専門誌掲載論文と学術図書のみ参照してもそれほどのもれはないだろうと思われる。

二　東南アジアにおける社会学的調査の趨勢

タイ調査の変遷

タイ研究を皮切りに広く東アジアの農村社会を歩き、土地制度・農村共同体の調査研究に従事してきた北原淳は、一九六〇年代から一九九六年までに実施された東南アジアに関わる調査研究を次のように概観している。日本では、一九六〇―七〇年代から東南アジア研究センターやアジア・アフリカ言語文化研究所、アジア経済研究所等の研究機関を中心に現地調査が開始された。主として水稲耕作の農村を舞台に社会人類学的な村落構造や機能主義的な文化の研究がなされた。この時期はアメリカのコーネル大学が精力的に調査を行い多数のタイ研究者を養成したが、学際的な研究チームによる村落研究は京都大学も実施している。一九八〇年に入り科学研究費（国際学術研究）を使用した複数の大学にまたがる研究チームが、農村・都市社会の生業形態や生活構造を調査した。農民の階層分解や出稼ぎ・移住による都市化といった経済学や社会学のテーマが増えてきた。一九九〇年代になると研究機関の総合的な調査に加えて、政府機関や民間団体による委託調査、科研費・研究助成による調査、円高の恩恵により自費で調査できるようになった大学院生・若手研究者達のフィールドワーク等、各層で多種多様なテーマで調査研究が行われるようになった。

筆者がタイの調査を始めたのが二〇年前、一九八八年からである。タイの中学生に奨学金を送るNGOに参加したことをきっかけに、自分の出した奨学金の行方を見極めようと東北タイのウドンターニー県クッチャブ郡コンユン区ノーンクーン村に出かけた。タイ語も分からず、片言の英語で先方のNGO現地スタッフから村の子供達の進学状況を伺った。当時、小学校六年までが義務教育であり、前期中等学校（中学校）へ進学できずに農業を手伝ったり、バンコクへ働きに出たりする子供達も少なくなかった。歩いて通える範囲に学校がないために進学を諦める子供達も少なくなく、中学校の教師であった私のタイの友人は子供を中学に通わせるよう親を説得し、自家用ピックアップで子供達を村々から集めて学校に連れて行った。私の所属していたNGOでは、中学校に自転車を送り、子供達に貸与する活動もやっていたのである。

現在の村は、相変わらずの田園風景であるが、幹線道路は舗装され、殆どの子供達が高校まで進学する時代に変わった。出稼ぎ者の送金により、村は近代化されたのである。タイ研究はおろか、海外研究すらしたこともない筆者のような人間が、村の変化を観察しながら地域調査のできる環境が一九九〇年代のタイにはあった。物価も安く、調査許可も得やすい。筆者に限らず、多くの日本人研究者がタイに惹き付けられた。調査研究の数が他の東南アジア地域に比して圧倒的に多い理由がここにある。次いで、フィリピン、マレーシア、インドネシアの調査が多く、社会主義諸国では少ない。

現在は、研究者の手による研究に加えて、長年現地に滞在したジャーナリスト、企業人や外交官・援助関係者、在野の博識な人々により多くの地域情報が発信されるようになった。しかし、その多くは一時的、局所的、個人的な滞在経験を一般的なタイ社会論やタイ文化論に仕立て上げたものが多く、長年にわたり多方面からタイを観察した知見となると、やはり学術的研究が大半である。その意味では、膨大な地域情報を学術的に縮約する専門的な分析の視点が地域研究には要求されている。

比較社会論の試み

北原は二つの社会学的課題を提示している。①東南アジア社会における地域単位の文化や生活構造と世界システムとの接合をどう図るか、②地域の文化・社会を比較するパイロット的研究をどう行うか、であった（Kitahara, 1997）。①に関しては、従来、従属理論や世界システム論等の包括的な理論が提唱されてきた。しかし、これらの研究は地域社会の多面的現実から一面を取り出してグローバル化の傍証として引用するといった印象が強く、地域社会の論理が極めて微細に描かれるモノグラフほど成功しているとは思えない。金融や資本関係、多国籍企業、或いは外国人労働者といったグローバリゼーションによって移動し、影響しあうものだけに分析を限定すれば、地域と世界の接合は明瞭に描ける。むしろ、①を直接ねらうよりも、②の研究から間接的に①の問題をあぶり出すほうが生産的であったように思われる。

例えば、日系企業が現地化する時に直面する取引の文化や労使関係を考察すると、日本的経営をプリズムとして地域文化のスペクトラムを映し出せると北原はいう。筆者も同意する。日系企業労働者を通じた比較社会論（今田・園田編、一九九五）は先駆的業績であるし、日系企業の進出するところ日本的労使関係の現地化や労働者のキャリア形成に関わる課題は尽きないだろう（丹野・原田、二〇〇五）。東南アジアの民族系企業、外資系企業共に、ジョブ・ホッピング（転職）が盛んである。従来の日本的経営（終身雇用・年功序列・企業別組合）を踏襲して労働者を丸抱えする企業システムでは、内部研修を通して労働者への先行投資を惜しまない。労働者も会社の期待に応えようと給与以上に働き、会社に忠誠心を持つようになる。ところが、現地採用者を中核幹部や技術者に育てても、彼らは好条件さえ示されればすぐ他社に移ってしまう。このような行動様式（機会主義）は企業が現地化するうえで障害となる。これが東南アジアの文化と考えられた。筆者はこの議論に組みしない。日本的経営は高度経済成長期の日本において大企業の基幹労働者にのみ提供された諸制度であり、日本の中小企業や労働条件の異なる東南アジアにおいても日本的経営に対応する労働者の忠誠心や勤勉性を求める方がおかしい。むしろ、現地労働者の労働過程・生活構造を調査し、組織構造や社会関係論だけでは十分に説明できない事柄についてのみ文化論的解釈を行うべきであろう（櫻井、一九九九a：五四九－五六七）。

比較社会論的試みは、アジア社会における市民社会形成（岩崎編、一九九八）や新中間層（古屋野・北川・加納編、二〇〇〇／服部・鳥居・船津編、二〇〇二）、住民組織（吉原、二〇〇〇／二〇〇五）、NGO活動（重富編、二〇〇一）の比較として試みられてきた。ここでも同じような問題が生じる。西欧の市民社会論や市民社会組織のカテゴリーによって東南アジアの社会組織や社会関係・政治過程を見ていくと、ネポティズム（身びいき）、コラプション（汚職）、クローニズム（縁故主義）が、あたかも社会制度のように市民社会の論理の前に立ちはだかる。そうしたものは多かれ少なかれどこの社会にもあるのだが、程度問題として東南アジアでは市民社会の公共性・公開性、市民の自由・平等を実現する大きな障害と考えられる。この点を議論せずに制度としての手続き的な民主主義を実現しても、特権階層の強権発動やクーデターによって市民社会の自治は覆され、エリートによる統治に変えられてしまうのである。

いずれにせよ、異なる社会において集団のカテゴリー（家族、住民組織、結社組織、市民社会等）とその指標を操作的に一致させて比較し、議論するということが難しい。家族を排他的親族集団との関係（系譜性）で認識する華人と、生活協同や交際の親密圏（共同性）で認識する島嶼部の人達の差異。開発や治安維持を目的に作られた行政村や官製自治組織と、記憶上によみがえる自然村、共有林地や漁場、灌漑施設の管理から自生的に生まれた自治組織との差異。現時点で同じ機能を果たしている集団であっても、このような差異を生む歴史的奥行きを探ることが地域理解には重要であり、それが地域研究の醍醐味であろう。

したがって、一つの地域であっても複数の地域研究者によってなされた実態報告を読めば読むほど、東南アジアの多様性をますます実感せざるを得ない。東南アジア研究センターのCOEプロジェクトでは、東南アジアを「小人口社会」「複合社会」「フロンティア世界」「稠密社会」という鍵概念を用いながら多角的に捉えようとした（坪内、一九九八）。しかし、どれか一つの共通した地域性でまとめることは難しそうである（坪内編、一九九九／二〇〇〇）。まして、比較対象を民族・宗教・文化（加藤剛編、二〇〇四）や、家族・地域・エスニシティ（北原編、二〇〇五）にまで拡大すると、さらに地域の多様性に目がいくことになる。

但し、一人の研究者が経済や政治に比較領域を特化して東南アジア社会を総括的に論じた場合には、まとまった「東南アジア」像を描き出すことに成功しているように見える。政治的領域の造られ方や、市場活動に影響を与える制度と文化、或いは開発主義の政治システムと経済のメカニズムに着目して、東南アジア社会が形成された歴史的経緯を見ていく著作は魅力的である（白石、二〇〇〇／吉原久仁夫、一九九九）。しかし、地域を鏡として「権力機構」や「取引システム」、「経済発展」そのものを考察しようとする白石や吉原の学問と、領域学の知見を生かして多様な「地域」像を描き出そうとする各国（各地方）ごとの地域研究には違う感覚がある。個別と包括の視点をどう組みあげていくのか。地域研究固有の方法論が指摘してきたとおりである（立本、一九九六）。

ところで、北東アジアや南アジアでは民族の記憶に残る歴史や文化の連続性、端的には儒教・道教、ヒンドゥー教や仏教が地域特性を彩っている。地域性はコンスタントな文化にあるかもしれない。しかし、東南アジア社会の総合的研究では、国家の生成・消滅の歴史はともかく、各地域社会の成立・発展が生態系や植民開拓の歴史といった外的

表1　タイの人口増加

	タイ全国	バンコク	中部	北部	東北部	南部
1919年	9,207,355	437,294	2,409,602	2,014,846	3,092,117	1,253,497
1929年	11,506,207	713,384	2,897,873	2,521,311	3,887,275	1,486,364
1937年	14,464,105	890,453	3,556,394	3,223,234	4,952,288	1,841,736
1947年	17,442,689	1,178,881	4,250,016	3,642,711	6,210,281	2,160,800
1960年	26,257,916	2,136,435	6,134,867	5,572,310	8,991,543	3,271,965
1970年	34,397,374	3,077,361	7,534,516	7,488,683	12,025,140	4,271,674
1980年	44,824,540	4,697,071	9,726,272	9,074,103	15,698,878	5,628,216
1990年	54,548,530	5,882,411	12,076,724	10,584,443	19,038,497	6,966,455
2000年	60,916,441	6,355,144	14,215,503	11,433,061	20,825,262	8,087,471

出所：National Statistic Office Thailand

環境に大きく規定されているように思われる。熱帯・亜熱帯地域の森林はマラリアの巣であり、長らく人間の住める環境ではなかった。海岸・河川沿いの沖積平地や高原地帯にのみ聚落や都市が発達した。この地域が大きく変化したのは、外部の勢力（ヨーロッパの覇権国家による植民地化、戦争）やテクノロジー（農業技術や医学）によって、生態系が人工的に変えられ、精霊が住まう森の世界から、文化宗教を奉じる国家になった後のことである。

一〇〇年の間にどれほど人口が増えたのか、表1の数値からだけでも地域変容が伺える。

同じ一〇〇年の間に国境線の画定を含めて東南アジア社会は政治的に編成されてきた。現代においても、地域が世界資本主義経済に巻き込まれ、また国家による開発主義の政策により急速に変動している。社会学はまさにこのような状況の中で個人、家族、地域、社会制度がどのように変化に対応しているかを調査してきたのである。その意味では、地域の固有性に着目するよりも、社会が変容する幅や方向性から東南アジアの地域的差異性を描き出す研究がいかにも社会学らしい。同時に、地域の形成史や諸特徴を描き出すにとどまらず、個人の尊厳や社会的公正という観点から、地域社会や全体社会のアクチュアルな課題を提示していくことも社会学の役割といえる（池田、二〇〇〇：二七二―二九〇）。

三　現代の社会学的研究課題

グローバル化

東南アジアにおける社会変動の動因として、グローバリゼーションと開発主義の政治経済政策を挙げることができる（末廣、二〇〇〇）。一九八五年のプラザ合意以降、日本の製造業が中小企業に至るまで東南アジアに生産拠点を移転した。アジアＮＩＣＳも加えた直接投資が重なったことで、東南アジア諸国は本格的に新国際分業体制に組み込まれていく。後背地としての農村部にある過剰労働力を輸出加工特区に提供する政策は、出稼ぎや移住、都市化を生み出し、周辺国からの合法・非合法の労働力移動を促進する。ヒト・モノ・カネの移動は急速な社会変動を生み出し、社会の諸領域において次のような研究課題が登場した。

農村――都市関係

村落共同社会は商品経済化により大きく変容した。自給自足的な農業生産から商品作物栽培に移行することで、投下資本や種苗・肥料・農業機械の導入の面で農村コミュニティは金融資本、多国籍企業や国家行政に大きく依存することになった。それに伴い、農業経営に失敗するものは土地を手放す。農民層の分解である（田坂、一九九一）。無産化した農民は出面仕事や出稼ぎに従事するか、都市へ移住する（赤木・北原・竹内編、二〇〇〇／坪内、一九九六／戸谷、一九九九／Sato, 2005／櫻井、二〇〇五ｂ）。都市は地方出身者を吸収してスプロール的に拡大していく。かつて国家は人々の労働力を動員するために地域や民族集団を物理的な権力により支配しなければならなかったが、商品経済は合法的かつ効率的に人々を資本と社会システムの再生産過程に巻き込み、社会的地位と役割を割り当てていくのである。東南アジアの大多数の人々が生活する地域社会は、今後どのように人々が生活する空間として維持されていくのであろうか（Kitahara, 2004：7-21）。

アセアン諸国では、体制や経済水準により私有地の登記や職業・労働市場の構造もかなり異なる。社会主義圏の方が、生業で食べている人々は資本主義圏よりも多い。しかし、社会主義圏でも生産体制の変革が進み（岩井、一九九九：五一五‐五四五）、農村部の過剰人口は資本主義圏に移動し（鈴木・安井、二〇〇二：二三‐四一）、不法滞在の故に劣悪な労働条件を強いられる外国人労働者が多い。

人口数百万のプライマリー都市と数十万の中都市にのみ、雇用力のある事業所や工場があるため、地方の人々は現金収入を求めて都市の雑業層に参入し、送金によって村に残した子供や老いた親を養う。若い世代はスラムや郊外で世帯を形成し、下層労働者として定住するものも少なくない。土地所有や生業に関わる資源の利用権によって規定されていた村落の階層構造は崩れつつある。村の風景は、現金収入がもたらした子供の高学歴化（中等学校修了者は農業を継がない）と消費生活（欲求の肥大化と負債）により変わった。自然を相手にした生業では耐久消費財や教育費に必要な現金が稼げないだけでなく、食べるための粗放的な自給自足型農業ももままならない時代である（山本、一九九九）。その背景に、増大する人口圧力が資源の野放図な利用を許さなくなったことに加えて（焼畑耕作の過剰）、生態系破壊（森林の農地化、ダム等による河川管理、工場・都市の廃棄物による汚染）が加わり、私有地・コモンズ・国の土地の境界をめぐってステークホルダー同士が葛藤している現実がある。一九六〇―九〇年の三〇年で森林面積を半減させたタイ（東北タイは一九七五―九〇年で半減）は、一九八九年に天然林の商業伐採を禁止した（佐藤仁、二〇〇二）。

農村から都市へ、社会主義圏から資本主義圏へ、資源は一方向的に流出していく。先進諸国では農産物の価格支持や所得保障、環境維持支援等の政策によって、条件不利地域においても人々が地域で生きる権利を守ろうとしている。地方出身の政治家の力もある。しかし、東南アジア諸国は生態系、マンパワーの諸点で限界集落を生み出しながらも、地域社会の底上げを図る施策をなす余裕がない。日本・韓国・台湾等のように兼業化を経営戦略や政策として進展できない状況がある。インフラ設備が整っていないために、地方で産業立地を構想することは非現実的であり、持続的農業やエコ・ツーリズムの試みも地域開発NGO等により実践されているが、現状を見る限り雇用を生み出す力は弱い。東南アジアにおいて、地域社会で生きることは深刻な問題をはらんでいる（日本村落社会学会編、二〇〇四）。

世界都市化されたバンコク

都市はどうか。バンコク、ジャカルタ、クアラルンプール、シンガポール、マニラは世界都市化されている。各大都市における産業・労働市場の形成、社会階層の問題に関しては、大阪市立大学経済研究所の都市研究がある（田坂編、一九九八／宮本編、一九九九／生田編、二〇〇〇／中西編、二〇〇一）。世界都市の特徴として、社会上層には多国籍企業や国際機関の幹部と家族、社会下層には周辺国から合法・不法に入国した外国人労働者が入り込み、当該国の労働者と棲み分けないしは競合する関係が見られる。そして、国内外の出稼ぎ労働者や定住化した家族による送金と労働者移動のネットワークにより、世界都市は当該国家の地方及び周辺国と直接結びつく。とはいえ、東南アジア地域がボーダーレス化しているとも言い難い。

労働者の移動や就労条件には当該国の統制が加えられているし、市民権も制限される。タイ、マレーシアでは、周辺国から移動してきた不法労働者に対して、登録して労働を許可する「半合法化」措置が採られている（田巻、二〇〇五：三六三–三八〇）。他方、海外の経済先進諸国へ出稼ぎに行くものは中下層労働者か農民である。アンダーグラウンドな組織は人身売買を含む不法な人の送り出しに絡む。経済格差を維持する国境の壁が、人間の移送・受け入れに関わる人々や組織に巨額の利益をもたらすのである。

こうして多層化・分節化した世界都市では、さらに、交通渋滞や廃棄物への対処、賭博・麻薬・売春等（及び利権）の統制、スラム住民やストリート・チルドレンへのケア、都市環境の維持とコミュニティ作りが喫緊の課題として浮上している（秦、二〇〇五）。

東南アジアでは地域社会を維持するための施策を視野に入れた地域社会研究が求められる。地域形成のアクターは様々である。ＯＤＡかＮＧＯ／ＮＰＯか、経済開発か社会／人間開発か、外部資源導入型開発か内発的発展かといった二項対立の発想は古い。地域の実情に根ざしたローカルな理論を調査から鍛え上げていくことが大事である（重富、一九九六）。

出生率の低下と就学率の上昇

東南アジアでは都市中間層のみならず、地方の村落においても出生率が低下している。そこで、どの国でも少子高齢化社会に向けて、社会保障制度の充実が議論され始めている（店田編、二〇〇五）。

タイを例にとれば、二〇〇〇年の全国平均出生率は一・八二、バンコク都は一・一二である。子供達が親の生業を継がず、中等教育（二〇〇三年で八二・五パーセントの就学率）を受け、都市で勤め人になるライフコースが経済発展と共に一般化しつつある。二〇年前に高等教育機関の就学率は五パーセントに満たなかったが、現在、四〇パーセントを超えている。タイの経済成長は高等教育の飛躍的発展をもたらした。先進国の人々にとってこの数値は信じられないだろう。筆者自身も疑問を持ったのであるが、国連統計やタイの教育省の統計にはそのように記載されている。但し、二〇〇三年度の国立大学（七八校中四一校が教育大学を地域総合大学化したもの）学生数は全体の一八パーセントにすぎず、誰もが自由に入学できるオープン・ユニバーシティ二校で四一パーセント、私立大学が六一校で二六パーセント、残りが短期大学一七校等で一五パーセントの学生数を占める。しかも、教育大学は二年制の旧師範学校（短期大学相当）を四年制大学に格上げしたものであり、商業・工業・体育等の専門短期大学で大学になったところもある。大学として歴史もあり、教職員・設備がある程度整った大学に通う学生の人数は、同世代の一〇パーセント程度とみてそれほど間違いはないと思われる。しかしながら、大学の実質的な研究・教育能力を評価すると、まさに日本を含めて高等教育機関への就学率が二〇パーセントを超えるような国の数値もまた大幅な見直しが必要となる。したがって、公式統計の通りに就学率を受け取っていても、国家間の相対的な就学率の差異は分かるだろう。

世界銀行の統計によれば、二〇〇三年における高等教育（短期大学を含む）の就学率は高い順に、タイ（四〇・一パーセント）、フィリピン（二九・四）、マレーシア（二八・八）、シンガポール（二五・〇／二〇〇四）、インドネシア（一六・二）、ミャンマー（一一・三）、ベトナム（一〇・二）、ラオス（五・一）、カンボジア（三・一）、ブルネイ（一・九）である。高等教育の量的緩和（私学の数や国立大の学生数増加）に関わる高等教育政策は国ごとに異なるが、就学率はほぼ各国の経済発展に見合った数値であろうと思われる。但し、二〇〇三年のシンガポールの一人当たりＧＤＰ（二一、八二五ドル）はタイ（二、二三六ドル）の約一〇倍、ラオス（三三九・五ドル）の約六四倍である。物価水準が異なるので単純な比較はできないが、高等教育就学者が利用可能な教育施設・サービスには東南アジア間において相当の格差がある。

ところで、シンガポールを除いて、どの国においても中等・高等教育の拡大に見合った労働市場が成立していない。労働集約的製造業の工場やサービス業では依然として低廉な労働力が求められる。高等教育修了者にふさわしい技術畑や管理業務の需要が飛躍的に拡大しているわけではない。タイ、マレーシア、フィリピンでは、高等教育における質の保証が経済発展の鍵となっており、インドネシア、ベトナムは量的拡大、その他の国々はリーダー養成の段階にある。

世帯のグローバル化

伝統的に女性の経済活動を制限しない東南アジア社会において、女性の就業率は東北アジア社会よりも高い。とはいえ、男性が女性と家事・育児を対等に分担しているわけではない。都市では家事の外部化（外食が普通、掃除・洗濯・育児は地方人や外国人を雇う）費用が安かった。しかし、都市のスプロール化により通勤時間が長くなり、託児コストが上がると女性のM字型就労カーブが現れるという（宮坂編、二〇〇四／落合・山根・宮坂編、二〇〇七）。家事労働力はコストを支払える国へ移動する。フィリピンは家政婦・ケアワーカーを台湾や香港、シンガポール他の国へ送り出し、ベトナムは台湾へ国際結婚定住者（台湾では二〇〇三年結婚件数の約三〇パーセントが国際結婚）を送り出す。世帯・家族がグローバル化している時代である。なるほど先進国は家事・介護労働者を雇うことで女性の社会進出も可能になり、配偶者に恵まれない男性は外国人の花嫁を迎えることができる。しかし介護労働者を雇用できない途上国の高齢者は、公的援助も子世代による扶養も受けられず、これからどうしていくのか。女性が海外に流出していく地域の男性もまた海外に仕事を探しに行けばよいのだろうか。そうすると途上国の地域社会は今後どうなっていくのだろうか。ジェンダーとグローバリゼーションが接合したこれらの問題は容易に解決の方向が見えない。

家族の文化的差異や、個々の社会におけるジェンダーの問題、女性のエンパワーメントを描く著作は多数ある（田村・織田編、二〇〇四）。宮坂達の比較研究が示唆的であるのは、東アジア・東南アジアにおけるフェミニズムの展開とは別に、アジア地域が共通の家族変動を経験し始めたことへの着眼である。但し、教育や働き方を通して家族の再生産を行う戦略には明確に階層間、国家間の格差が反映されている。個々の地域における家族変動とグローバリゼーションの関連を具体的に明らかにする調査研究が急がれる。そのうえでジェンダーに関わる問題を含めて社会保障の諸問題を公共的な討議に付したい（大沢編、二〇〇四）。

民族・宗教・文化

東南アジアの島嶼部には、オランダ、イギリスによる植民地支配時代に、中国とインドからの労働者呼び寄せにより、華人、タミル人、現地の民族が共住している（石井由香、一九九九／山田、二〇〇〇）。東南アジア諸地域が植民地から国民国家として独立するまで、華僑をはじめ、交易を行う諸民族が存在した（山下、二〇〇二／田中恭子、二〇〇二）。また、日本の東南アジア侵攻に伴う戦時の徴用（染谷、一九九六：二五八―二八五）や、国共内戦に伴う中国国民党支持者の移住、社会主義政権成立に伴う難民等（王、二〇〇四：二一一―二六二／片岡、二〇〇四：一八八―二〇七）もいる。人々は大陸や島嶼部を自由に行き来してきた。

アセアン諸国では、人口の一〇パーセントから三〇パーセント近くを占める華人に対してどの程度市民権及び経済活動の自由度を与えるかが社会経済政策の大問題であった。華人中心のシンガポールはマラヤ連邦から独立したものであるし、タイでは華人がタイに同化し、政治経済の中枢を握っている。フィリピン、マレーシアとインドネシアは民族主義により華人を冷遇した。他方大陸部では河口デルタの平野部で多数民族が水稲耕作を行い、山岳部には焼畑耕作や交易に従事する少数民族がいた。少数民族や非主流派の民族は、宗教政策（精霊崇拝から上座仏教へ）や政治的安定・環境保全政策（ケシ栽培や焼畑の転換）、及び社会福祉政策（国家とＮＧＯ）により、多数民族による国家への同化を余儀なくされ（速水、一九九八：二四六—二六七）、貧困・ＨＩＶの問題に直面している（Michinobu, 2005）。宗教研究の面では、上座仏教やカソリック、イスラームが民俗宗教と混淆し、実践宗教となっていった過程や現況についての詳細な調査が報告されている（林、二〇〇〇／土佐、二〇〇〇／西井、二〇〇一／寺田編、二〇〇二／田辺、二〇〇三）。

近年の文化研究では、文化をハイブリッドでダイナミックなものとして捉える傾向が強い。東南アジア諸地域の文化は、民族集団の混住同様に混淆的要素が強かったが、政治的諸力（国民国家化や開発独裁化、及び対抗勢力によるアイデンティティ・ポリティックス）により再編されてきた。文化を象徴するモニュメントは国家や文化の集合的記憶を呼び覚ます。自己の歴史や文化を語るナラティブや他者を語るナラティブに着目することにより、歴史や文化の構築的局面が明らかにされる。この観点を応用すれば、伝統の創造がいたるところで実践されていることが分かる（加藤剛編、二〇〇四）。グローバリゼーションにより民族文化が西欧化（アメリカ化）・均質化していくという東南アジアの知識人や政治家達による危惧の表明には、文化変容を語りながらも固有の民族文化を構築しようと意志が伺われる。このような民族文化の定着に一役も二役も果たしてきたのが、国民統合を教化する教育のあり方であった。

教育の機能

アセアン諸国では、植民地勢力に対抗した特定集団を母体に政府がつくられ、行政と軍により統制された国家が多い。国軍は外国勢力による侵攻に備えて常備されるというのはたてまえであり、国内の反体制勢力にプレッシャーをかけ、国民を支配するために使われてきた。しかしながら、武力という権力による統治はあまりにも非効率的である。そこで、国民という規範の内面化を図ることで複数民族と多元的な文化集団を統合してきたのである。教育は個人の能力開発に資するだけではなく、国民性を涵養する社会制度の側面を持つ。権力の周縁にある地域や民族を文化的・政治的に統合することが教育の目標とされてきた。地域と学校（尾中、二〇〇二）、国民教育と初等教育（野津隆志、二〇〇五）、民族・宗教的アイデンティティと教育の問題（杉村、二〇〇〇）に関わる著作が、比較教育学分野の研究者から出されている。また、タイ政府は国民教育を単に模範的なタイ国民を作り出すだけではなく、グローバル化した世界社会に対応できる市民性教育も実施している（平田、二〇〇七）。社会主義圏においても、エンパワーメント、マイノリティのアイデンティティ・ポリティックス、双方のバランスを考えた教育が必要という提言がある（乾、二〇〇四）。但し、日本の教育事情を考えても容易に想像がつくように、政府の政策意図や研究者の問題意識と、現実の教育にはかなりずれがあると思われる。教育が文化の伝承や市民教育に力を入れているとしても、教育制度が充実すればするほど学歴による人材の選抜が進むのではないかと思われる。つまり、高等教育まで含めた教育機会は、家族のために働く必要がないばかりか、親が多額の教育費を負担してくれる恵まれた中間層以上の子弟にしか開かれていない。タイでも同世代の半数の子供達、ラオスでは九割の子供達が最初から参入不可能な学歴獲得競争である。このような社会的排除を制度化する方向で教育が機能するのか、社会的排除を受けたものを包摂するような仕組みになっていくのかを正確に見ていく必要がある。

四　東南アジアにおける市民社会形成の困難

地域・階層間格差

アセアン諸国では農山漁村地域を広範に抱えている国ほど地域格差・階層格差が著しい。ムラでは十分な現金収入が得られない。だからマチへ出る。都市の俸給生活者は自宅、車、耐久消費財を獲得するために共働きをし、片方の働きをそっくりローン返済に充てる。資本を握る階層はグローバリゼーションを奇貨として蓄財する。このように、地域・階層間の生活様式は相当に異なる。しかし、経済の底上げに伴い、権威主義的国家の拘束を嫌って自由な言論活動や経済活動を求める人々の動きが目に付くようになる。

都市中間層の政治意識を新聞や知識人の言説、及び政府批判の街頭デモから見ていくと、確かに一九九〇年代からタイ、フィリピン、インドネシアにおいて民主化の動きは加速したといえる（浅見、一九九九）。しかし、タイでは権威主義体制のソフトランディングが一九八〇年代から用意されていたとも考えられ、新中間層の政治意識や役割にはなお不明確な部分が多い（玉田、二〇〇三）。情報社会・消費社会を促進するライフスタイルを持つ階層はアセアンの中間的経済水準に位置するインドネシアでも確認される。但し、都市新中間層の地位は相対的に弱い（倉沢、一九九六：一〇〇－一二六）。タイでもインドネシアにおいても民族系・華人系財閥と有力政治家・官僚・軍人が所有する企業に雇用されるホワイトカラーが多く、彼らと失うものがない社会階層によるピープル・パワーとの関係は微妙である。もちろん、社会運動に市民社会形成の主体を見いだそうとするＮＧＯの活動は活発である。しかし、労働運動の組織化は道半ばであるし、住民運動や差別反対運動が利害関係者を超えて一般市民に拡大する勢いは弱い。

ミャンマーを含めて、民主政治を求める市民の運動が一九九〇年代から活性化している。紆余曲折を経ながらも形式的民主制は資本主義圏において達成されている。しかし、民主主義の実質化を求める動きや、市民社会形成に関わる議論にはゆれが感じられる。

タイの市民社会とクーデター

タイでは血を流した民主化闘争を経て一九九七年に新憲法が制定された。国会議員の被選挙権は大卒以上と規定される。現実的な理由はどうあれ、国民の八割方が被選挙権を失った。新憲法下で誕生した民主党のチュアン・リークパイ政権は、アジア経済危機後にＩＭＦ下の緊縮財政を強いられたこともあり、首相府官邸前の座り込みで農民負債や環境問題解決等の直接交渉を迫る貧民連合を冷遇した。同政権は、タイ愛国党に二〇〇一年の総選挙で大敗する。党首のタックシン・チンナワットは携帯電話・ＩＴ事業でタイ屈指の富豪になり、政治家に転身して数年で首相になった。彼は農民の負債の軽減、三〇バーツ（一〇〇円相当）医療、一〇〇万バーツの地区（タンボン）創生資金供与等のポピュリズム的政策により、北・東北地方の農民から圧倒的支持を得る。彼のＣＥＯ型政治は好調なタイ経済に支えられたが、独裁（後述する南タイのムスリムとの葛藤と、二〇〇三年だけで二、六三七人に及ぶ麻薬密売人の射殺するといった強権をふるった）かつクローニー的政治手法（親族・同輩の登用と自企業へのえこひいき）、及び不透明な資産管理（節税策や株式売却）が批判された。

二〇〇六年一月二三日にタックシンが創業した通信会社 Shin 社がシンガポールの会社に株式を売却したことで世論に批判の火がついた。タイの代表的な企業を競争相手国に売却するのは非愛国的行為であると。次いで、七三三億バーツで売ってなお首相一族に課税されなかったことから、国民の義務を果たしていないという批判である。これで首相辞任を求める運動が一気に盛り上がり、二〇〇六年二月二四日、首相は下院を解散し、総選挙で民意を問うことにしたのである。

しかし、野党は選挙をボイコットすることで抗議の意志を示し、タイ愛国党と少数党のみ立候補した。この選挙は実質的に与党の信任投票となる。タイ愛国党は、定数四〇〇の小選挙区で三五九議席（一議席は野党、四〇議席は再投票）、比例区一〇〇（獲得票五六・五パーセント）で全議席を獲得したが、一ヶ月に及ぶ反タックシンのデモと国王の助言により、首相は政権移譲の言明を余儀なくされた。タイの英字紙は民主主義の勝利といい（Editorial by Nation, April 5, 2006）、日本の新聞は「首都の中間層が主導」と報道した（『朝日新聞』二〇〇六年四月六日付）。最終的に、国王が憲法裁判所に選挙の有効性を判断するよう示唆を示し、五月八日、憲法裁判所は無効判決を下す。再選挙により議会開催が遅れ、タイの政治は混迷を続けたが、根本的な問題があまり議論されていなかった。

地域、階層間には政治意識の差異がある。地域ごとにタイ愛国党の得票率と白票率を見ると、小選挙区では、北部（五八パーセント、二六パーセント、以下同じ）、東北部（七〇、一六）、中部（四九、三六）、南部（一八、六三）、バンコク都（四五、五〇）であり、比例区では、北部（六二、二三）、東北部（七五、一三）、中部（五一、二九）、南部（一七、六七）、バンコク都（四八、四八）である（Ministry of Interior Thailand, 2006）。バンコク都は中間層が最も厚い地域であり、南部には後に述べるようにムスリムとタイ政府の葛藤がある。これらの地域では民主党を初め野党が呼びかけた白票戦術に共鳴した市民が多いが、地方はタイ愛国党を支持した。特に東北部は圧倒的にタックシン支持であった。

首相交代をピープル・パワーにより実現したこと、都市市民を動員した政治運動の成功が民主化の脈絡で語られる一方で、地方の農民票という民主的手続きを経た選挙民の意志が、都市中間層を読者にし、知識人に主導されるメディアでは軽視される。このような分断される市民社会はタイに限らず、地域・階層間格差が著しい東南アジア社会の特徴ではないだろうか。新中間層が民主化を促進し、市民社会形成の主体になるという議論は、中間層が多数派を占める先進諸国において現実分析の効力を持つ。ところが、中間層が薄いにもかかわらず、議会制民主主義を採用する社会では、中間層と知識人の理想が多数派の意志と一致しないことがある。ポピュリズムの政治はこの分断を増幅したのではないか。

タイの場合、またしても国王と権力の上層部、軍により愛国主義的に事態の収拾がなされた。二〇〇六年九月一九日、ソンティ・ブンヤラガリン陸軍司令官によるクーデターが発生し、渡米中のタックシン首相は非常事態宣言を出したが、バンコクの動きを止めることはできなかった。軍は深夜に首相府を占拠、戒厳令を敷いた。一九九二年以来一四年ぶり、一九三二年の立憲革命以来一七度目のクーデターであった。軍はタックシン首相系列のテレビ局を始め、タイ愛国党本部も制圧し、民主革命評議会によりタックシン政権下の汚職・不正を調査し始めた。新聞の報道によれば（『読売新聞』、二〇〇六年九月二一日付／『朝日新聞』、二〇〇六年九月二一日付）、下院議員選挙の混乱の責任を取って辞任すると言いながら先延ばしにしていたタックシン首相に軍が引導を渡した背景には、プレーム・ティンスーラーノン枢密院議長を戴く軍主流派とタックシン首相の親族や取り巻き勢力との抗争があるという。プレーム議長は一九日中に国王の謁見を賜ったと報じられており、軍は二〇日に国王の理解を得たとの声明を出した。同日、五人以上の政治集会を禁じた上に、二一日には全ての政党の活動を禁止した。一〇月一日、ソンティ陸軍司令官は陸軍をトップで三年前に退役した（民間人となった）スラユット・チュラーノン枢密院議員を首相に指名した。暫定内閣の任務は、立法議会・国民議会を創設して、憲法起草委員を選出し、新憲法の公布と総選挙の実施をすることである。

タイの憲法裁判所は、二〇〇六年四月の総選挙においてタイ愛国党が票の買収行為を行っていたとして解党処分を二〇〇七年五月三〇日に申し渡した。タイ愛国党の前議員三七七人のうち、一一一人は公民権を停止され、政治活動を禁じられる。残りの議員のうち、約一五〇人が野党の人民の力党（党首はサマック・スントラウェート元バンコク都知事）に移籍し、同党の軒先を借りて勢力を温存した。残る一〇〇人以上の議員がソムサック・テープスティン前労相率いる中道党やソムキット・チャトラシピタック前副首相のタイ団結党に分かれたが、両党は合併の見込みである。こうして野党民主党と三つどもえの総選挙を一二月二三日に行うことが予想される。

タイ政府はタックシン元首相の政治的基盤を根こそぎにしただけでなく、タックシン元首相を汚職防止法違反で起訴した件について、二〇〇七年八月一八日最高裁判所は出廷しないタックシン元首相夫妻に対して勾引状を出した。タックシン元首相の政治的影響力を完全にそぎ落とすのがスラユット政権のねらいと思われる。同月一九日に実施された新憲法案の賛否を問う国民投票では、賛成五七・八一パーセント、反対四二・一九パーセントであった。総選挙に向けて政党間のかけひきは続くであろうし、完全に白旗をあげていないタックシン元首相と軍事政権との対立は緊張をはらんだままである。

さて、このクーデターに対する評価は、アメリカや周辺諸国では当初批判か懸念が表明されていたが、無血クーデターであったことと（むしろ、バンコク都民は戦車の軍人に花を差し出す歓迎ぶり）、国民の日常生活や経済活動に重大な支障が生じていないことから、容認の方向に転じた。もちろん、軍部がいつ民政移管をするのかを注視している。統制されたタイのメディア（大学教員等の知識人含む）からは、必要悪（タックシン派・反タックシン派の衝突を回避し、政治的混乱を収拾する）という声が圧倒的多数である。タイの政治経済に精通する末廣昭は、タイの中庸の政治を望む上層がタックシンの極端な新自由主義経済志向の政策を嫌ったと見ている（『読売新聞』、二〇〇六年九月二一日付)。タイの政治文化に造詣を持つ赤木攻も「経済発展と民主化の時間差」と題したコラムで、クーデターや国王の意向といったタイ固有の政治的安全弁やバランス感覚により、民主的手続きによって生まれた非民主的な政治(強権的・とりまきの重用)が解消されたという(『朝日新聞』、二〇〇六年九月三〇日付)。しかし、タイの政治文化は西欧的な市民社会と民主政治の理念になじんだ人々には容易に理解しえないものであろう。国民の崇敬が篤いプミポン国王や、国王に忠誠を誓う軍の指導者に最終的な政治の舵取りを委ねるのであれば、民主政治は必要ない。正法王による善政こそ望ましいということになる。そうなると、一九九一―二年の流血クーデターを経て一九九七年にようやく制定された新憲法や、新憲法の下で実施された下院議員選挙(タイ愛国党を支持した中部・北部・東北部の票)にどのような意味を認めたらよいのであろうか。民主政治において、誰にとってもよい政治などはありえない。対立する利害関係を調整するシステムこそ議会政治であり、選挙であるというのはたてまえに過ぎるであろうか。

王権と軍による統治が継続されてタイの政治的安定が図られてきたことも事実であり、タックシン元首相をはじめとする多くの華人系タイ人実業家・官僚・政治家により現在のタイ経済の発展があることも否定できないことである。民主化が進展するなかで地方の農民や都市の労働者もタイの政治に参画するものであることを自覚してきた。それがポピュリズムであるとしてタックシン、タイ愛国党もろとも否定されたことの歴史的意味は今後十分に検討されなければなるまい。現時点で早急な評価を出すことはできないが、正直なところ、筆者はタイの民主政治や市民社会は一九九二年当時に引き戻されたように感じている。

ポピュリズムの政治と政治的社会運動

東南アジア諸国では一九九七年のアジア金融危機により、複数の民族・宗教的背景を持つ人々を束ねてきた開発主義の正統性が壊れた。政官財の癒着や利権の構造が露わになり、通貨暴落による苦渋の生活を強いられた市民は、怒りの矛先を経済政策に行き詰まった官僚と政権に向けた。中間層や多数の低所得者層は、経済成長による生活の底上げがあるからこそ、権威主義的国家にしたがってきたのである。国家の正統性が揺らいだ時に、集合的なアイデンティティを求める政治的動きと社会運動が見られた。政治家はポピュリズムによる国民統合を画策する。タイは愛国心と新自由主義を抱き合わせ、マレーシアはＩＭＦを批判し、インドネシアはイスラームを強調する。

二〇〇〇年に入り、イスラーム過激主義が活性化した（橋廣、二〇〇四）。フィリピンではアブ・サヤフ、インドネシアとマレーシアではジュマ・イスラミアが活動を活発化させ、南タイのムスリムも活動に巻き込まれた。二〇〇四―五年にかけて様々な背景のある四千件余りの暴力事件（放火・爆破・襲撃・殺人等）が発生し、テロとの戦いをとなえる強権的政府の対応により、南タイと中央タイの分断は深まった。この問題は五章で改めて取り上るが、市民社会形成に伴う苦渋の歩みを社会学はどう捉えたらよいのであろうか。

アジア社会学研究会はアジア社会における新中間層の形成を継続的に研究している（古屋野・北川・加納、二〇〇〇）。しかし、新中間層を階層カテゴリーやアクター（ＮＧＯや自治会）によって部分的にかつ具体的に把握することが基礎的研究として重要であることは認めるが、新中間層の階層的政治意識が具体的に分析されているとは言えない。新中間層は農民や都市下層労働者よりも教育が高く、マスメディア情報にも接している分だけ権威主義的体制を嫌い、民主化や市民社会を求めるのではないかという一般論に立つ研究が目につく。ところが、分担執筆者の大畑裕嗣は、韓国の事例として「縁故主義」という市民社会の文化的基盤を問うた。東南アジアで言えば、村落から政治・経済コミュニティに至るクローニズムであり、露見して問題化すればコラプションとなる。良くも悪くも東南アジア社会のソーシャル・キャピタルである。信頼・協調の範囲が我が集団の域を超えない。政治・経済の取引・交渉や日常生活を下支えするこの生活世界の論理が、討議とルールに基づいた問題解決・利益配分を原則とする西欧的市民社会のシステムと葛藤する。従来東南アジアの容易に変えがたい文化と認識されてきたこの局面こそ（吉原久仁夫、一九九九）、市民社会形成の社会関係論として社会学的に分析され、克服されるべき課題なのではないだろうか。

タイのクーデターと関連させて述べれば、クーデターの首謀者や支援する反タックシン派・都市民、タックシンと彼を支持する地方農民も、それぞれに愛国者であり、政治的理念を愛国主義的文言で飾る。しかし、同時にそれぞれに我が集団の利益も図ろうとしており、そのためには市民社会の理念を犠牲にすることもやむをえないと考える。市民社会論とは、西欧の政治社会論をなぞるだけのものであってはならないだろう。我々集団と全体社会との相克を調停する論理とシステムの構築を具体的に模索することでしか、市民社会の実現はない。その点において、従前の経済発展が生み出した新中間層による市民社会形成という議論には、東南アジアにおける社会関係への微視的分析と、政治体制の歴史的考察が不足していた感は否めない。

さて、市民社会形成に関わる新中間層以外の担い手を構想する議論もある。オルターナティブな発展論が現地の知識人や宗教者、NGO関係者から出され、先進国の研究者も共感を示した（西川、二〇〇一／西川・野田編、二〇〇一／駒井、二〇〇一）。社会開発論は国際援助機関からも提唱される（恩田、二〇〇一）。発展の理念を上座仏教や農本主義におき、覇権国家の資本主義と近代主義にアンチテーゼを投げかける文化的構図は魅力的である。内発的発展のキーパーソンとされる宗教者や篤農の活動も興味深い。しかし、それらの諸研究では、NGO／NPOによる地域開発や宗教による社会貢献の評価が過大ではないかという印象を受ける。学ぶべき実践が多いのも確かであるが、社会政策との接合なしに格差問題の緩和を図ることは難しいだろう（北原、一九九六）。

新中間層にせよ、新しい社会運動にせよ、社会の一勢力から市民社会形成のプロセスを見取り図として描くことは難しい。地域社会の変動をマクロな政治社会変動にどう結びつけていくか、また、東南アジア社会の現状分析から抽出した市民社会形成の議論を西欧の市民社会論にどのように接合していくのかという課題は、多くの研究者に残されたままである（Funatsu, 2005：138-140）。

第四章　タイの開発と宗教

一　近代の開発主義

開発とは何か

英語の development は開発・発展の意味であるが、日本語では文脈に即して開発か発展に訳し分けることが多い。もちろん、どちらの意味でも高度産業化社会を歴史的到達点として近代化が進行するという認識に変わりはない。発展は近代化という社会変動が内生的に進行する状態を指すのに対して、開発は発展途上の人間や組織、地域や国家に外部から働きかけて人々の生活水準の向上をめざすというニュアンスが強い。開発とは発展が遅れたものに対して発展を阻害する要因を取り除き、同じ歴史過程をたどらせる政治・経済・文化的働きかけと一般化できる。封建遺制を脱した近代市民社会の形成という西欧の経験が、歴史的規定性を越えた普遍的な目標として非西欧社会に与えられ、目標との差異によって近代化の程度が測定されるのである。

しかしながら、このような歴史認識に再考を迫ったのが従属論や世界システム論であった。一六世紀以降の西欧で発生した世界資本主義システムが拡大する中で、中枢国が圧倒的な政治・経済力で周辺国に国際分業における不等価交換を強制し、その結果資本蓄積が中枢国に片寄り、中枢国と周辺国の間に不均等発展が生じたという関係論的視点は妥当である（Frank, 1978＝1980）。従属論で現在の中南米、アフリカの低開発・累積債務を説明できても、東・東南アジアの経済成長は説明できないという難点はあるものの[1]、この関係論的世界認識は地球環境破壊という具体的事実に直面して極めてリアルなものになった。地球の生態系が自然の循環で処理しきれないエントロピーを増大させている高度産業社会では、資源の枯渇を心配する前に人間の生活環境レベルが悪化し、持続的成長は遠からず限界を迎えると予測されている（Brown, 1993＝1993；Meadows, 1992＝1992）。そのシナリオに最も影響力を持っているのが途上国の開発政策である。

一九九二年の国連の環境と開発に関する会議では、化石燃料を初めとする資源の温存、産業有害排出物の制限をしつつ現状維持を望む先進国側と、経済水準の向上に向けた当面の開発を重視する途上国との思惑がすれ違った。途上国が産業社会として成熟の度合いを高めるほど、自然環境は悪化する。このジレンマは、一九九四年の世界人口会議でも露呈した。人口の抑制政策として受胎調節を進めることで技術的な解決を図る先進国側と、貧困を解消するさらなる開発により経済水準を上げて、女性の高学歴化とキャリア形成による晩婚化・少子化という先進国のライフスタイルに移行することで問題は自然に解消するという途上国の主張はすれ違ったままである。そもそも子供を産むか産まないか、何人まで産むかという決断の権利は最終的に当事者たる女性に帰属する。こうしたことから考えてみても、自然、低開発国、女性との関係調節なしに、世界システムは成立しがたい状況に至っている。近代主義的開発の限界を超えるオルターナティブな開発論が唱えられ始めているのは当然といえよう。

しかしながら、先進諸国が近代啓蒙主義の理性・技術の濫用への懐疑を深める一方で、途上国側がまさにそのやり方で今なお近代化を指向している。その意味で、「近代」は途上国に場を移して現在進行しており、その近代化の帰結が先進諸国のポスト・モダンを決定すると言ってもよい。情報化・消費社会化といった高度産業社会モデルは西欧化の狭い範疇を越えたグローバルな文化を形成している。アジアにおいてケンタッキー・フライドチキンやマクドナルドのハンバーガー、コカコーラ等の飲食は文化帝国主義による侵略という意識を喚起させることなく、経済的豊かさとして享受される。

グローバル化に対抗する文化運動

「近代」という文化的側面におけるグローバリゼーションの進行は人々の日常生活実践にどのような影響を与えるであろうか。グローバリゼーションは、世界資本主義化を推進する先進国家・多国籍企業の市場戦略と地域社会・文化との相互関係として生じる。「近代」「発展・開発」は先進諸国に胚胎されたものではない。「西欧的」なるものが非西欧を「オリエンタル」と表象する行為により逆照射され、明確化されてきたように、「近代」は「前近代」「未開」とカテゴリー化される社会や文化との出会い・交渉・葛藤の中で形成されたものである。「近代」のグローバリゼーションは、具体的な地域社会における異質な社会・文化間の相互行為として見ていく必要がある。非西欧において、近代化の過程において近代化を推進する勢力とそれに抵抗する勢力とが、それぞれの行為を正当化するために様々な言説を生みだし、人々を動員してきた。そのような言説として、近代化や開発があると筆者は考えている。

本章の目的は以上のような現状認識及び分析の視座に立ち、第三世界における「近代」「開発」をめぐる様々な言説間の葛藤を叙述しようというものである。初めに、後期資本主義社会における新しい社会運動の生起に関わる一連の議論を取り上げる。次いで、エスノ・ナショナリズムと同時期に発生している現代の宗教復興現象を考察してみたい。近代化の初期にはナショナリズムによる国民国家の形成が見られたが、現在、エスニシティや伝統宗教の復興（原理主義）によって社会集団の求心力を高めようとする趨勢があり、「近代」と伝統的な地域社会・文化が葛藤している。

タイ社会では近代化に伴う社会変動とそれに伴う文化変容及び対抗文化が見いだされる。その一つがエクレシア型宗教であるタイ・サンガの改革運動である。タイでは社会体制や権力中枢に関わる言説が上座仏教伝統との関係抜きに成立し得ない事情がある。したがって、社会体制を批判する言説は体制と結びついている宗教批判となるのである。この問題をタイのタンマカーイについて考察したのが、二〇〇六年度宗教学会賞を受賞した矢野秀武の『現代タイにおける仏教運動――タンマガーイ』（矢野、二〇〇六）である。矢野の著作がタンマカーイの一次資料や調査に基づいているのに比べて、本章は主に二次資料に基づいて一九九五年の段階で書かれたものであるが、タイ社会と宗教の関係を考察する導入部分としてはまだ使えるものではないかと考えている。

二　後期資本主義社会における新しい社会運動

新しい社会運動発生の社会背景

先進国においては近代であるが、第三世界においては開発の言説支配に対して、人々は生活者としてどのように対応しているのであろうか。特に、人間としての在り方の可能性を一義的に規定された状態（搾取）に人々は満足しうるのか。抵抗するとすれば、いかなる戦略を用いているのか。筆者は、現代タイの宗教運動を新しい社会運動として位置づけることも可能ではないかと考えている。新しい社会運動といっても運動の形態・戦略の新しさをいうのであって、全く新しい価値観や文化を創出するわけではない。社会運動は歴史的な文化資源を再活性化させて、運動のシンボルに用いることがあり、それは第三世界における対抗的社会運動にしばしば見られるものである。以下の社会運動に関わる理論的考察は専門研究者にとって概説的であろうから、四節にとんでもらっても構わない。

社会運動とは、既存の社会体制の矛盾や機能不全に対する異議の申し立てであり、その変革や改良を志向する集合行動である。繰り返しになるが、開発・発展は同じ「近代」の展開であり、お互いがお互いを規定しあいながら世界システム内で同時進行している社会過程である。

社会運動を分析する際、どのような分析枠組みを用いるかは対象となる社会運動の性格によるし、そのような社会運動を生み出した社会への状況認識が理論構築のパースペクティブとなっている。高橋徹は一九七〇年代以降の後期資本主義社会で見られる社会運動の特徴を三点に整理している。第一に、社会運動の争点が物質的再生産のコンテキストにおける配分の公正をめぐってなされるのではなく、文化的再生産、社会統合、社会化のコンテキストでなされること。第二に、運動の戦略として地域の草の根レベルで名誉ある孤立を守り、既成の革新政党や労働組合の運動とは一線を画すること。第三に、そのような戦略を採る理由に、直接参加型民主主義を目指していることがあげられている（高橋徹、一九八八：五―七）。

まず、新しい社会運動発生の要因については、現代の資本主義生産システムが環境としての自然に働きかけ価値を生み出す産業資本主義の段階を終えて、システムが内部の社会関係、文化的コード領域に働きかける自己準拠・自己言及的な構造に変化したことを基本的認識として押さえたい。古典派経済学では需要と供給を均衡させるメカニズムが市場に内在していることになっていたが、実際は大量生産によって急増する供給ほどの需要は伸びず、在庫調整としての不況、失業が不可避なものであった。したがって、資本主義システムを維持するためには、供給よりも需要創出がより重要な問題であることが認識され、帝国主義による市場拡大、ケインズ主義の公共投資による需要創出、労働者の生活水準を上げて消費者としての内需を拡大するフォーディズムや社会保障の政策が順に試みられた。現在は、それでも常に供給過剰な状態であり、コマーシャリズムによる欲求の間断なき開拓やマーケティングが不可欠であり、需要を越えて作られた機能・意味の領域としてのモード（差異性）が商品の価値を決定している。システムは欲求する人間の主体性及びコミュニケーション過程に介入する。その手段は情報化社会の現在、メディアが様々な形で提供しているのである。これが新しい社会運動発生の社会経済的背景である。

葛藤が作り出すアイデンティティ

近代化は社会システムの機能分化（複雑化）と個人の統合を同時に進めていく過程でもあった。大衆社会論で論じられたような孤立した個人は、テクノクラシーに基づく会社・官僚組織に管理されているだけではなく、学歴・職業による社会的地位の獲得といったメリトクラシーのコードや業績主義といった価値の言説を内面化していくことで主体的にシステムの維持に関わっている。このようなシステム統合の社会に非人間的な側面を発見し、人間の自由・尊厳を維持する本来的な共同性の領域を確保しようとする理論・運動が出てきているという（佐藤慶幸、一九九三：一五—二一）。

社会システムの支配的コードと個人のアイデンティティとの葛藤を経験しながら自己実現を図る個人が、新しい社会運動の潜在的アクターである。したがって、社会運動論としては、個人の日常的な経験の中にこの種の潜在的な争点を発見し、これが顕在化する媒介的な条件を社会学的に考察することが重要になる。運動の担い手は葛藤を抱えた個人であり、葛藤の状態を表現することが運動参加の動機付けとなる。かつての学生運動のように普遍的な理念に導かれて、自らが経験していない他者の葛藤（資本制下の労働者や帝国主義の抑圧を受けた第三世界の民衆等）を代弁する政治的エリート（前衛の意識）の運動ではない。そのため、社会制度そのものを根本的に問題にするよりも、局所的な問題提起を行うことが運動の第一歩であり、政治・経済的な権利・利得の拡大よりも、文化・シンボルレベルにおいて社会的合理性に抵抗することを重視される（Melucci, 1989：58-63）。

もちろん、現実の社会運動には、資本主義の構造的矛盾から生活者を守るために社会変革を志向する労働運動があるし、地域コミュニティのクオリティ・オブ・ライフを守るための住民運動もある。これらの運動は社会構造において疎外され、価値を剥奪されたものが自らの地位の回復を要求する運動である。アメリカの社会運動論においては、運動の指導者が一般市民から人手と運動資金をどのようにして集め、社会運動の拡大を図っていくのかを分析する資源動員の戦略的モデルが提案された（長谷川、一九八八：一二八―一二九）。従来の社会運動論ではなぜ運動が生成したかという構造的原因論や、相対的剥奪等の心理的要因モデルが提示されていたが、これらのモデルでは要因があっても運動が実際には起こらない事例の説明ができなかった。資源動員論は運動を支えるリソースへのアクセス可能性、利用戦略から社会運動の発展を過程論的に説明することで、集合行動の合理的理解に道を開いた。また、個人を動員する既存のネットワークに着目することで、なぜバラバラな個人を動員できるか、説明し得たように見えた。しかし、合理的選択を行う個人をモデルにするのであれば、社会運動よりも選挙により利害関係者の代表を議会に送り込む方が合理的であろうし、資源動員のモデルでは体制内において社会的地位を保障された階層からも参加者を出すような社会運動が発生してきた社会背景を十分に説明できないのである。新しい社会運動論は、多様な価値を信奉する個人が社会運動への参加を動機づけられるような集合的アイデンティティがなぜ形成されてきたのかを説明するために考案された。

現代人はマスメディアのコマーシャルによってモノへの欲望を植え付けられ、大量生産された商品を費消するよう資本主義経済のシステムに組み込まれている。社会運動に参加する人々はこれらの商品を拒み、コストを度外視して自分が生産に携わることを望むのである。そのような人々を動員する価値がどこで形成され、どのようにして共有されるようになるのかが社会運動の過程論に必要である（Melucci, 1989 : 30-37）。賢明な活動家が覚醒されていない大衆を説得・指導して運動を巻き起こすという戦略論は、新しい社会運動の分析には不適切であると考えられている。

論点は合意形成の理論化にある。この問題はユルゲン・ハバーマスがいうシステム世界により植民地化された生活世界における談話的コミュニケーションや共同性を回復するという問題につながる（山之内、一九九一：一一一―一一二）[2]。いずれにせよ、社会運動の趨勢は階級的利害を共有していた労働運動から、産業発展のひずみを共通の受苦として共有した地域住民の運動、そして、直接の利害関係なしに公共的関心から社会の問題を告発し、変革をめざす市民運動へと変わってきた（長谷川、一九九三：一〇四、一一〇）。そして、現在は自然、女性、民族のアイデンティティ等、社会システムの要請と個人の生き方が葛藤を引き起こす領域において社会運動が生じている。その点で、社会制度や社会意識を変えていこうとすると同時に、自分たちのアイデンティティやライフスタイルを変えていこうとする具体的な行為だけが社会運動であるという石川の定義は的確である（石川、一九八八：一五五―一五七）。

アルベルト・メルッチによれば、現代の複合社会では、個人のアイデンティティを形成する二つの次元、すなわち言語・文化的コードにより構成された意味の領域と生理的感覚を持って所有される身体の領域に権力作用が及んでいる。通常、この権力はシステムの合理性に隠れているので認知されない。しかし、人々が日常生活の中でシステムの周辺に位置した場合に、システムの合理性によって自己のアイデンティティを確認できない葛藤を抱え込むことになる。例えば、資本主義体制では個人の属性である老いや障害が低生産性、社会的扶養の対象というマイナスのコードで語られ、女性にはセクシャリティに応じたふるまいやジェンダーによる家庭内・組織内の役割があてがわれてしまう。自己の身体そのものの属性に由来する苦痛や葛藤は他者に代替してもらうことが不可能であるために、問題を客観化・抽象化しすぎた社会政策論議は当事者達の生活実感から離れたものと感じられる。だから、大上段に構えた社会論ではなく、自分の身体感覚により葛藤を語ることで、支配的コードを適用しようという権力の構図を暴露し、反省（リフレクション）を他者に促すしかない立場の人達がいるのである。メルッチはこのようなアイデンティティ確立の個人的な試みを現代の社会運動の潜在的なリソースと捉える（Melucci, 1989：73-79）。

現代人のアイデンティティは、社会システム的コードと自己の個人的経験から生じる身体的感覚の葛藤から不断に組み替えられていき、社会運動内部でも新しいコンテキストが作られる。その意味で客体としての社会と主体としての個人という二元論、或いは社会システムと生活世界の対立という問題設定も乗り越えられるべきであると、メルッチは述べている（*ibid.*：195-197）。実際に、現代社会において体制の主体、反体制の主体なるものを長いスパンにおいて想定することは困難である。葛藤は固定的な集団間の政治・経済的バランスに生じるよりも、文化・シンボルレベルで発生しているのであるから、これを人々の意識に顕在化させることが、社会運動の動員戦略になる。そのひとつの場としてネットワークがあるが、それ以上に拡大させるのであれば、メディアを利用した社会的提示を行うのも一つの手段である（金子郁容、一九八六：一五六―一七六／同、一九九二：二〇五―二一一）[3]。しかし、社会運動の存在自体が葛藤の所在を明示し、社会に対して警告を発しているのであるから、自己言及性のレベルの高い社会であれば、その葛藤を問題として受け取るであろう。もちろん、実際の社会過程にはいささか複雑な経路がある。具体的な成果を短期日に期待するのであれば、計画された組織的戦略が重要になることはもちろんである。しかし、新しい社会運動がこのような動員の合理的行動をとらずに運動を展開していること、ないしはそうせざるを得ない逼迫した個人の状況があることをまず確認しておきたい。だからこそ、宗教運動と親和性がある。

三　宗教の復興現象

宗教の世俗化

近代は個人を伝統文化の拘束から解放し、人生の意味を自由な選択の領域に移したと言われる。産業資本主義と啓蒙主義の勃興とともに、宗教は規範・制度と文化・慣習の総体であることをやめ、人は信仰という個人の意志によって宗教に所属することになった。しかも、その聖なる世界が自然科学の知識の普及によって光彩を失い、個人の道徳的拠り所としてのみ要請されるに過ぎなくなる。宗教の社会的影響力とその領域が縮小していく世俗化の社会変動に伴い、宗教社会学の主流はマックス・ウェーバーの脱呪術化論とエミール・デュルケムの共同体の集合表象論を再構築した世俗化論となり、近代化に伴う宗教の衰退をテーゼとして、その過程を叙述、分析した時代が長らく続いた(Dobbelaere, 1981＝1992)[4]。しかし、一九七〇年を境に社会の再聖化が新しい問題として登場した。脱工業化社会の先端をいくアメリカでは、心霊研究や霊性の個人的開発を内容とするスピリチュアリズムとニューエイジ、若者世代に受け入れられたカルト宗教が起こる(Bellah, 1979：333-352)。彼らはテクノクラシー型社会による抑圧、世俗的功利主義（マネタリズム）の社会にうんざりし、反西欧、反理性的価値創出のきっかけを東洋の共同体的宗教に求めた。これらの新宗教に加えて、聖書の無謬性を信じ、その近代主義的解釈を拒否するファンダメンタリストや福音派が勢力を持ち始める。ファンダメンタリストは元々アメリカ社会の周辺に位置する南部の低階層出自のものが多かったが、現在はリベラリズムの自由主義・個人主義的道徳観へ不満を表明する人々への総称になっている（森孝一、一九九四：二五–二八）。したがって、アメリカのリベラルな世界戦略に対抗する政治運動もファンダメンタリズムのカテゴリーに入れられ、とりわけイスラーム勢力に冠して用いられる。この派生的な用法が現在は人口に膾炙しており、資本主義のコンシューマリズムやリベラリズムに対抗して伝統的価値によって政治活動を行う人々が、マスメディアではファンダメンタリストと呼ばれる（Martin E. Marty and R. Scott Appleby, 1993）。

宗教運動の隆盛にスポットを当てるのであれば、世俗化のテーゼは妥当性を失ったかに見える。しかし、事態は逆で、近代化の指標である資本主義経済、組織の官僚制機構、価値相対主義的な世俗主義文化は全世界を席巻しており、世界のシステム化・グローバリゼーションの趨勢は一地域が抵抗してみたところで変わることはない。問題は、この動きの中で集合的アイデンティティをめぐる状況はどのように変化しているかである。後期資本主義社会については既に述べた。発展途上といわれる社会では、リベラリズムで自らのアイデンティティを形成するのは困難である。それは、この理念が外生的だからではなく、リベラリズムが抱える根本的な問題による。リベラリズムは伝統社会の合理化、すなわち政治・経済・法の領域と、価値・世界観の領域の分離を進めてきたが、その結果自らの道徳的価値をも相対化してしまった。それにも関わらず、求心力を持ち続けるのは、社会の「発展」という実体的効果で自らの正当性を弁護できるからである（Tomlinson, 1991=1993：三一六–三一八）。ところが、その発展・成長の目標は、更なる発展・成長でしかない。なぜなら、発展とは上昇移動の変化であって、どこにという最終目的地を本来含まないからである。未完の歴史を社会哲学に持つマルクス主義以外の政治哲学において、もはや歴史の目的は資本主義経済・リベラリズムの世界化によって完成されたと見るしかないのであろうか（Fukuyama, 1992=1992）(5)。

質的な変化を伴わない発展の世俗化された観念が経済成長至上主義であるが、この神話は現在、脱呪術化されたと見るのが妥当である。一節で述べたように、社会システムが無限に成長するのであれば外部環境も無限でなければならないが、実際は有限のリソースであり、科学・技術の革新でこの限界を超えることはできない。環境（自然と動植物）と人間の倫理、世代間の倫理、国家間の倫理を考慮せずに地球環境の問題は解決しないからである（加藤尚武、一九九二）。先進諸国がようやくリベラリズムの限界に気づく以前に、第三世界はいち早くこの問題を意識せざるを得なかった。リベラリズムが先進国には自由主義経済・民主政治を維持し、なお豊かな経済・文化生活を保障するのに、自分たちは資本主義経済システムに加わっても残りの約束がかなえられそうにもないという現実がリベラリズムへの懐疑を引き起こした。このシステム内では先進的か後進的か、経済的に富裕か貧しいかだけ判別される。相対的かつ受動的なアイデンティティしか得られない。しかも、移動に必要な機会の平等は、どの国やどの人に対しても保障されているわけではない。そうであれば、リベラリズムによらない独自の集合的アイデンティティを求める文化エリート、政治的先導者（ポピュリスト）が出てきても不思議ではない。そして、彼らは民衆レベルの動員に成功している。ファンダメンタリズムは一例である。遅れてシステムに参加した東欧の旧共産主義国家でエスノ・ナショナリズムが復活したのも同じ要因があろう。

なぜ人々は宗教に回帰するのか

ここで問題にすべきことは、リベラリズム或いは共産主義という政治イデオロギーによらず、なぜ、宗教や民族の観念といった前近代の遺物で集合的アイデンティティが形成されたのかということである。まず、これは伝統への単なる集団的退行現象ではなく、人間・社会のあり方の未来像、つまり歴史の目的を過去の伝統に求める積極的態度がもたらしたものと考えた方がよい。このような歴史認識によれば、伝統社会に存在していた共同性が資本主義経済システムにより破壊され、現在は抑圧的システム統合でしか社会関係が成立していないと考える。この不自然さを解消し、個人が適応でき、自己のアイデンティティを確認できる共同性の空間を確保する物語を伝統の中に求めるのである。この再生の筋書きを自ら選択するということが、第三世界にとってはいわば近代化の経験である。つまり、脱工業化社会は資本主義経済システムを自ら選択したが、第三世界にとっては強いられた選択であった。少なくとも、現在伝統に拠り所を求める人々はシステム選択の社会的決定に預かっていなかったと考えている。もちろん、先進社会の人々もこれまで必ずしもこのような政治的決定の制度に参加できたわけではない。どこの社会においても、いったん選択されたものが制度化してしまうと、個人にはそれがシステム的要請としか感じられないこともあろう。しかし、先進諸国と第三世界においてグローバル化した後期資本主義システムの同じ抑圧的構造があったとしても、根本的に異なった経験として受け取られる。個人としての経験は国民国家の一員、或いは民族の一員としての共同性の中で形成されるために、共同体に関わる言説の影響を受けるからである。共同性を回復するというのは、自分たちの経験をシステム合理性ではなく、自分たちの言葉で世界を意味あるものに変えていくという作業なのである。その際、二つの理由から共同性を回復するために宗教伝統が選択されることが多い。

第一に、宗教において自分は何者であるのかというアイデンティティは、聖なるものとのつながりや所属集団の共同性において確認される。人間は様々なスティグマを持った身体を持ち、卓越の欲求やルサンチマンを行為の源泉として持つ。まさに、いかなるものを所有し、いかなるものに所属しているか、その錯綜した関係で味わう喜怒哀楽が個人のアイデンティティを形成するのである。宗教はデュルケムの言うように元来が社会の集合表象であるとすれば、集合的アイデンティティにはうってつけである。自己の計らいを越えた現実感が人を動かす。民族という共同性への所属も同様に魅惑的であろう。

第二に、宗教は、自分のアイデンティティを変えることで新しい現実を生み出していくための覚醒の技法を持っている。具体的な身体感覚を伴った経験に即し、生きられた認識を得る方法を実践生活として確立している。宗教生活はイスラームのシャリーアに典型的であるが、元来が生活のトータルな方法である。近代的理性のように悟性と感性を分離せず、全体としての生を強調する。ここに「近代」の突破口を見いだそうとしているのが近年の宗教復興運動ではないかと考えられる。

以上、宗教伝統の可能性としての側面を描出したが、宗教は人間の不合理な感情をも処理するメディアであるだけに、宗教の技法が知的暴力以上の抑圧に用いられるケースが多々ある。エスノ・ナショナリズムは共同性を政策的に創出し、人間に内在する異質性排除の熱狂を喚起する（マイケル・ロバーツ、一九九三：一二七－一五〇）。国民国家と民族を一致させることは、歴史的に複数の民族が混住している地域において不可能である。しかし、政治的求心力を感情のレベルで生み出すには有効な方法である（村木、一九九三：八五－一〇三；Glenny, Misha,1992＝1994）[6]。ファンダメンタリズムも共同性を文化と社会体制の一致に求めているが、その動員が共同性の了解を超えた範囲に及んだ場合、深刻な抑圧を生み出す。個人のアイデンティティを確立しようとして集合的アイデンティティを形成したとたんに、それが新たな抑圧の装置になるというジレンマがある。近代は、その解決に政教分離という政治と文化の分離という道を選んだが、政治に道徳的正当性を与える方法に十分成功しなかった。新しい社会運動にはこのジレンマを解決する可能性があると見られているのであるが、次の節では宗教の技法の二点目に着目してタイの社会変動と宗教運動を見ていきたい。

四　タイの経済成長と社会変動

タイの経済成長

近年タイ国は、インドシナ半島においてバーツ経済圏を主張するほどにめざましい経済成長を遂げてきた。一九八七年以降、海外からの直接投資が激増し、とりわけ日本からの投資は一九八七年で全体の四割を占め、二国間ＯＤＡにおいても全体の三分の二と経済協力の面でも日本の存在が突出している（タイ国投資委員会資料／バンコク日本人商工会議所編、一九八九／外務省経済協力局編、一九八八）。現在のタイ国経済成長の牽引車は輸出型工業であり、一九八〇年中盤以降の好調な経済パフォーマンスのために、工業生産物の全輸出産品に占めるシェアが飛躍的に増大し、一九九〇年時点で農業生産物のシェアは約三八パーセントに下がった。タイが世界市場の四割を占める米輸出大国であることは確かであるが、もはやその輸出金額は一九九一年で輸出製品総額の四パーセントにすぎず、輸出型工業国家へと変貌した（Office of Minister, 各年）。

一九九〇年代から現在までの経済成長はめざましく、一九九七年のアジア経済危機のために数年の落ち込みを経験したが、二〇〇一―六年にわたり首相を務めたタックシン・チンナワットの新自由主義政策により成長の勢いを回復した。彼は携帯電話をはじめとする通信産業で巨万の富を築き、一九九五年より政界に進出して首相の座を射止めたが、サクセス・ストーリーの背景には、国民による旺盛な消費意欲と購買力の増大という内需も加わった一九九〇年代中盤以降の好調なタイ経済がある。その一例として、自動車と携帯電話の新規購入台数を見てみよう。

表2　1997-2003年の交通省に登録した車

単位：1,000台

	1997	1998	1999	2000	2001	2002	2003
乗用車（定員7人以下）	1,812	1,974	2,124	2,111	2,281	2,651	2,881
乗用車（7人以上：バン）	538	555	527	554	583	608	518
ピックアップ（小型トラック）	2,587	2,779	3,098	3,209	3,341	3,544	3,631
バイク	11,650	12,464	13,245	13,817	15,236	16,581	18,210
他の車	319	316	340	339	319	290	309
合計	16,906	18,088	19,334	20,030	21,760	23,674	25,549

出所：Ministry of transport（www.mot.go.th/stats_main3.htm）

表3　1997年～2003年のタイ電話公社（TOT）に登録した携帯電話

単位：台数

	1997	1998	1999	2000	2001	2002	2003
携帯電話（全）	1,105,748	1,016,495	1,154,784	1,451,619	2,391,575	2,329,348	13,224,265
470 system：NMT	49,645	37,678	2,396	21,868	15,273	11,310	6,548
900 system：NMT & GSM	1,056,103	978,817	1,126,388	1,429,751	2,376,302	2,318,038	13,072,327
1900 system	—	—	—	—	—	—	145,390

出所：TOT　*Corporation Public Company Limited* の統計より作成

註　2003年に携帯電話登録数が飛躍的に増加しているが，通信会社の各種プロモーションによる普及と考えられる。

首都バンコクでは、高層オフィスビルやコンドミニアム、巨大なショッピングモールの建設ラッシュであり、高速道路から見える光景は近代都市そのものである。もっとも、都市のスプロール的成長に交通網の整備計画が追いつかず、市内中心部では時速四、五キロでしか車が動かない。それは急激なモータリゼーションの結果であるが、新しい車の持ち主は郊外の道路沿いに造成されたタウンハウスや邸宅がある団地に住み、食料品・日用品は市場ではなくスーパーマーケットで済ますいわゆる新中間層の人々である。都心のオフィスで働く人々は片道二時間近くかけて通勤する。都市郊外のさらに外部に工業団地があり、その一つバンプリー工業団地は都心から二五キロ程東方に位置し、外資系企業が広大な敷地で工場を操業しており、その周辺部には工場労働者達の新しい町ができている。このような都市化、消費生活が近代的なタイ、五番目のＮＩＥＳの素顔である。もちろん、市内には多数のスラムがあり、近代化の陰とでもいうべき売買春等の社会病理的現象も散見される。しかし、それらをもってタイの途上国性（十分な開発がなされていない）を強調するのは、近年のタイにおける高度経済成長を過小評価することになろう。

一九九一年スチンダー国軍最高司令官による国家治安維持団のクーデターがあり、これに対して新中間層の市民はバンコク知事を二期勤めたチャムロン・シームアンを民主化の象徴的人物としていただき、一九九二年血の五月事件では徹底抗戦したといわれる。国王の調停によって事態は収拾され、総選挙後、文民首相が選出される。一般市民の政治意識は軍人による政権交代劇であるクーデターをもはや許容しない程度に変化していた。その後、新憲法起草委員会が文民首相によって選出され、一九九七年新憲法が制定され、タイは行政機構の分権化が進んだ。

首都バンコクとは長らく近代化の速度を違えていた地方もまた急速に近代化が進むことになった。地方の県都と地方農村を結びつけたのが過剰労働力としての農村の青年であった。出稼ぎ者の過半数を送り出すタイ東北部では、当該地域の人口増に対応するべく農地獲得の手段としてフロンティアを外延的に拡大する挙家離村―開拓移住を繰り返してきた。そして、粗放的な天水依存の稲作や換金作物栽培を行ってきたが、近年占有権のない未耕地は消失した。開拓時期の比較的遅かった地域でも、世代を経るごとに土地なし農民が増えてこざるを得ない状況になっている。村で生活の手段を持たないものは知人・親族のつてをたどり、バンコクや地方中核都市の工場に勤務するか、とりあえず都市に出て、日雇いの建築労働者か露天商等の雑業に従事し、条件のいい就業の機会をうかがう。彼らは一九九四年時点で最低賃金一日一三五バーツ（日本円で六〇〇円弱）、実際はそれ以下の安価な報酬でも労働市場に参入せざるを得なかった。彼らが得た現金収入は地方に送金され、国内向け消費物資の購入資金となって内需を下支えしていたのである。

周辺としての農村地域は政治・経済の中枢である首都バンコクの資本主義的経済発展に組み込まれてきた。これは、労働市場の全国的拡大という側面以外に、古くは緑の革命以後近代的農業技術の移植という形態でアグリビジネスが農村に進出し、農民は化学肥料・農業機械の購入や換金作物栽培のための運転資金に融資を受け、債務を負っていくことになり、経営次第で上層農と零細農に階層分解していった経緯もあった。さらに、商品経済の浸透に伴い、辺鄙な村でも現金収入なしには生活できないようになる（北原、一九八五：一一四―一三一）。このような一連の過程は、農業経済学、社会学、地理学の地域研究者によって明らかにされているが、本章が問題にしたいのは、周辺が中枢に包摂される開発の文化的プロセスである。このアプローチには開発人類学の知見が有効である。

開発人類学

エスコバールによれば、開発人類学とはボアズ流の文化相対主義的視角で得たローカル・ノリッジを古くは植民地経営に、近年では国家・民間の開発援助プログラムをコミュニティレベルで策定する際に役立てようとする応用人類学の一分野である。特に、一九七〇年以降世界銀行や国際的援助団体が、貧困解消のための社会的政策よりも、地域の人々のベーシック・ニーズに関心を向け、人類学的素養を持つ人によるアセスメント調査の需要が生じた（Escobar, 1984-85：384-392；Escobar, 1991：656-668）。彼らは地域の人々の側に立つという自覚を持ちながらも、国際会議や第三世界の首都で論議された貧困の指標を当該地域に発見し、援助政策を提言する（Hancock, 1988=1992）。つまり、開発の実践は第一に、「小農」「文盲」「子沢山」「栄養不良」といった改良されるべき異常性を見つけだし、そこに権力の介入する領域を設定する。次に、このような低開発を生み出した政治的問題は棚上げされ、低開発だけを価値中立的に扱う開発研究者という専門家集団が成立し、開発を現実化する知識の編成が行われる。そして、開発の現実的・客観的科学の有効性は、そのように編成された知識をどれだけ対象となる人々が内面化するか、すなわち日常生活がどれだけ開発されたかに相関する。開発を言説として捉えるアプローチを用いる足立は、開発に関する一連の語りが開発する側の先進国のみならず、途上国においても流通し、メディアを通して自らが開発されるべき低開発の状態にある人間であることを内面化させる訓育の方法であったことを述べた（足立、一九九五：一三三―一三六）。

以上のような開発の言説に対して、NGO主体の「草の根」的開発がオルターナティブになるという主張もまた問題をはらんでいる。実際、地元有力者（チャオ・ポー）の利益誘導型開発やプロジェクトの商売としてのうまみが「草の根」のシンボル以上に農民の「参加」と「自助努力」を引き出すことが多い。NGOのめざす内発的発展像と農民自身が内面化している「開発」像との間にはかなりの落差がある。その差異は時折の研修などで解消できるものではないし、研修への動員すら援助金交付の条件付けで行う国際NGO傘下型のタイNGOも少なくなかった。また、彼らが企画する織物・手工芸等のプロジェクトの成功不成功はマーケティング能力にかかっているが、援助専門家には概してそのノウハウがない。タイのNGOの大半は巨額の財政支援をチャリティとして国外から集めることで組織運営にあたっていた。市場における起業（企業）経験のない人間が起業家を育てることは無理である。これは、タイに限らず、開発援助が抱える根本的な問題であり、一定期間の事業は起こせても、自立可能な経済基盤の整備という初期の目的は殆ど達せられずに、援助が終われば元通りというケースが多い。

農民が自ら行動する場合、集合的なアイデンティティとなるシンボル創出、及びその契機となる彼らの日常生活世界を侵犯する異質な論理に対して葛藤を経験することが重要である。後に述べる村落の伝統的な互酬的社会関係を再活性化させた共済組織の形成は、商品経済の浸透に伴う負債の増加、貧困化へのリアクションであった。政府によるダム建設に伴って水没する地区から代替地へ強制移住させられることを契機に、環境保全を旗頭にした住民運動が形成されることがある。但し、シンボルは固定的ではない。国立公園内の村人が先住権として焼き畑による開墾（森林の利用）を主張し、政府は森林保護のために代替地への移住を強要し、両者の間で争いが生じたケースもある。要するに、内発的な運動の形成には、外生的な「内発的発展論」の移植ではなく、どのような危機、葛藤があるかをシンボル的に表現するメディアとファシリテーターが必要なのである。

このようなシンボル的表現の一つの典型が宗教ではないかと考える。次節では本章の分析対象であるタイ社会の近代化に関わる複数の言説空間が、宗教運動の分析を通じて明らかにされるであろう。

五　タイ社会における「開発」の言説と宗教改革運動

国家宗教としてのサンガ

現代タイの宗教復興運動は、ジム・テーラーによれば、三つに分類できる。第一は、日本の世界救世教（ＭＯＡ、新生派それぞれ別の経緯で布教を開始し、自然農法の普及と浄霊の癒しで知られる）や創価学会等の新宗教が布教に来て支部と固定的信者を有する外来宗教教団。第二に、プーサワン等の千年王国的な精霊主義的カルト。第三に、上座仏教の改革派として、頭陀僧、開発僧、サンティ・アソーク、タンマカーイ等をあげている（Taylor, 1993a：63）。これらの既成宗教以外の宗教が勢力を持ちだしたのは東南アジア全体の現象である。ムルダーは、新中間階層の出現という社会変動の中で解釈を試みる。近代の国民国家を創設した当初の理念である憲政国家・民主主義・社会的公正をめざす法治国家といったものは、次第に経済的発展をめざす開発の国是にとって代わられ、物質主義の文化が主流となった。宗教の復興は、このような道徳的真空状態である社会への反発と理解できる。都市居住の中間層は消費文化の中で政治にも宗教にも関心を失い、自分たちのライフスタイルを演出するファッションとして新宗教の瞑想・儀礼を楽しんでいるのであり、いわゆる宗教的覚醒を求めているのではないと彼は言いきる（Mulder, 1993：189-191）。これは後期資本主義社会で隆盛する新宗教の一般的理解に近いが、タイ国の宗教伝統の中に踏み込んだ理解が必要である。

タイでは上座仏教が政治権力を正当化する機能を長らく果たしてきた。一三四五年スコータイ王朝のリタイ王が編纂した三界経において、初めて王権の正当性が正法王の観念で表象された（Jackson, 1993：69-74）。その後、アユタヤー時代にクメールからバラモン祭式の飲水誓約式儀礼等が導入され、王が神霊力を持つ神と同様に敬われ、誓いを破った臣下に道徳的・超自然的なサンクションを下す力能を持つ者と考えられた。或いは、王がジャータカ説話の聴聞を積徳儀礼として地方に広め、その中にブッダの化身としての国王の観念を織り込む等、宗教的世界観による王権の正当化がなされてきた（田中忠治、一九八八：一六二－一七五、一九六－二〇五）。

上座仏教が国教としての地位を確立したのは、一九世紀末にチャクリー王朝五代目のチュラーロンコーン王が国家機構近代化政策の一貫として、ワチラヤーン親王にサンガの改革を委ね、仏教的知識と教団組織を国家の支配下においた時代であった。親王は学校教育の方法をサンガに導入し、自らテキストを執筆、試験制度を確立した。現在の試験は、教理で三級から一級、パーリ語で三段から九段までのランクに分かれており、僧の宗教的職能が資格として制度に組み込まれている。また、一九〇二年制定されたラタナコーシン暦一二一年サンガ統治法は、二度の改正を経て現在に至り、僧侶はサンガにより戒律を授けられ、タイ国サンガに所属すること、サンガの最高責任者の任免権は政府の所管であることが規定されている（石井米雄、一九七五：一四八―一五二、一六九―一八四、二一四―二二四）。国教といっても、タイ国民の信教の自由は憲法で保証され、上座仏教以外の宗教の布教活動も一九世紀後半より認められてきている。しかし、上座仏教に関しては、国家がサンガの擁護者としてサンガ以外の教団・教義は認めず、異端を取り締まるのである。このように国家に組み込まれつつ、エクレシア（単一の教会組織）化を進めたサンガは、知識体系・組織の安定を得た反面、サンガ内部において宗教的権威の中枢と周辺の葛藤を処理するメカニズムを持てなかった。また、サンガは公定宗教として世俗の普通の人々を支持基盤として持つ必然性が薄れたために、民衆の生活・意識の変化に対応できず、一九七〇年代から既成仏教の改革を求める運動にさらされることになる。もちろん、これは国家権力の中枢都市バンコクの動向であり、地方農村部では長らく精霊信仰と積徳行としての仏教儀礼が習合した慣習的宗教実践が行われてきた。その点で仏教は地方農民の生活に密着していたし、国家やサンガとの関わりで宗教実践を意識化する契機もなかった。地方における新しい宗教活動は、住民よりも改革の明確な意志を持った僧侶によってイニシアチブを取られてきた。本章では、まず都市部の改革派の動きを紹介し、次いで、農村部において現世に関わる僧、いわゆる開発僧と呼ばれる僧侶の活動を紹介して次の章につなげたい。

プッタタート

都市部・農村部共に上座仏教の改革運動に大きな思想的影響を与えた僧がプッタタート師である。彼は教理試験の教理解釈に納得できず、一九三二年以来南タイのチャイヤーに森の寺を開き、サンガの正統的教理理解とは一線を画した思索を深めることになる。彼の合理主義的教理解釈は、一九世紀末にモンクット王がパーリ経典に基づく宗教実践を強調して結成したタンマユット派の影響を受けており、積徳行為におけるカルマ（業）の理解や呪術的儀礼を含む慣習的な教理解釈を退け、上座仏教のコスモロジーを涅槃に至る精神の状態と心理学的に解釈する。また、僧侶が在家の布施を受け取ることで在家に功徳を積ませるというサンガ本位の福田思想も批判し、聖と俗、現世と来世の二元論を廃して、僧・在家共に仏法により現世において涅槃を志向する宗教実践を説く。このような近代主義的仏教理解は、当初タンマユット派の僧侶と一部の知識人に受け入れられた程度であった。しかし、一九七〇年代に入り、サリット、タノームと継承された権威主義的体制に意義を申し立てる中流階層の市民・学生は、彼の思想を反体制的な思想の基盤としていった。

プッタタート師自身は政治と関わりを持たないが、功徳の多寡でサクディナー（封建的）的階級を正当化するようなカルマ観を否定する。王権や権力を正法王の観念で正当化するのではなく、逆に正法王の基準により正しい治世を行わないものの権力を批判する彼の筆鋒は鋭い（Jackson, 1988b：116-135）。また、法に従わない人間が社会を支配するから秩序が乱れ、このような人間が自然を搾取し、環境を破壊するとして、人間・社会・自然を法により相互連関を持つ体系と捉える視点は、エコロジー運動に援用可能である（Buddhadasa Bikkhu, 1993：256-261）。しかし、彼はあくまでも宗教の枠内で法による正しい行い、民衆のための正義を論じているのであって、権力の分配公正や民主政治の手続きは考慮の他である。これは仏教に限らず、宗教は総じて正しい認識と正しい実践の統合の方法を問題にしている。正しくない認識・実践が生じることの歯止めを政治の問題ではなく、内心倫理のレベルで考えるのが宗教である。

ともあれ、プッタタート師の思想は、政治への参加を求める個人の道徳的拠り所として、不正の告発・権力への抵抗の旗頭として、既成仏教がなし得ない貢献をしたことは間違いない。タイ国の中流階層の市民が、もはや仏教に基づいて統治された共同体国家という幻想から抜け出て、自己のアイデンティティを形成するために合理的個人的仏教思想を選択したのだと言えよう。

タンマカーイとサンティ・アソーク

都市型新宗教を代表するワット・プラ・タンマカーイとサンティ・アソークは、教団の目標・組織形態・信者の社会階層・宗教実践において対照をなしている。共に個人の覚醒を重視する合理的宗教実践を志向しながら、新中間層を支持基盤にしていると言われているが、新中間層自体一枚岩的な集団ではない。エスタブリッシュに近い層と恒産を持たない層とでは宗教に求めるものが違う。比較の問題として前者はタンマカーイに多く、後者はサンティ・アソークに多いといえよう。

ワット・プラ・タンマカーイ（以下タンマカーイ）は、タンマカーイ瞑想法を編み出したワット・パークナームの住職ソット・チャンサロー師（一九五九年死去）に創始され、その後継者パデット・タッタチーウォー師、チャイヤブーン・タンマチャヨー師等によってタンマカーイ瞑想センター及びタンマカーイ財団が設立される。その瞑想法では、精神を臍の上二インチの一点に集中させ、体内に水晶球を連想する「定」により、十八身の「内なる自己」を経て精神の最高の境地に顕現する「法身」（タイ語でタンマが法、カーイは身体意味する）が得られるとされる（詳しくは、矢野、二〇〇六、六五－七一）。瞑想方法はマニュアル化され、アストラル界のイメージと霊性の開発によって得られる個人的な知恵の力が強調される。涅槃への道は瞑想による身体の浄化とタンマカーイ財団への積徳行為の積み重ねである。

信徒が布教の対象とするのは主に学生であり、プログラム化された研修を大学生の夏期休暇二ヶ月の間に実施し、学生に覚醒の直接体験を持たせる。感化された学生はバンコク市内の仏教サークルで情宣活動に努める。信者数は約四千五百名（一九九二年時点）、本部専従者の内九割が大卒者、独身者が多い。大学進学率が十パーセント程度（一九九〇年代初頭）のタイ社会では、彼らは学歴・出身背景共にエリート予備群であり、教団はこの階層をターゲットに教勢の拡大をねらっていた。別の見方をすれば、精神の覚醒と潜在能力の開発、エリート階層への様々なコネクションを作る機会を提供するワークショップに、学生が将来のことを考えて集まってきていたとも言えよう。教団はマスメディアを利用し、イベントごとにバンコク市内にバスを仕立てて観衆の動員を図る。政権に対しては、庇護を求める態度をとり、サンガ大長老会議とのコネクションを持ち、政府の「仏法の地、黄金の地」農村開発プロジェクトに協力したり、国王の誕生式の式典には信者を自分の集会から割いて護衛の任につかせた。三二〇ヘクタールの取得済み用地に瞑想研究や僧侶育成の大学を備えたワールド・タンマカーイ・センターを建設した（Fuengfusakul, 1993 : 153-183 ; Jackson, 1989 : 199-218）。

矢野秀武の労作によって、タンマカーイ教団の形成過程がかなり明らかにされている。タンマカーイ瞑想法とビルマ式瞑想法との対比、タンマチャヨー師を中心とした教団の体制と構成、一般信者の入信経緯等は貴重な資料である（矢野、二〇〇六）。しかしながら、タンマカーイを通してタイの上座仏教や社会変動を総体的に描こうとした試みは難点を含んでいる。タンマカーイはサンガ内棲型のセクト運動であり、現在でも正統な寺院とみなすことに躊躇する人は少なくない。日本の例で考えれば、在家主義の法華系新宗教を取り上げて日本仏教や日本の社会状況を語ることがどういう意味を持つのかということに等しい。それなりには語れるが、おそらく、その部分から宗派全体の動きを語ることに賛意を表明しない人が多いのではないか。タンマカーイの運動は瞑想法の実践に加えて世界宣教を積極的に行う。その活動資金や、巨大施設建設資金、教団職員を擁する教団の運営費用は信徒の喜捨に負うところが大であるが、学生信徒も含め普通の信徒が、筆者の目には分相応を超えた布施をしているように思われる。タイの識者のようにあえて消費型宗教とまでは言わないが、タイの伝統的寺院の活動を超えた部分をどのように評価するかが論点となろう。

さて、タンマカーイとは対照的に、サンティ・アソークは三つの農村コミューンを有し、有機農法で自給自足の生活を行い、余剰の農産物、及び加工品や日用雑貨の販売で資金を得ていた。約二千五百名の五分の一が小農で信者の階層は概して低いといわれる。本部の僧侶は五四パーセントが小卒、三四パーセントが東北タイ出身者である。宗教実践はコミューン内での徹底した禁欲生活であり、世俗の垢にまみれて自我を曇らせてしまった人達が法によって生きるしかないという覚悟を集団生活、相互批判（監視）の中で作り上げていくという。それにもまして、タンマカーイと決定的に異なる点はサンガに対する態度である。開祖ポーティラックは三六歳で出家し、頭陀行僧の禁欲生活や僧としての聖性に惹かれ、他方プッタタートの脱呪術・脱カルマ的合理主義をも吸収した。彼は自己の個人的資質において律と法を実践できること、したがって腐敗したサンガとは全く独立して一派を形成することを主張し、一九七三年マハーニカーイ派サンガに登録することを拒絶した。彼は一九七六年サンガ統治法違反で検挙されたが、サンガでは受戒している以上僧侶であり、サンガの登録を済ませていないということでは世俗法に触れているのである。どちらの法を優先するかという難題を教育省宗教局に突きつけることで、サンガ批判が政府のサンガ支配という政治批判に発展していくことになる。この問題は、サンティ・アソークの強力な信者として元青年将校であったチャムロン・シームアンが清廉潔白な政治姿勢で人気を集め、一九八八年バンコク特別区知事に当選し、彼のパランタム（法の力）党が市議会や地方選で議席を占め始めると政治問題化した。チャムロンの政敵がサンティ・アソークとの関係を批判の材料に使ったのである。実際、パランタム党の候補者はかなりの人間が信者であり、選挙運動を教団がバックアップしている（Jackson, 1989：159-189；福島、一九九三：三八三-四一四）。先に述べたタックシン・チンナワット元首相が初めてパランタム党から下院議員選に出馬し、首相となってからは強権政治がチャムロンに批判され、軍部のクーデターによって首相の地位を引きずり落とされたのはなんとも皮肉であった。

政治と宗教的理念の統合は、仏教原理主義の運動として紹介されるが、エクレシアとしてのサンガと軍人主導の政権の正当性が崩れ、新しい理念と政治体制をそれぞれに創出しようとした動きと見ることができる。タンマカーイ、サンティ・アソークの宗教運動は、伝統的な仏教に飽きたらない都市や地方の住民を、合理主義・個人主義によって再解釈された仏教理念で動員することに成功し、社会に構造変動を引き起こしているのである。次に、農村部に見られる上座仏教の動向を見ていきたい。

開発僧

伝統的な村落仏教は、商品経済・コマーシャリズムの流入に伴い、積徳行の実践において布施の金銭的多寡を競う傾向にある。寺の宗教委員会は布施の金額を毎日マイクで個人ごとに発表する。富裕な家では供養のために寺が門塀や布薩堂を建設する際、多額の寄進をして名を刻んでもらったり、積徳の行為を顕示したりする機会が益々増えてくるが、貧しい家は布施が少ないということで宗教的な劣位に置かれてしまう。また、村落が開発され、都市との結びつきを強めるにつれて、老人世代の慣習的知恵よりも世の中の動きに敏で金を儲けられる才覚、出稼ぎにいける強健な身体が価値を持つようになる。村落社会内で周辺に追いやられた人々なりに宗教的アイデンティティを求める行為として、近年、男子の老後の出家、高齢女子の瞑想修業が活発化し、積徳行の場である既存の寺以外に、森の中に寺を作り、精神の安らぎを求める人々が出ている（林行夫、一九九一：一〇五-一〇八）。但し、ワット・パー（森の寺）を寺院名に付ける寺院の創建は必ずしも近年の村人の発意によるものだけではない。

東北タイをはじめとして、タイの各地に研究者やNGO活動家から開発僧（プラナックパッタナー）と呼ばれる僧侶がいる。元来上座仏教の僧侶は二二七ヵ条の戒律を守り、自己の解脱のために修業する。営利目的の経済活動や労働は一切しない。世俗から身を離すことで清浄を保ち、僧侶は福田（僧や困窮者・老病者等で布施を受ける人々）として在家の人々から布施を受けることで在家に功徳を積む機会を与えているのである。ところが、自ら鍬を持って菜園や養魚池を作り、農業協同組合（米や家畜の一時貸し等）や信用組合（村内で資金を調達し、低利で融資）を組織して、村人の経済的自立の道筋を示す僧が一九八〇年代頃から注目されてきた。このような僧は全国三十万人余り（二〇〇六年度、全国の僧侶数は二一万三二六七名）の僧侶集団（サンガ）の〇・一パーセントにもならないが、当初赤い僧（共産主義者）と揶揄され、なかには警察に事情聴取されたものがいるにも関わらず、その地道な活動が実を結びつつある。開発僧の説くところは、消費文化にあおられた過剰な欲望の自制、村の伝統的な相互扶助の気風を共済組織として制度化することである。東北タイの農家の平均年収は十万円に満たない。それでいて、ようやく買い求めたテレビで放映されるコマーシャルは近代的で豪奢な都市の生活をうつしだす。身の丈にあった暮らしで、独立自尊を保つのは容易ではない。開発僧が導き手となる所以である。

開発僧の発展観は、農民が自尊心を持ち、自力更正レベルで幸福感を持てるように、資本主義に作られた豊かさの客観的尺度を捨て、仏法の説く主観的尺度を身につける人間を開発するという点にある。何が豊かであるかを決定する自分があるということが豊かなのであり、他者と比較して相対的幸福を味わうという価値観を持つ限り、論理的にも現実的にも、この地域の人々は豊かにはなれない。貧困の根を自分の心の中に見て、執着を断つ。これを説法するだけなら、知識や技術の教育という近代的なコード支配、開発の言説と変わらない。スリン県のナーン師（ピピット・プラチャーナート師）は瞑想止観によって苦の原因を村人自身につきとめさせる。なぜ、村が貧しくなっていくのか、老人と子供だけの村になっていくのかを、専門家によらず、自分で考えること、自律性の確立が何よりも先行する。そのことを瞑想という宗教的行により会得させることに意味がある。その次に、自力更正が可能な社会のあり方を考えるのである。現実には機能していない村という共同体意識、村の伝統的互酬性の規範を活性化させる。そのために、共済のアイディアを出し、供出米・金を積徳行為のコンテキストに位置づけ、個人的な積徳行為を村の共同性の中に再編したのである。こうした一連の行為が村人に受容されるには、僧侶の村落内での地位、個人的なパーソナリティ、リーダーシップ等多くの条件が必要であろう（Wongkul, 1989＝1993：Sukusamran, 1983：317；Phongphit, 1988）。

政府の開発政策は一九七五年の農村資金環流計画以来、開発の計画・執行を村の自治に任せるという方向が打ち出されてはいる。同じ時期に、内務省は貯金組合、コミュニティ開発局との協同で米銀行や共同店舗の設置、農業省畜産局は役牛銀行等を行政村ごとに作る計画を進めていた（重富、一九九二：二二三–二六四；Phimitawon, 1981＝1983）。NGOも同様のコミュニティレベルのプロジェクトを推進してきた。問題は動員と定着である。村落の共有資源（共同体意識・人材・慣行）を活用した開発方法が優れていることは分かっていても、それを動員できる集合的アイデンティティ、シンボルの創出が官製では尻切れとんぼに終わってしまう。開発僧がイニシアチブを取る開発の事例は、一つの解決方法を示していると言えよう。彼らはオルターナティブを主張するよりは、政府やNGOのプロジェクトと積極的に関わりながら、村の自律的発展を推進している。

社会運動としての宗教

最後に、三つの宗教運動の社会運動的側面をまとめておきたい。タンマカーイは伝統宗教・政治体制の枠内で、新中間層のエリート主義的・個人主義的社会意識に対応できる教義・儀礼・組織を作り上げ、新宗教として成功しているが、宗教運動の中に体制との葛藤はない。それに対して、サンティ・アソークと開発僧は、体制と敵対するか、協調するか、その運動の戦略は異なるが、運動が葛藤の在処を明らかにしている。ポーティラックのサンガ批判はエクレシアに対するプロテストそのものであるが、彼はタイ・サンガの外部に上座仏教の僧が存在する可能性をサンガ統治法違反という行為によって実体化し、サンガと政治体制の結合により作られた「国教」の矛盾をついた。信教の自由を保障する憲法や、他宗教の存在を認める現実がありながら、サンティ・アソークにのみそれが認められないというのは確かにおかしい。このおかしさは、ポーティラックが上座仏教の伝統の真の後継者であると自分を位置づけ、僧侶として活動することから生じる。仮に、全くの新宗教として、上座仏教の外部で運動を展開するのであれば、葛藤のシンボルとはならないのである。サンティ・アソークの布教活動やチャムロン・シームアンのパランタム党の躍進は、既成の権力体制が国民に対して正当性を失いつつあること、しかも、権力中枢と密接な関わりを維持してきたサンガ内の僧侶、軍人から指導者を輩出したという事実が、体制内部の葛藤を示していた。

開発僧の場合は、開発が近代的な豊かさの観念を断念することでしか達成されないという言説を成立させることで、最も争点が鮮明になる。現代タイの社会批評家スラク・シワラクの仏教的発展観も、知を搾取ではなく、精神的な成長に用いること、開発を人間の欲望を抑えることと捉える点で革新的である（Sivaraksa, 1988：59-68）。自由に自己の世界を外部に拡張したい、環境世界を資源として自己のシステムに内部化したいという発展の発想は、人間の自己充足の欲望を西欧近代主義のコードで表現したものである。ここに、仏教的発展観を持ち込むことで発展・開発の権力性が明らかになり、同時に、近代がエコロジーの問題を考えれば行き着かざるを得ない地点を示唆している。

他者への配慮からではなく、自分がよく生きるために自らの欲望を制限すること。これを先進国並の物質的豊かさを享受できない国・人々の開き直りと受け取るべきではない。少なくとも、タイの仏教者たちは自国の伝統文化の中に、現代文明の隘路と自分たちの生活の問題を解決する方法を模索しているのである。

このような発想に基づく実践を内発的発展と呼び、オルターナティブのモデルとして理論化することは危険である。この実践は開発僧が瞑想修業による覚醒、村人との共同の作業の中で作り出したコンテキストにおいてのみ認識・感得できるものであって、タイ社会であってもこのコンテキストがない地域に定着させようとすれば、抑圧的なコード支配に転換する。

これまで述べた宗教運動は自らの教説をそれぞれワークショップ、コミューン、村落共同体の場で信徒に内面化する。教説は知識として伝達することは可能でも、それを解釈するコンテキストは場に所属するため、外部の人々に伝えることが難しい。新しい社会運動は認識を共有できる範囲でしか集団を形成せず、それ以上の拡大はネットワークで連帯を形成していったが、タイ国の宗教運動がそのような展開を見せるかどうかは予測できない。実態ということでいえば、タンマカーイはメガ・チャーチ（企業的で巨大な教会組織）化、サンティ・アソークはセクト化が進み、開発僧は、先に述べたナーン師が開発のための仏法連合を組織するなどして知識・技術の普及に努めているがその範囲は限定されている。タイの場合は宗教運動や文化運動が社会体制にじっくり変革を促してその帰結を観察することができないほど、体制内の要因で激しく体制が入れ替わる。三つの宗教運動がタイ社会にどの程度のインパクトを与えているのか評価することは難しい。しかし、宗教運動を通して社会体制と個人との葛藤が表出され、そこに現代社会の課題を見つけていくという視点は説明できたのではないかと思う。次の章では、社会体制と個人ではなく、社会体制と宗教的・民族的マイノリティとの葛藤を南タイの暴力問題として叙述し、タイの社会体制と宗教の構造を描出したい。

註

（1）現在の東・東南アジアにおいては外資導入型の輸出促進型経済が良好な経済パフォーマンスを示しており、日本の経済的利益を確保するために安価な製造コストを求めて海外脱出した企業のインフラ整備と多国籍企業の市場開拓に費やされた経済援助が、ＮＩＥＳ諸国の離陸を促したことは事実である。もちろん、これらの国々には権威主義体制をも含めた政治的安定性と外資導入に熱心な政府、リテラシーレベルの高い労働者等の諸条件が整っていたのであり、日本の開発援助がここかしこで成功しているわけではない。開発援助の具体的な政治戦略、とりわけ近年日本のＯＤＡ批判で展開される諸問題に関しては、（Sakurai, 1990 : 105-138）を参照。

（2）メルッチは、日常生活におけるディスコースの葛藤に着目することで、社会運動のダイナミックな社会過程分析を現代社会に適用し、運動に関わりつつ自己のアイデンティティを形成する個人を描こうとしている。具体的な運動の局面を分析する視座としてではなく、全体社会を認識するための理論化やその思想的系譜にメルッチの社会運動論を位置づけようとする山之内の論考には違和感を覚える。むしろ、井上のように自己開発セミナーという運動体の中で、社会の支配的コードと個人のアイデンティティ希求の葛藤を描出する方がメルッチの方法論を生かせると思われる（井上、一九九三：八一―一〇四）。

（3）新しい社会運動の形態的特徴である個人のネットワーク型組織とは、運動のめざす目的と関係する。新しい社会運動にとって、運動は目標達成のための暫定的社会形態なのではなく、自己のアイデンティティを確定し、他者とのコミュニケーションを確保する意味形成の恒常的な場である（鵜飼、一九九三：四七―七八）。ネットワーク型運動は個人が自己表現できる場を確保することを保証すると同時に、組織化による機能的合理性が可変的な集合的アイデンティティを固定化することを避ける。ネットワークは目的・価値の異なる個人が特定の課題遂行のために、意思の確認と調整を相互に行いながら関係を持とうとする行為である。そこには、コミュニケーションを成立させる新たなコンテクストが個人のリフレクションを通して創出され、ネットワークが意味を生み出すことになる（金子郁容、一九八六：一五六―一七六／同、一九九二：一二一―一二四、二〇五―二一一）。

（4）代表的な世俗化論は一九七〇年までに出尽くしており、それ以降は社会の再聖化に関する実証研究が増えているが、宗教と社会変動との相関をテーマとする研究においては、依然として衰退のテーゼが主流であり、新宗教はアノミー的価値喪失状況への退行的反応として扱われている。

（5）人間を理性的個人ではなく、卓越願望の気概を持ち、近代の歴史を形成してきた人間が平等（安寧）を望む人間にその地位を譲るという構想は興味深いが、西欧の世俗主義的人間理解を出ていない。歴史的到達点としてのリベラリズムにせよ、ネオ・リベラリズムの主張する自由競争という公正さの強要にせよ、国家間の政治・経済的ヒエラルキーの現状を、その歴史的成立過程を故意に忘却することで、イデオロギーの優秀さ、国家の能力の問題に帰したいという意図が問題なのである。但し、アメリカのイラクへの介入を契機に、フクヤマはネオコン陣営に距離を置いていると言われている。

（6）民族・宗教自体が差別的原理を持っているという議論よりも、それらのシンボルによって政治集団の境界となる差異を意図的に作り出そうとする政治過程の分析がはるかに重要である。一九九〇年代のイスラーム諸国とアメリカとの紛争（介入）を文明やコスモロジーの違いに基づく葛藤と見なす議論は、介入を正当化する論理を原因と見なす誤謬をなしているとみてよい。

第五章　南タイにおける暴力の問題

一　南タイにおける暴力事件

暴力事件の推移

本書では暴力事件という言葉を用いる。武装勢力によるテロ行為、反乱、内乱という言い方は政府の公式見解であろうし、分離主義運動や武装蜂起という言い方にも、南タイが中央政府に不当に抑圧されてきたために民衆が立ち上がったというニュアンスが含まれ、これまた特定の立場を有する集団の公式見解になる。実際のところ、南タイに居住するマレー系ムスリムと仏教徒の大半は平和に共存してきたし、今後も争いを望んでいない。そして、一連の事件が全て政治的・宗教的イデオロギーを背景になされたものでもないだろう。暴力の日常化という事態のなかに、私的利害による暴力が意図的に隠蔽された場合も相当数あるのではないかと考えられる。暴力事件の内容は、スリソンポップ・ジッピロムスリー（ソンクラーナカリン大学）によると、おおよそ表4に示したとおりである。「二〇〇四年一月四日～二〇〇五年五月にまで南部で起きた事件は全部でおよそ二、四四一件、二〇〇四年は一、八四三件、二〇

表4　タイ南部における暴力事件

Date	事件の概要	県
1993/8/1	学校22ヶ所に放火	パッターニー県，ヤラー県，ナラーティワート県
1993/8/2	学校2ヶ所に放火	ソンクラー県，パッターニー県
2002/10/29	学校5ヶ所に放火	ソンクラー県
2002/10/1	警察署に発砲し，警察官に負傷者が多数出た。	パッターニー県
2003/2/4	警察官殺害事件	パッターニー県
2003/3/23	退職した警察官殺害事件	パッターニー県
2003/4/26	マナググーポの数千人の市民が地域の警察署を襲う。怪我した警察もいる	パッターニー県
2003/4/28	タックシン開発第二センターで，兵器・軍備が盗難。4人の軍人が死亡，2人はけが。	ナラーティワート県
2003/4/29	15人の犯人がタックシン開発第五センターで兵器・軍備を盗んだ事件。一人の軍人がけが	ヤラー県
2003/5/7	2ヶ所の公衆電話が破壊される	ナラーティワート県
2003/5/13	20ヶ所の公衆電話が破壊される	ヤラー県
2003/5/20	警察官殺害事件	ナラーティワート県
2003/6/6	5ヶ所で兵器・軍備が盗まれる	ナラーティワート県
2003/6/9	学校に放火	ヤラー県
2004/1/4	50人以上の武装集団によって軍人4人が死亡。	ナラーティワート県
2004/1/11	学校19ヶ所に放火	
2004/1/26	南部の3県の学校を閉鎖	
2004/3/12	ヤラー県内学校251ヶ所を閉鎖	ヤラー県
2004/3/12	ソムチャイ・ニラピチット（Somchai Nilaphichit）弁護士が行方不明	バンコク
2004/4	The National Reconciliation Commission（NRC）の整理	
2004/4/28	クルーセ事件が発生。武装集団の106人が死亡した。106名のうち32名はクルセー・モスクで死亡	パッターニー県
2004/10/25	タークバイ事件が発生。デモに参加した85名が死亡。	ナラーティワート県
2004/11/12	飲食店の爆発。一般の住民14人がケガ	ナラーティワート県
2005/2/17	自動車爆弾事件。死亡6人，ケガ40人	ナラーティワート県
2005/3/3	ハットヤイ国際航空，カリフェール・スーパーマーケット，ホテルの3ヶ所で爆発。69人ケガ，2人死亡	ソンクラー県
2005/7/14	ヤラー県市に暴力事件が発生。警察官2人は死亡，一般の住民23人がケガ。	ヤラー県
2005/7/16	南部3県に戒厳令を布告する	
2005/7/21	南部3県に戒厳令を中止する	
2005/9/20	タンヨンリモウの村人が海兵隊員2人を拘束	ナラーティワート県
2005/9/21	海兵隊員2人が死亡	ナラーティワート県
2005/9/21	バージョ町で爆発の事件，4人の警察がケガ。商店に爆発の事件，4人住民がケガ。	ナラーティワート県
2005/9/25	131名がタンヨンリモウの村人がマレーシア，ケランタン州に亡命	ナラーティワート県

出所：www,thabews,irg/cms/index/php?option=com_content&task=view&id=156&[temid=47]

○五年は五九八件となる。」二〇〇五年一〇月現在でも毎週のように暴力事件が起きており、この簡略な表が伝える事件はそのごく一部に限られている。

また、これらの事件では加害者が不明な場合も少なくない。被害者の分類から事件の性質を示したものが、表5と表6である。チュラーロンコーン大学のパニターンがマティチョン誌と共同で調査した数値であるが、先に挙げたスリソンポップの統計よりも総数が少ない。最初に述べたように、通常の犯罪とこの南タイで発生している政治的抗争事件との境目が定かではない事件もあり、算定基準が異なっているものと考えられる。

南部四県のうちでもナラーティワート県とパッターニー県で最も事件が頻発しており、ソンクラー県は少ない。しかし、後に述べるように、二〇〇四年にはパッターニー県でクルーセ・モスク事件、ナラーティワート県でタークバイ事件が発生し、多数の死傷者を出していることが総数を多くしている。二〇〇五年を見れば、パッターニー県よりもヤラー県の方が事件数は多い。

爆弾を用いたテロ事件と、特定の人間を狙った事件が二〇〇四、二〇〇五年ともに見られる。後者に関しては、明らかに警察官・軍人・公務員の被害者が顕著であり、南タイをタイ政府が軍事的・行政的に統治する手先とみなされて狙われたものである。一般の市民ではタイ民族、仏教徒を狙ったものが多く、その中には僧侶が含まれている。タイの上座仏教にしろ、イスラーム教にしろ、宗教者を殺害することは通常起こりうる犯罪ではない。僧侶と寺院は徳を積む福田そのものであり、僧侶を殺害し、寺院に放火するということは、普通のタイ人の想像を絶する。地獄を一巡りしただけでは済まない大罪である。南部諸県にも相当数の寺院があり、仏教徒の崇敬を集めている。同じ村落にムスリムと仏教徒が共存しているのが普通の状態であるから、ムスリムの村人が僧侶に手をかけることなどありえない。南部で発生している暴力事件は、南タイの地域住民の常識をも超えているのである。

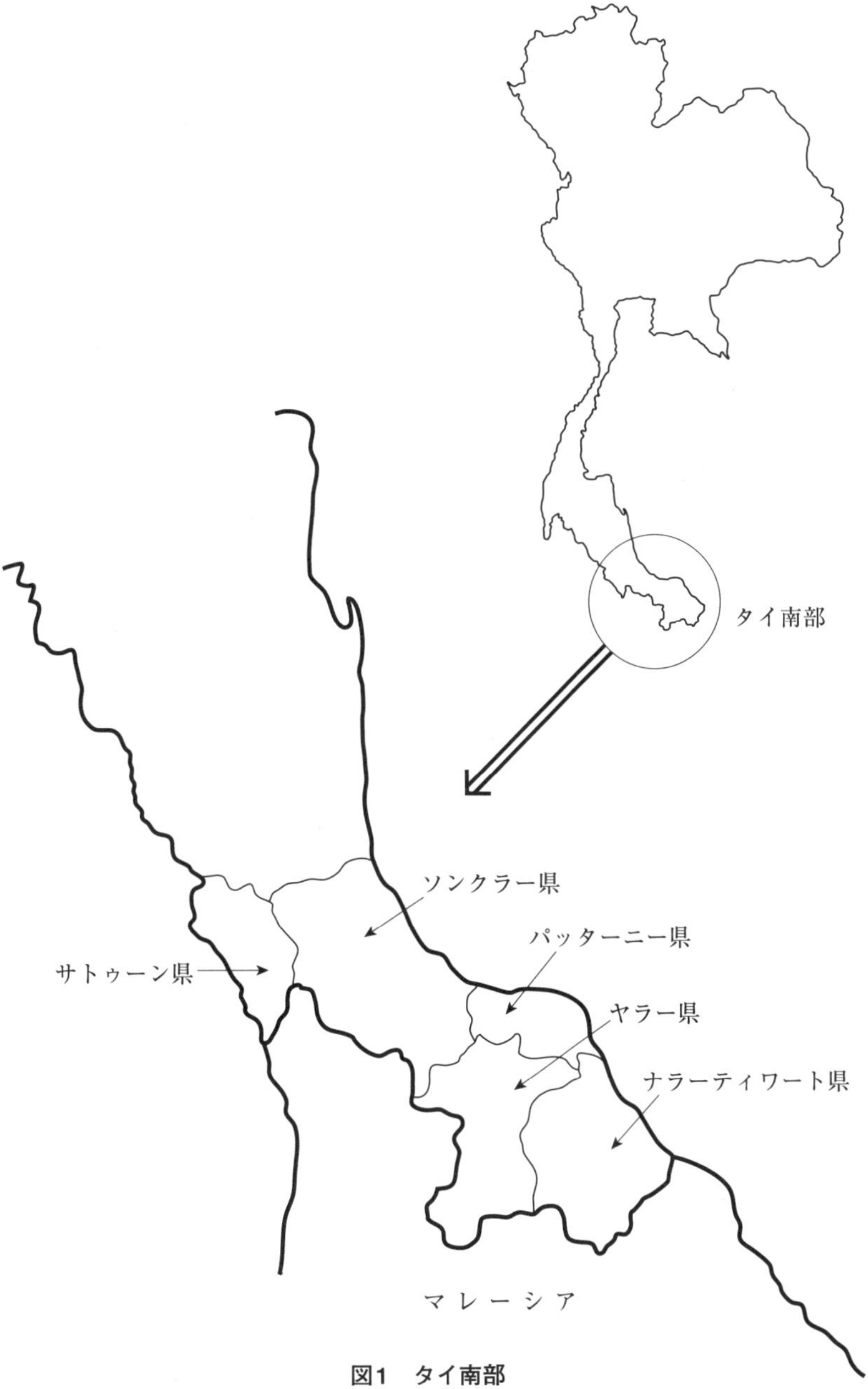
タイ南部
ソンクラー県
パッターニー県
サトゥーン県
ヤラー県
ナラーティワート県
マレーシア

図1　タイ南部

表5　2004年1月4日から2004年12月31日の間に発生した事件の分類

事件状態	ナラーティワート県	パッターニー県	ヤラー県	ソンクラー県	総　計
爆破炎上事件	43	45	42	5	135
爆発事件	59	7	26	1	93
暴力事件(被害者内訳)					
警察官	34	59	20	4	117
軍人	32	6	13	1	52
他の公務員・僧侶	58	49	20	5	132
一般の市民	178	89	58	18	343
事件　総計	404	255	179	34	872
人数（死亡）	145	97	62	21	325
人数（ケガ）	306	92	107	11	516

出所：マティチョン紙2005年4月16日（16 เมษายน 2548）より作成　Dr. Panitan Wattanayagorn（Faculty of PoliticalScience, Department of International Relations, Chulalongkorn University）「456日間の南部についての統計，1,170回の暴力・放火・爆発」（phet sathiti faitai 465 wan kha-phao-bum 1,170 khran）

表6　2005年1月1日から2005年4月14日の間に発生した事件の分類

事件状態	ナラーティワート県	パッターニー県	ヤラー県	ソンクラー県	総　計
爆破炎上事件	45	4	32	—	81
爆発事件	16	5	19	3	43
暴力事件(被害者内訳)					
警察官	12	4	8	—	24
軍人	4	1	3	—	8
他の公務員・僧侶	14	19	13	5	51
一般の市民	33	23	26	4	86
事件　総計	124	56	101	12	293
人数（死亡）	46	28	27	6	107
人数（ケガ）	145	31	174	77	427

出所：表4に同じ

さて、暴力事件の中身を概観したところで、事件の流れを地域住民、分離主義運動とタイ政府の関係から、二つの時期に分けて説明してみたい。武装勢力による暴力事件が目立った二〇〇三年までの時期と、タイ政府が武装集団に対して強攻策で臨み、容疑者や関係者の取り締まりを強化するなかで地域住民の反発を招いたり、武装勢力の報復的攻撃を受けるようになったりした二〇〇四年以降の時期である。

初期は、武装勢力による空港や市街地で発生した爆破テロ、タイ仏教徒である一般市民を狙った殺人（射殺、刺殺、首切り等）、軍事施設・警察署等への襲撃と武器略奪、学校等公共施設への放火が主要な暴力事件であった。一九九〇年代にも公共施設の破壊や警察署への襲撃はあり、パタニ連合解放組織（Patani United Liberation Organisation＝ＰＵＬＯ）の関与が推定された。しかし、攻撃が激化したのは二〇〇三年以降であり、これらが全てＰＵＬＯの仕業か、別の組織が関与しているのか定かではない。タイ政府をはじめアセアン諸国は、インドネシアやマレーシアに拠点を持つイスラーム武装抗争組織であるジュマ・イスラミア（ＪＩ）やアチェ独立運動、フィリピンのミンダナオ島を拠点とするアブ・サヤフ、さらにはアル・カーイダ等の武装組織間ネットワークを警戒している。実際、二〇〇三年にタイとカンボジアでＪＩのメンバーとされる六名が拘束されたし、二〇〇四年一月の軍基地襲撃による武器強奪にはＪＩの関与があったと政府関係者は考えている。しかし、暴力事件が極度に激化したのは二〇〇四年のクルーセ・モスク事件からである。これ以降、政府による暴力的な鎮圧政策が暴力事件の第二の局面となる。

クルーセ・モスク事件

二〇〇四年四月二八日、ヤラー、パッターニー、ソンクラーの三県において治安維持にあたっていた軍と警察の武器保管基地七箇所を武装集団が同時に襲撃したが、交戦の末に撃退された。武装集団は一〇六名、軍と警察は五名の死者を出した。その中に、パッターニー県のクルーセ・モスクに人質を取り立てこもった三二名の武装集団も含まれる。政府軍はロケット砲を含む圧倒的な戦闘能力により、わずかばかりの銃とナイフで抵抗した武装集団を全員射殺した（*Bangkokpost*, 29 Apr, 2004）。武装集団とされたもの（モスクで射殺されたもの）は近隣の村出身の二〇―三〇代の若者達であり、親族や村人によれば、熱狂的で篤信のムスリムというよりはサッカーの試合出場を楽しみにするごく普通の青年達であった。彼らのなかには事件の数ヶ月前から、農作業の後に村の外から来たイスラーム教の教師の説法会に参加するものもいたといわれるが、事件前日も普段通りの生活をしていた青年達に不審な点は見受けられなかったという（*Bangkok Post*, 3 May, 2004）。遺された家族は悲嘆にくれ、遺体を沐浴させずにそのまま葬るものもみられた（*Bangkok Post*, 5 May, 2004）。これは異常死や殉教死を遂げたものへの埋葬法であり、青年達は強盗をはたらいたのではないという遺族達の抵抗とも受け取られる。南タイのムスリム達は、タイがイラクの治安維持活動に軍隊を派遣し、アメリカと一緒にイスラーム世界を抑圧していることに反発している。武装勢力の活動の活発化と彼らを支持するムスリムがいることの背景に、タイの外交政策をあげる見方等も海外のメディアで紹介された（*Washington Post*, 15 May,2004）。

軍や警察関係者の話では、武装集団はムスリムの祈りを唱えながら相当の興奮状態（麻薬患者のよう）で襲撃したということであり、ジュマ・イスラミアの特別訓練を受けたとか（*Bangkok Post*, 1 May, 2004）、三二名中七名はタイ人ではないムスリムだったという談話が発表されている（*Bangkok Post*, 5 May, 2004）。事件後直ちにイスラーム教指導者や人権擁護団体、学者の間で、政府軍による強行突入は過剰な攻撃ではなかったのかと疑問が出され（*Bangkok Post*, 5 May, 2004）、政府は調査委員会を設置した。同委員会が事実として確認したことは、①五名の煽動者がおり、彼らはクルーセ・モスクにおいて計画実行の前日に三〇名の追従者と祈祷をしたこと。②彼らは夜明けと共にモスクを出発し、警備中の警官を襲ったが、警察と軍の反撃に遭い、モスクに逃げ帰ったこと、③午前六時から正午まで双方の攻撃と反撃が繰り返され、周囲は最終的に四千人近くのモスクを案じる住民に取り囲まれたこと、④正午に国防軍副長官のパンロップ将軍が現場に到着し、攻撃の許可を副首相のチャワリット将軍に電話で求めたが、武装集団の投降を待つよう指示があったこと、⑤政府軍は交渉を一切拒否し投降を求めたが、武装集団が応じなかったため、午後二時に総攻撃を加え、数分後に全員を射殺した。

同委員会は多数意見と少数意見を併記したまま、統一見解を示せなかった。多数意見は、クルーセ・モスクのように市街地や村から離れた場所であれば長期戦覚悟の説得交渉が可能であったし、投降者を調べることで事件の真相も究明できた。現場の判断だけで突入したことは、このような緊急事態への対応を準備していなかった軍と警察のミスである。兵器の差を考えれば、これほどの強攻策は必要なかったというものであった。少数意見は、その時点では兵器の差は分かっておらず、武装勢力の人数も把握できていないのであるから、早期に事態を沈静化する作戦を実施したのは警察や軍として責務を全うしただけで何ら問題ない、後知恵の議論に意味はない、とするものであった（*Nation*, 2005a）。

タークバイ事件

クルーセ・モスク事件の後、政府は武装組織による襲撃を警戒すると共に、組織に関係していると見られるムスリムの地域住民を拘束して尋問する組織つぶしに出た。国防省大臣が、武装組織に加入していたものでも投降すれば国王の恩赦が与えられる旨発表し（*Bangkok Post*, 8 July, 2004）、七月一一日までに一三〇人が自首してきた（*Bangkok Post*, 11 July, 2004）。しかし、警察や巡視の軍の監視活動に地域住民は反発を強め、二〇〇四年一〇月二五日、ナラーティワート県タークバイ警察署周辺で抗議デモが発生した。群衆による投石活動等を阻止しようとして警察・軍が発砲し、六名が現場で死亡し（重傷を負った一名は病院で死亡）、一、三七〇名の逮捕された群衆は軍のトラックでナラーティワート県からパッターニー県カーユット（ngkhayuth）軍基地に搬送されたが、その途中で七八人が窒息死した（*Bangkok Post*, 26 Oct., 2004）。翌日から再び、死亡したものの家族や関係者、メディアによって過剰な鎮圧行動、とりわけ逮捕者を搬送中に死亡させたことをめぐって真相究明を要求する声が上がった（*Bangkok Post*, 27 Oct., 2004）。現場で見ていたものの話では、後ろ手に縛られた逮捕者はトラックの荷台に折り重ねるように積み上げられ、下部にいたものが窒息死したということだった。兵士に許しを請うものが踏みつけられ、「死にたければ殺してやってもいいんだぞ」という声も聞いたと報道された（*Washington Post*, 28, 31 Oct., 2004）。

イスラーム指導者達はこの事件によってムスリム達の怒りと悲しみがかえって深められ、分離主義運動の火に油を注ぐだけではないかと語り、案の定、一〇月二八日に、ＰＵＬＯはこの報復としてバンコクを自爆テロによって真っ赤にしてやるという声明を出した（*Bangkok Post*, 28 Oct., 2004）。

政府が設立した調査委員会が出した報告書の要旨は次の通りである。

（一）　タークバイ郡警察署に、村の自警団に所属したことで武器を貸与された村人が武装集団に武器を渡した容疑で拘束され、尋問を受けていた。二〇〇四年一〇月二五日、指導者に動員された地域住民が警察署に村人の引き渡しを求めてきた。治安部隊はデモを解散させようとしたが、次々に参集した人々が後ろから押されて戻るにも戻れない状態になった。拡声器を使って解散を命じる治安部隊や宗教的指導者の声、デモに参加した人々の声で騒然とした状態であった。午後三時一〇分、デモ隊が警察署敷地になだれ込んできたので、第四管区司令官の命令で治安部隊は威嚇射撃を水平に行ない（空へ向かってではなく）、デモ隊を逮捕していった。現場で死亡した六名は銃弾を受けたことによる。

（二）　護送部隊は二隊に分かれ、ナラーティワート県の軍基地は手狭という理由でパッターニー県の軍基地に逮捕者を移送した。軍の記録では、タークバイ発午後四時一五分、カーユット着午後七時三〇分となっている。第一隊トラックの運転手（この車は七〇人中二三人の死者を出した）は、午後五時発、午後一〇時着と調査委に答えた。第二隊で二一人の死者を出したトラックの運転手は、公式記録が午後七時発、午後一〇時着となっているが、実際の時間もほぼ同じと答えている。逮捕者からの聞き取りでは、トラックにより移送時間に二時間から五時間の開きがあることが分かった。海軍・陸軍所属のトラック十数台中、上記の二台を除いて、到着後に数名ずつの死亡者を確認している。

（三）　移送中に亡くなった者について、タークバイ警察署、ノーンチック警察署、科学捜査研究所が行った検死結果は、三三名が胸部圧迫による窒息死。四名が外傷と胸部圧迫による窒息死。一〇名が血液の異常による発病と外傷による死亡。三一名が窒息死。入院患者の症状を病理学的知見から見ると、一〇時間以上にわたるデモ、逮捕、移送の過程で水分も取らずに疲労困憊し、長時間直射日光を浴びたこともあり、横紋筋融解症が発症している者が見受けられた。移送中に亡くなった者はこれも原因ではないかという。

（四）　独立委員会の知見として、①今回のデモは三〇名ほどの指導者に率いられた住民デモであり、武器を携行していた者があり、逮捕される直前に川に捨てた者がいること。②デモ隊の鎮圧行動は、警察や軍の規則に従った適切なものである。③逮捕者の移送先に関しては問題なく、移送方法に問題があった。④死亡事故の責任は、第一に第五歩兵師団司令官のチャレームチャイ・ウィロンペート少将にあり、彼がナラーティワートに来ていた首相に謁見するため現場から午後七時半に離れたこと。第二に、第四管区副司令官シンチャイ・ナタティト少将が移送後に死者が出た後も特段の対処も取らず、移送方法にとんちゃくしなかったことがあげられた（*Nation*, 2005b）。

独立委員会から責任を追及された三名の担当者は任を解かれ、首相は「事故」に対して遺族や負傷者に詫びた。タイ政府は亡くなった人には一人あたり四〇万バーツの慰弔金、身体障害者になった人には一二万バーツを見舞金として渡したが、関係者の納得するところではなかった。遺族達は国防省、内務省、国軍、国家警察局、ナラーティワート県の五機関に対して、総額八千万バーツの集団訴訟を起こした（*Bangkok Post*, 25 Oct., 2005）。一家の稼ぎ手を失った遺族にとって、一〇〇万バーツ（約三〇〇万円）は一時金としては大金であるが、遺族の困窮を緩和する期間はそう長くはない。この訴訟の代理人を務めるムスリムの弁護士は、政府を相手に勇気ある訴訟に踏み切ったといえる。二〇〇四年三月一二日、武装集団として起訴されたものを弁護していた弁護士が突然失踪する事件も起きている。タークバイ事件からほぼ一年後の二〇〇五年一〇月二五日に、四〇名のデモ参加者がマレーシアから戻ったということも報じられている（*Bangkok Post*, 17 Oct., 2005）。

クルーセ・モスク事件、タークバイ事件は、タイ政府による武装勢力を許さないという強硬姿勢を示すものであったが、南タイのムスリムはタイ政府に対する不信の念を深めたようにも見受けられる。タックシン首相は硬直化した地域間（南と中央）、民族（マレー系とタイ系）、宗教（ムスリムと仏教徒）の関係を改善しようと、一二月五日に軍に命じて一億羽の日本の折り鶴を南タイ諸県の上空からまき、平和を訴えた。国王と王妃も折に触れて融和と対話のメッセージを出されたが、事態は改善の方向に向かわなかった。

二　国際タイセミナーにおける南タイの問題

タイ研究と南タイ問題

第九回国際タイセミナーは、二〇〇五年四月三—六日にノーザン・イリノイ大学で開催された。シカゴから車で一時間のデカルプという町にある同大学には、一九六三年に設立された東南アジア研究センターがある(http://www.niu.edu/cseas/)。タイ研究も盛んとみえる。

全発表者数はのべ一九六人。うち、タイ人一〇一名、日本人八名であった。発表の傾向として、基調報告に①南タイ四県のムスリム（運動家、一般の人々）と治安当局・政府の葛藤、事件に関わる政情、歴史、地誌、文化等の背景を探る、②タックシン首相の政治問題があった。民主党のスリン元外相（自身がムスリムで南タイの民族問題に関わる著作もある）によるランチ兼演説会もあり、タイ研究者がタイの外でタイ政治を批判しあうという光景が見られた。

一般報告の分野と発表数は次の通りである。南タイ問題（四〇報告）、タックシン政権（一六）、政治（一一）、経済（四）、市民社会（六）、国境／エスニシティ（一八）、歴史・記憶・伝承（一八）、ジェンダー（一二）、観光（三）、生態学・環境（七）、保健医療（九）、上座仏教（一三）、文学・映像（一二）、言語（八）。

上記分野の設定は便宜的な分類であるが、一応の傾向は読みとれよう。社会的イベントの評価に関わる発表が約二九パーセントである。また、人類学・歴史学分野、文学・言語学分野が堅調であるのに対して、社会政策、福祉・医療の分野は必ずしも多くはない。国際タイセミナーが必ずしもタイの諸学の動向を示すものではないにしても、イベントに参加する研究者達の研究動向はうかがえよう。今回の主要なテーマが南タイ問題にあるのは歴然である。

南タイ問題に関わる報告内容は多岐にわたるが、発表要旨を章末に資料としてまとめてある。以下では、それをふまえて筆者なりに問題を簡単にまとめてみたい。

民族・宗教間関係

これまでマレー系ムスリムとタイ系仏教徒の間において、血で血を洗うような緊張関係は存在しなかった。この二年余りの暴力事件においても、ムスリムの住民が仏教徒を集団で襲う、或いはその逆のような事例はない。ムスリムの武装集団がタイ国を象徴する人々（軍人・警官、公務員、僧侶）や施設（警察署、軍の基地、学校等）を襲うこと、及び公共の場（市場や空港等）でのテロが主であった。タイ国内では、イスラーム教にせよ、上座仏教にせよ、村落社会レベルの宗教実践は制度宗教と民俗宗教の混淆的要素が強く、制度宗教のセクト主義や原理主義的傾向は殆ど見られない。前章で述べたタンマカーイやサンティ・アソークは例外的な宗教運動である。

南部四県は三県が東海岸に面しており、マレー語を話すムスリムのタイ人が主である。この一番北のソンクラー県に隣接する西海岸のサトゥーン県には、南なまりのタイ語を話すムスリムのタイ人が多い。サトゥーン県でムスリムと仏教徒が共住する村落の宗教儀礼を調査した西井によれば、興味深い文化の混淆が見られる。まず、ムスリムと仏教徒との通婚率は一九三〇年代から二〇パーセント前後で推移し、若者が学校や仕事で村外へ出て恋愛結婚をするようになった近年はさらに増加している（西井、二〇〇一：一八二）。そして、ムスリムの家でも男子は髪を剃り（僧侶）、

表7　2004年の南部4県における宗教人口

	パッターニー県	ヤラー県	ナラーティワート県	サトゥーン県
人口（人）	595,985	415,537	582,558	247,595
男性	294,605	207,626	251,055	124,580
女性	301,380	207,911	331,503	123,015
宗教（人）				
イスラー	480,456	285,695	463,162	167,447
ム教	114,488	128,398	118,198	78,821
仏教	1,041	1,444	1,198	1,327

出所：タイ統計局（Statistical Office of Thailand）の統計より作成

女子は白い衣服をまとい（女性で行をするものの装束）、寺院で一昼夜だけだが、出家する（同：一二七）。宗教を意味するタイ語のサーサナーで表象される道徳観は、どちらもブン（功徳）—バープ（悪徳）の多寡によって現世利益や来世が決まるというものであり、宗教儀礼のイスラーム教、仏教というパサー（マレー風の原地での発音で言語や流儀を意味するという）が異なるに過ぎないとされる（同：八七-九〇）。つまり、ムスリムと仏教徒は同じ村人として日常生活の付き合いを行い、宗教の相違という差異を共同体の紐帯を壊さない程度に使っている。但し、サトゥーン県のムスリムの生活ぶりはかなり特殊であり、ここ以外の南部三県は、むしろ、マレーシア文化圏といってよい。しかし、仏教徒と共住し、タイ国民である限り、彼らはエスニシティを過度に強調することはない。

ちなみに南部四県の宗教人口を見ると、全ての県でムスリムが仏教徒の二倍から四倍と圧倒的であるが、仏教やキリスト教、華人の信仰等もある。表7を参照されたい。

このような共住地域において、近年、ムスリムの宗教生活に変化が見られ始めている。

表8　2004年7月時点のポノの数

県	ポノ（数）	先生（人）	学生（人）
ヤラー県	53	53	2,744
パッターニー県	150	150	8,816
ナラーティワート県	46	46	3,511
総数	249	249	15,071

出所：MuslimThai Cybernet Team, www.muslimthai.com/

イスラーム世界のグローバル化と教育・宗教

マレー系ムスリムの有力者達は子弟の教育をエジプトや中東のイスラーム教育機関に委ねてきた。後に述べる分離主義運動の宗教的指導者ハジ・スローン（Haji Sulong）も、一二歳から二〇年間メッカで学び、イスラーム教はもちろん、二〇世紀初頭のアラブ・ナショナリズムの空気にも触れて故郷パッターニーに戻ってきたのである（Thanet, 2004：15）。

イスラーム教徒の場合、現在でも南部では義務教育（従来は小学校六年、現在は中学まで）の後に、ポノと呼ばれる住み込み型イスラームの宗教教育機関（教師と学生が寝起きを共にし、イスラーム教を学ぶ）か、スコラと呼ばれる通い型の私立イスラーム教学校（普通科教育も行う）に進学する道がある。前者は卒業後、生業に就くかイスラーム教指導者を目指してイスラーム諸国へ留学することもある。後者は、イスラーム諸国の大学へ進学できる。昨今ではマレーシアの諸大学に進学するものが多い。要するに、南タイにはムスリムのための独自の教育機関があり、彼らはタイの国民国家の枠に収まることなく、イスラーム教の世界でムスリムとしてのアイデンティティを持つことができるのである（尾中、二〇〇二：一〇五－一四二）。南部タイの諸県ではマレーシアの衛星放送も受信でき、マレーシアの文化的影響力は強い。こうした教育・放送システムに加えて、イスラーム法の厳格な解釈・適用を復興させようとするワッハーブ派のような宗教運動がイスラーム世界から入り込み、南タイのムスリム達に影響を与えているのではないかという報告もある。

経済問題

第一次産業を主たる生計の手段にしてきたタイの農村・漁村では出稼ぎが常態化し、その送金なしに生計の維持も子供の教育もできない。バンコクの出稼ぎ者は大半が東北タイのラーオ系タイ人であり、タイ国内のどこにでも働きに行ける柔軟性がある。彼らは南タイの工場団地にまで働きに来る。それに対して地域の経済力が若干上の南タイのマレー系ムスリムは、言語（タイ語が話せないものもいる）とムスリムの日常生活（ハラール等）が障害になり、ムスリムコミュニティがないところに出かけられない。マレー系ムスリムはマレーシアへ出稼ぎに行くことが多い。しかし、タイではエスニック・マイノリティ、マレーシアでは出稼ぎの外国人ということで、どちらにしても彼らの自尊心は傷つけられる。

これからのタイ社会は知識基盤型社会になると高等教育関係者は予想している（櫻井、二〇〇五c：一九—二六／二〇〇五d：八一—九三）。南タイのイスラーム教育のシステムは、伝統的なムスリムコミュニティで生活するものと少数の宗教的指導者を養成する仕組みとしてうまく機能していたのであるが、企業社会が要求する技能や学歴を獲得してキャリアを得る新中間層に参入するには適していない。中東などイスラーム諸国への留学も実学という面では必ずしも最適な進学先とはいえないだろう。

タイのタックシン政権は武装集団による抗争の背景に貧困と教育の問題をあげて南タイ地域の宥和にいっそうの開発を進めようと考えたが、中央からの発想として南タイの貧困層への認識は間違っていない。但し、問題はそれだけではない。タイの一般的な常識として、軍人や公務員が南タイへの移動を命じられることは左遷を意味する。不遇をかこつ役人や、国境で商いをする地下組織が、本来地域住民に配分されてしかるべき経済的なパイを収奪してこなかったかどうか。政府の開発政策が中央の資本にとってのみ好都合のものとなっていなかったかどうか、検討の余地がある。後述するニティの農民叛乱論もその点を問題にしたものである。

政治情勢

武装集団の活動が活発化した背景として二つの理由が考えられる。一つは、アメリカの覇権主義によってイスラーム共同体が侵犯されているとして聖戦を挑むイスラーム過激派グループが、東南アジアにもネットワークを拡大した可能性が高いこと（橋、二〇〇四）。もう一つは、アフガン戦争やイラク戦争によってムスリムの多くの市民が犠牲になっていることが連日報道され、そのうえ、タイがアメリカの同盟国としてムスリムを攻撃する側に荷担しているために、タイ・ムスリムの間でタイ政府に不満を持つものが増えていることである。過激派とはいえ、一般市民からの支持が全く得られない状況で攻撃を仕掛けることは難しい。

タイ南部は圧倒的に民主党が強く、史上最大の政権与党であったタイ愛国党も小選挙区でなかなか勝てない地域である（McCargo, 2004：13）。タイ国民からその強力な経済運営と政治的パフォーマンスにより圧倒的な支持を得ている（同時に、知識人からは取り巻き政治と許認可権を利用した露骨な蓄財が批判される）タックシン首相と、南部出身の政治家達がどのような関係にあるのかも現在の南タイ情勢に関わってきているのであるが（Croissant, 2005）、資料不足のためこの点を記述することができない。

以上の論点はおおづかみなものであり、詳しくは章末資料で南タイ問題に関わる発表題目とその要旨一覧をご覧いただきたい。

三　南タイ問題から暴力を考える

南タイ問題の歴史的起源

ＰＵＬＯはイスラームのパタニ（マレー語式。タイ語ではパッターニー）王国復興を理念として掲げているといわれるが、その現実味はともかく、なぜ、一九世紀末に消滅したスルタンによる統治国家が出てくるのか。一四世紀から一九世紀にかけて港市国家として栄えたマレー系イスラーム国家のパタニ王国は、タイのアユタヤー王朝の朝貢国であった。一七八五年、現在のチャクリー王朝によってパタニは征服され、その後一七九〇年と一八三八年に反乱を試みるが押さえ込まれる（Wyatt, 1984：172-173）。ラーマ五世によって実施された近代国民国家創設の政策によって、朝貢国や属国、領主国は、国家が直接統治するモントン（州）とされ、それまで貢ぎ物を送り忠誠を誓うだけで領地を支配できたスルタン、貴族、領主の地位は、内務省から派遣された知事に取って代わられた。各地で既得権益を守ろうとするものたちが反乱や千年王国的な叛乱運動（かげで支援という意味で）を起こしたが、近代的な政府軍に鎮圧された（小泉、一九九四：一九五－一九七）。パタニでも一八八二年にスルタン制は廃止され、実質的にタイ国民国家の一部となる。バンコク朝に徴税した金を送らない、赴任した役人に従わない等反抗したり、パタニの王族アブドゥル・カディールがイギリスに助けを求めたりしたが、タイ政府軍に捉えられ、ピサヌロークに送られた（Wyatt, 1984：2-3）。

近代化に成功したタイだが、一八五五年にイギリスと締結した「友好通商条約」（ボウリング条約）により領事裁判権と固定化された関税をのませられ、この不平等条約を撤廃するために様々な外交政策を西欧の植民地主義国家相手に展開せざるを得ない立場にあった。ビルマから北タイをうかがうイギリスには一八九二年にシャン族とカレン族の諸王国、一九〇九年にはマレー半島の四州を割譲した。ベトナム、カンボジアを植民地にしたフランスには一八九三年にメコン川左岸地域、一九〇四年にチャムパーサック地域、一九〇七年にシェムリアップ地域をそれぞれ割譲した。その結果として、タイは勢力圏で曖昧に国境が認識されていた時代から明確な地理的版図を確立するに至るわけであるが、タイ及びタイの隣接国との国境上に住んでいた諸民族は国家によって分断され、様々な民族問題が発生することになった（赤木、一九九一：一二九―一三五）。

マレー系イスラーム国家はマレーシアとしてイギリスから一九六三年に独立したが、マレー系ムスリムはタイ南部諸県にそのまま居住している。東北タイのラーオ系民族は、一九五三年に独立したラオスに民族のおよそ三分の一、タイ国内の三分の二に分けられた。両地域ともに民族としての独立を求める分離主義運動が発生したが、南部ではイスラーム教、東北部では共産主義がエスニックの問題に加えられることになった。東北部の分離主義運動が沈静化したのは、タイ政府による共産主義の徹底した排除政策と開発政策による懐柔が、東北タイの人々の気持ちを戦乱と低開発の国ラオスから遠ざけたのではないかと思われる。世界各国の左翼政権が崩壊するか変質したことも、イデオロギー的な分離主義の魅力を奪った。もちろん、東北タイの人々は森に逃げたり、村に潜伏したりしたタイ共産党の関係者に対してタイの警察や軍が加えた苛烈な抑圧を記憶している。しかしながら、東北タイの農民はタイ全土に出稼ぎに出て生活圏を拡大してきたこともあり、民族的な政治経済圏を設定することにもはや現実味を覚えないのではないか。それに対して、南部の分離主義運動にはイスラーム国家というモデルが存在するばかりか、イスラーム世界自体が復興しており、ナショナリズム的エネルギーを供給することができる。

なお、ＰＵＬＯがパタニ王国をモデルとするのは、民族運動の歴史的経緯もある。ここでは、ハジ・スローンについてだけふれておこう。彼は将来を嘱望されて欧米に留学したタイの同世代の青年達（プレーク・ピブーンソンクラームやプリーディー・パノムヨン等）と同様に、植民地勢力に脅かされた未発展の母国に危機感を抱き、帰国後はそれぞれの立場でタイ社会の近代化を志向するようになる。陸軍士官としてフランス砲兵学校に留学したピブーン（本書ではピブーンと彼の欽賜名を略す）と司法省法律学校出身でパリ大学に学んだプリーディー・パノムヨンは、パリで人民党結成に参加し、一九三二年の立憲革命を担った。ピブーンは一九三八年から四四年まで英独仏、日本の植民地勢力と政権担当者として渡り合い、四七年から五七年まで軍事政権を維持した。プリーディーは社会民主主義的改革を構想し、ピブーン政権の下蔵相を務めたり、自由タイ運動の地下活動によって反日運動を展開したりして、日タイ同盟を結んだタイが敗戦国側とされることを防いだ。戦後はピブーンと政権を争うがクーデターに失敗した後、中国、フランスへ亡命し、客死した。ピブーンもまたクーデターで政権を奪われた後、日本へ亡命し、客死する。ピブーンが植民地勢力に対抗するナショナリズムを鼓舞するべく、一九三九年からラッタニヨム（国家信条）を公布して、チャクリー王朝下のタイの版図にある諸民族を近代的な「タイ人」に仕立て上げ、タイ民族の大同団結を図ろうとしたことが、南部のマレー系ムスリム社会の反発を招いた（村嶋、一九九六：Chidchanok, 2003：269；Thanet, 2004：24）。

パッターニーに帰国したハジはアニミズムと混淆したイスラーム教に驚き、純粋なイスラーム社会を作ろうとした。イスラーム学校を開設し、有為の青年を育て、民衆の尊敬を集めるようになる。人民党のプリーディーもハジに接触を求めるほどであった（ibid.：15-17）。南部選出の国会議員はサトゥーン県を除いて四人中三人が仏教徒であり、ムスリム達の声を政界に届けられないという不満があった。立憲革命後、政府に対する不満を文書や口頭で表現することが許されたような雰囲気ができたが、役人達はハジも含めて不満分子の活動ありとバンコクに報告していた。その極端な例として、首相府官房の公文書にハジの従者がハジにひさしをさしかけたことが王を模倣する不敬行為として報告されていた（ibid.：22）。ムスリムの間で最も問題になったのが、ピブーンが一九四四年に出したイスラームの家族法（結婚と離婚）と相続法の廃止令である。この慣習法を尊重する例外規定は、一九〇二年にマレー系ムスリムの地域に認められたものであった。一九四三―四七年までの間、タイの法廷にムスリム間の係争事件が一件も持ち込まれていないことから明らかなように、ムスリム達はマレーシアの法廷に出かけていた。タイ政府は法の国内における斉一性を求めたわけである（ibid.：26）。ハジは一九四四年にパタニ・マレー運動を創始し、ムスリムの生活様式を破壊するラッタニヨムの同化政策を批判しはじめた。

同年、ピブーンが政権を離れ、クワン・アパイウォンが首相になり、一九四六年にプリーディーが首相になると、政府は南部ムスリム寄りに政策を転換し、家族法と金曜日の祝日復活を認めた。但し一九四五年に成立されたイスラーム支援法に規定されたチュララージャモントリー（タイ全土のムスリムの代表にして王の補佐役）や、イスラーム法判事が政府任命（非ムスリム）であることにハジは不満であった。戦後の復興期にタイ南部産の米をマレーシアに流して運動資金にしていたマラヤ共産党等の活動に対して、宥和政策を進めようとするプリーディーは、調査団を派遣したが、七つの要求を突きつけられた。①南部四県を統べるイスラーム指導者をムスリムに選出させること、②税収は全て四県の歳入とする、③ポノを義務教育機関として支援する、④南部四県の役人は八割をムスリムとする、⑤政府はマレー語を公用語として認める、⑥ムスリムの慣習や儀礼を定めるイスラーム議会を認める、⑦イスラームの宗教法廷を公認する（ibid.：33）。ハジも意見を聴取されたが「自治」の要求をゆずらなかった。一九四七年にタムロン首相は七項目の要求を内閣で諮ったが、「自治」を認めることはできないとされ、返事は引き延ばされた。

一九四六年、ラーマ八世は、眉間を銃弾が貫通した状態で発見された。責任を追及されたプリーディーは退陣に追い込まれた。一九四七年一一月にピブーンがクーデターによって政権を奪取する。ハジ達は政府との交渉に見込みがなくなったとして、一九四八年の総選挙に非協力で抵抗することを決めた。一九四八年一月にハジ達運動家が逮捕される。容疑は、①南部四県で王制の転覆を謀ろうとしたこと、②国家の自立を阻害、③国外勢力により暴動を起こしたことである。同年二、三月にかけてムスリム達のハジ逮捕に対する反発が強まり、デモや警察との衝突が頻発し、数百名の死者を出したといわれる（ibid.：41）。四月二六日、ムスリムの村人と警察が、ナラーティワート県ラゲー郡ドゥソンヨーにおいて衝突した。これがドゥソンヨー事件（政府はドゥソンヨーの反乱と呼ぶ）である。一説に、村人が先に警察署を襲い、三〇人の警察官が死亡し、その後政府軍に四〇〇名以上の蜂起した村人達が殺害されたといわれている。しかし、後に述べるように、中国人の共産党が山賊のように村を襲撃するので、村人達がそれに備えて待機していたところ、警察が蜂起と勘違いし、攻撃を仕掛けてしまったことが衝突の原因だったという説もある。政府の報復を怖れて二、〇〇〇―六、〇〇〇人のムスリムがマレーシアに逃げ、二五万人ものムスリムがマラヤ連邦に加わりたいと国連に嘆願書を提出した。四月三〇日にピブーンはハジの保釈を認め、事態の収拾を図ろうとした。パッターニー地裁は煽動罪によりハジに三年の懲役刑を宣告したが、検察側が控訴し、上告審では四年八ヶ月に変更され、最高裁も追認した。一九五二年に、ハジは釈放されたが、一九五四年八月に長男と数名の関係者と一緒に行方不明になった。ハジ達は当時の警察局長パオ・シヤノンによって殺害されたと信じられている。パオが秘密裏にハジの逮捕を命じ、足に石をつけて海に沈めたという説、ハジの遺体は飛行機からソンクラー湖に投下されたという説がある（ibid.：48）。

タンマサート大学のタネートの考えによれば、ピブーンがプリーディーの巻き返しを怖れ、彼の勢力基盤であった自由タイ運動の支援者達がいる東北タイと南部ムスリムの地域を徹底して締め上げた。警察局長パオの苛烈な取り締まりは、各地の政府転覆をねらう分離主義運動家に及んだわけである。結局のところ、南タイ・ムスリムのナショナリズムは英領マラヤ連邦を画策したイギリスに見捨てられ、タイ国内の分離主義者による反乱、暴動として歴史に名を留めることになった。

分離主義運動の諸相

南タイのムスリムはピブーン後のサリット政権、その後のタノーム政権の同化政策により難渋を強いられた。一九五八年と五九年にクーデターを行し、六三年まで首相の座にあったサリット・タナラット元帥はタイ社会の根幹となるタイ民族、上座仏教、タイ国家のトライアッドを作り上げた（櫻井、二〇〇五b：三〇－三二）。その関係を図示したものが図2である。三つの円はそれぞれ固有の領域を持つが、ピブーンやサリットが構想したタイ・ナショナリズムによれば、三つの円は重なってしかるべきであった。タイ民族とタイ国家が完全に重なれば一民族一国家になるわけであるが、実際はタイ国に居住しないタイ民族が中国の雲南省他にいるし、移民や労働者として他国で生活しているものもいる。また、タイ国内にタイ民族ではない民族も少なくない。その最大の民族がマレー系ムスリムである。タイ民族とタイ国家の結節部分がタイの王権である。絶対王制から立憲君主制に移行したのは一九三二年であるが、王権による国民統合の象徴的機能はサリット以降に強化された。

タイ民族と上座仏教が重なっている部分がタイの民俗仏教である。制度宗教、或いは瞑想実践としての上座仏教は、地方や村落社会においては土地の精霊崇拝や守護神信仰、或いはクワン信仰と習合している（同：五四－五八）。タイ以外に上座仏教圏は東南アジアの大陸部に広がり、タイ族の中には上座仏教を文化としないものもある。タイ国家と

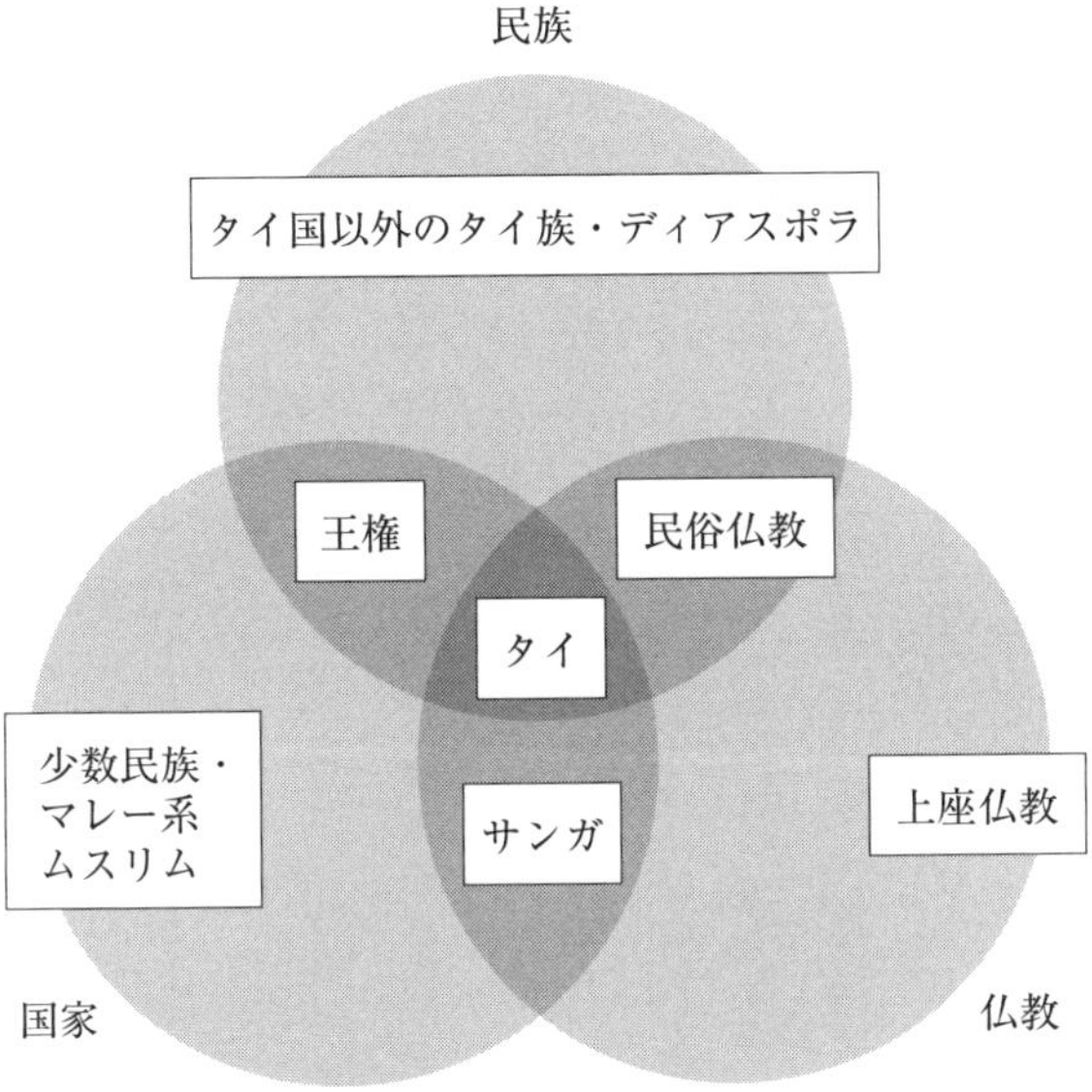

図2　タイ社会の構図

タイ仏教の結節機関がタイ・サンガである。タイ・サンガは、一九〇二年のサンガ統治法によって戒律の上位に法律がおかれ、一九六二年のサンガ法でもサンカラート（僧団長）の任免権は政府にある。サンガの組織はタイ行政機構（内務省—県—郡—区—村）そのものである。

三つの円が重なった部分こそ、タイの政治家、保守層が考える真性の「タイらしさ」、ラック・タイ（タイの根幹）である。マレー系ムスリムはタイ国家に包摂されながらも、このタイ的特質をまったく保持していない、ないしは保持しようとしないために、政府はもとより、タイ社会からタイではないタイの辺境として認識されてきたのである。ところが、この地域はマレーシアという国家に属したとたん、国家・民族・宗教が重なってくる。真性タイに等しい真性マレーができる。そして、南部に居住する仏教徒のタイ民族がマイノリティとなり、国家にのみ属するが、民族・宗教的価値をマレーシアと共有しない「二等国民」となる。

分離主義運動は、マレー系ムスリムの政治・宗教的エリート達によって始められた。そのうちの主要なグループは以下の通りである（Chidchanok, 2003 : 10-13）。

（一）Gabungam Melayu Patani Raya（GAMPAR）

一九四八年三月、マレーシアのケランタン州コタバルにおいて、ハジの逮捕・拘留に抗議するために設立されたが、ハジの死後、グループは分裂した。この団体の主張は、①南部四県のイスラーム国家としての自治、②イスラーム法による統治、③マレー系ムスリムの社会的地位の向上である。

（二）Barisan National Pembebasan Pattani（BNPP）

パタニ解放戦線とも呼ばれる。GAMPAR と設立趣旨は殆ど同じであるが、パタニ国の完全独立を武力で勝ち取ろうという急進派によって一九四八年に設立された。本部はケランタン州にある。この団体は民兵組織を持ち、南部四県で青年達をリクルートして中東諸国に留学させた後に部隊に配属する。指導者がパタニ国王家ゆかりのものであることから、ムスリムの保守派、イスラーム指導者との関係が深いといわれる。

（三）Barisan Revolusi National（BRN）

パタニ共和国解放戦線とも呼ばれる。一九六三年にポノの教師により設立され、左翼革命思想をベースにするが、活動のピークは一九六六—一九七二頃とされる。

（四）Pertubuhan Perpaduan Pembebasan Pattani（PPPP）

パタニ連合解放組織（ＰＵＬＯ）とも呼ばれる。一九七一年に分離主義運動相互の協力関係をつけるために設立された。タイ帝国主義からムスリムを解放し、イスラーム共和国の建設が目標であり、タイ政府に対するゲリラ戦をしかける。

以上が代表的な分離主義運動の組織であるが、近年の運動組織がどのような政治的アピールをしているのか、章末資料にまとめておいた。タイ政府の南タイ政策によってムスリムの人権が踏みにじられているというパタニ国学生革命協会の認識は正しい。しかし、パタニ国建設というイスラーム国家樹立に過大な期待を寄せているように思える。これは他の分離主義運動にもいえる。つまり、政治的な自己決定権を得られることは間違いないが、イスラーム法やイスラームの生活様式を国の基礎に据えるということは東南アジアにおいてそれほど簡単なことではない。アラブ諸国と事情はかなり異なる。

例えば、マレーシアはマレー系民族を過度に優遇するブミプトラ政策を採用し、イスラーム教を公教育に取り入れてきたが、人口の三割を占める華人や一割弱のインド系の人々は仏教・道教・ヒンドゥー教・キリスト教等を信仰しており、この事態に対応するべく、教育の根幹は世俗教育である。イスラーム教育は公教育で実施されてもイスラーム教徒に限定され、他の生徒は別室で道徳教育を教わる。高等教育機関としてイスラーム国際大学はあるが、一般の高等教育では世俗的なサイエンスを教えていることはいうまでもない。また、宗教法（シャリーア）は当事者がムスリムに限定されればよいが、他宗教の人々が関わった場合、世俗法を優先的に適用せざるをえない。イスラーム教が国教でありながら、多民族国家のゆえに実質的には世俗的国家として運営せざるをえない。しかしながら、世界的なイスラーム復興の潮流のなかで、イスラーム教育の普及やイスラーム国家をめざす団体が活発に活動しているという（杉本、二〇〇二：三二三―三二八）。

仮にパタニ国を樹立したとしても、マレーシア同様、タイ人の仏教徒、華人系タイ人の宗教にも配慮が必要になるし、宗教教育が運動家や宗教国家の国民を育成することに役立つとしても、知識基盤型社会で通用する人材を養成するのに不向きである。これはイスラーム教に限らず、どの歴史宗教に関しても同じことがいえよう。池内が指摘しているように、イスラーム国家の特質は政教一致ではなく、政治と宗教が重層的な関係にあるということである。政治の側が宗教を権力の正統化イデオロギーとして用いたり、宗教の側がユートピア的なイスラーム共同体の建設をめざす運動を起こすことで現体制を批判する（池内、二〇〇四：一一四－一三〇）。マレーシアのマハティール政権は前者であったし、その政策が不徹底であるとして民間イスラーム教育団体を形成する動きが後者であろう。

パタニ国建設をめざす運動もユートピア的である。一つに国家建設後の政教関係に関わる原理的問題をあまり考慮しているとは思えないことと、もう一つはグローバル化した経済社会においてパタニ国の対外的交渉力は殆ど問題にならないことから判断される。その意味では、南タイを歴史的に認識することと、タイ国内におけるムスリムの人権と政治的公正をタイ政府に要求することだけにとどめた政治運動にしたほうが現実的である。しかし、これまでの南タイと中央政府との関係から、その実現可能性が極めて薄いと判断して分離主義的政治運動に踏み切っているのであろう。いったん運動として成立してしまえば、運動を維持するために、いやがおうでも「国家＝宗教＝社会」というユートピアを旗印にしなければならないのかもしれない。それはタイ社会の「国家＝民族＝宗教」というイデオロギー政策と相同的である。どちらも、三項の重なりから外れた部分を「他者」として「真性」の国民に仕立て上げる権威主義的体制となることに間違いない。

さて、ソンクラー大学のチチャノックによれば、これらの分離主義運動は二〇〇〇年までに勢力を弱め、タイ国の安全を脅かすような存在ではなくなった。インターネットで運動のイデオロギーを流し、存在をアピールする程度であったという。南タイで発生した散発的事件は彼らの関与の他に、様々な利益集団間の抗争もあったとされる(Chidchanok, 2003：15)。

そうであるとしたら、二〇〇四年、二〇〇五年の暴力事件の連鎖はどのように説明したらよいのであろうか。一つはエリート層と彼らにリクルートされた青年達の運動に、新たな人的・精神的リソースが導入され、運動が再活性化したのではないかという見方があり、この代表的な議論として歴史家であるニティ・イーオシーウォンの「小さき民による千年王国論的抵抗」がある。もう一つは、偶発的な要素で衝突が増幅され、後戻りのきかない臨界点を越えてしまったのではないか。または意図的にその臨界点を越えるような状況が作られ、タイ政府とマレー系ムスリムの対立の構造が強化されたのではないかというものである。これはチャイワット・サターアナンの記憶の政治的利用という議論である。順に説明していこう。

小さき民の叛乱

ニティはクルーセ・モスク事件も含めて、一連の暴力事件をイスラーム原理主義や分離主義運動とみなしてよいのかという問いをたてる。報道によって知られた襲撃犯の黒い装束や身につけた数珠、攻撃前の呪文や聖水儀礼、服や文書に書かれたアラビア語の聖句からは、犯人がイスラームの知識人ともスゥーフィー（イスラーム神秘主義の行者）とも言い難く、ムスリムの若者という域を出ない。数珠や呪文、儀礼は、民間信仰を伺わせる。そうなると、彼らの指導者は地域のイスラーム教の指導者とは言い難いのではないか。或いは、タイ国外から関与してきたイスラーム過激主義の組織という証拠も定かではない。ＰＵＬＯ、ＢＲＮ等の分離主義組織は関与をにおわせるが、犯行声明を出していない。そこでニティは個々の事件の黒幕を追うのではなく、その背景にある社会変動的な問題から考えて、これは地域住民がやむにやまれぬ状況で起こした二一世紀の農民叛乱と見ることができるのではないかという。

タイでは一九〇二年に東北地方で発生したピー・ブンの叛乱が著名である。ピー・ブンとは、プー・ミー・ブンが正式な言い方で「有徳のもの」の意味であるが、悪霊の意味でピーを冠した僭称を政府が叛乱軍の頭目に与えて通例となった。一九〇一年頃、天変地異の後に正義の王が現れることを予言する貝葉のうわさが広まった。プー・ミー・ブンを称するカリスマ的農民により精神的に高揚した農民集団が軍隊のように組織化され示威行為をなしたために、政府軍により鎮圧されたという事件である。一九〇二年だけでも一〇〇名を超えるプー・ミー・ブンが逮捕されたという。タイの中央集権化が進展したこの時期は、地方役人の権益が根こそぎ奪われたために、不満を持つ下級役人がプー・ミー・ブンになったという。そして、農民の無知につけ込み、家畜取引で儲ける役人への不満や、収穫が殆どないにもかかわらず徴税しようとする政府への不満も農民層で拡大させた。ラーオ民族を差別するタイ族への反感もあった。このような条件の下で、リタイ王が編纂した「三界経」に登場する転輪聖王が正法をなすという仏教説話的世界観から、世直しの構図が作成されたのではないかという（石井米雄、一九七五：三〇〇–三二五）。このような未来仏による世直しのモチーフは、千年王国運動だけではなく、プーサワンのような新宗教運動（霊媒師と広範な信奉者）にも見られ、タイ国家は共産主義と腐敗した政府によって浸食されているという政治的メッセージが軍関係者にも支持基盤を広げたといわれる（Jackson, 1988a：140-149）。政治社会的状況に不満を持つ層がカリスマ的指導者を頭に政治的要求を行うのが千年王国運動である。

では、南部のマレー系ムスリムは、どのような社会的条件の下で農民叛乱を起こしたと考えられるのか。スコットによれば、資本主義が浸透して商品市場と接合される以前の東南アジアにおける農業は、リスク回避、生存維持型のモーラル・エコノミーであったという。脆弱な生態的条件下で年貢をぎりぎりまかなえる程度の収量しかない水稲耕作では、収量を増加させる戦略をとるよりも自分たちの生存を脅かすリスクをヘッジする方がよほど重要である。その戦略とは長年の経験で安全と分かっている経営や生活様式に変更（近代化であっても）を迫るものに抵抗し、弱いもの同士の連帯で危機を乗り切るやり方である。農民叛乱とは、実質的な損得を計算するよりも、彼らの理に適わない方法で彼らの生活に介入してくる外部の勢力に対して抵抗する諸形態なのだという（Scott, 1976＝1999）。

ニティは、南部タイの農民や漁民がこの十数年ほどの間に経験してきた生業の産業化（投げ網漁から巻き網漁法、エビの養殖、ゴム園の企業化）による地域住民の貧困化が、生業で生活してきた人達の強烈な危機意識となって、タイ的近代化の手先と目される商店、学校の毀損、警察や軍隊に対して示威的暴力行為を繰り返しているのではないかと推測する。そして、「農民叛乱」がつきつけた課題に「開発国家」が応えないままであれば、この暴力の連鎖はやまないのではないかと考えるのである。具体的には、チャートゥロン・チャイセーン副首相の法による公正さの徹底こそ（章末資料）、南タイ問題を軟着陸させるのではないかと述べて稿を閉じている（Aeusrivongse, 2005）。

地域住民のプロテストは、暴力事件容疑者の釈放を求めたタークバイ事件では明らかであるが、襲撃事件の複数の犯人にどのような背後関係があるのか分かっていない以上、農民の目に見える形で参加がある叛乱とは言えない。ニティ自身も、利権争いに「農民叛乱」を利用しようという層がいる可能性も考えており、その可能性が強いであろう。しかし、ここまで拡大した南タイにおけるムスリムと政府の関係を考えた時に、叛乱とも呼びうる広範な支持が複数のグループに寄せられていることは間違いない。そうであるならば、どの時点でどのようなやり方によって政治・宗教的エリート主導の分離主義運動から地域住民を動員する社会運動に転換したのかを明らかにしなければならない。本書はこの作業に堪えうる資料を持ち合わせていないので、歴史的記憶の再構築による運動の再活性化という議論を紹介するだけにとどめたい。

記憶の政治

二〇〇四年四月二八日のクルーセ・モスク事件は少なからぬタイ人を驚かせた。百名以上のムスリムによる軍基地の同時襲撃とタイ政府軍による実行犯の殲滅作戦という事実に加えて、一九四八年四月二八日に発生したドゥソンヨーの反乱との符合に南タイ問題の深刻化を予感したからに他ならない。ドゥソンヨーの反乱に関しては既に述べたとおり、タイ側では村人の反乱と記述し、マレーシア側では村人の蜂起と記述している。かたや暴徒の制圧、かたや独立運動の抑圧である。しかしながら、警察官の死者が三〇名、マレー系ムスリムが四〇〇―八〇〇名も死亡した抗争事件であったにもかかわらず、慰霊碑はおろか公的記録も少ないのはどうしたことかとタンマサート大学のチャイワット・サターアナンは問う。タイの通例でいっても、祖国防衛の愛国的・英雄的死者に対してその威徳を讃える記念碑がないのは考えられない。マレー系ムスリムとしても、叛乱の汚名を着せられたとはいえ、イスラーム共同体を守るために戦った英雄達の処遇としてはいささか冷たいのではないかということである。

チャイワットはドゥソンヨー事件の記念碑をナラーティワート県で探し、事件が発生したラゲー郡ではなく、ナラーティワート県都の警察署内敷地に三メートルの高さになる三段のスタンドの上に銃弾をかたどった記念物を発見した。多くの警察官に由来を尋ねたが要領を得なかったという。この記念物には名前及び由来を書いたプレートがない。これもタイでは珍しい。ドゥソンヨー事件に関係していること、中に当時殉職した警察官の遺物が収められている可能性を指摘したものはいたが何の記録も残っていない。ここからチャイワットは、この弾丸レリーフの記念碑は語らない、沈黙の記念碑なのであるという。しかし、語らないことで多くのことを語り出すのだともいう。

ドゥソンヨー事件は、わずかの歴史的資料や生存している村人、警察官等関係者の証言を照合すると、当時、中国共産党かそれのシンパであるグループが森を拠点とし、村落に食料をはじめ必要な物資の調達に来ることが頻発していたらしい。村人が応じなければ強奪である。これに対抗するために村人達が自警組織を作り、彼らとの一戦に備えて山に登り、聖油を身体に塗り込めて敵の弾をはねのける呪術的儀礼を行っていた。この集まりを目撃した、或いは村人が武器を持って集まっているという話を聞き込んだ郡の警察が村人に解散を命じたが、村人が応じなかったので、武力行使になり、村人が徹底抗戦したというのが実情らしい。二日間にわたる戦いであったが、村人達は最終的に政府軍により鎮圧された。生き残った村人はタイ政府の報復を怖れてマレーシア側に逃げた。ピブーン政権は南部情勢の収拾のために情報を収集したが、この事件が政治的なものでなかったことを議会で報告している。要するに、タイ側に三〇人の犠牲者を出したこの戦いは、誤解に基づく無用の戦いであり、亡くなった警察官は英雄として顕彰することができなかった。

しかしながら、沈黙を守る銃弾の記念碑はその形から二つのことを政府側のイデオロギーとして語っているということ。一つは、蜂起した人々はタイ国を危機に陥れる謀反・反乱者であったということを公式的な見解として表示すること。そして、警察署の中に置かれているということによって、事件は警察によって押さえられたという歴史を刻んでいるのである。もう一つは、国家に敵対するものには銃弾によって制裁を下すという国家の意志を示している。つまり、村人との戦いで圧倒的な武器を用いて戦ったことは正しかったという歴史認識の肯定である。村人達はこのように政府が作り上げた歴史的「事実」に対抗する「事実」を構築する力を持たなかった。

ところが、クルーセ・モスク事件において、襲撃者たちは偶然か、意図的か、ドゥソンヨー事件と同じ日に行動を起こし、モスクにたてこもり全員死亡した。この度も、戦士達は呪文や聖水を用いて戦いの準備をなしたが、警察や軍の敵ではなかった。彼らがモスクを戦いの場所に選んだのは、聖戦という意義付けであったかもしれないが、結果的に彼らは遺族による埋葬や服喪の儀礼によって、そして分離主義者達の声明の中で殉教者として扱われることになった。ドゥソンヨー事件の記憶も同時に呼び起こすことに成功した。二〇〇三年以降に激しさを増した南タイの暴力事件が、マレー系ムスリムによる抑圧的なタイ政府に対する聖戦であり、またしてもタイ政府が過剰な制圧を加えたという「事実」を歴史に書き加えたのである（Chaiwat, 2005a：1-15）。南タイのムスリム達の集合的記憶が呼び起こされた。

タックシン政権はピブーン政権と幾つかの点で共通している。南部タイ問題の解決方法に典型的であるが、方針に従わないものを単なる反対者から、敵対者、テロリストといった他者として表象し、潰していくことで政治の正統性を確保しようとする。つまり、愛国者、真の政治的リーダーになるためには敵を必要とする。ピブーンの時代では、国家アイデンティティ形成に参画しない他者としての南タイであり、現代でも、先進国への仲間入りを目指そうとするタイのアキレス腱となる南タイである。多文化主義政策に基づくマイノリティの市民権擁護に敏感になっている欧米のタイ・ウォッチャーは、南タイ問題を抱えるタイにとって閉口する言説をメディアにまき散らす。また、マレーシアをはじめ、インドネシア、或いはタイのエネルギー政策とも関係するアラブ諸国と友好関係を維持するには、南タイ問題を軟着陸させることが何よりも重要である。容易に進展しない情勢にいらだち、強権を発動する。力で押さえ込もうとする「権威主義的」国家のありようは二つの時代に共通している。そして、このような性格を持つ政権が民主的に作られ、維持されていることが、ピブーンの時代と異なる点であり、チャイワットにとって気がかりな点である（ibid.：9-13）。

経済成長を約束する政権、社会的異物を取り除いてくれる政権への期待は、言論・メディアの自由や人権・社会的公正に配慮する政権への期待よりも大きいように見受けられる。これは必要以上に、テロリズムの恐怖、テロリストへの監視・抑止が政策として語られすぎた結果であろうが、市場の問題解決機能を信奉する新自由主義を採用する国家に共通する社会意識ともいえる。最も民主的な国家が、他者に対して最も攻撃的になることがありうる。アメリカしかり。タイ警察は麻薬撲滅キャンペーンの実効化のために、二〇〇三年だけで二、六三七人の麻薬密売人と目される人物を射殺し、数千人を軍基地内のリハビリキャンプに収容したといわれる（Phongpaichit and Baker, 2004：162）。

チャイワットが提示する暴力に関わる問題解決の方法は二つある。一つは、複雑な問題を単純な「真理」におさめず、「正しいこと」と「誤ったこと」という二元論にも還元せず、冷静に分析すること。もう一つは、アイデンティティ・ポリティックスに距離を置くことである（Chaiwat, 2003；2005b）。前者については、本書が南タイにおける暴力の背景を様々な観点から分析してきた。後者は、筆者のような第三者ではなく、問題の渦中にある当事者が今後詰めていくことである。とはいうものの、チャイワットのいう二つの方法は、学問的認識にも求められるところである。次章以下の開発僧の問題においてできる限り事態を正確に記述しきることが、筆者のような外国人研究者がタイの開発問題に対してなすべき役割なのではないかと考える。

四　むすびとして

多文化主義社会の形成を目指そうとするのであれば、差異のポリティックスの罠、権威主義の罠にはまってはいけない。これはタイをはじめ東南アジアの諸国が独立を達成して以来取り組んできたけれども、十分な達成がなされていない課題である。

この章では二〇〇四―五年における南タイの暴力事件とタイ政府の対応を事例としてこの問題を考察してきたが、

マレー系ムスリム及びタイ政府、国家調停委員会（National Reconciliation Commission）、タイの市民団体がどのように問題解決に向けてイニシアチブを取っているのかをフォローするまでには至っていない。数年間、事態の推移を注視する必要がある。

現時点において、新聞で南タイの事件を読むたびに事態は悪化しているように思われる。権威主義的な体制がある一方で、政府相手に損害賠償の請求を問題の当事者が起こせる風通しの良さも出てきている。タイの良識ある人々が彼らへのモラル・サポートを継続してくれるだろうと思う。

筆者はこの数年、東北タイ地域社会をフィールドに市民社会形成の問題を考察してきたが、南タイ問題については十分な目配りができていなかった。二〇〇五年に『東北タイの地域開発と文化再編』出版後、急ぎこの問題に関わる資料を集め、暫定的ではあるが、南タイ問題を概観してみた。この解決がタイ市民社会形成の問題そのものであることを自覚しているが、東北タイ地域の調査研究とは異なり、現時点では文献レベルの研究しかできない状況である。現地調査はリスクが高いため、当分はこのやり方しかないが、引き続き南タイの情勢を見守りたい。

資料　パタニ国学生革命協会（samanakhom naksuksa patiwat rat patani）声明要約

（県名はパッターニーとタイ語表記を用いるが、彼らの理念を語る言葉はマレー語表記のパタニを用いる）

一　タイ政府への抗議に関する活動

パオス・ワーメーデーサー先生は、ヤラー県のバン・ジャラン・タ・ドン学校の校長であった。一九七二―一九七四年の間に発生した南部の事件において、彼は首謀者と見なされた。彼は逮捕され、懲役五年を求刑されたが、無罪となった。しかし、彼は拘置所を出て、森に入ってしまった。その理由は、パオスがそのまま村に住むと、警察から殺される恐れがあったからである。その当時、警察は一般市民（特にテロリストと疑われる人）を殺すことができる時代であったため、警察はテロ事件と関わっているかどうかを調べずに、勝手に市民を殺すことができた。政府は警察のそのような行動を認めていた。それどころか、警察官はテロの容疑者を殺害することが手柄になり、部内で出世していったのである。

つまり、テロリストと見なされたパオスの活動は実際のところムスリムの権利を守るためのものであったため、反政府的性格を持ったのであった。さらに、パオスと彼らの集団が拘束されてもテロ事件は収まらず、より頻繁にテロ事件が発生した。それは、新たにパタニ国を建設する運動ではなく、政府・警察に抵抗した運動であったことを意味する。

一九七五年一一月二九日、ムスリム男性五人と男の子一人がナラーティワート県で襲われ、男の子だけが生き残った。退院後、親戚の家に預けられた子どもは、自分たちを殺そうとした人の顔を覚えていると告げた。親戚が直ちに警察に連絡をしたが、警察は全然動かなかった。この後、一九七五年一二月一一日、パッターニー県庁に数万人が集まり、三つの条件を要求した。①ムスリム男性五人を殺害したものを逮捕すること、②政府は南部の三県におけるテロ対策を改めること、③南部の三県から軍隊を撤退させること。しかし、タイ政府はこの運動をパタニ国の建設というタイからの独立運動であると認識した。さらに、PULO運動は数万人の集まりやそれによる運動を支援していた。その運動は三日目に入って、爆発テロを起こし、これによって一二人が死亡し、二五人がケガをした。しかし、その爆発事件に対して政府側は調査もせず、爆発前に、わざと記者たちを連れて現場から去って行ったのであった。また事件の実態を国民に隠そうとした。

結局、政府は事件に対するあらゆる情報を持っているのにもかかわらず、正しい情報を国民に伝えない。これは、ムスリムによる運動が反タイ運動であるとタイ政府がタイの仏教徒に伝えることによって、タイの仏教徒のほとんどはムスリムを嫌うようになったのである。なお、この抗議活動は四五日間にわたって行われたが、要求は完全に無視され、わずかの補償金しかもらえなかった。

二　自由を求める理由とその実現方法

タイ政府の政策はパタニ人の文化・慣習、生き方、自国語を変えてしまうため、パタニ人の生活や基本的ニーズに合わない。そのため、タイ人とパタニ人の生活水準を比べてみると、そこには格差があった。例えば、パッターニー県は発展の度合いが低く、住民もタイ政府の政策にも柔軟に対応できなかった。一方、タイ政府はパッターニー県が発展を遂げると共に、麻薬や売春、娯楽、ギャンブルなどという問題が一緒に発生していると指摘した。それによってパッターニー県の青少年も影響を受け、非行を犯したり家族の財産に勝手に手を出したりして家族生活に迷惑をかけている。

私たちの運動の意味は、タイ政府から独立してパタニ国を建設することである。またパッターニー県はタイの所有物ではない。私たちはテロリストではない。私たちの活動は、パタニ国の自由をめざす。

三　タイの女王のスピーチ

二〇〇四年一一月一六日、タイのテレビ局が王妃のスピーチを生放送した。しかし、このスピーチに対して私たちは反対する。その理由として、まず、

① 多くの南部に住む人々の中で、なぜ仏教徒の三〇万人にのみ援助しなければならないのか?
② 南部の Malau 人（ムスリム）は犯人か?　また三〇万人の仏教徒タイ人は良い人か?
③ 南部の五県に住んでいる五〇〇万人ムスリムに問題があっても関係ないか?
④ 三〇万人を援助するため、五〇〇万人の窮状をかえりみないでよいのか?
⑤ マレー人・パタニ人はパッターニーで生活する権利があるのに、タイ政府は我々がムスリムだからという理由でタイ人に悪い影響を与えていると言えるのか?
⑥ タイ政府は三〇万人を守るため、ムスリムを殺すか、あるいはムスリムをタイ人の奴隷とするのか?

南部に住んでいるムスリムはタイ系ムスリムやタイ人ではなく、マレー系ムスリムが多い。また彼らは Jawi 語でコミュニケーションするため、タイ語では話せない。

歴史上、タイがパタニと戦争した理由は、パタニの領土や資源を奪うためである。私たちはタイの領土や資源を奪うつもりはない。

四　タイ政府の敵対行為

南部の問題に対してタックシン政権は二つの政策を行った。①地方分権化。これはチャワリット・ヨンチャイユット将軍（Chavalit Yongchaiyudh）とチャートゥロン・チャイセーン（Chaturong Chaiseng）という人の意見で、南部の平和のために暴力が起こらないように抑えている。その一方で、②国軍の政策をタックシンが応援している。

①の政策は住民に支持されたが、政府と軍は反対した。海外では、合衆国やマレーシアでは地方分権化が進められ、それぞれの地域で自治が認められている。その上、政府は地方を統制する軍を必要としないので、軍隊の予算を減らし、住民の教育機会を向上させたり、公衆衛生政策に予算を回したりすることができる。しかし、タックシンの政策はポノの役割を減らし、トックルーの信用度を落としてしまった。また、全国の中、南部の四県のみで軍により治安が保たれている。タックシンは軍の役割・予算を増やし、住民を抑圧している。

五　ムスリムよ、目を覚ませ！

現在、ムスリム社会は大きな変化を余儀なくされた。元のムスリム社会は自由と平和があり、安心して生活できた。しかし、タイ社会のいい階層（収入と仕事機会）に入るため、ムスリムの両親は子どもにムスリム社会から離れて外で勉強させた。子どもが外（タイ社会）で生活することで、様々な問題が起きた。例えば、結婚前の同棲、未婚女性の妊娠などがある。両親に依存しているにも関わらず、子どもは遊んでばかり。両親の金まで全部使ってしまった。ポノはイスラーム教を教えていたが、タイ政府はその教育内容を変化させた。また、トックルー（Tok Guru）ポノの先生も政府に従うために変わった。現在、政府の中で大臣になるムスリムがいるが、ムスリム問題の解決をしなかった。

私たちはムスリムの代表である。ムスリムの領域とムスリムのための事業を実施したい。これからイスラーム社会を守るため、イスラームの領域が必要ではないだろうか。

出典www.mezzy.com/cgi-bin/nph-paidmember.cgi/111010A/http/www.patanistudents.com/Thai.htm

現在は、反政府的サイトであるということで消去されている。

資料　チャートゥロン・チャイセーンの六項目の提案

①　住民の安全を守ることが重要であり、住民は自己防衛の権利がある。行政は支援に徹し、住民を簡単に殺すことを止めること。

②　三県で住民の反対運動を止めるためには、中央からの軍人と警察官の派遣数を減らすべきである。なぜならば、住民たちに軍と警察が暴力をふるっているからである。但し、地域開発のための軍人だけは三県に入り、住民と共に地方を発展させる。

③　二〇〇四年一月五日に定められた法律を中止すること。

④　すべてのポノの運営を見直す。三県においてポノの運営は二番目に重要な課題である。住民の殺害事件が第一番目である。今後のポノ制度は柔軟に異文化として対応すべきである。

⑤　開発方法は住民の希望に沿うことが大事である。

⑥　現在、三県で働いている公務員を他の県に移動させることが重要である。

出典（www.manager.co.th/politics/viewnews.aspx?NewsID=94700000072593）

資料　国際タイセミナーにおける南タイ問題への関心

発表者名	発表タイトル	内容要約
タイ国最南部における危機と葛藤		
Duncan McCargo	南タイの危機を国内政治から理解する	司会，コーディネーター
Ukrist Pathmanand	タックシンのアキレス腱：南部情勢はなぜ悪化したか	タックシンは南タイ問題の歴史を理解せず，民族・宗教間対立を和らげるよりも，タカ派的な政治姿勢を鮮明にすることで事態の打開をはかっている。タックシン政権は2004年以降人気が落ちているが，最後の切り札として愛国者としてふるまうっている。ムスリムによる襲撃やデモを強圧的に鎮圧した部隊のトップ4名の責任を問わない。しかし，これがタイ国軍のイメージをダウンさせるとして軍内部での不満につながり，タックシンは軍内部の抗争に巻き込まれる可能性がある。
Wattana Sugunnasil	南タイの政治文化と暴力	1970，80年代にムスリム達の分離運動が衰えた。1990年代に入って，ムスリムの政治家達がタイ政界に進出を図ったが、彼等は，ムスリムのコミュニティが急激な近代化とグローバル化により窮乏していく現状を変えることに失敗した。その結果，過激なイスラーム集団が活動する政治的スペースが生まれた。
May Tan-Mullins	南タイの暴力における神話と現実	南タイの抗争の背景に分離主義者の運動があるのか，或いはタイ政府の抑圧的政策という陰謀があるのか，議論は様々だ。パッターニー県で村落調査をした経験から，ムスリム達の海外留学経験，電子メディアの普及によって戦闘的なイスラーム思想が入ってきていることが伺える。しかし，最も重要な問題は彼等の同化政策における人権問題である。
Srisompob Jitpiromsri, Panyasak Sophondwasu	南タイの苦境：構造的説明或いはイデオロギー的説明	抗争の要因として，南タイの経済的窮乏，分離独立運動の歴史，そして，CIA，シンガポール人，政府による謀略論まである。謀略論には，南部の地下経済や違法活動に通じているギャングの関与もある。しかし，社会経済的データによれば，貧困は危機の直接的要因ではない。この10年間の抗争は9.11以後，徐々に増えてきており，2003年1月の襲撃事件以降に過激化した。従来，国内のエスニックな問題だったものが，国際的なイスラーム革命思想により鼓舞されるものとなっているが，その現れ方は複雑といえる。
Joern Dosch	南タイにおける抗争の過程と平和への道筋：比較論的視点	アイルランドとイギリス政府との抗争と交渉・和平の過程と南タイ問題との比較。双方のねばり強い歩み寄りにより，交渉の余地はある。

発表者名	発表タイトル	内容要約
南部の暴力		
Robert B. Albritton	南部の葛藤を解釈する	クラ地峡地帯では攻撃性が高まり，観光や外資導入が無理な状態にまで危機的状況になっている。この地域では，ムスリムと仏教徒の対立，特異な文化の残存，ワッハーブ派の影響力増大が認められる。この地域は南タイのムスリムの中でも独特であり，政府はこのような特徴を理解していない。
Sirirat Tanerananon	南タイにおけるムスリムの貧困：パッターニー県の事例	南タイの貧困調査，タイの貧困参与観察の2つの公的データから状況を考えると，開発政策にもかかわらず，貧困の連鎖を世代間で断ち切れないことが伺える。加えて，タイムスリム女性の訴えにも耳を傾けたい。
Cholthira Satyawadhna	仏教の危機，微笑みの国，危機における暴力的国家	30年前に血であがなったタイの民主主義が危機に瀕しており，微笑みの国タイは，エスニック・マイノリティを排除し，大量殺戮する国家の仲間入りを果たそうとしている。1997年憲法には，個人の尊厳，権利，自由が守られなければならないと記されている。人々の参加，自己決定を可能にする自治的地域を設けることが，抗争の出口となるのではないか。
Alisa Hasamoh	南タイの暴力：バンコクと南タイにおける若者達の差異	大学の学生達はこの危機をどうのように認識し，問題解決の意志や方向性を示しているかを見ることによって，若い世代が示す南タイ問題の認識が伺えるのではないか。バンコクと南タイの学生には温度差があるものの危機的認識は強い。
Chaiwat Satha-anand：タイにおける人権と仏教徒――イスラーム教徒との関係		
Saroja Dorairajoo	Chaiwatと南タイムスリム社会における暴力の研究：批判的説明	Chaiwatの研究は初期に政治・歴史・民族・社会経済的背景を探りながら南タイの危機を分析していたが，上記の背景が異なる人々がどのように平和・非暴力で暮らしていけるのかその戦略をムスリムとして求めていくという活動家の姿勢から，他の研究者とは異なる地平にある。抗争は根の深い部分にあり，単なる政治的リスク管理の方策では解消不能である。彼の抗争，危機に対する釈義は傾聴に値する。
Alexander Horstmann	タイにおける Tablighi Jamaat	南タイの抗争を考える際に，村レベルの民族誌的研究はかならずしも十分になされてこなかった。Tablighi Jamaatの理念は広範なネットワークに支えられて，ムスリム達に浸透しており，村人達は，南タイのみならず，アジア，イスラーム圏の中で自分たちを位置づけるようになっている。この運動に参加することによって，ムスリムは自己を南タイのムスリムという狭い枠から解放しているように見える。この点をChaiwatの研究と関わらせて，ムスリム運動の多様性も考察したい。

発表者名	発表タイトル	内容要約
Chaiwat Satha-anand：タイにおける人権と仏教徒――イスラーム教徒との関係		
Karel Kersten	仏教徒ームスリムの関係における非暴力を目指して	Chaiwatの研究は，タイ社会を多文化共生社会と捉え，ガンジーの非暴力思想を盛り込んだ，独特なものである。また，1950年代のアルジェリア問題に向き合ったフランスのイスラーム思想家，ルイ・マシンニョンとも比肩される。
John Funston	最南端の困難：外部との関係の重要性	2002年11月7日にアジア・ウォルストリートジャーナルでバリの爆弾テロの拠点に，ジェマ・イスラミアが南タイを拠点に使ったという記事が報じられて以来（シンガポール政府筋），各国の政府が容疑者逮捕に力を注ぎ，2003年5－7月には，カンボジア，タイで6名のJI容疑者が捕まった。2004年1月の軍基地襲撃，武器強奪事件にはJIの関与が推測されており，アフガニスタンやフィリピンでタイ人のJIが訓練を受けたとか，バングラデシュのHarkat-ul-Jihad-al Islamiとの関連なども報じられている。もちろん，これらの情報に確実な証拠があるわけではないが，イスラームの国際的な過激派組織の問題は重要である。
Raymond Scupin	南タイにおける倫理と研究の接合：可能か？	Chaiwatの研究方法は，社会科学的研究と倫理を統合しようというものである。これは，ウェーバーの伝統に従い，客観的事実と研究者がとる政治的態度を峻別する西欧の社会科学とは異なる。もちろん，マキャベリズムやマルクス主義の伝統もあるが。ヒンドゥーと仏教，イスラーム伝統を研究方法論と倫理の問題に入れているという特徴がある。現在のような政治状況において，Chaiwatの哲学と研究はタイに有益な視点を提供できる。
ラウンド・テーブル		南タイのムスリムを理解する：過去，現在，そして未来
前線を旅する：南タイの社会背景を通してみた移動性，歴史性，アイデンティティの創造		
Kazue Takamura	Orang Cina，とLuukchinの間で生活する：タイーマレーシア国境の東海外に生活する華人	マレーシアの北部国境地域には華人向けの華人学校があり，中国語教育を行っている。ここには，マレーシア華人，タイ華人はもとより，父がマレーシア華人，母が北タイ出身のタイ人の子供も，タイ側から国境を越えて通っている。このような学校において，エスニックなアイデンティティは柔軟である。
Alexander Horstmann	タイ王国におけるムスリムの守護神：ナコンシータマラート県Klai郡におけるThuat Krai，宇宙観とイスラーム	ナコンシータマラート県タサラ郡クローンクライ地区では，この地域のタイ人，華人，マレー人の祖先であり，ケダーの兵士であったと考えられるムスリムの守護神が祀られており，霊験あらたかなことで知られている。ここではマレー系というアイデンティティは薄れているが，ムスリムの地域であるというアイデンティティが形成されており，それにはDahwa Tablighの運動が大きく関与している。非イスラーム圏の汚れから地域のムスリムを浄化するというわけである。

発表者名	発表タイトル	内容要約
前線を旅する：南タイの社会背景を通してみた移動性，歴史性，アイデンティティの創造		
Muhammad Arafat bin Mohamad	死人が語れるか？暴力を背景に忘却させる政治	南タイではタイ政府によって加えられた惨劇の死者を祀る施設が残されている。歴史的記憶に関わる研究によれば，モニュメントによって歴史は人々の心の中で活性化される。歴史のある局面が制作者によって思い出させられ，また忘れさせられる。このような現在の記憶が和解への道を阻んでいる。
Irving C Johnson	セメントの神々の下で：マレーシア村落における移動性と記念碑の政治	ケランタンのタイ仏教寺院では，塑像を建立することがブームとなっており，タイ，マレーシアの華人観光客を呼んでいる。仏像を建築することによって，マレームスリムの地域における仏教徒のアイデンティティを示めそうとしているのだ。ケランタンのタイ人たちはこれにより，自分たちの文化的特徴を語ろうとし，観光によってそれはエスニックなマージナリティと認識されていく。
南部における分離と統合の要因		
Annette Hamilton	報道：南部と国家	南タイの民族的多様性に関しては，政府の弾圧政策が露見した以外に，1990年代までメディアで問題になることはあまりなかった。しかし，近年，衛星放送が可能になり，タイ語とマレー語の放送局が競い合うようになった。タイの政策も，マレー語を第一の言語とする人々の存在を認めており，西欧風の多文化主義的体裁をとっていた。しかし，9.11以降，異質であることに対する寛容性に限界が生じ，タイの政策も変化した。
Jason Johnson	イスラーム寄宿学校とマレー－イスラームナショナリズム	ポノと呼ばれるイスラーム寄宿学校はマレームスリムのナショナリズムを涵養する場である。それは，この地域にタイナショナリズムが浸透してきたことへの応答でもある。従来，マレームスリムはタイの主要な文化において尊敬されるべき何ものも持てなかった。タイ仏教徒の学校で彼等は肩身の狭い思いをした。そこで，ポノが彼等が受けた象徴的暴力を縮減してくれる価値観，ムスリムとしてのアイデンティティを提供したのである。
Sidek Baba	南タイムスリム社会における人材開発に貢献するマレーシア大学：マレーシア国際イスラーム大学の事例	タイムスリムは政府のタイ国民化政策にも関わらず，宗教教育を望んでいる。マレーシアは2万人からの留学生を受け入れいているが，最大グループがタイムスリムである。国際イスラーム大学では，英語を重視し，折衷主義的な教育方針のもと，彼等に必要な知識・技能を提供している。
Linda True	マイノリティの調整：南タイの研究	国民国家建設の際，国家はマイノリティ集団を包摂しようとするが，それはマイノリティの反発，反乱を招く。従って，一定のレベルで曖昧なままに彼等を許容するしかない。そのバランスは危ういもので，完全な包摂を目指そうとしてもそれは短期間しか継続しない。

発表者名	発表タイトル	内容要約
南部における分離と統合の要因		
Daungyewa Utarasint	マイノリティのエリート達はどのような差異を作り出せるか：南タイ3県の暴力とWadah集団の事例	Wadahと呼ばれる国会議員の党があり，これは17年間継続している。最盛期で10名というレベルの小党で，タイの党派政治において果たす役割は殆どない。しかし，彼等は宗教的，民族的同質性，ムスリムのために活動するという共通の目的を持ち，タイの政治においては無視できない存在である。南の抗争が激化して以降，彼等が選挙区の方を向くのか，与党の会派に加わることで政治力を持とうとするのか注目される。
Maren Schoenfelder	Takbaiの国境地帯における文化交流	タークバイにおけるデモ隊の鎮圧は悲惨を極めたが，タイのメディアは仏教徒ムスリムの対立をことさらに強調するような作りをしている。それに日常接しているタイ人は，ムスリムを反乱者，分離主義者，テロリスト，暴力的といった形容詞で考えるようになる。しかし，タークバイのようなムスリムの地域においても，仏教徒とムスリムは日常的な交流がある。
南部：歴史と史料編集		
Hung-Guk Cho	アユタヤ時代におけるタイ－マレー間の争い	タイ国家とマレームスリムとの葛藤は18世紀後半からと言われているが，実は16世紀にその芽がではじめ，17世紀に様々な葛藤が出現した。これはアユタヤー年代記，タイ南部の年代記，17世紀のヨーロッパの旅行記，中国や日本の文書から明らかである。
Thanet Aphornsuvan	南タイにおけるマレームスリムの分離主義の起源	分離主義運動の起源は，1940年代のタイ政府内部の党派的争いと，Haji Sulongらによるマレームスリムの政治運動との葛藤が最初である。タイ民族による国家という共同幻想が潰えた歴史的事件であった。
John Grima	イスラームのタイ史料からえた3つのテキスト	タイのイスラーム系サイトにはタイの国定史観と異なる歴史観が書き込まれている。宗教，ナショナリズム，民俗の観点から見ると，チャオ・ポー，チャオ・メーの物語が相同的な構造を持つ。
Suleman Wongsuphap	プーケットのBaba華人ビジネスの社会的ネットワーク構築	Baba華人ネットワークはプーケットで強固であり，彼等は本国の福建省中国人とは異なり，タイ－華人というハイブリッドなアイデンティティを持っており，エスニシティの重層性が見られる。
南タイの危機の文化・経済的側面		
Steffen Ruholl	南タイにおける危機のコミュニケーション：人類学的視点	パッターニーの人々は，公的場では危機について慎重な態度をとるが，プライベートなところでは自由に話し，交流し合っている。大がかりな論議とは別の様々な生活の局面がある。しかし，マレームスリムとタイ人との間で徐々に緊張感が高まってきているのは事実だ。

発表者名	発表タイトル	内容要約
南タイの危機の文化・経済的側面		
Worawit Baru	Jawiとは何か？意味，歴史，視点，未来	Jawiはマレーシアのアラビア語のアルファベットであり，現在は宗教的文書の書き言葉として用いられる。ブルネイ，インドネシア，パッターニーで用いられているが，そこに歴史的変遷がみられる。
Claudia Merli	タイ語を学びながらムスリムのアイデンティティを涵養する：2つの小学校テクストの比較	2002年で改訂されたタイの小学校教科書には，少数民族であるタイムスリムに配慮したアルファベットの構成になっている。従来のタイ語教科書では，タイ・アルファベットの音ごとにタイ的な表象が用いられ，タイ国民化がはかられたが，新しい版ではムスリムの生活に根ざした表象が用いられている。
南タイの危機の文化・経済的側面		
Ronald Provencher	Rusembilan再訪：パッターニー県マレーコミュニティにおける個人主義，資本主義，内的植民地化	パッタニー近郊の水稲・漁村を何度も訪れた印象は，タイ化されていくということだった。それはあたかもイギリスが支配する北アイルランドのようなものだ。東北タイから移住者が来て，彼等はマレームスリムよりもタイ資本の雇用に好まれた。それが第一次産業以外の雇用機会を得られない貧しさにつながる。昔の農村の人々は都市郊外のタイ・華人地域に入っていき，タイ，華人も村に近づいてきた。
Michiko Tsuneda	南タイ国境のコミュニティにおけるタイ－マレームスリムのジェンダーと越境	タイ，マレーシア国境地域にいるタイムスリム達はマレーシアに出稼ぎにいき，しばしば国境を越える。彼等はタイ人として処遇されるが，タイ国内では二等国民並の扱いを受ける。これが彼等の葛藤となる。特に男性で強い。これが，女性との比較においてエスニシティへの感覚，感受性の違いとして認められる。
Amporn Marddent	葛藤状態にある女性	南の不安定な情勢の中，男性親族や配偶者が殺されたか，行方不明になった女性を訪ね，生活状況を聞き取りした。女性が一番これらの事件の影響を受けたにもかかわらず，彼女たちの声を拾い上げるものが少ない。女性達の間でも，ムスリムとムスリムでない者たちの間に緊張が発生している。

備考：各セクションごとのタイトルは部会の名称である。
　　　内容要約は要旨集を要約したものである。

Ⅲ　上座仏教による地域開発

僧侶となった親族に水をふりかける村人（1991）筆者撮影

人気の御守り（金運型）とパヨーム師謹製クッキー（2007） 筆者撮影

魅せる現代仏教 タンマカーイ（2007） Saman Mernkrathoke氏提供

第六章　調査の視角と方法

一　タイの上座仏教

タイ仏教の現在

タイの憲法に国王は仏教徒でなければならないと定められている。タイの総人口六、二四二万人（二〇〇五年）のうち、約九三％が仏教徒である。五％がイスラーム教徒、一・五％がキリスト教徒、ヒンドゥー、シーク教徒は四千人に満たない。タイは仏教国といってよい。

インドからスリランカを経由してタイに伝えられた上座仏教とは、二二七ヵ条の戒律（ウィナイ）を守る僧侶の（僧団）と、寺院・僧侶に帰依し、積徳行（タンブン）により功徳を願う民衆の宗教であるといわれる（佐々木、一九八六／石井米雄、一九九一／森部、一九九八）。タイの文化・道徳の中核は仏教であり、クーデターを起こした将軍がサンガの長に挨拶に行き、政治的正当性の確認を行ったことが、テレビや新聞で国民に伝えられるほどである。仏教と王権、国家（政治）が互いに他を規定し、利用し合う三項構造は、石井（石井、一九七五）、タンバイア（Tambiah, 1976）、

表9　タイの宗教人口（2003）

タイの県	人口	%	仏教	%	イスラーム教	%	キリスト教	%	他	%
全国（データ1998）**	61,466,187	100	57,134,880	92.95	3,220,233	5.24	991,600	1.61	119,474	0.19
中部（データ1998）	11,022,870	100	10,320,375	93.62	562,118	5.10	101,135	0.92	39,242	0.36
東部（データ1998）	4,131,042	100	3,925,713	95.03	100,949	2.44	102,283	2.48	2,097	0.05
西部（データ1998）	4,773,398	100	4,673,107	97.90	27,286	0.57	71,144	1.49	1,861	0.04
北部（データ1998）	12,159,933	100	11,614,364	95.51	186,127	1.53	302,225	2.49	57,217	0.47
東北部（データ1998）	21,312,165	100	20,935,925	98.23	10,335	0.05	363,240	1.70	2,665	0.01
南部（データ1998）	8,066,779	100	5,665,396	70.23	2,333,418	28.93	51,573	0.64	16,392	0.20
バンコク（データ1998）	5,647,800	100	5,195,977	92.00	359,200	6.36	56,478	1.00	36,145	0.64
チェンマイ県（データ1998）	1,582,223	100	1,294,133	81.79	144,701	9.15	121,565	7.68	21,824	1.38
チェンラーイ県（データ2003）*	1,273,445	100	1,224,123	96.13	2,375	0.19	26,220	2.06	20,727	1.63
ウドーンターニー県（データ2003）	1,467,362	100	1,458,202	99.38	393	0.03	8,767	0.60	0	0.00
ソンクラー県（データ2003）	1,284,864	100	822,698	64.03	30,451	2.37	421,950	32.84	9,765	0.76
パッターニー県（データ2003）	632,667	100	120,611	19.06	512,056	80.94	1,458	0.23		0.00

出所：*データ2003年，県の文化センター（สำนักงานวัฒนธรรมจังหวัด）　**データ1998年，（สำนักงานคณะกรรมการศึกษาแห่งชาติ）

スクサムラーン（Suksamran, 1977）によって指摘されている。上座仏教は国教と規定されてはいないが、公共宗教である。このような基本的構造は、一九五〇年代末からタイの開発政策を進めたサリット・タナラット元帥・首相によって形作られたものであり、開発主義の産物とも言えよう。

タイでは仏教寺院総数四万余のうち、少数の王立寺院、王室から寺院用地を下賜された正式な寺院、未だ下賜されていない寺院、僧侶の修行場等に分けられる。全国の村落数が六五、一七一ヵ村であるから、よほど新しい開拓村や南部イスラーム教徒圏の四県と北部山地民の地域を除けば、村に一つは寺があると考えてよい。一九九四年の宗教局の統計によると、王室寺院二二七ヵ寺、敷地を王室より賜った寺院二九、五二九ヵ寺、寺院建設のために王室から賜った土地一七、四二七ヶ所、寺院建設用地を王室より下賜されていない寺（サムナックソン）一一、九三一ヵ寺、計四一、六八七の寺があった。なおパックソンと呼ばれる寺ではないが、僧が森の中にこしらえた小屋掛けのような宿泊用の建物があり、修行の場になっている。これは統計に含まれていないが相当数ある（krommakan sasana, 2537（1994））。二〇〇四年の総計では、王立寺院二七二寺、敷地を下賜された寺院二〇、二八一寺、未だ下賜されていない寺一三、六二一寺、僧が無住ないしは廃寺六、八一五寺である（ibid., 2547（2004））。村落の中心は寺であり、村人の生活は仏教寺院の年中行事に彩られており、冠婚葬祭をはじめタイの日常生活は仏教儀礼なしには成り立たない。

タイの僧団は、ラーマ四世が創始したタンマユット派と在来派のマハーニカーイ派の二つであり、三〇万人余りの僧侶が所属する。僧侶の数であるが、雨安居の時期には一時出家者が増える。都市の名刹・古刹には多数の僧侶がいるが、村落の寺は一、二名の僧侶がいるだけのところが多い。黄色の僧衣は皆同じであるが、僧侶の間には仏教教理・パーリ語の国家試験による級位と僧団における職階にしたがって明確な地位の差異がある。

僧団は国王に任命されるサンカラート（サンガの長）の下、大長老会議が設けられる。僧団は管区―県―郡の単位でそれぞれに僧団長を置くが、これは国政の行政機構とほぼ同じであり、教育省宗教局とそれぞれのレベルで密接な関わりがある。タイの王室は一九〇二年「ラタナコーシン暦一二一年サンガ統治法」により、サンガへの介入を法的に根拠付け、後の行政も「仏暦二四八四年サンガ統治法」、「仏暦二五〇五年サンガ統治法」により、サンガへの後見的権力として位置付けられた。一九六二年に改正された現在のサンガ法に基づく組織構造と階梯制は、行政機構と対応するべく作られており、実際にも同レベルの僧団長と行政の長、例えば、県の僧団長と県知事は地方行政において協力し合う（Tambiah, 1976：365-400；石井、一九七五／森部、一九九八）。このような統治機構は一九〇二年のサンガ統治法制定以降に確立したものであり、それ以前は王家と関わる都市部の寺院が形成していた僧団以外に、タイ北部・東北部、ミャンマー、ラオスにまたがって頭陀行を行う遊行僧の群れ（師弟関係の集団）や、精霊崇拝と習合した民俗仏教が地方では主流であったといわれている（Tiyavanich, 1997）。これらの僧侶たちは、近代国民国家形成の時代に、タイ国家のサンガに組み込まれていった。

タイには一九九四年時点で、二七九、七五〇名の比丘（内マハーニカーイ派九二％、残りはタンマユット派）、九八、四四〇名の沙弥（同九一％）、五七、五一九名の小僧（（同八九％）、一六、〇三三（八二％）名のチーがいた（Krommakan Sasana 2537（1994））。二〇〇六年では、二五〇、四三七の比丘（マハーニカーイ派八九％）、六二、八三〇の沙弥（同八七％）である（ibid. 2549（2006））。比丘（phra）とは成人男子の僧侶であり、沙弥（samanen）は二〇歳未満の具足戒を受ける資格のない僧で一〇ヵ条の戒を守る。小僧（dek wat）は一〇歳前後の寺院内に起居する少年達であり、長じて沙弥になる。チーはメーチー（maechi）ともいい、タイでは比丘尼戒がないために女性は僧侶になれない。チーは寺院内部に住まい、剃髪し白衣をまとい、八戒を守りながら寺の日常的な作務や修行を行う。タンマユット派、マハーニカーイ派とも、教学、儀礼共に差はなく、タンマユット派は少数ながら王室との関係が深いために多数派のマハーニカーイ派と勢力的に対等である。

タイの上座仏教僧侶は、元来二二七ヵ条の戒律を守り、涅槃に至るべく修行を行い、仏法を説くことで在家に道を示す存在である。在家は布施により徳を積むことができるため、僧は福田とみなされる。こうして、僧と在家との互酬的関係が成立し、僧団が存続していく。このような一般的な僧の在り方と、開発僧と呼ばれる僧侶の在り方はかなり異なっているように見える。地域開発に直接従事している僧侶は圧倒的に少数派である。その意味で、開発僧は奇特な僧の少数事例であり、本章の議論は上座仏教の僧侶の活動を部分的に取り上げたものである。

日本において仏教は既成宗教の一つであり、民俗宗教の領域では葬送儀礼と深く関わっているが、タイでは仏教が全ての年中行事、通過儀礼と関わっている。男子は二〇歳以後出家し、比丘となることが通過儀礼であり、農村部では今でも若者が雨安居の三ヶ月間や親族の追善供養として出家している。都市部では仕事で忙しく、なかなか出家できないようであるが、街中の寺院で僧侶の教説を拝聴したり、瞑想実践したりする中高年の男性も少なくない。女性は出家が許されていないので（比丘尼戒の授受が断続したため）、主に聞法、寄進の積徳行をなす。現在、タイでもフェミニズムから男女を差別する仏教は家父長制の温床として批判されているが、仏教界の反応は鈍い。身体障害者、性同一性障害者も出家できない。しかし、僧侶になれないものも剃髪して寺で修行することは可能であり、メーチーと呼ばれる白衣の女性達が作務を行う姿も見受けられる。

初等教育が義務教育になる以前は、村人の読み書き修得の場は寺であり。男子のみ、沙弥、僧侶として学問することが可能であった。今でも地方では小僧として寺院に起居し学校に通う子供はおり、沙弥になって中等教育を終えた後、バンコクの仏教大学に進学し、修了後還俗するという高等教育への道も開かれている。男子のみ貧しくとも学問ができるわけである。

寺院は地域のコミュニティ・センターであり、功徳を積みにくるもの、病気直し・開運等の祈願、車やバイクのお祓い等、庶民は生活全般にわたって僧侶に相談する。高徳の僧侶や森で長年修行をした苦行僧は神通力を持つと信じられている。そうした僧侶の姿と名前が刻まれた御守り（phra-khruang）はタイでは取引の対象になり、日用雑貨市で一体一〇〇バーツのものから、稀少で霊験あらたかな効能を持つと信じられているものは数十万バーツの高値でモンティエンプラザの専門店などで売られている。

御守りの存在自体は様々な宗教において普通に見られ、授かった御守りは個人の持ち物として、或いは大切な人への贈り物として所持される。しかし、タイでは、御守りの価値が歴史的価値や審美的価値から美術工芸品として評価されるのではない。ほとんどの御守りの作成時期は二〇世紀である。御守りの使用価値（特別な幸運や命を狙われるような危険からの回避）こそ価格になるのであり、それが国内で市場を形成しているところに現代のタイ仏教文化の特徴が伺われる。宗教的力能への傾倒と宗教財を市場に持ち込む功利的発想である。御守り専門誌は週刊・月刊で十数誌ほど刊行されている。

僧侶の役割は、個人の修行として仏教学を修め、瞑想行を行い、公人としては、福田として在家から寄進を受け、願い事をきき、年中行事や通過儀礼を執行することである。都市の僧侶は学僧か僧団における高位の僧であり、安居歴が長い。地方の村落の僧侶は元々が地域の村人であった人が多く、小僧として学習期間を寺で過ごしたり、成年男子が通過儀礼のために一時出家したり、男やもめが老後に出家したり等の様々な理由で短期長期の安居歴を重ねており、村人のよろず相談役にもなっている。

僧侶のタイプ

僧団の戒律に従い定型的な務めをなす僧侶の中で、近年、社会的注目を浴びる僧侶がいる。おおまかには三類型が考えられる。①プッタタート師のような社会評論をなす学僧（野津幸治、二〇〇一）、②霊能やカリスマによりメディアへの露出も含めて社会的影響力のある僧侶と、社会活動で注目される有名な僧、③タンマカーイ寺のように大量の信者動員に成功した特定寺院の僧である（矢野、二〇〇二：七七―一一二）。

第一の学僧は、タイの言論界でも健筆をふるったり、各種の講演会でも政治経済への仏教的な見解を述べたりするなど、社会的影響力のある僧侶である。プッタタート師が典型であるが、彼の英訳された教説に感銘を受けてタイで出家したり、上座仏教に魅せられたりする西欧人も少なくない。現在は、パユットー師が膨大な著作によって、宗教のみならず社会・文化・政治経済・科学技術の各領域においてタイ仏教の啓蒙を行っている。パユットー師の仏教哲学については野中耕一の翻訳を参照されたい（Payutto, 2001, 2004）。本書で注目するのは第二の類型に入る僧侶であり、特に社会開発によって注目された開発僧である。なお、宝くじの当選番号あてや各種お守りで名高いナコーンラーチャシーマー県バーンライ寺の故クーン師や、社会福祉活動や説法で人気のノンタブリー県スワンゲーオ寺のパヨーム師のような僧も注目される。特に、パヨーム師は、人気のお守り（ジャトガム）を模したクッキーを販売してタイ人のお守りフリークぶりをからかうなどユーモアのある社会批評を行う。

第三の類型は、タンマカーイのように積極的に布教する寺院とその支援者集団である。布教方法、布施の集め方、信者の組織化、及びタンマチャヨー師という寺院代表者の傑出したカリスマ性等が、日本でいえば教勢拡大期の新宗教に酷似しており、第一の類型に属する僧侶や大学人、マスメディアから「消費型宗教」とか「カルト」等と評されることもある。日本にも支部を置き布教している。

タイの上座仏教を歴史的に概観すると、タイ系諸民族が東南アジア半島部に定着して以来、王家が庇護した鎮護国家仏教の側面と、民衆にも親しまれてきた民俗宗教としての側面を併せ持ち、なおかつ、タイ国民国家形成期において、教理的にも組織的にも合理的な国家宗教に再編された仏教である。したがって、サンガという一つの入れものに入った宗教的要素は多様であり、人々の求めに応じて様々な救済方法を提示しうる。日本では既成宗教、新宗教という区分があり、なお、救済財の規模や性質、効能において多種多様な新宗教が存在しているのであるが、タイはサンガがそれを包み込んでいるのである。この点を理解しておかないと、次の開発僧をめぐる議論において多様な僧侶の姿を見逃すことになる。

二　開発主義体制とサンガ

開発僧出現の時期と開発の時代

開発僧の先行研究に関して述べれば、タイ側・日本側共に開発僧のオルターナティブ性、開発実践の現代的意義を論ずるものが大半であり、開発僧出現の社会的背景を扱ったり、僧団を開発政策の中に位置づけたりして論じたものは少ない（野津幸治、一九九二：一一七－一二八）。サリット以降の開発主義体制とサンガ組織の協力関係を分析したソンブーン・スクサムラーン（Suksamran, 1977：1983）、及び彼の弟子であるピニット・ラープタナーノンの研究が開発僧に直接関連する。開発僧（プラナックパッタナー）という呼称は彼の修士論文が初出と思われ、開発僧の概念は開発主義言説を国民的イデオロギーとしたサリット以降に成立したと見るのが妥当である（Lapthananon, 1986）。

ここでは、開発僧の活動時期に関してのみ見ておく。スクサムラーンの調査では一九七七年から八二年の間に活動を始めた僧侶が多いが、これはコーンケーン大学で実施した開発僧調査のデータとも符合する。この調査では、開発開始時期に関して、四四名中、開始年の早いものは一九四四年であるが、一九五六―一九六九年まで六名、一九七一―七五年まで六名、一九七六―八一年まで一二名、一九八一年から八五年まで一四名、一九八六―八八年まで五名であった（Naraset phisitphanphon lae Sak Prasandi, 2534（1991））。

スクサムラーンは一九七三年の民主化以降、開発僧の動きが活発化したとし、NGOとの連携という背景を想定する。開発の開始時期は、一九六四―一九七三年が開発僧七七名中三〇パーセント、一九七四年以降が六四パーセントであった。革新的な、若い僧達が農村開発に関心を抱き、NGOとも協力しながら、開発を進めていったのではないかと推測する（Suksamran, 2530（1987））。

先行研究の知見は、開発僧の活動に関して、①開発時期は一九七〇年代中盤以降が大半である、②開発方法は心の開発が経済面の開発に優先すること、③僧に開発主体としての期待と、開発技術・資金的支援の必要性が強調されること、とまとめられる（Manok, 2532（1989））。しかし、殆どの研究に分析上の難点がある。①僧侶の社会的役割に関する研究者の理念と、現実的状況に基づいた僧侶の役割・寺の機能の分析が分化されていない。②開発僧の活動と当該地域の経済・社会構造との関連付けが少ない。③僧の開発実践によってどれだけの実質的な開発効果があったのかが定かではないことである。但し、開発の効果を測定するには、経済的な効果（便益）、政治的効果（開発イデオロギーの表現等）、文化的効果（民族アイデンティティの誇示・保存等）に次元を分け、さらに、受益者を特定化していく（実質的メリットとその認知度）作業を必要とするので、言うは易く行うは難しである。

なぜ、サンガが開発政策に積極的に関わっていったのか。この答えはタイ国民国家の形成を振り返ってみることで明らかになる。タイ王国は一九世紀の中盤に植民地勢力によって国境を確定したものの、二十以上の民族、言語を有する複合民族国家であった。国民国家となるためには、国家統合のイデオロギーを必要とする。日本の明治以降の近代化と同様、国語、民族、宗教の一元化によってタイ国民という共同体を作り上げようとしたのである。サンガ統治法や僧団の再編過程はこの一環としてなされたものであった。

二度の世界大戦において独立を保ったタイは、一九五〇—六〇年代、東南アジア半島をめぐる東西冷戦体制に巻き込まれ、ミャンマー、中国、ラオス、カンボジア等の社会主義政権国家に囲まれた資本主義国家圏のフロンティアであった。上記の国家と国境を接するタイ北部の山地民や少数民族は国境をまたいで生活していたし、東北タイのラーオ系タイ人はラオスの民と同民族であった。強力な中央集権型政治を推進してきた政府にこれらの地域住民は長らく不満を持ち続けており、政府は社会主義運動やタイ共産党を徹底して抑圧するだけでなく、これらの運動が貧困地域の住民に約束した自治や経済的繁栄を別の形で提供せざるを得なかったのである。それが、開発政策であった。その原資はアメリカの軍事・経済援助や資本主義国家のＯＤＡであったが、国内においては、王権、サンガも動員された。

タイ語で開発（development）にはパッタナー（phatthana）という単語があてられ、社会発展、進歩を意味する概念を持つ。具体的に何が開発であるかは、政府やＮＧＯの実践的行為の中で定まっていく事柄である（Grillo, 1997：11-27）。パッタナーを開発主義イデオロギーに仕立て上げたのが、サリット・タナラット元帥・首相である。彼は一九六一年から経済（社会）開発計画を策定・実施するが、ここでパッタナーが明示的に開発を意味する言葉として使用され、彼の政治的実践の標語とされた。政治手法としては、憲法・国会を廃止して首相に権力を集中させ、民族（国家）、仏教、王制を国家の柱とする家父長制的政治による革命を断行し、タイ独特の開発主体をも創出した。一九三二年の立憲革命後、それまで政治の場から遠ざかっていた国王や王室を国家的行事や地方巡幸に積極的に活用し、現在の王室による開発事業の範型を作った（Tantiwechakul, 2536（1993）: 3-16）。同時にサンガにビルマ・ラオス国境にいる北部山地民・少数民族と東北タイへの布教を積極的に進めさせ、文化・政治的統合を図った。サリットは自らの出身地である東北タイの地域開発に力を入れたが、それは一九六〇年前後のラオス内戦においてパテト・ラオ（社会主義勢力）が攻勢を強め、ラーオ民族が居住する東北タイの治安問題に影響を及ぼすことを懸念したからである。彼は、反共産主義の拠点を求めていたアメリカに空軍基地、寄港地を提供する代わりに、莫大な軍事援助・開発援助資金を引き出し、それらをタイ共産党勢力の弾圧と開発による住民の懐柔につぎ込んだ。地域開発には住民の信望が篤い僧侶を利用する。サンガもまた、共産化、西欧化により仏教の低落が起こることを恐れ、行政を利用して地方に布教しようとした。両者の思惑が東北タイ地域開発において一致したのである。

サンガの開発協力

一九六四年、仏教研修センターが仏教大学と県僧団の協力で設立され、僧への地域開発技術教育が施された。これは地方僧団の幹部研修に用いられ、後に東北タイの主要な各県に設立されることになる。同年、タンマ・トゥートゥ（仏法の使節）計画が宗教局によって策定され、バンコクから仏教大学の卒業僧等志願僧が地方へ布教、開発援助の名目で派遣された（Krommakan sasana, 2537（1994）: 148-149）。タンバイアによれば、これは政府にとって、①辺境地域の不満（低開発、農産物価格）を抑え、②国家・宗教・王を敬うことで平和になるという、③タイ共産党対策をねらった安上がりのプロパガンダであった。東北タイ農村部の貧困層出身の僧侶が苦学の末、大卒のエリートになって故郷に錦を飾ったり、社会貢献の志で辺境への派遣を希望したりする僧侶が少なからずいたとされる。開発事業を通して、行政官とサンガの行政担当僧の関係が密になった（Tambiah, 1976：439-456）。タンマ・トゥートの派遣先は、全国の中で東北タイが一九六七年五四％、一九六八年五一％であった。一九六七年の活動内容は、ウドンターニー県へ五四五名の僧侶が派遣され、説法（僧対象に一、二七五人、一般一七四、四九四人、政府役人一、三五一人、生徒二一、五一〇人）受戒者　九、七三五人、地域開発実地参加　一〇二回の実績が報告されている（Ishii, 1986：134-140）。この事業は縮小されながらも現在まで断続して続けられている。

カーラシン県における一九九八年のタンマ・トゥートでは、青少年の麻薬中毒防止のために、寺院内で、スポーツ、瞑想修行などの各種研修が行われることになり、予算が付いた。また、複合農業実践にも予算が出る。タンマ・トゥート計画全体の予算　二六六、九〇〇バーツ。内訳（マハーニカーイのみ）①頭陀僧用手当　三九名の僧　三、五〇〇バーツ（一名）で三九名分一三六、五〇〇バーツ　②タンマ・トゥート費用（食費、雑費等）一、〇〇〇バーツを一四郡で一四、〇〇〇バーツ　③高僧の手当　六、〇〇〇バーツが五名分で三〇、〇〇〇バーツ　④布教僧用手当　一、八〇〇バーツが四八名分で八六、四〇〇バーツといった支出である。以上の数値は筆者がカーラシン県教育省宗教局で調査したものであるが、話を元に戻そう。

一九六五年、タンマ・チャーリック（仏法の布教）計画がサンガと厚生局、ビルマ国境地域山地民定住センターとの連携により策定され、派遣された僧侶が布教を行い、山地民を仏教徒に改宗させた。最初山地民は祖霊や精霊の祟りを畏れて改宗には消極的であった。しかし、村落が商品経済に巻き込まれてくると年長者が主催する祖霊祭祀や招魂儀礼（リエン・ピー）が壮年世代や女性に負担と感じられるようになり、仏教に改宗するものが現れてきたという（速水、一九九四：二三一－二五〇）。供犠を行い、霊媒を頼む儀礼をやればわずかな蓄えも費消する。タイ社会に適応するためには、タイ国家が勧める仏教文化を受け入れ、お金を精霊崇拝よりも消費物資や教育費に使った方がいいと考える人達が出てきて当然であるし、それはタイ政府の望むところであった。

一九六六年より、マハーチュラーロンコーン大学、マハーマクット大学の研修プログラムが実施された。①五年以上僧籍にあり、仏教学三級以上が有資格者となり、故郷に帰って地域開発の核となる僧を地方から集め、六ヶ月の開発技術研修を行うコースと、②両大学卒業者が一ヶ月の研修を行うコースを設定した。上記の二つのプロジェクトに、アジア財団、Fund for International Social and Economic Education（アメリカ）、ＩＭＦ（社会経済研究部門）、政府が補助金を出し、一九七一年には Friedrich Neuman Foundation（ドイツ）が援助した。在家諮問委員会には、教育省宗教局、保健省、農業・協同組合省が参加する。一九七〇年に地域開発促進のために僧が参画する計画（地域開発促進計画策定は一九六四年）が策定され、サンガが国家と民衆の仲介を果たすことになった（Suksamran, 1977：46-108）。

このようなサンガの開発協力体制の中で、多くの地方在住の僧侶が開発に巻き込まれ、僧侶は地域住民に国家と仏教への統合を促す役割を自覚していったのではないかと推測される。地方では、海外援助ＮＧＯが一九七〇年代初頭からクメール・ルージュの迫害やベトナム侵攻を受けてタイ領内に流入したカンボジア難民を助けるキャンプを形成した。彼らはその後東北タイの地域開発にも力を注ぐようになり、現地にＮＧＯ組織を形成し、僧侶や村長、教師といった村の協力者と連携したのである（Sakurai, 1990）。

開発に従事する僧侶が出現した時代背景はおおよそこのようなものであった。ところで、タイの開発僧は、一見すると奈良時代の鎮護国家仏教の枠を越えて民間伝道、土木治水の社会事業をなした行基に似ていなくもない。行基のカリスマ性、信者集団の動員、福田思想の転換など、興味深い論点はある（中井、一九八一：三一-八二）。しかし、僧個人の活動に共通点はあっても、タイの開発僧はタイ近代のコンテキストにおいて理解しうるものであり、時代を超えた比較文化論には慎重でありたい。

東北タイの開発

ここで、東北タイの開発の現状を簡単に概観しておきたい。一九六〇年代の東北タイにおける開発行政は主として共産党対策であった。地域社会開発局の政策目標は内務省官僚の策定したもので、地域住民にパッタナーと国家への忠誠を促すスローガンを流したことが主たる成果である（Apichai, 2539 (1986)；橋本、一九八四：五三－七六）。一九七〇年代の開発は、経済社会開発計画においても農村開発の重要性が強調され、一九八〇年には農村部職業創出プロジェクトが実施された。旱魃で農作物に打撃を受けた農民が都市へ職を求めて流入したので、この問題を解決するべく、地域にインフラ整備の公共事業を起こしたのである。このような矢継ぎ早の開発計画により、東北タイは社会開発をなすべき貧困地帯としてタイ人に認識され、その後も農村貧困地区開発計画の主要な対象地とされた。東北タイ農村部では八〇年代に入ると、未耕地の消失による土地なし農民の増加、換金作物栽培の経営失敗による負債等から農民層分解が深刻化し、都市部雑業層への流動と山地での森林伐採、開墾が増加した。急激な森林の減少は生態系の変化、土壌流出を招く。一九八六年と八七年に東北タイは旱魃にみまわれ、国王はこの件をチャワリット・ヨンチャイユット大将に相談した。彼は一九八七―九一年に東北タイ緑化プロジェクトを実施する。こうして国内反体制派勢力を抑圧する役割を失った軍が、環境保全という名目で再び開発に乗り出すことになる。一九九一年に軍は衰退林に生活する貧困者の土地再分配計画と称する強制的住民立ち退きを実施した。東北タイでは八〇年代半ばより、森林局・業者・軍と、開拓農民・ＮＧＯとの対立、紛争が激化していく（田坂、一九九二）。プラジャック・タクチトー師（当時）

表10　東北タイの開発史 1960-1990

政治・社会	開発行政	NGO, 農民の動き	サンガ
1958　サリット政権			
1961　第1次経済社会開発計画			
	1962-66　東北地域開発計画		
	1962　地域社会開発局設置		
			1964　タンマトゥート計画
	1965　国内治安維持本部設置		1965　タンマチャーリック計画
	1966　農村開発促進事務局設置		1966　地域開発僧侶養成計画
1967　第2次経済社会開発計画			
		1969　タイ農村復興運動	
1972　第3次経済社会開発計画	1972-76　東北地域経済開発計画		
1973　サンヤー政権		1973　タイ・カソリック開発協議会	
1973　民主化			
	1975　資金環流計画		
	1975　農地改革法		
1976　10.6　抑圧		1976　適正技術協会	
		1976　プラティープ財団	
		1976　NGO活性化の時期	
1977　第4次経済社会開発計画			
	1978　自然災害地域経済再建計画		
	1979　開発自衛村設置計画		
	1980　農村部雇用創出計画		
1982　第5次経済社会開発計画	1982　貧困農村地域開発計画		
	1982　コーラート開発計画		

政治・社会	開発行政	NGO，農民の動き	サンガ
			有名開発僧活動開始期
		1984　農村開発NGO調整委員会	
		1985　東北タイ反ユーカリ運動	
1987　第6次経済社会開発計画	1987　東北タイ緑化計画		
1987　東部臨海工業地帯計画			
		1989　ウボン，パクムンダム反対運動	
	1991　衰退林内生活者移住計画	1991　東北タイ森林フォーラム	
1992　第7次経済社会開発計画		1992　コーンケーン，ナムポン川汚染補償運動	
1992　5.17　流血事件　アナン政権へ		1992　パックチョン農民植林反対運動	
		1992　民主フォーラム	
		1992　東北タイ農村開発協会活動開始	
		1995　東北タイ小農フォーラム	
		1995　貧民フォーラム	
1997　第8次経済社会開発計画			
1997　7月　通貨危機，経済不況			
1997　10月　新憲法公布			
2001　タイ愛国党圧勝　タックシン首相へ			
2006　クーデター			

出所：筆者作成（櫻井，2005b）

のように住民の先住権と森林保護を擁護する僧侶が注目され、一九九〇年代には環境問題や地域自立型経済と仏教との関わりが議論されるようになってきた。僧侶の開発実践は、こうしてオルターナティブな開発というコンテキストにおいて語られるようになったのではないかと推察される（Buddhadasa, 1986；Sivaraksa, 1988；Payutto, 1993；Wasi, 2530（1987））。

宗教局の役割

前節ではタイの開発政策に協力するサンガ・僧達の活動を見てきたが、これは上座仏教のイニシアチブというよりもサンガが組み込まれている政治機構が生み出したものである。タイの宗教行政はタイ・サンガを行政の管轄下におくということに大きな特徴があり、サンガ統治法は既に述べたように政治の転換期に改正されており、一九世紀末に設置された宗教局も教育省と文化省のどちらの下に置くか変遷があったが、二〇〇二年から文化省の下に置かれている。宗教局の役割として、①タイにおける宗教活動の支援と指導、②タイ国民の道徳、文化の向上を図る企画、③宗教行政に関わる記録、予算配分等が公式にはうたわれている。二〇〇四年の予算では、南部ムスリムとの関係修復（restoration）に関わる企画に総額三五、五四五、四〇〇バーツ（約一億円）が組まれており、キリスト教・ヒンドゥー教・シーク教関連が六〇〇、〇〇〇バーツと比べると特別予算であることが分かる。効果の程は定かではないが、タイ政府は宗教行政を通して南部地域の紛争解決を探っていたのである。また、道徳心の涵養に関わる企画では、僧侶を学校に派遣する費用に一千万バーツ、寺院の日曜学校の経費に二四、五一二、〇〇〇バーツをはじめ、各種の宗教教育、研修に支出している。もちろん、仏教寺院だけではなく、モスクにも配分がある（Krommakan sasana, 2548（2005), Krommakan sasana, 2550（2007）web site：）。

宗教局が行うタイ国内宗教に対する指導であるが、国王に任命されたサンカラート（サンガの長）が開催する大長老会議の事務的補佐と、先に述べた予算配分を通じて行政の意向を末端に伝えることがある。また、受戒を行う結界（布薩堂）を寺院が持つ際に審査する権限も有する。但し、このような統治システムによってサンガや僧侶ががんじがらめに縛られているとまでは言えない。システムの存在が機能を必ずしも保障しないのはタイの行政に限らず、サンガでも同じである。タンマカーイの隆盛は必ずしも宗教局が考えるような道徳心の向上プロジェクトには合致しないであろう。また、カリスマ的僧侶が布施として信徒から受け取る金額は宗教局から配分される予算の数百倍に相当する。しかし、これから述べる地域開発に従事する僧侶の活動は、宗教局の方針にも適い、筆者が調べた地域の寺院では宗教局の予算を利用した事業展開も見られた。

タイの宗教行政は、宗教法人の認証業務に専念する日本の宗教行政とは大きく異なり、他国と比べても宗教団体に対する監督権限が非常に強いし、宗教の振興に関わる予算も有している。タイの文化、教育と宗教は切り離せないものであるし、政治的正当性を与える文化的土壌すらある。政治・行政が宗教との関係を深めるのは当然である。個人が宗教心を維持しているという点と宗教制度が文化に根を下ろしているという点、及び政治と宗教（この場合は上座仏教）が不可分の関係にあるという点においても、タイでは西欧的な世俗化が進行していない。経済発展や市民社会の形成という課題もこのような宗教文化との関わりで考察していくことが必要な社会である。

三　日本における開発僧の研究

オルターナティブな開発

日本では、開発僧の社会史的研究よりも（櫻井、二〇〇〇：二七‐四六／泉、二〇〇二）、開発僧のオルターナティブな思想性や開発実践に着目する研究や報告が多い（曹洞宗ボランティア会、一九九四；Wongkul, 1989）。社会開発論では、地域の社会的資源として文化伝統に着目し、その現代的なイノベーションによって、地域住民のイニシアチブによる地域発展を促すという議論が主流になりつつあるが、その格好の事例として、開発僧が取り上げられてきた。

内発的発展を促すキーパーソンとして開発僧の思想と行動に注目してきたのが、西川潤、野田真里であり（西川・野田編、二〇〇一）、第三世界や周辺化された地域、社会的弱者への支援のあり方をアジアの内発的発展の事例に学んでいる。『仏教・開発（かいほつ）・NGO――タイ開発僧に学ぶ共生の知恵――』（同上）が、現在のところ最も包括的にオルターナティブな開発論の視点から開発僧の事例を紹介した本である。同書において、編者は開発政策による従来型の地域発展を「かいはつ」とし、仏教の自らの仏性を磨いていくという意味での「かいほつ」と区分している。

すなわち、社会学でいう近代化・産業化、或いは経済学でいう資本主義化・商品経済化を経た世界のグローバリゼーションは地域の文化・精神を失っていく過程でもあり、そのような「かいはつ」に対抗する精神性に根ざした「かいほつ」をめざすべきであるという。その実践例はスリランカのサルボダーヤ運動を含めて複数紹介されているが、ここではナーン師のケースだけ見てみよう。

開発僧としてタイで最も著名なナーン師は、東北タイ、スリン県に在住し、一九八〇―九〇年の間に、農業だけでは生活できずに出稼ぎや出面で生活をたてる村の復興と村人の精神の陶冶に力を注いだといわれている。村人の貧困の主たる原因は、商品市場のための農業政策と地域開発計画が農民層の階層分解を招いたことと、商品経済に巻き込まれて消費欲求が抑えきれずに借金してまで耐久消費財を買う、或いは、飲む・打つ・買うといった悪癖にふける男達の問題にあった。まず、森の中の瞑想修行によってモノに執着する自己の客観的姿を見直し、本当に必要でなお可能な事柄を行おうという心境に村人をいざなう。そして、個人としての再生を経験し出直そうとする村人達と米銀行・水牛銀行等を創設して、高利の金貸しに頼らずに村人だけで資金を融通しあえる社会基盤の整備を行った。このノウハウは地域開発ＮＧＯのものである。その後、社会開発に関心のある僧侶達や市民活動家、ＮＧＯとも協力しながら、仏法に基づく開発のネットワークを形成していったのである（野崎、一九九三）。

ナーン師に続く開発僧達の活動は多彩である。タイ研究者として、開発僧に着目しているのが浅見靖仁（浅見、一九九四）、鈴木規之（鈴木、一九九六／鈴木・浦崎、一九九八）や浦崎雅代（浦崎、二〇〇二：七九―九二）であり、地域の開発を超えて、社会的啓蒙書の執筆・講演活動をしたり、身体障害者や日本人旅行者への瞑想指導を行ったりする僧侶や、エイズ患者のホスピスを寺院やコミュニティ・センター内に設置した事例等を紹介している。タイのエイズ問題は、近年、政府の予防キャンペーンにより新しい感染者の数が低下しているが、既に発症している患者への対策は、医療費や生活費の補助が不十分である。さらに、エイズ患者は同性愛者、薬物中毒者、風俗産業従事者といった患者への社会的偏見も根強く、寺院の中には信者を戒めるために前世や現世の悪徳により死病としてのエイズに罹患したという絵図を境内に展示しているところもある。こうしたなかで、一部の僧侶であっても、終末期まで含めたエイズ医療に関わるようになったことの意義は大きい。

上座仏教圏における開発

タイをこえて、上座仏教圏という範囲で僧侶や寺院の社会的活動に期待しているのが、国際社会学者の駒井洋である（駒井二〇〇一：一二〇―一二四、一八七―一九一）。カンボジアは、ポルポトを指導者とするクメール・ルージュによる閉ざされた共産制社会の実験により国民の三分の一が殺戮され、今なお撤去されない地雷の残る土地で生活する地方の農民と、急激に外資を導入して消費社会化する都市住民を抱えた国家である。内戦で疲弊した国土で必死に生活基盤を整えようとするカンボジア社会を訪れた駒井は、復興しつつある寺院と持続されてきた人々の信仰心に感銘を受け、将来への希望を仏教に見いだした。しかし、駒井の研究グループが農村部と都市部で実施した住民の意識調査によると、寺院や僧侶に開発の担い手を期待する声は殆どない。駒井はこれを世俗化の影響と見ているが、なお、仏教によって人々の心の平安が保たれているという。しかし、筆者には市場経済や西欧化の強大な力が、タイ以上のスピードでカンボジアの生活文化を根こそぎさらっていっているように見える。

以上、開発僧に関わる議論を、タイの社会史と社会開発論において簡単に見てきたが、総じて、社会科学者の方が、仏教の可能性を最大限に評価し、歴史や宗教研究に携わるものの方が、仏教の複合的な社会的機能に注目しているように思われる。筆者は社会学を専攻しているので、社会開発論の問題設定の中で宗教の機能を見ようという方法論をとるが、開発僧の社会的評価には社会史的理解が不可欠であると考えている。寺院や僧侶が力を発揮できる空間というのはタイ特有の時代や地域的背景があってのことである。この点に目をこらすことでタイの開発僧という問題の地平をかなり拡大できるのではないか。

四　調査の方法

事例比較法

従来の研究は、開発僧の問題を理論的次元やサンプルのレベルが異なる少数の事例から説明するものが多かった（西川・野田、二〇〇一／浦崎、二〇〇二：七九–九二／泉、二〇〇三：九三–一一〇）。筆者の研究法は従来の調査研究とは全く異なる調査デザインと方法論に基づいているので、以下で少し詳しく説明しておきたい。

特定事例・特定地域・特定教団から一般論を展開することには限界があり、少なくとも関連研究との事例やデータを比較して分析しなくてはならない。実質的な地域研究や宗教研究に貢献するためには、資料に根ざしたむりのない解釈が必要である。学会やアカデミズムの思潮を反映させた大がかりな理論装置を駆使した研究では、後続の研究者が追試的な調査研究がしにくい。そこで、本研究では、可能な限り、データに根ざした議論を構築しようと考え、事例比較法を採用する。

社会学は元来が近代社会の特質を前近代社会との比較から明らかにしようとしたものであり、エミール・デュルケムの分業の概念やマックス・ウェーバーの合理化という社会変動への視点は歴史的な比較なしにはありえないものであった。デュルケムは自殺率の高低に影響を与える社会的要因を比較することで、社会科学における相関（因果）関係分析の基礎を作ったし、ウェーバーも世界の宗教文化と経済との関係を比較することから近代化論を構築したのである。

実は事例研究といえども、単独の事例を議論の俎上にのせることは稀である。そもそも、特定の事例を研究するに至るには、問題関心を喚起した出来事や先行研究があったはずである。事例は一つでも、それとの比較研究なのである。社会現象は様々な社会単位が複雑に関連した実態であり、特定の社会単位一つを抜き出して比較するのは難しい。複数の要素・要因がセットになってある種の社会現象を生み出している。そこを切り分け、特定の条件の有無と現象の生起を関連づければ、普遍性の高い社会理論に近づいていく。諸要因の有無だけを条件として、要因群を固定し、現象生起への効果を論理的に比較することが重要である（鹿又・野宮・長谷川、二〇〇一）。

なお、筆者はグレーザー、ストラウスのグランディット・セオリーも参考にしているが、絶えざる比較によって論理を導き出すというアプローチと既に存在する理論や言説の傍証としてデータを利用するのではないという二点をエスプリとして受け取ったという程度であり、必ずしも従来のグランディット・セオリーとその応用研究が用いるような比較ではない（Glaser, and Anselm, 1967＝1996；木下、二〇〇六：五八―七三）。

話を開発僧に戻そう。不思議なことに、開発僧の研究において参照されるものは先行研究の事例そのものではなく、事例から導かれた知見である。そのため、開発僧とは何か、何を行い、いかに社会に貢献しているのかという点が繰り返し論じられているが、開発事項の異同はあまり論議されない。事例のなかに調査者の解釈が既に埋め込まれているような報告も少なくない。それどころか、そもそも事例比較という研究視点がないために、事例を収集する方針や方法が明示されていなかったり、後続の研究者が比較に用いる事項の聞き取りすらしていないこともあったりする。そこで、本書では厳密な質的調査・事例比較の方法論を採用し、批判されうる（反証可能な）調査研究として報告したいと考えている。

理論的サンプリング

本研究で用いる開発僧に関わるデータは次の三つの調査研究である。

A　コーンケーン大学開発研究所・マハーチュラーロンコーン大学仏教研究所『開発僧ダイレクトリー』（一九九一）南部の東北タイ

B　櫻井義秀　東北タイ（スリン・ブリラム・シーサケートを除く東北タイ全県）一九九五―七年調査

C　櫻井義秀　東北タイ（カーラシン県カマラーサイ郡の寺院メッシュ調査）一九九七年調査

コーンケーン大調査とは、コーンケーン大学開発研究所がマハーチュラーロンコーン大学仏教研究所と共に一九九〇―九一年に収集した開発に従事する僧侶の事例集である。東北タイにおける開発僧の調査では最も包括的なものであり、四四名の僧侶による開発事例が報告集の形で出版された。筆者は、Aの調査項目を参考に、B・Cの事例を収集した。

コーンケーン大調査においても、どの僧侶が開発僧かという選定基準は、地域の人達の評判であり、必ずしも客観的な指標を用いているわけではない。しかし、大学の教員とはいえ、タイ国民の常として信心深い人が多く、日常生活において寺院との関係は切れないわけで、地域コミュニティの住民同様に近隣の僧や寺院の評判をおおよそ承知していると考えられる。筆者の調査も同様のやり方で、地域の人々や大学の教職員に開発に従事している僧侶という評判を聞いて、直接訪ねるという方法をとっている。したがって、コーンケーン大調査Aと筆者の東北タイの僧侶調

図3　東北タイとカーラシン県

査Bのサンプリングは質的調査における理論的なサンプリングといえる。開発僧のおおよその特徴が分かる時点まで事例収集を続けたのである。それぞれ、四四事例、三二事例であるが、事例数にそれほど意味があるわけではない。しかし、従前の調査は一つの事例や数カ所の事例により、開発僧一般を語ろうという試みであったことを考えれば、この程度でも十分な比較データになろう。

Cのカマラーサイ郡の寺院を選択した理由は、一九九七年に筆者が一〇ヶ月間、東北タイのマハーサーラカーム大学において在外研究に従事した際、カーラシン県の教育省宗教局支所の次長が社会人の修士課程大学院生として同大学に学んでおり、大学教員からの紹介を得て同氏に寺院調査の概要を説明し、カマラーサイ郡の紹介を得たものである。

なお、紹介をしてもらったといっても、「カマラーサイの人達であれば、行ったら親切に話をしてくれるだろう」というアドバイスだけで具体的に誰かを紹介してもらったわけでもない。それだけで行く気になり、ともかく車を走らせて寺院と見れば中に入って話を聞くという調査をし始めたのであるから、今にして思えば随分といい加減な出だしであった。紹介してくれた人もせいぜい二、三箇所行って調査終了にするのだろうと思っていたようであり、後から全部の寺院を回っているという話をしたら、筆者はよほどものわかりの悪い人間か、物好きな人間と思われたようである。それだけの手間暇かけて調べるのであれば、この際雨安居の期間にでも出家してみればいいのではないかとも言われたが、調査方法論上の問題がある。

カマラーサイ郡の寺院調査は悉皆調査であるので、少なくとも同地域の寺院の活動に関しては、一般的な知見を得ることができる。この調査の主目的は、東北タイの仏教寺院と地域コミュニティの関係を調べることにあり、必ずしも開発に従事する僧侶だけを対象とした調査ではない。しかしながら、この調査事例をコントロール集団とすることで、東北タイの開発僧の事例が、どの程度、他の一般的な僧侶や寺院の活動と違い、また、重なる部分を持つのかが比較可能になる。これは従来の開発僧調査にはなかった試みといえる。なお、このカマラーサイ郡の調査に関しては、ここでは比較対照としてのみ参照する。

誰が開発僧か

開発僧研究において、そして実際の調査において最も肝心な問いは、「誰が開発僧か」ということに尽きる。僧侶は黄色の衣をまとっているから俗人との区別は一目で分かる。しかし、開発僧特有の衣やふるまい方があるわけではない。社会事業の有無ということになれば、サンガの高僧の名によって行われる事業は数多くあるが、彼等を開発僧と呼ぶような人はいないだろう。ナーン師のように村で村人と共に活動している僧侶ということであっても、東北タイの大半の僧侶は村で暮らし、村の宗教行事を司り、村人から頼られる地域の指導者として認められる僧侶が少なくない。しかし、彼等を開発僧と呼ぶいい方は一般に普及していない。むしろ、NGOや研究者が開発僧と認めた僧侶達、開発に取り組んで開発に従事する僧侶を自認する僧侶達が開発僧になっているのである。そうであれば、開発僧とは僧侶に与えられた標識（概念といってもよい）のようなものである。

開発僧が概念化されると、その概念をめぐって研究者達は思考をめぐらすことになる。開発僧とは資格のようなものか。では誰がその資格を出すのか。開発僧とは開発に携わっている状態を評価するものであるから、以前に開発に従事し、現在やめてしまった僧侶は開発僧と呼ぶべきではない。或いは、村人にとって本当に役立つ開発を行う僧侶のみが真実の開発僧である、といった見解が論議される。しかし、開発の効果が簡単に論じられないことは既に見てきたとおりであり、おそらく、「本物の開発僧」というような規範的な議論になれば、社会科学者は倫理学や宗教学

表11　開発僧への認知と評価

回答者	開発僧である		開発僧ではない	
評価者	研究者　はい	研究者　いいえ	研究者　はい	研究者　いいえ
僧侶	○	△A	△D	×
地域の指導者	○	△B	△E	×
村人・町人	○	△C	△F	×

例 ○　開発僧
△　開発僧として論議がある
×　開発僧ではない

に議論の場を譲るべきである。

社会調査において必要なことはメタレベルの概念を実際に調べることができるように操作的・仮説的な概念に作り替えることである。さしあたり、開発僧とは誰かという問いに対しては、次の表のようなバリエーションが考えられる。

ナーン師のような高名な開発僧は除いて、研究者が地域の開発僧を探すときに地域の人々に尋ねるであろう。地域の人々を、僧侶自身、村長や学校教師のような地域の指導者、一般の村人と分けて、彼等の「開発僧である」「開発僧ではない」といった認知を尋ね、研究者が僧侶の社会事業を調べて評価する。その時に、地域の人々と研究者の評価が分かれることもあり得る。表11では一二の類型を示した。評価が合致する○は開発僧として異論がない。×も問題なし。論議すべきは評価の異なる△のカテゴリーである。順に典型的なケースを述べておこう。

①　△A　自称開発僧であるが、既に活動を停止したか開発内容に疑義があると研究者に判断された場合、この僧侶は開発僧になるのかならないのか。

②　△B　地域の指導者達がこの僧侶は開発僧と認知していても、研究者が想定した開発僧の範疇に入らない場合に、この僧侶は開発僧になるのかならないのか。僧侶が精神修養と地域開発の両面を行っていない、そのどちらかのような場合に、僧侶が精神修養として瞑想指導するのは当然、或いは、経済

開発だけの僧侶はナーン師とは異なるという評価になろう。

③　△C　村人達がこの僧侶は開発僧と認知していても、研究者が想定した開発僧の範疇に入らない場合に、この僧侶は開発僧になるのかならないのか。村の人達は概して経済的開発を僧侶に対しても（政府に対しても）期待するのに対して、町の人達は僧侶には僧侶らしい宗教的活動のみを期待する傾向がある。

④　△D　僧侶自身開発僧という自覚がない、そう呼ばれたくもないということであっても、僧や寺院の社会的活動を研究者が観察して、紛れもなく社会開発であるといった場合に、この僧侶は開発僧になるのかならないのか。僧侶が開発僧として研究者に発見される典型的な事例である。

⑤　△E　僧侶の社会活動（事業展開や社会的発言等）が地域の利害関係に関わる場合に、僧侶は政治的事柄に関わらない方が良いというい方が出てくる。政府や業者による森林伐採に身を挺して止めに入った東北タイ、ブリラム県の僧侶プラチャック師（当時）が典型例である。タイの環境保護ＮＧＯや日本の僧侶達はプラチャック師を開発僧ないしは環境保護僧とみなすであろうが、地方裁判所は森林不法侵入罪や大衆煽動罪で執行猶予付き懲役を言い渡すなど見方が分かれるところである。

⑥　△F　僧侶が長期的展望に立ったプロジェクトを実施したとしても、地域の人々が実現までの長い道のりに疲れてしまったり、短期的な目に見えるメリットを期待したりするような場合、僧侶についていく人々が徐々に減少し、僧侶が地域で孤立するような事例も出てくる。研究者は第三者として長期的な展望を理解したとしても、地域開発の裨益者である一般の人々が受け入れない開発事業を行う僧侶を開発僧とみなしてよいものかどうか。地域に誰も期待できるキーパーソンがいない場合、人々は僧侶に頼むが、行政が地域開発プロジェクトに予算を組み、タックシン首相自ら地方行脚に回って地方活性化策による票固めをするような事態が進行したときに、村人の心

は僧侶から離れていったのである。

以上のような開発僧の認知・評価に関わる論議のある典型例を考えると、研究者が予め学問的な（机上の）、或いは規範的な開発僧概念で僧侶の社会活動を捉えるのはあまり得策ではないことが分かるであろう。◯だけを調べるのであれば簡単であるが、おそらく新しい知見は生まれないであろう。△A、△B、△Cの事例だけでも研究者の評価が狭すぎると言える。△D、△E、△Fの事例は社会科学的に興味深い知見に繋がるのであるが、この場合も研究者の観点を優先しすぎると地域社会のコンテキストを見逃すことになる。筆者は極めて便宜的ではあるが、◯と△全ての類型を含めて開発僧の範疇にひとまず入れて、地域の人々と研究者との認知や評価の齟齬がなぜ生じるのかといった問題を地域社会の脈絡で考察していくことが、宗教と社会開発という問題の地平を拡大することになるのではないかと考えている。

調査手法

高名な僧侶やサンガ内で高位の僧侶（県僧団長や郡僧団長）に面会し、聞き取り調査を行うためには、寺院関係者の紹介が必要である。そもそも高名な僧侶は在家で面会を求める人への対応に忙しく、高位の僧侶はサンガや地域の様々の活動（県・郡役所関係の年中行事に関わる儀式等）で寺院を留守にすることが多い。秘書役の僧侶にスケジュールを尋ね、面会のアポイントを取らないことには会えない。

筆者の場合、マハーサーラカーム大学東北タイ文化研究所において受け入れ研究者となってくれた友人であるワンナサックピジッター・ブンスーム氏が大学院において指導している社会人学生（県や郡、政府機関の公務員、中等学校教員が東北タイ各県から土日の大学院の授業に出席する）を介して僧侶を紹介してもらった。彼らは地方の名士であり、寺院においても宗教委員会等の役職を持つことが多い。

B調査はほぼ三年間にわたって、同大学に短期・長期に滞在した折に上記の人々から紹介を受け、面接調査を行ったものである。マハーサーラカーム大学は東北タイの中央部にあるため、東北タイ各県へは車で一日あれば移動できる。一カ所の寺院に一泊二日で出かけるのが多い。予め、アポを取っているので、面会時間は午後でも可能であり、一、二時間かけてゆっくり話を伺い、社会事業の現場を見せてもらうこともあった。案内してくれた紹介者とも食事をしながら、僧侶の評判、地域の経済状況等を伺った。

これに対して、C調査は郡を範囲としているために移動は楽であった。大学から車で一時間の県境にある郡であり、地域の中央を県道が走り、両側の村へは舗装道路が通じているために、およそどの村でも一時間半以内に到着できた。郡の村の寺院（草分けの人々が建てた寺）・森の寺（修行を目的に僧の宿泊施設になる簡単な庵や分院が寺となったものや、特定僧侶に寄進された寺等）共に、郡の僧団長を除けば、ほぼ常時寺院に滞在されている。また特別に高名な僧侶もこの郡に限ってはおられなかった。そこで、特に僧侶や寺院にアポイントは取らずに、直接面会を申し込み、聞き取り調査を行った。また、村の寺や森の寺には電話線が通ってないことが多く、僧侶も携帯電話等を所持していないために連絡しようがない。とりあえず出向き、居れば話を伺うし、居らなければ隣の村を先に調査するというやり方になった。一九九〇年代中頃でも、県道沿いの村にようやく公衆電話（メンテナンスが悪く、故障が多い）が設置され、村長宅に緊急の携帯電話がおいてある程度であった。

僧侶の日常は朝の托鉢、お勤め、朝食、休憩・作務、早めの昼食、休憩・作務、お勤めと決まっている。村の寺院では、僧侶が托鉢をせずとも村人が朝食、昼食を弁当で運んでくれるところもある。いずれにしても、朝食後の九時から昼食前の一一時の涼しい時間帯に話を伺うのがベストである。午後は僧侶が昼寝をしていることが多い。高齢の僧になると、午前中でも横になることもある。午後は、夏季には四〇度、冬季でも日中は三〇度を超す（朝夕は二〇度、山沿いでは一〇度くらいまで下がる）ので、トタン屋根の庫裏で話を聞ける状態ではない。したがって、大学のある県都マハーサーラカームを朝七時から八時の間に出て、めざす村の寺院に九時前に到着し、僧侶の都合を伺って小一時間ほど話を伺い、隣の村の寺へ移動するというのがC調査のルーティーンであった。一日に運がよければ二カ所、最低でも一カ所をノルマとし、一九九七年の雨安居入りの時期から数ヶ月で郡の寺院をほぼ全て回った。

調査の具体的なやり方としては、一通りの挨拶と調査目的を話した後、筆者が用意した調査票の質問文を筆者が読み上げ、調査助手（コーンケーン大学の卒業生で臨時雇用）にラーオ語（東北タイの方言）に直してもらって進めていく方法をとった。回答は私がおよその項目をノートするほか、調査助手にも書き取ってもらい、大学に帰ってからタイ語でタイプしてもらった。それを筆者が辞書を引きながら翻訳するという形でデータ化した。

最初はだいぶ聞き取りに手間取ったが、二、三〇カ所の寺を回った頃から、勘も働きだし、寺院の構えや僧侶の話しぶり、物腰で事業の内容や地元の評価もおおよそつかめるようになってきた。日本でもそうであろうが、学僧には学僧の雰囲気があり、僧団の階梯を上り詰めていく僧侶にはビジネスライクな隙のなさが感じられる。村の僧侶は人の良さそうなおじさんやおじいちゃんといった雰囲気があり、もっとも気楽にはなせる人々であった。高名な修行僧になると、聞き取りの主導権は向こう任せになることが多かった。私は瞑想のことしか知らないのでと口数が極端に少なくなるか、仏法やタイ社会の諸問題を極めて雄弁に語ってくれて質問を挟ませないかのいずれかである。

調査法の要点

以上、(一) 研究対象の確認、(二) 先行研究における問題の検討、(三) 調査研究の視座と方法について述べておいた。再度要約しよう。

① 宗教がいかに社会貢献するか、社会開発を行う際の社会資本や開発主体として機能しうるかについて考察するために、東北タイで地域開発に従事している僧侶達の活動を検討する。

② 東北タイの開発僧は、タイ、欧米、日本の研究者、NGO活動家達によって Engaged Buddhism の典型、内発的発展のキーパーソンと評価されてきた。しかし、「開発僧」出現の背景や活動の特徴を考える際に、タイ・サンガの政治的役割や東北タイの社会史を考慮に入れないわけにはいかない。むしろ、「開発僧」という特異な事例から社会開発の新しい展開を語るよりも、東北タイの地域・文化的脈絡や開発の社会史のなかに僧侶の様々な活動をおいてみることで、タイの仏教寺院や僧侶の姿が見えてくるのではないか。

③ 調査研究は事例比較を試みた。一九八〇年後半にコーンケーン大学により既に東北タイの典型的な開発僧の調査が実施されているので、筆者は同じ調査項目で一九九〇年代中盤に地域開発に従事している他の僧侶の活動を東北タイほぼ全域で再調査してみた。また開発に熱心な僧侶の特徴を一般の僧侶の活動と対照するために、特定郡の寺院を悉皆調査した。そして、これらの三つの事例群(コーンケーン大による東北タイ調査四四例、櫻井による東北タイ調査三二例、櫻井によるカマラーサイ郡調査八一例)を比較検討することで、「開発僧」と「ふつうの僧侶」のあいだを接合する東北タイの寺院と僧侶の活動を描こうと思う。

第七章　東北タイの開発僧

一　開発僧の事例

調査の方法

本章では、筆者が東北タイにおいて独自に収集した地域開発に従事する僧侶のデータから、特筆すべき僧侶の宗教行為と社会事業を事例として示し、開発僧のバリエーションを見ようと考えている。調査は一九九五、六年の数週間、タイに滞在した折りに一〇例、一九九七年、一〇ヶ月の長期滞在の期間に二〇数例を集めた。東北タイの中部・北部一二県を中心に事例を収集したのは、東北タイ南部の県ではこれまでかなり研究がなされ、開発僧の活躍が目立つ地域であることが分かっているので、未調査の地域を加えたためである。調査対象となる僧侶のサンプリングは、地域の人々や役人・教師に教示してもらった寺院に行き、僧侶に面接して事業内容を聞き、また、事業を観察したうえで、筆者が開発に従事している僧侶であると確認した寺院と僧侶を対象にした。当該僧侶から別の僧侶を紹介してもらうということはしなかったため、ナーン師他の東北タイ南部の開発僧が結成している開発僧のネットワークとは関係のない僧侶が大半である。結果的に、開発僧という自己認識がなくても地域開発に貢献していると地域の人々に認知されている僧侶の事例を筆者が集めたものといえる。

開発僧の個人・社会的属性

本書の巻末に櫻井収集分の東北タイにおける開発僧の属性と事業内容を示してある。二、三の例を除いて皆東北タイ出身の僧侶であり、出家後各地を移動しながら修行し、自ら現在の寺を村人と建立するか、住職に懇請され、現在の寺に止住していることが伺える。信奉を集めている僧侶は概して二〇歳で比丘になり、以来僧侶として修行を積んだ僧であり、中高年で出家した事例は少ない。農村には妻に先立たれた高齢者が出家し、村の養老院の体をなしている寺が少なくない。学僧はバンコクに集まり、政治力のある僧は県・郡都の有力寺院の住職になる。僧として栄達を望むもの、また、仏教学、パーリ語等の学問の過程にある僧侶は付属学校のある町の寺院に出ていき、頭陀行を志す僧侶も高僧のいる有名寺院に行く。地方にあって、学識と宗教的徳を備えるか、呪術的な治癒儀礼・薬草療法等を行える僧侶は稀な存在であって、郡に何名もいない。こうした僧としての力量があってこそ、布施を集め、村人を地域開発的事業に動員できる。

開発の内容と僧侶の地域内役割

開発の項目は多岐にわたる。①寺内部の開発として僧堂、本堂、布薩堂、火葬台、鐘楼、庫裡等の建築、新築を行なった後、②沙弥を町の寺に勉強に出してやる、村の学校へ寄付・奨学金を支給する、学校建設等、地域の教育に関わる寺院が多い。また、僧の特殊な技能として、③薬草、タイ方医療の施術（骨接ぎ、火傷、精神障害、内科的病気）等治療行為を行う僧もいる。④道路、電線の敷設等、貯水池、用水路の設置等土木事業、⑤伝統工芸、農村家内工業の振興、境内に作業所を設置する等職業支援を行う場合、開発僧の名称がしっくりくる。しかし、⑥NGO型開発の典型である米銀行や信用組合を設置した僧はごく少数である。高名な開発僧であるスリン県ナーン師により結成された「開発のための仏法連合」に相当する組織はない。殆どが住職の単独事業である。

開発僧研究の先駆者であるラープタナーノンは、開発僧の役割と村落の経済水準を連関的に把握しようとした。つまり、開発僧の四つの役割類型として、①支援者、②指導者、③調整者、④後見人の役割があり、村落が自力更生的開発を成し遂げていくには、①②から③④に変わる方がよいとするのである。これは、経済レベルが高い村落では僧に宗教者の役割が期待されるのに対して、低い村落では開発の指導者的役割が期待されるという調査の知見に基づく（Lapthananon, 1985：66-77）。

しかし、彼の調査では僧への役割期待と地域社会の経済構造にはほとんど関連がみられなかった。僧の事業の規模は布施の額、すなわち僧の徳・能力、及び在家信者の経済能力（経済発展、富裕・中間層の拡大）に左右される。名僧・高僧のレベルでは地域社会の経済構造、村人の役割期待とは関係なく、布施を集め、事業を展開している。村人よりも、バンコクの信者の方がパトロンとして重要である。また、黄衣奉献祭等で開発資金を得る場合は、当該村出身者でバンコク在住のものや出稼ぎから戻った青壮年層からの布施が多い。マハーサーラカーム県ケーダム郡ブラパーノーンブア寺布薩堂建設寄付者の内訳は、全体の一四％を占めるバンコク出身者が総額の五三％を寄贈し、ここに県都の市民を加えると五七％のものが八七％分の寄付をした。

本調査の事例では開発僧と自他共に認識していた僧侶は殆どいない。僧侶との面接を仲介してくれた信徒の人もまた開発僧という言葉をすぐにのみこめなかった。しかし、事業内容は、いわゆる東北タイ南部の開発僧の事業と殆ど変わらなかった。こうした点から開発僧という名称自体が、研究者・NGOの概念であることは確かである。開発をいつから始めたかという質問も、これは僧侶が開発という概念によって自身の宗教実践を捉えているかどうかにかかっており、出家と同時に精神面における開発（パッタナー）を実践してきたと答える僧侶の場合、サリットの開発体制以前から開発を行ってきたことになる。また、寺院の建築自身も確かに開発であるし、寺と村を結ぶ道路の整備がコミュニティ開発の最初であるような事例も多い。農村開発NGOが行うような開発事例は、一九八〇年代以降のものであり、宗教局の方針で寺院内に託児所を設置するという政策は一九九六年前後から実施されている。僧侶自身の実践は、寺の建築、村人、信者の精神面での開発（仏法の実践）、そして、コミュニティの開発と一貫している。どの時点から開発と見なすのかは、論者ごとの開発僧像や開発概念次第であり、そこに開発僧の出現といった問題が構成されているのではないだろうか。

開発政策に関わる開発僧

僧侶が地域開発を手がける契機には、おおよそ、行政の開発政策、国王による開発計画、サンガの開発政策への関わりから始めたものと、苦行僧の伝統や自身の創意によって始めたものの二つの類型がある。以下、典型的な事例を紹介してみたい。詳細は巻末の資料、東北タイの開発僧（櫻井調査）を参照していただきたい。

①　ヤソートン県にあるタンマユット派シリラートパッタナー寺（森の寺）のシリィ・ヤーナウィロー老師は、中年期に出家し、国内中の頭陀行を楽しんだ。好奇心旺盛なアイディアマンである。一九七五年から、「バンコクと比べて故郷の村はあまりにも貧しく、人々は文明の恩恵に与っていないと感じ」、村人を促して村に道路を整

備し、電気をひこうとしたのであるが、郡の警察にコミュニストと疑われ連行された。嫌疑がはれた後、師は役所に事前に計画を提出し、当該事業担当部門と協力して開発を行うことの必要性を学んだ。師の二三に及ぶ土木・治水事業（潅漑用ダムと用水路、井戸掘削等）や、農業振興（近郷の村の衆、郡役所に呼びかけて、桑を植え、蚕を飼い、鶏・豚・牛などの家畜飼育を奨励する。用水池・水路に年二回五万匹の稚魚を放つ）は、地方開発促進事務所の事業を村に呼び込んだものである。この機関は省庁ごとに行われる開発計画を地域レベルで調整し、作業を迅速化するためにある。地方開発促進計画には郡僧団長が顧問として加わり、サンガは開発支援の態度を明確にしている。また、師はタイ政府教育基金と篤志家から資金を得て米銀行倉庫を建設したり、農業協同組合省にかけあい、村人用の信用組合を作ったりした。こうした事業展開の中で、師は地域開発行政を利用するノウハウを蓄積し、現在は地域の相談役として村人、教師、役人から訪問を受ける多忙な日々を送る。

公共事業僧とでもいうべき、目に見える開発実践を行うシリィ師の話し方は明朗でよどみがない。僧侶というよりも町おこしに成功した町長という雰囲気すら感じる余裕があった。案内してくれた中学教師も信徒であり、学校行事のことでは相談に来ることが多いという。［東北タイの開発僧⑬］

② カーラシン県タンマユット派ウィトラオンサワット寺（森の寺）のペーン・ソーパンノー師は、頭陀行僧として修練を重ね、最大教派マン師の弟子であるファン老師に師事、一日一食の僧となる。師にはサコンナコーン県において共産主義者と遭遇し、九死に一生を得た経験がある。一九六九年、同県で仏法の使節計画により派遣された僧二名が殺害された。当時はタイ共産党が東北タイの森林地帯において非合法な拠点づくりを進めており、行政と結託して布教活動を行うサンガを敵対視していた。現在の寺院があるソムデット郡はカーラシンとサコンナコーンの県境、プーパーン山地を挟んで国王の御用邸の反対側にある。国王は巡幸の際に寺に立ち寄られ、師

に開発を勧められた。また、この寺はバンコクの名刹パトムワナラーム寺と縁が深く、同寺の住職であったサコンナコーン県出身の高僧ジッタワロー師が開発を進めていた影響から師は開発を志した。師はいかなる研修にも参加していないと語るが、「国家、宗教、王を敬う」「一致団結」「国の法と道徳の一致」といった師の文言等は、サンガの護国的教説そのものである。師の開発実践は多方面にわたり、布薩堂建築、近隣二一校に教育資金、昼食、制服等を提供し、七〇〇万バーツの布施をもって、ソムデット郡市街に病院の建物を建設した。その他、三箇所で村落開発を進め、境内に国王陛下の御徳を称揚し、東北タイ文化を学ぶ図書館の建設を計画している。

ソムデット郡の市街から少し離れているが大きな寺であり、高齢者や女性の信徒が聞法に訪れていた。がっしりした体躯の師に朝食の後話を伺った。僧侶は授戒の戒和尚や学問を師事した僧侶への帰依が強く、そのつながりで各種の事業が生まれてくることが分かる。［東北タイの開発僧⑫］

このように行政や国王による開発政策との関わりで開発を始めた僧侶は少なくない。オルターナティブ論者により仏教改革運動、グラス・ルーツのコンテキストで語られる開発僧として名高いナーン師も、一九七二年にタイ国宗教活動協会へ関わるが、これは一九六六年に開始されたサンガによる地域開発への参加を促進するプロジェクトの一環である。その後も、各種研修に参加、一九七三年には政府の反共政策（仏教擁護の立場からか指導者に推薦された）に関わる（Naraset Phisitphanphon lae Sak Prasandi, 2534（1991）: 83-87）。もちろん、師自身の村に対する思いと独特の瞑想修行が軽視されるべきではないが、開発に従事した背景として国とサンガの政策があったことを看過するわけにいかない。

現在、郡や県の僧団長クラスの僧侶は、サンガの開発協力政策の下、保育所の開設、学校教育支援等、何らかの開発事業を行っている。タンマユット第一〇管区僧団長シーチャン・プーンヤラトー師［資料㉔］、ムクダーハーン県副僧団長ヨッド・ヤチャトー師［資料⑳］、マハーサーラカーム県ケーダム郡僧団長プンヤー・ピサーン師［資料⑩］等は、現在県の開発行政担当官と協力して、地域の住民を開発に動機づける地域の指導者的役割を果たしている。彼らは現在の地位に達するまでにも開発事業を行ってきたが、それらは寺院や仏教・パーリ語学校建設などのサンガの活動に限定されていた。

森の頭陀行僧の伝統

東北タイには森の中で瞑想修行を行い、各地を遊行する頭陀行の伝統がある。村人の悪癖を矯正する目的で開発僧が用いる心理療法や病気直しに用いる薬草の知識等は、森での修行体験の賜物であり、開発のアイディアは各地で見聞した豊富な知識が活かされている。また、村人から布施を受けて行を続ける頭陀行僧は、村の発展に元々関心があったとされる（Tiyavanich, 1997：198-225）。事実、農村地域において、村人の布施なくしては寺院建設もままならない。

③　一九三七年サコンナコーン県において、少数民族ガルン族に生まれたクリアン・ティカユコー老師は、二〇歳で慣習に従って出家し、ミャンマー、ラオスの国境を何度も越えて頭陀行を行っていたが、一九七一年タイ共産党への警戒を呼びかけるサンガ当局の忠告に従い、現在の寺院に落ち着いた。以来、師は地域の開発に努め、現在自身の財団を持ち、近隣の学校に教育資金を提供している。また、師は自身のアイディアで米銀行を村に設立

したというが、これは頭陀行の際、各地で村の成功例を見聞したものである。頭陀行僧の中には禁欲的な修行僧であるだけでなく、新しい情報や技術を地方の村々に伝えるメディア的役割を果たしていた僧もいた。

クリアン師は好々爺然とされた僧であり、案内人や助手を笑わせていた。師のユーモアは寺院境内に所狭しと並べられたキリンやトラといった動物や道教の神々のような置物に表れており、付近では観光名所のようにもなっている。師自ら村の事業所を案内して下さった。［資料㉖］

筆者が収集した事例では、NGOにならって地域住民による自助組織を形成したケースはあまり見られなかった。殆どが僧侶の個人的な徳、知識、法力による資金調達（布施）後に、住民を動員した開発である。①～③の三人の僧は師から伝承した邪霊祓除の力により近郷の村人から崇敬を集め、順番待ちで並ぶ村人の相談に乗りながら、布施を寺院の改築、教育、医療等多方面に回すのである。このような僧侶の元に、学校行事に資金を必要とする教師や村で事業を行おうとする村長や村人達が集まってくる。もっとも、呪術的力能を持たずとも、仏像や呪符による加護、聖水・聖糸による生命力の強化等の儀礼は農村部において日常的に行われており、人々は車の安全祈願から病気直し、宝籤の当選番号の予想に至るまで僧侶に相談する。こうした呪力を一切用いず、瞑想と説法による心の開発だけを実践する僧侶はタンマユットの僧六名［⑨⑮⑯㉓㉕㉙］であった。そのうち、三名は東北タイにおける頭陀行僧の伝統を作り上げたマン老師の高弟、シン、テート、ブンミーの三師に直接師事した。

④　ピチット・チィッタマロー師は名門チュラーロンコーン大学卒であり、五〇代半ばをすぎてなお頭陀行を続け、各地に信者を持つ。「開発には二種類ある。一つは貧しいものたちのための経済的支援であり、もう一つは師の

ように精神的覚醒を求めるものへの教化である。」（大学教師の女性信者）信徒の階層や知的水準に見合った僧侶への帰依というのはある意味で現実的である。名僧が来ておられるとなると、街に住む中間層以上の人達が自家用車、時にベンツやBMWで聞法にかけつけるのである。［⑨］

⑤　パンロップ・チラタモー師はカセートサート大学卒であり、シン師に師事した後、サコンナコーンに広大な土地を取得、シン師の記念館を含む大寺院を建設した。これはシン師とその弟子を崇敬するサコンナコーン出身のバンコク在住実業家個人の布施による。元はキャッサバかサトウキビでも植えられていたような土地がきれいに整地され、ため池も掘られ、寺院の建築が進められている。村人の力ではとうてい造ることのできない寺院が畑地や森の中に忽然と姿を現すことが東北タイではある。個人で寺院一式を僧に捧げるという行為がどの程度の功徳をもたらすものかは想像を超えているが、財の効果的な散じ方に頭を悩める都市の富裕層もいるのであろう。［㉕］

⑥　ソンウット・タンマワロー師はタンマサート大学を卒業後、タイ中央銀行勤務を経てテート師に師事し、師の秘書役になり、ノーンカーイ県で学校、病院建設などの事業を指揮した。師の死後、サコンナコーン県に移り、自身の寺を信者と建設している。聞き取りは椰子やバナナの葉で屋根を葺いた吹き抜けの庵で行ったが、筆者が一連の質問を終えるにあたり、将来どのような開発の計画をお持ちかと尋ねたところ、「将来の計画を語ることはできない。仮に実現できない場合、僧が嘘をついたことになるからだ。」と慎重に語った。筆者はなるほどと感心した。［㉙］

ソンウット師が、わざわざ日本から話を聴きに来るとは大儀であったと筆者にプラ・クルアン（Phra-khruang）を下賜された。銅で鋳造され金メッキされたナシ型のお守りである。テート師が病院建設の資金を集めるためになされた生涯ただ一度だけの謹製ということであったが真偽の程は分からない。いつもであれば、一〇〇バーツくらいのお布施を置いてお守りをお借りして帰るところ（タイ語ではもらうのでも買うのでもなく借りるという言い方をする）、この時ばかりは五〇〇バーツ（一週間分の出面賃相当）を置かせてもらった。後から、私を師のもとへ案内してくれた地方行政官の信徒がいくら置いたかと聞くので答えたら、「私など二年近く通っているのにお借りする機会がなかった。二、三万バーツ（三ヶ月分の給与）でも惜しくないのに。」と驚き、呆れられた。ものの価値が分からない外国人ということであった。そういうわけで筆者はこのお守りを大事に持ち歩いている。

以上の事例から、開発僧が開発を始めた契機、背景には、①一九六〇年以降の国家とサンガの東北タイ開発政策、②東北タイ農村部仏教における僧と村人との互恵関係、③頭陀行僧の伝統（瞑想修行と伝統医療）があると言えよう。

ところで、東北タイでは頭陀行僧（森の苦行僧）が現代的カリスマとなり、人々の帰依・布施を集めている。この点をプッタタート師に始まる仏教改革運動の潮流以上に、僧が開発（社会的実践）に向かう民衆的基盤として考慮しておきたい（Tambiah, 1984；Taylor, 1993b；Tiyavanich, 1997）。つまり、仏教を現世倫理的に捉える方向性も確かに僧侶や民衆を社会参加に導くが、人々が現世や来世の御利益を期待して布施を行う背景には、苦行により徳と神通力を得たと信じられている僧侶への篤い信心がある。

さらに、東北タイのタンマユットの頭陀行僧たちには、有力政治家・役人、実業家、地域の顔役等の信者がついている（Taylor, 1993b：279-310）。一九八〇年代後半よりバブル経済の時期にかけて、彼らは巨額の富を蓄積したが、それらの一部を布施として顕示的に散じることで、文化資本としての宗教的徳を獲得しようとしたと考えられる。

二　開発の再政治化と仏教の役割

ブア老師の国家救済計画

一九九七年夏の金融危機以降、タイは深刻な経済不況に陥り、チャワリット・ヨンチャイユット首相は打開策を打ち出せないまま、腐敗政治批判の中で退陣を余儀なくされた。経済再建と政治改革を託されたチュアン内閣は、ＩＭＦ管理下の緊縮財政、金融制度改革を断行し、また、行政改革を盛り込んだ新憲法を採択した。タイのメディアでは、いかに国家的危機を乗り切り、新しい社会を作り出すかをめぐって様々な議論がなされたが、主流派の論調は極めて規範的・道徳的である。ティラユット・ブンミー、プラウェート・ワシー等の社会批評家は、従前のタイ政治・経済の弱点を鋭くえぐり（モラルの欠如としての腐敗）、タイの伝統文化・仏教、或いは国王の新理論（環境適応・自給自足型の灌漑と農業、タイ版の sustainable development）等により新しい政治的価値を構想する。政治の手段は社会の各層を交えた参画型民主主義である（Bunmi, 1998）。このような言論界の動きに呼応するように、民衆動員型の政治運動が発生した。貧民フォーラムのようなＮＧＯや農民組織による直接行動が注目されるが（Funatsu, 1997：237-243）、仏教を集合的シンボルにした体制側と草の根が協働する社会運動の仕掛けにも注目したい。僧侶の徳、サンガは政治的正当性の根拠になる。

ウドーンターニー県バーンタート森の寺住職ブア・ヤーナサムパノー老師はタイのチュラーポーン王女に敬愛され

る高名な頭陀行僧である。老師は国家的危機を救済するべく、森から現れた。一九九八年に国王夫妻がブア老師を訪問し、衣を献じられ、ブア老師の国家救済計画に関して懇談された。国家救済計画とは、プーチャットガーン誌社主等の名士をはじめ各界の錚々たる委員二五人からなる委員会がブア老師を助け、タイの対外債務を返済するべく、救国の募金運動を展開することである。

実施事業は次のようなものだ。

① 外国紙幣（ドル）の布施を国民に求める。七月六日、アメリカ連邦準備銀行から融資を受けているタイ中央銀行に、一、二七八、〇〇〇ドルを贈呈する。金の延べ棒一五本（一本一二・五キロ）、金細工アクセサリー、バーツ紙幣の寄贈。

② 一九九八年一月三〇日から六月二四日まで、黄衣奉献祭（本来は在家が森に衣を捨て、僧がそれを拾って着るということであったが、現在は直接僧に黄衣を献じる儀式になる）を数度行った。金製品一五一キログラム、九三六、四七一ドル寄贈。六月二七日安居入り儀式には金一一・〇五キロ、四〇、一八一ドル、二、三八三、〇〇〇バーツ集める。

③ 大学で募金活動を行う。大学で僧侶を説法に招き、六月二六日カセートサート大学（金三・〇四キロ、八、六四三ドル、一、八〇〇、八八〇バーツ）、六月二九日シーナカリンウィロート・プラサーンミット大学（金一・三〇キロ、三、三四五ドル、四八八、九二〇・二五バーツ）、六月三〇日ラームカムヘーン大学（金一・二二キロ、一、八三三ドル、九二〇、六三一・五〇バーツ）、七月一日タンマサート大学（金一・四五キロ、六、五四〇ドル、七〇八、八五七・二五バーツ）、七月三日チュラーロンコーン大学（金二・六〇キロ、一二、六九三ド

ル、一、五九二、〇一九バーツ）を集め、政府機関に寄贈した（Wouichaya, 2541 (1998)：29-32, 43-44, 154-149）。

筆者は一九九八年九月二七日にバーンタート寺で仏日の行事に加わった。国道から分かれた細い道をしばらく車で行くとブア老師の開発事業の恩恵を受けた豊かなタート村に入る。忽然と広大な駐車場と多数の出店が現れる。参道には行列が出来ていた。寺自体は簡素な森の寺らしいものであるが、境内には数千の信者が詰めかけ、ござを敷いて座っていたり、遠巻きに立っていたり、警察官警備の中、チュラーポーン王女の来臨を待っていた。ブア老師はその間布施を呼びかけ、紙幣を挟んだ枝を藁の軸に刺したガン・マイ（金の木）が在家から続々と献じられ、紙幣の林になった。一時間後に王女到着。老師の説法の後、王女が境内を周回し募金を始めると、二時間前からござをしいて待っていた村の老人達が一〇〇バーツ札を我先に捧げたのである。「ここに集まっているのはウドンの田舎の農民が殆どで、町の人は布施にはあまり関心がない。お金のない人ほどよく出すものだ。」（四〇歳女性談）

ブア老師の宗教的名声、王女の威光。極楽往生を願い、良きタイ国民として教育されてきた村人達が、一日の出面賃に相当する布施を捧げるのに十分な理由である。タンブン（積徳行の布施）は社会的財の再配分機能を果たし、開発僧が行ったタンブンの開発事業化は、仏教伝統を現代化する一つの方策として成功した。しかし、同時にこのやり方は、社会的財をどの階層からも等しく徴収する。一九八〇年代後半からのバブル経済期に所得の地域間・階層間格差は増大した。ブア老師の救済計画は、ブア老師をはじめ参加者の意図せざる結果として、タイ社会構造の格差維持に寄与し、経済破綻を招いた責任者を免罪する機能を果たす可能性があった。バブルの恩恵を殆ど受けなかった田舎の人々が、自主的に金融・不動産産業の破綻処理金を負担する構図がここにある。

東北タイ開発のために僧侶と衆生が心を一つにする計画（東北タイの持続可能な開発）

チャワリットは元陸軍大将であり、退役後東北タイを地盤とする政治家に転身し、首相になった。経済危機の責任をとって辞任したが、新希望党の党首として保守系議員をまとめる実力を持っていた。この事業は、東北タイ一九県の僧侶、民衆のためにセミナーを四度開催し、国王の新理論、自給自足経済、持続可能な発展論、地方芸術・文化の保護政策、新イーサーンキアオ（東北タイ緑化）政策等、新しい開発理念の啓蒙・普及に努めるというもので、サンガの協力を得ている。東北タイ各県ごと一五ヵ所、県、郡の僧団長の寺にセンターを設け、各県ごと一〇名の僧侶、ないしは有識者を選び、セミナーの任に当たらせた（sun ruam song chao isan 19 cagwat, 2541 (1998)）。

筆者が参加した一九九八年九月二八日コーンケーン県タート寺のセミナーには、僧一四〇名、在家九一五名が招待された。国会議員一四名、県の高官を初め、村長、区長、地域の開発担当者が主な在家出席者である。「一九七三年からこれまで地域開発をサンガもやってきたが、バンコクにのみ富が蓄積し、東北タイは置き去りにされた。チャワリット元首相のみ、東北タイの持続可能な開発を行いうる。皆で協力しよう。東北タイ緑化計画は中止されたが、この事業はそれを継続する意味がある。」（東北タイ第九管区僧団長）「タイにとって仏教は国の柱である。近年、青少年は麻薬、売春と問題を抱えており、これは教育と宗教でしか解決できない。――現在の不況下にあって、タイにとって幸運なのは国王をいただき、仏教が健在であることである――。人が生活するために五ライ（約〇・八ヘクタール）の土地に複合農業で、米、野菜、果物を作り、池を掘って魚を育て自家用以外は売り、年四、五万バーツ（二〇万弱）も現金が得られれば十分である。これこそ持続可能な経済の典型であり、地域共同体を強めることにもなる。」（チャワリット元首相）

セミナーの実質は、政治的プロパガンダであるが、地方政治家、区長・村長などの村落コミュニティ指導者層を動員する力は看過できないものがある。オルターナティブという理念、仏教に基づいた開発という開発計画が、語る主体によってどのような機能を果たすことになるかを示す好例である。

東北タイや北タイの農民層を動員する政治家は新希望党のチャワリットだけではないことを注意しておきたい。最初はバンコクを地盤としたタックシン前首相も農民層へ支持基盤を拡大した。中央と地方との経済格差は政治問題として地方の人々の関心を集め、国の金を政策的に持ってくる約束をできる人間だけが支持を得られる。タックシン政治の功罪は様々であろうが、東北タイの村落開発資金や低額医療、農民負債繰り延べ等、実質的な支援を行った。都市民にとっては国税を使った人気取りに過ぎないのだが、地方民にはこれが政治と映ったことだろう。実際、タックシン前首相が東北タイの農民服（紺の前開き半袖シャツ）を来て親しく村や町の人達と会話する様子をテレビで報道させたが、それをみて「俺たちも随分偉くなったもんだ」と満足した農民が少なくなかったという。

三　宗教による社会開発論の射程

仏教と社会構造

王権―仏教（僧団）―政体の互恵的な三項関係は、タイ近代史上繰り返し現れる。一九世紀末に近代中央集権国家が、地域ごとの僧団をマハーニカーイ派とタンマユット派の二つに集約して擁護し、オーソライズする過程において国家傘下型宗教組織である現在のサンガを作った。また、一九三二年の立憲革命以来政治権力を失った国王と仏教を独裁政権の正当性根拠としたサリット・タナラットは、王権と仏教に新たな社会的役割を与えた。その役割こそが開発の担い手である。サリット以降、一九六〇年代からタイの政治は開発（パッタナー）が政治の目的、過程、そして大衆動員のレトリックであった。一九七〇年代になり、開発の政治の中身が、共産主義者（反体制活動）一掃から地域経済開発と実質化されたことに伴い、サンガの開発協力政策の影響を受けて、地方の僧侶も開発に関心を向けるようになった。国家の開発政策や資本主義経済が農村地域に浸透してきたことで地域に問題が出始めた折りであり、僧侶の中には自発的に問題に取り組むものが現れた。一九八〇年代にはいると、僧は活動を公認ないしは促進され始めたＮＧＯ（外国傘下型ＮＧＯを含めて）と交流した。この頃から、タイ社会のオルターナティブな開発、或いは内発的発展のキーパーソンとして開発僧の活動が注目されるようになったと考えられる。開発僧という名称そのものが、時代の産物であることを物語る。現在も、仏教、僧侶の役割は、政治的言説の中で極めて有効に機能する。

宗教による開発論の限界

開発僧誕生の背景はともあれ、現時点において僧侶に地域開発のキーパーソンとしての役割を十分期待できるのではないかというオルターナティブ論の主張を吟味してみたい。本研究の調査から、開発僧が地域開発に貢献したことは紛れもない事実であることが確認された。しかし、開発僧の実践例を一般化したり、内発的発展論や仏教による社会改革運動論にまで議論を一足飛びに拡張したりする方向には疑問を呈せざるをえない。

第一に、社会開発に大きな力を発揮するのは地方の開発僧だけではない。名僧・高僧含めて、頭陀行僧であれ、サイヤサート（呪術系）であれ、資金獲得能力のある僧は福祉事業を展開できる。このような僧に帰依する人々は宗教的霊威に与ろうとして布施をする。僧侶による開発は、帰依者、或いは僧自身の意図せざる結果という側面を持つ。

その証拠に、開発だけをめざすNGOのタイ国内における資金調達は困難を極めるという現実がある。若い僧侶が開発を志し、布施を募っても、在家に対価を支払う能力（満足感や安心、布施の顕示的効果を与える力）がない場合、計画は頓挫するであろう。僧侶が開発に貢献することは開発モデルとなりうるが、開発僧を組織的・計画的に養成することは難しい。サンガのタンマ・トゥート事業が布教以外に実質的な経済開発に連動していかないのがいい例である。また、僧侶が単独で事業を展開する場合、筆者の事例のように、僧侶の開発資金調達方法（布施）が自動的に地域住民の共同、互恵的関係作りにつながるわけではない。僧侶が参加型開発を促進している事例は少数であった。

第二に、開発僧の個々の事業をネットワーク化し、開発NGOと協働していく構想が仮に実現し、仏法を基礎とした巨大なNPOができたとしても、その事業は多くの論者が描くように仏教的理念により正当化されるようなものにならない。組織が巨大化すれば、開発資金の調達、運用方法に関して、僧のカリスマによらない、実施主体の行政的組織化の課題が発生する。このような組織が行う開発の問題点は、行政型開発と同じ不効率を生み出し、資金のドナーに開発理念・手段が規定される硬直したものになりがちである。

スリランカのサルボダーヤ運動は、巨大化し、開発資金の大半を海外NGOに依存するに従い、資金提供側の外国NGOによる官僚的運営に従わざるを得なかったことが報告されている（Perera, 1997：156-167）。宗教的理念の正しさだけでは、NGO／NPO組織を運営できない。実のところ、NGO／NPO組織自体が、メンバーを含めて理念的になりすぎ、現実の課題遂行を二の次にしているようなケースも少なくない。これはNGO／NPOの役割を理論的に論じるだけでは分からないことであろう。筆者も幾つかNPO組織のメンバーや理事を経験して運営の難しさを痛感しているところである。

第三に、地域社会における個人の事業を越えて社会的リーダーシップを担うような立場に僧がなった場合、現代の複雑な政治・経済システムをどの程度的確に認識し、問題解決のための具体的な行動をとれるだろうか。これは仏教の僧侶に限らず、現在、宗教者、宗教集団が社会貢献を目指した場合に必然的に生じる問題である。グローバリゼーションの中で近代化を推進するアジアの諸国は、宗教・文化システムが社会システムに方向付けを与えているように見えても、政治・経済システムは別の論理で動いている。宗教的理念に基づく政治を志向するのは、前近代の社会システムを前提とした復古主義になるだろう。

タイの近・現代政治では、保守であれリベラルであれ、聖なる天蓋である仏教に正当性を求める。そのため、政治的討議（政策実現の手段をめぐる利害の調整）が言説上の討議（理念の正当性）に置き換えられがちであり、結果的に問題を生み出した社会構造の組み替えにまでなかなか議論が進まない状況がある。プッタタート師、スラク・シワラク、プラウェート・ワシー等タイを代表する思想家の仏教による革新的な市民社会形成の議論もタイの文化的拘束性を免れない。このような政治・文化的コンテキストをふまえたうえでこそ、現代における宗教的言説の正負の機能が評価でき、宗教の社会貢献（政治過程参画）という大きな課題を適切な問題領域に限定して実質的な議論を始めることができるのではないだろうか。

第八章　寺院と地域社会

一　開発僧と一般の僧侶

調査の方法

「開発僧」という呼称は一九八〇年代にタイの学者やNGO活動家達が使用した言葉であり（泉、二〇〇二）、一九九〇年代中盤でも地域の人々には殆ど浸透していない（櫻井、二〇〇〇：二七–四六）。「開発僧」と言われてそれは何だと怪訝そうに聞き返す人々に、地域のために様々な社会活動をされている僧侶のことだといってようやく納得してくれたものである。「そういう御方ならあそこにもいるから行ってみなさい。その村に知り合いがいるから連絡しておこうか」と紹介してもらったことも多い。僧侶においても、「開発」事業を何かしていますかと突然訊かれても困るが、「布施の一部を地域の小学校や中学校に寄付したり、寺院周辺の森を伐採されないように保全したりすることも『開発』になりますよ」とこちらから言えば、そんなことは昔からやっていると答える僧侶が少なくない。

前章では、「開発僧」と呼ばれたことが一度もないし、その自覚もない僧侶も含めて、東北タイ各県の僧侶達の社会活動をみてきた。地域開発に従事する僧侶のすそ野は広い。この点をより明確にするために、特定地域の寺院を全て訪ね、寺院の開発事項を調査することにした。このように考えたのは幾つかの好条件を得たからである。

一九九七年に一〇ヶ月間、文部科学省の在外研究として東北タイのマハーサーラカーム大学に客員研究員の身分で滞在できたことが大きい。それまでは年に一、二度、一〇日か二週間の滞在でしかなかったので、開発僧調査といっても二、三の寺院を回るのがせいぜいであった。通常では大学講師の友人の知り合いや教え子等々のつてをたどって、地域開発に熱心であると評判の寺院を探すわけだが、先方に連絡してもらって面会の約束を取り、実際に会いに行くまでに数日かかる。数年間かけてこのやり方でケース数を二〇幾つまで集めてみたが（最終的には三二ヵ寺）、どこまで集めれば開発僧の活動実態が明らかになるものか、当初は見当がつかなかった。スノーボール方式の調査では、幾らでも事例は収集可能である。しかし、それらの事例群が寺院による地域開発のどの部分を切り取っているのか、調査した僧侶は開発に従事する全ての僧侶達の何％に相当するのか、おそらく、このような調査では最後まで見通しを得ることができないだろうと考えていた。そんな折りに、ふと、普通の僧侶を調査していわゆる「開発僧」との違いをみてみたら、「開発僧」なるものが分かるのではないかと思ったのである。滞在期間の三分の一が過ぎ、そろそろ本格的な調査を始めないとたいした調査データもなく日本に帰ることになるだろうなと焦り始めた頃だった。

筆者の研究は事例調査であるから、一人の開発僧の事例でも論文は書ける。しかし、あくまでもその事例についての知見でしかない。タイの研究者を除き、日本の研究者は開発僧の誉れ高いナーン師のもとを訪ねるか、日本の研究者やＮＧＯ組織とも接触のある社会活動に熱心な僧侶の活動を紹介するものが多かった。それだけでは分からないだろうと筆者は開発僧の事例をできるだけ集めて特徴を探ろうとしたのであるが、それがきりのない調査であることに気づくまでに数年を要したのである。開発僧の研究を続けていくために試行錯誤していた。

質的研究法の改善

調査にサンプリングはつきものである。サーベィ型の量的調査では、調査対象の母集団から無作為抽出を何度か行うことで母集団を代表するサンプルを設定する。サンプルについて得られた見解は母集団に関しても言える。このタイプの調査は母集団が明確であり、サンプリングが可能な場合のみに実施できる。ところが、社会調査では母集団が不明である調査対象を扱うことも多い。タイで一般の僧侶に関わる調査を行うのであれば、サンガから僧籍の名簿を借りうけ、調査可能な数までサンプルを小さくする無作為抽出を続けて調査対象者一覧表を作成した後、面接か郵送で該当する僧侶に質問すればよい。ところが、開発僧の場合、そもそも開発に従事する僧侶の総数（母集団）が分からない。また、開発事項も不明確であるため、開発僧の範囲が縮小も拡大もするという融通無碍な定義しかできない。このような調査対象には質的調査しかない。それで誰でも思いつく事例研究となり、その事例を集積すれば客観性が増すと早とちりをしたわけである。

たまたま調査した開発僧の事例（サンプル）が、開発僧なるもの（母集団）と統計的な関係がない以上、事例の代表性について言えることは何もない。したがって、量的調査のやり方をまねて、事例の集積によって調査の客観性や妥当性を高めるという調査法は理論的に破綻している。では、どうすればよいのか。発想の転換が必要であった。開発僧なるもの、開発僧の一般的特徴を直接調べようとしなければよいのである。開発に従事する僧侶に関して、なにがしかの特徴を知りたいということであれば、調査するなかで明らかになってきた開発事項（実際には教育・医療・地域振興・環境保全）に着目し、それらの事項と開発手法に関して一定程度の知見が得られるまで事例を集積すればよい。代表性とか一般性というこだわりを捨て、開発に従事する僧侶の活動に関わる問題発見、仮説提示ということでとどめるのであれば、このような調査方法が可能である。或いは、開発僧と評価される僧侶と、そうではない僧侶との差異に関して知見を得たいということであれば、差異が明瞭になるまで比較できる事例を集めればよい。

筆者がグランデッド・セオリーの「理論的サンプリング」「理論的飽和」という概念を知ったのは、このような研究方針に転換して、一定程度の事例の集積と比較のための事例収集を行った後である。予め知っておればへたに悩むこともなかったように思われるが、筆者の場合、本で読んでいたからといって実際の調査で応用可能であったかどうかは分からない。

このような経緯を経て普通の僧侶について調べることにしたのであるが、先に述べた友人の教え子でカーラシン県の教育委員会に勤務する人から、「カマラーサイ郡であれば僧団長・副僧団長が地域活動に力を入れているし、この郡の人達であれば調査に協力してくれるだろう、何よりマハーサーラカームからカマラーサイ郡まで車で一時間だ」といったアドバイスを受けて、この郡で寺院の悉皆調査を行うことにしたのである。

二　調査地の概況

カマラーサイ郡

カーラシン県カマラーサイ郡は東北タイのほぼ中央に位置し、県庁所在地カーラシンから東南東へ約一〇キロ、国道二一四号線を車で二〇分の位置にある。そのまま行けば隣県のローイエットに着く。筆者が滞在したマハーサーラカームの町からは北東へ約二〇キロ、国道二三六七号線を車で四〇分の位置である。カマラーサイ郡はドンリン

図4　Kamalasai郡と各区（タンボン）

(Dong Ling)、コークソンブーン(Khok Sombun)、ノーンペーン(Nong Paen)、ラックムアン(Lak Mueang)、タンヤー（Thanya)、カマラーサイ（Kamalasai)、ポーンガーム（Phon Ngam)、チャオター（Cao Tha)の八つのタンボン（区）からなる。カマラーサイ郡には一〇三の寺がある。その中には僧侶が止住していない寺もあり（隣村の僧侶が兼務）、数度訪ねても不在の寺を除き、実際は八一ヵ寺の調査となった。

カマラーサイ郡は東北タイの中央部に位置することもあって比較的歴史が古く、およそ二〇〇―一〇〇年前に人々が付近を開拓し、聚落を形成した。「この村は、カーラシン県市内フェイポー（Huai Pho）区ドーンバーンカオ（Dong Bang Kao）村から移り住んできた人がつくった。しかし、この村では（マラリアのため）死亡する人が多かったので、別の所へ移っていった人も多かった。」（ラックムアン区八、一二番　ファクワ（Hua Kuwa）村、村長）「ポーンガーム村は二〇〇年以上の歴史があり、マハーサーラカーム県カーラシン郡ポーンガーム区ポーンター村から移住したものたちである。」（ポーンガーム区、区長）「ナーモン（Na Mon）村には一〇〇年弱の歴史はあろうか。かつて、村人はポーンガーム区やドンリン区、ラムチー区から移住してきた。それ以来、この村に定住している。」（コークソンブーン区、区長）「コークラーム（Khok Lam）の村民は一二〇年前にローイエット県市街地に近いナーマオン（Na Mong）村から現在の所へ移動してきた。セーハとパンナ・シリピークが指導者として一〇世帯の村民を誘い、その後、彼は村長として義務を果たした。村民が新しい村落へ移動した原因は、元の村落では自然が豊かではなかった。そこで、代表の村民が新しい所を探し、豊かな森林や Pao 川が通る平地（現在の所在地）を見つけた。」（コークラーム村、村長）郡の中心であるラックムアン区とカマラーサイ区は二〇〇年、周辺のコークソンブーン区では一〇〇年程の歴史を有するという。

東北タイにおいて開拓の歴史が古い村落は、河川の流域を除けば、水稲耕作に適した水が集まる低地にある。現在のチャックリー王朝が一九世紀末に東北タイを実効支配し、藩主達を行政官に置き換えるまでは、地域の小都市ごとに国（くに、ムアン）があった。人々の多くは自由農民であったが藩主に賦役を行った。しかし、東北タイでは封建制度が未発達なために農民は自由に地域移動が可能であり、つい三、四〇年前までは開拓者による土地の占有（チャプチョーン、慣習的所有権）が認められていた。地域内の人口が増え、そこで算出される農作物で足りなくなると、人々はハー・ナー・ディー（良田を求める）によってフロンティアを拡大してきたのである。カマラーサイ郡は比較的古い時期に開拓された水稲稲作地帯であり、東北タイの中でも比較的豊かな農村地帯であるといえる。

低地にある区では灌漑施設もあり、安定した稲作経営を行っている。「村人は殆どが農業に従事しており、土地なしで雇われ農民は少ない。農閑期には、多くのものがバンコクや他県に出稼ぎに行く。ブルネイにいっているものも二名いる。」（ラックムアン区八、一二番　ファクア村、村長）「大半は稲作農家であり、一部、キャッサバ農家もある。村人の暮らしはよいからかなりよいまでであろうか。村の団結力は強く、問題はない。」（ポーンガーム区、区長）「村民の職業の八割は農業で残るのは公務員や労働者である。稲作は家族用の米と米の種子を売るための米を栽培する。家族用の稲作は KoKho 6 種の餅米を栽培する。商売のための米の種子を栽培する場合は、カーラシン県の農業省に所属する第三区種子センターに販売するジャスミン種と Leaun 種を選ぶ。その他、一キロで七バーツの種子の米をソムバット精米所に売るが、一般の市場より二〇パーセント高く売られる。このやり方はコークラーム村だけである。農業省に支援される村落なので、農民の暮らしは比較的楽である。」（コークラーム村、村長）

それに対して、郡の縁の地域は高台になっており、換金作物栽培が多い。換金作物栽培は資本を必要とするだけでなく、値崩れによる経営失敗のリスクが高い。いきおい、出稼ぎも多くなり、村の人々も様々な生活戦略を練ることになる。「村人は大半が農業か出面仕事に従事し、家族一人あたり三―四ライ程度の田畑を所有している。この村は丘になっており、丘の田か灌漑用水付近の田付近以外の土地では田を作れない。村名のコーク（Khok）は丘の意味、ソンブーン（sombun）は豊かという意味で、村名には村人の願いが込められている。現在の経済状態は非常に悪く、支出に見合う収入がない。収入を補完できる仕事がないので大変である。若者達は学校卒業後、皆で外へ働きに出る。しかし、中学に行くものが増え、小卒で働きに出るものは減った。バンコクへ行くものも親戚や様々な手づるを使って出ていっている。海外に働きに出て、向こうで暮らしの良い西欧人と結婚するものもいるが、成功しなかった話も多い。西欧人の夫の助けでガソリンスタンドや精米所を建てたものもいる。」（コークソンブーン区、区長）

村と町の人の生活

村落ごとに平均年収を見ると（一九九七年次カマラーサイ郡地区統計書）、市街地のドンリン、ラックムアン、カマラーサイ各区の平均年収（一七、〇〇〇―二〇、〇〇〇バーツ）が高い。但し、これは市街地の商店主や勤め人の年収が加算されたためであって、農家の平均年収は低い。小売業の儲けは勤め人の数倍に及び、その勤め人（公務員の初任給は大卒で六、〇〇〇バーツ程度）の年収は、豊かな農家の二、三倍に相当する。したがって、商店主や勤め人がいない村落では、年収が三、〇〇〇―四、〇〇〇バーツ程度のところもある。

タイでは、職業による収入格差が著しく、農家の九割方が年収三六、〇〇〇バーツ以下であり、さらに東北タイの農家であれば、数千バーツに満たないところもある。こういう現状を農家の人ほどよく分かっており、子供達にはできるならば勤め人になってもらいたいと考えている。カマラーサイ郡の村落において県道沿いの低地部分は豊かな部類である。「村民の所得はそれぞれの家庭が一年間で平均二万―三万バーツ以上である。一年間で五千バーツ未満の所得の家庭はない。その理由は、商売のための稲作を行わない農家でもスイカ栽培（韓国系企業が買い付け）の所得が一回で二万バーツほどある。毎年二、三千個のスイカを栽培する。村民の生活水準はまあまあで、六〇パーセントは中層、三〇パーセントは上層であろう。」（コークラーム村、村長）

農業では食えても、米を売って得られる現金収入はあまりにも少ない。そこで出稼ぎをする。「現在の子供達は大半が小学校六年の後、中等学校三年まで進み、その後進学は三〇パーセント、残りは働くことになる。進学先はカーラシン市内かマハーサーラカーム市内の学校である。その後は九〇パーセントがバンコクで職を探す。残りは海外への出稼ぎで、台湾、日本、シンガポール、アメリカ等である。……若者達の問題点としては、バイク等を皆持つようになって交通事故が増えたことと、麻薬・覚醒剤に手を染めるものが出たことである。」（ポーンガーム区、区長）「村から通勤する村民は、カマラーサイ郡の市街警察署に勤務する警察官一人である。また、二〇―五五歳くらいの若者や壮年世代はバンコクで働き、雇用者、社員、メイドなどの職業である。それ以外に一〇人の男女がスイスやイ

表12　タイ国職業別に見た男女別収入比（1998年）

	専門職		管理職		事務職		販売業		農業		運輸業		職人		計	
月収(バーツ)	男	女	男	女	男	女	男	女	男	女	男	女	男	女	男	女
3,000以下	2.6	4.0	8.7	6.6	2.1	4.3	49.6	54.6	87.4	90.5	18.0	30.5	18.0	31.5	55.2	61.7
300,1-6,000	10.7	12.8	14.8	10.9	33.3	47.5	30.5	32.0	10.1	7.9	51.0	49.5	60.9	61.8	25.5	24.2
6,001-9,000	17.9	21.1	10.1	14.7	27.1	23.6	9.7	7.0	1.4	0.9	18.4	6.3	13.9	5.1	8.4	5.6
9,001-20,000	50.3	50.8	36.9	41.3	31.6	18.0	7.7	4.8	0.8	0.6	9.9	11.9	6.0	1.2	8.0	6.5
20,001以上	18.5	11.3	29.5	26.5	5.9	6.6	2.5	1.6	0.3	0.1	2.7	1.8	1.2	0.4	2.9	2.0
計	100	100	100	100	100	100	100	100	100	100	100	100	100	100	100	100

出所：National Statistical Office, *Labour Force Survey* 1998.

表13　タイ国労働人口の構成比

	1994	1995	1996	1997	1998	1999	2000
農業	47.7	44.7	43.8	43.7	41.6	42.5	41.9
非農業	47.1	51.1	52.7	53.1	51.2	51.2	52.3
失業	2.6	1.7	1.5	1.5	4.4	4.2	3.6
季節労働	2.6	2.5	2.0	1.7	2.8	2.1	2.2
計	100	100	100	100	100	100	100

出所：Department of Local Administration and National Statistical Office

スラエルで農作業員として働く。この村落では殆どの年配者が子供や孫に世話をされる。」（コークラーム村、村長）

村の人々の生活は耐久消費財の購入や子供の教育費のために変わってきたともいえる。農家数は減少傾向にあり、農業・工業が両輪のようにタイの産業を牽引する構造はこの二〇年のうちに大きく変わるであろう。既に農業は壮年世代を中心に行われており、青年層は都市労働者になることを望んでいる。大都市近郊では農地は転売を見込んで放置されている。タイが米輸出国から米輸入国に変わったとしても不思議ではない。なお、東北タイの社会経済的位置については、地域格差（一九九八年時点で東北タイの世帯当たり収入はバンコク都民の三四パーセント）と階層格差（一九九八年のジニ係数は〇・四二一）のみ確認しておきたい。（櫻井、二〇〇五b）。

三　寺院の活動と村落の経済

森の枯渇

カマラーサイ郡の寺院は、マハーニカーイ派の村の寺とタンマユット派の森の寺、両派の僧侶宿泊所や瞑想道場等に分かれる。村の寺は村の中心にあるコミュニティ・センターであり、僧侶は村人の相談にものれば、法事をはじめとする年中行事に忙しい。

森の寺は、名称から察せられるように鎮守の森を思わせる林の中にある。東北タイの中央部にある各県では森林伐採と農耕地化が進められ、カーラシン県も、サコンナコーン県とプーパーン山地を県境とする北東部には森林が広がっているが、平地では殆どが水田かキャッサバ等の畑作地になっている。タイの森林の大半は、北部タイのミャンマーやラオス国境付近にあり、東北タイの緩やかな丘陵地帯は畑地になっている。わずかに残された平地の森には、森の寺や瞑想修行の道場が設立され、森を保全することに役立っている。

表14　タイの森林面積

地域	2000年(100ha)	%
北部	96270.3	56.59
東北部	26526.9	15.59
中部	21461.8	12.62
東部	8438.3	4.96
南部	17413.4	10.24

出所：Geo-Informatics, National Park, Wildlife and Plant Conservation Department

村落の経済水準と寺院の社会活動

各寺院が行う地域開発の内容を本書巻末にカマラーサイ郡寺院調査データとし

寺委員会で聞き取り（2004）筆者撮影（左より２人目が筆者）

布薩堂内に描かれた地獄絵（2005）筆者撮影

境内に顕現した龍神様／異形の椰子の新芽（1997）筆者撮影

寺院にある村の祖霊廟（2004）筆者撮影

寺の託児所（2004）
筆者撮影

寺に籠もりにきた高齢者たち
（1997）筆者撮影

寺の治療所（1997）筆者撮影

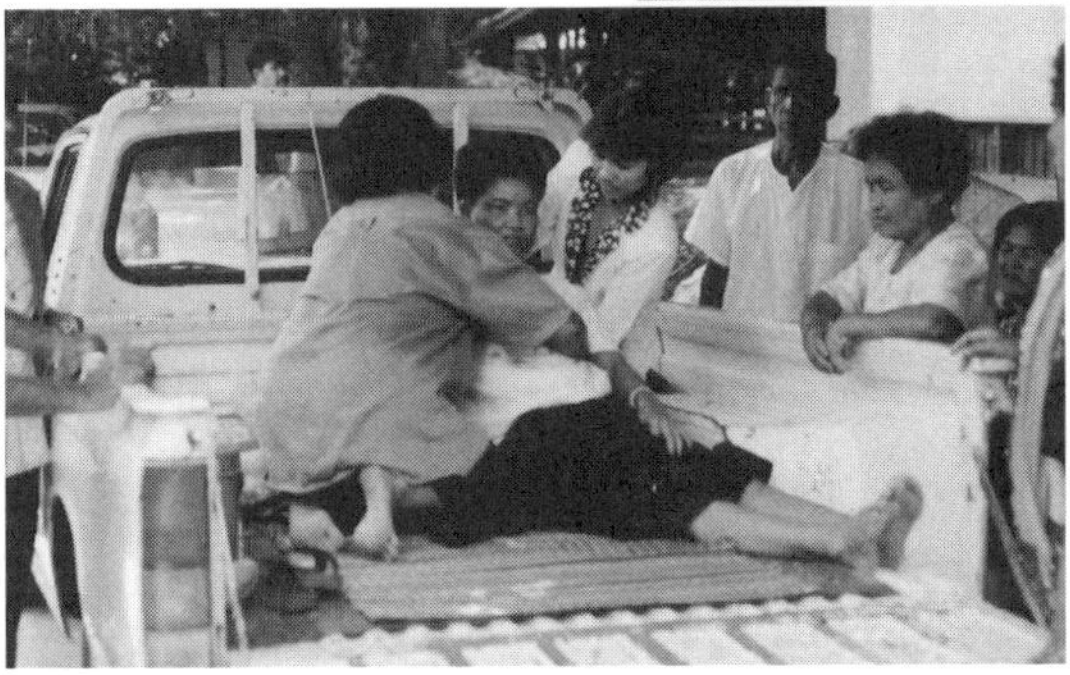

寺の治療所に担ぎ込まれ
た村人（1997）筆者撮影

て掲載したので参照していただきたい。

活動内容の特徴に関しては、次章において三調査比較においても説明するので、ここでは寺院の活動内容と村落の経済構造との関連についてのみ考察する。

開発僧を研究するにあたって筆者が当初考えていたことは、いわば普通の僧侶が開発僧になる社会的条件であった。開発主義の社会史的背景については既に述べた。サンガの政策に敏感な僧侶や、未だタイ・サンガによって正統とされている仏教に接したことのない地方の人々や山地民・少数民族を善導し、教化することに情熱を燃やす僧侶もいただろう。いわば僧侶の個人的資質や志向性から開発僧になる背景を説明するやり方もあると思うし、それが一番妥当な説明と今では筆者も考えている。そうなると、開発僧として名高い僧侶の事跡を辿ることが、開発僧研究のもっとも正統なやり方ということになる。これまでの研究の大半がこのようなものであったし、それはそれでよい。しかし、より社会環境的な条件を開発僧が生まれる要因として指摘できれば、社会学的な分析になることは論を待たない。

僧侶は村の人々の生活の厳しさ・辛さを目の当たりにして、僧衣をからげ自ら地域開発の先頭に立った。このような典型的な開発僧に関わる説明を操作的に示してみよう。村落の経済水準が低ければ、僧侶の活動は経済水準の高い村よりも活発になるのではないか。これが仮説である。先に資料として提示した各区の一世帯あたりの平均年収と寺院の活動の関連を見ようと思うが、全村落と寺院を対照したのではあまりにも表が大きすぎ、関連が見えにくい。実際は次のようなやり方でも十分であろう。年収の平均額は村落ごとというよりも、おおよそ区ごとに異なる。それは先に見たように、村落の歴史の長さ（草分け筋の豊かな農家の数）や農耕地の質（水稲耕作に向く低地か畑作しかできない高地か）により、農業経営の規模が異なってくる。また、市街地であれば勤め人・商店主が増えて年収の平均額

表15　各区の経済水準と寺院活動

区	年収平均（バーツ）	事業活動数平均（件数）
チャオター区	19,076.9	2.3
ポーンガーム区	14,835.7	2.0
コークソンブーン区	12,678.1	1.625

も上がる。ここでは、市街地に接するチャオター区、水稲耕作適地のポーンガーム区、畑作中心のコークソンブーン区に関して、区ごとの平均年収と当該区にある寺院の活動を表15にしてみた。区ごとの年収平均と寺院による事業件数の平均を示した。

寺院ごとの事業内容を比較する時には、巻末資料を参照願いたい。村落の経済水準と寺院の活動を個別に見ていくと両者には何の関係もないように思われる。ポーンガーム区でもっとも経済水準が低いポーンガーム村の寺は寺院のことしかしていない。次に低いノーンハーイ村の寺は全く何もしていない。チャオター区の経済水準が高い寺院でも活動にそれほどの差はない。どの区の寺でも寺院の施設を充実させる活動はしているわけで、それ以外の活動を寺がやるかどうかは住職次第であり、経済水準と直接の関係はない。

しかしながら、区ごとにまとめてみると興味深い関係が出てくる。寺院の活動の多さは村落の経済水準と相関している。村が豊かであれば寺院にあがる財施や人手も多いわけで、それで活動の幅を広げられるというのは当然である。筆者が先に想定した村落の経済水準が僧侶の開発志向を形成するのではないかという仮説は、少なくともカマラーサイ郡の寺院では妥当しない。むしろ、村落の経済水準が寺院の活動規模を規定しているという結論を得た。

寺院活動の規模と村落の経済水準を示唆する考え方も見受けられる。

「慣習にしたがって寺との関係は続いている。しかし、今は（一九九七年調査時点）経済状態が昔より悪くなっているので、寺を喜捨で助けたり、寺の手伝いに時間を割いたりすることができなくなっているかもしれない。」（コークソンブーン区、区長）

では、村落と寺院の関係はどのようなものと村の人達には理解されているのであろうか。

「村と学校は、寺と密接な関係を持ち助け合っている。寺は宗教局から援助金をもらっているのでそれを用いている。住職（アヌサワリーポーチャイ寺の住職、安居期間はポーチャイファクア寺にいて、寺の管理をしている）は村の委員会の顧問であり、寺の管理運営を行い、年中行事を行うよう村人を指導する。……村人は喜捨をして寺を助けている。住職を議長にして村の開発をやるのは寺の内部に限られている。住職には寺を開発してほしい。すがすがしい場所にしてもらいたい。村人の家にも来て欲しいし、仏事もやってほしい。仏教のこと以外を住職がやることは望んでいない。」（ラックムアン区八、一二番　ファクア村、村長）

僧侶には僧侶の仕事をしっかりやってほしいというのがこの地域の人の意見であり、それは農村としては比較的豊かなカマラーサイ郡だからこそ出てくる考えであろう。僧侶の仕事というのは、慣習的な宗教実践である。

「寺との関係はよい。僧侶が意見を述べればみなそれをきく。村人が僧侶に相談したいことがあれば、僧侶はそれを拒否することはできない。特に、ヒート一二のような東北タイの慣習である年中行事の施行の際にはお互いに協力し合っている。」（ポンガーム区、区長）

「和尚に村民はお世話になる。例えば、村の道路が良くない又は不足する場合、僧侶の援助によるお金で通路を建設したり、水道の修理をしたりする。村民が生徒の昼飯を提供し、外国に出稼ぎをする人は学校の奨学金を支援する。または、慈善事業や祭りの時、例えば、ガチン祭の施主がいない場合、全ての村民が一緒にガチン祭を行う。その他、毎月二回の仏日に寺院で集まり、お経や瞑想などに一〇人ほどが参加する。」（コークラーム村、村長）

ガチン祭は個人が施主となる仏教行事であり、富裕な農家の年収の数倍もの金がかかる。高額な財施であるがゆえに功徳も多いわけで、地方の人達の生涯の夢でもあるが、近年は施主を見つけるのが難しくなっている。壮年世代にとってガチン祭に費やすお金を子供への教育投資、耐久消費財、車等に回すことで実生活上のメリットを手に入れようとする。高齢者もそのことを了解している。

四　東北タイの一般の僧侶と寺院

信仰を公共財にかえる寺院

村と寺、村人と僧侶の関係は深い。僧侶・寺院は地域の社会資本であり、寺院の発展に村人の布施が欠かせない。村が貧しければ村人の布施が減り、寺院は説法所ないしは本堂、布薩堂、庫裡、鐘楼、山門、火葬台といった寺院の施設を建設できない。村のことより寺院の発展を考える僧侶であっても、村人から支えてもらわなければ何もできないので、村人の暮らし向きに無関心ではおれない。また、村人にとって、寺院はコミュニティ・センターである。寺は村人達が学問に接する最初の窓口であったし、寺の小僧になればとりあえず食べることはできた。「かつては寺に沙弥として少年達が多くいたものだが、今は殆どいない。」（ラックムアン区八、一二班　ファクア村、村長）教育の機能は学校へ、扶養の機能は行政の社会福祉政策にかなりの程度代替された。とはいえ、信心深い村人は仏日や安居の期間にお籠もり（寺院にて僧たちと読経、聞法、作務をしながら過ごすこと）を現在も行っている。殆どが年寄りであるが、高齢者の社会的役割として寺院での活動が村人に認知されている。そうであれば、日常、そして将来自分たちが関わる寺を貧相な状態にしておくわけにはいかない。

筆者はカマラーサイ郡の寺院を回り、調査の寺院数が三〇を超える頃には、寺の整備状況や清掃のいきとどき具合から、なんとなく村の経済状態や村民の協力関係を推察できるようになった。但し、東北タイでは、村をめぐっているうちに村の経済とは不釣り合いな、巨大で壮麗な寺院に遭遇することがある。これは一九八〇年代後半あたりから一九九〇年代にかけて、好調なタイ経済の恩恵のおかげではぶりのよかった資本家や政治家が、信奉する特定の僧侶に寺院を一式献上するということがはやったからである。そのような寺は森の寺に多いが、住職の低音でささやくような、しかし説得力のある話しぶりや独特の雰囲気にカリスマ性を感じることがあった。少なくとも、周囲の村出身で一時出家のまま数年の安居を経過した若者の僧侶や老年期に（再）出家したような老いた僧侶とは、語彙や話しぶりが全く異なる。こうした寺院に対して寄進する都市民は僧侶への私淑もあるのだろう。しかし、清廉とはいえない経済や政治で儲けたかもしれない巨額の金を宗教的財に転換する（マネーロンダリング）、ないしは、寺院に献上することによって得られる最高の功徳という象徴的な社会資本を武器にして、有権者の支持を得るというねらいもあったのではないかと思われる。

このような寺は村と殆ど関わりがないか、布施の余剰分がトリックルダウンとして村に及び、道路や水道などのインフラ整備に使われる事例も見られた。従来の開発僧の研究では全く見落とされていた観点ではないかと思う。つまり、寺に布施として集積された資金は寺の発展及び、村落への還流的資金として利用される。出稼ぎのために人手が不足して、伝統的な労働交換である結が親族間ですら行えなくなった村では、資本や労働力を融通しあって村落の発展を図るということは極めて難しい。NGO／NPOが地域住民の信用組合や共同経営の組織を作ろうとしても、実際はなかなかうまくいかないのが現状である。村落における富農と小作農、或いは、経済成長から取り残された地方農村と、繁栄している都市をつなぐ結節点が寺院である。富農は地位相当の布施を様々な行事で出す。出稼ぎ者は都市で稼いできた金の一部を布施することで安全と家族の幸せを祈願する。社会的名望家をめざす様々な人々が寺に布施を申し出る。このようにして集積された布施は、ある程度の寺の化粧（施設の整備）が済んだ後、地域社会へ還元されることで公共財に変わるのである。

つまり、寺院の僧侶の活動は、村の道路や水道の整備、学校への教育資金・機材の寄附、託児所の設置（託児所は壮年世代が出稼ぎで不在となった村で、祖父母に託された子供達を保育するため、宗教局が寺院に援助するプロジェクトを後追い的に始めた）に始まり、郡や県の中核的寺院では仏法を学ぶ日曜学校の併設、僧侶によってはタイ方医療を用いた施術院の開設にまで及ぶ。こうした文字通りの社会資本を備える原資をかなりの程度、寺院が提供している例がカマラーサイ郡でも見られた。しかも、筆者の調査先では、僧侶も地域の人達も、このような活動を開発僧の仕事とは認識していなかったし、僧侶は開発僧とも呼ばれていなかったのである。地域における寺院の機能の中に地域開発の項目は含まれており、これが顕在化するかどうかはひとえに寺院にあがる布施の高と、僧侶のイニシアチブにかかっている。また、村人の功徳を積もうという信仰心が公共財の形成につながっていることも事実である。西欧社会における教会を通じたチャリティ活動、イスラーム圏のザカート（財産税）やサダカ（喜捨）、或いは一九五〇年代以降にアジア地域で無利子金融のイスラーム銀行が設立されるなどの動きにも通じるものがあるのではないか。

しかしながら、このような財の再配分を促す宗教的メカニズムは、タイにおいて皮肉な結果をもたらしている。タイの多くの人々は、納税や慈善活動、NGO／NPOへの支援を行うよりは、寺院に功徳を積むことを選好する。国民の一員として、或いは市民社会の一員として社会に奉仕するというのは義務の観念である。他方、宗教的な救済財の約束は自発的な行為を導く。タイのNGO／NPOは長らく外国のNGO／NPOに活動資金を頼ってきた。しかし、近年のタイ国の経済成長を見た海外のNGO／NPOは、タイはもはや発展途上国ではないと考えて資金提供を打ち切りはじめ、多くの傘下型NGO／NPOは資金難に陥っている。もっとも、二〇〇五年末の津波災害時には、プーケット県、クラビー県に多くのボランティアが駆けつけ、さながらタイにおけるボランティア元年であった。タイの人々の利他的行為がどのような感情や理念を媒介に作動しているのか、今後とも注目する必要があろう。

開発僧研究への新たな知見

開発僧とふつうの僧侶に共通した特徴を述べてきたが、先行研究の開発僧の事例に対して新たな視点を啓くことになる論点を以下で整理しておきたい。

第一に、一九七〇―八〇年代のナーン師の時代、或いは一九九〇年代前半くらいまでに、政府と地域開発NGOに主導された農村開発の現場で多く見受けられた開発の旗振り役としての僧侶が減ってきている。村長をはじめ、村人に聞いても、僧侶に開発のリーダー的役割を期待している人は少ない。むしろ、僧侶には寺のこと、精神的な事柄をやってほしいと述べる人が多かった。これはタイの農村自体がこの二〇年余りの間に急速に経済の面で底上げがなされた結果であろう。

既に、一九八五年の時点で、先述した開発僧研究者のラープタナーノンは、土木治水事業・自助組織形成は、村落の経済レベルに応じて僧侶が全面に出て指導者になるか、後方から後援者の役割を果たすかが決まってくると述べていた（Lapthananon, 1986）。一九九〇年代中盤にいたって、僧侶はＮＧＯ／ＮＰＯがやっていた地域開発の領域から撤退したとみてよいだろう。地域開発の中身が、インフラ整備から社会保障・福祉的施設、精神修養に移行している（浦崎、二〇〇二：七九－九二）。開発の中身はまさに多様化しつつあり、僧侶・寺院本来の社会的役割の領域に回帰しつつある。

実際、瞑想修行を行う道場や僧侶の庵に人々が集まっているのを見かけることが多い。大学の教師や公務員、商人や農民等、集まる人達は雑多である。彼らが共通して体験していることは、社会変動のあまりの早さである。日本の農村地域が五〇年かけて経験した社会変化を一〇―一五年で経験しているのではないだろうか。テレビから流されるコマーシャルの洪水、ドラマの都会的な暮らし。それらに刺激を受けて田舎町や村の人達もおしなべてバンコクの方を向くようになる。自家用車を買うために殆ど給与の全額をローン返済につぎ込む共働きの勤め人夫婦。五年で返済し終わる頃には、二〇万キロ以上走った車の限界も近い。儲かる話は転がっているはずだが、浮き沈みが激しい暮らしに安心を得られないと思っている商売人は案外に多いのではないか。農民の暮らしぶりは先に述べたとおりであるが、次世代には農民になることを期待しない彼らの日常は厳しい。日々の暮らしの先に何があるのかを思い悩む人々は多い。

第二に、現在も多面的な社会開発を行い、人々から崇敬を集める僧侶や寺院の特徴は、知識人やＮＧＯ／ＮＰＯに注目される思想性のある開発僧とは異なり、僧侶のカリスマ的雰囲気や巧みな説法、霊験あらたかな祈祷や施術であることが多い。村人は合法違法を問わず、宝くじの当選番号の予想を僧侶の言動に求めたり、様々な厄災の祓いや各種の祈願を僧侶に求めたりする。師弟相伝の薬草や骨接ぎ・按摩の知識もそれなりの需要がある。東北タイの場合は、僧侶がモータムと呼ばれる呪医の役割を兼ねているものも少なくない。モータムは出家経験のある在家の仏教徒であるが、精霊崇拝を核とする民俗宗教が仏教の守護力を利用しながら独自の宗教実践を作り上げてきた（林、二〇〇〇）。高価な町医者よりは、モータムや僧侶の下に通う村人は現在も少なくないし、西欧医学では治療効果の少ない慢性病に悩む町の人達にも信頼されている。近年は、前タックシン政権の医療改革により、どんな病気でも三〇バーツ（約一〇〇円）で診療を受けられるようになった。クーデター後の政権は初診料を無料としたが、いつまで医療財政を維持できるかはなかなか疑問符が付く。病院も経営しなければならないので、患者にはそれなりの薬が処方される。高額所得者はＩＣＵを付設しホテル並みのサービスを誇る私立病院に行く。医療の谷間を埋めるわけではないが、呪医や祈祷師の活躍する余地は未だある。

開発僧とふつうの僧侶との連続性

この章を要約すると、筆者の知見が先行研究に付加するものは、タイの上座仏教の僧侶が開発に従事するようになった社会史的脈絡と、僧侶に求められる社会的期待が変化していく社会変動の脈絡をより明確にしたということであろう。一部の開発に従事する社会的発言力を持つ僧侶が語り、知識人やＮＧＯ／ＮＰＯの活動家が支援するオルターナティブな人間開発・社会開発の理念は、上座仏教のエッセンスであろう（西川・野田編、二〇〇一）。しかも、そのエッセンスは、公共宗教や民俗宗教としての複合的性格を併せ持つがゆえに、人々の精神をとらえるものとなる。タイにおいてはグローバリゼーションへ対抗する草の根の言説となるが、同時にタイのナショナリズムとも通じる要素があることに注意したい（矢野、二〇〇二／二〇〇四）。そのバランスは中道の思想といえども、語り手が考える以上に難しい問題をはらんでいるのではないかと思われる。

本章の調査が明らかにしてきたことは、開発僧と一般の僧侶との連続性である。開発僧として典型的に描かれる僧侶の活動は、瞑想修行による自己の内面の開発と、村落の経済水準を高めるために社会資本の充実を図る地域開発の活動であった。先行研究では前者の人間開発の観点が思想的なオルターナティブ性として高く評価されたが、それはことの一面でしかない。現実の開発実践において、一般庶民の布施を用いて社会資本を充実する寺院の機能は、コミュニティ・センターとしての伝統的な寺院の機能に由来するものであったし、人々の崇敬を集める僧侶の能力もまた伝統的なものであった。

カマラーサイ郡において、ふつうの僧侶の活動や村人が考える村と寺院との結びつき方から見えてきたものは、タイの寺院と地域社会の伝統的な関係である。この関係を土台として、僧侶は寺を立派にし、余剰資金で教育資金を学校に提供したり、タイ方医療を寺院内で施術したりする。オルターナティブにみえるタイの僧侶の活動は、タイ上座仏教が伝統的に地域社会で果たしてきた機能なのである。

第九章　僧侶の社会活動に関わる三調査比較

一　研究方法

事例比較法

事例比較のねらいについては六章で述べているので繰り返さない。

三つのデータを用いて、データ間の共通性と差異性を検討し、それはなぜかを考える。僧侶の個人的な特性、寺院の地域社会的環境、歴史的条件などを比較しながら、可能な推論を展開するのが本章の目的である。表16に示したように、コーンケーン大学による開発僧の調査をA調査、櫻井による開発僧調査をB調査、カマラーサイ郡の寺院調査をC調査とする。以下では、A・B・Cと略記する。

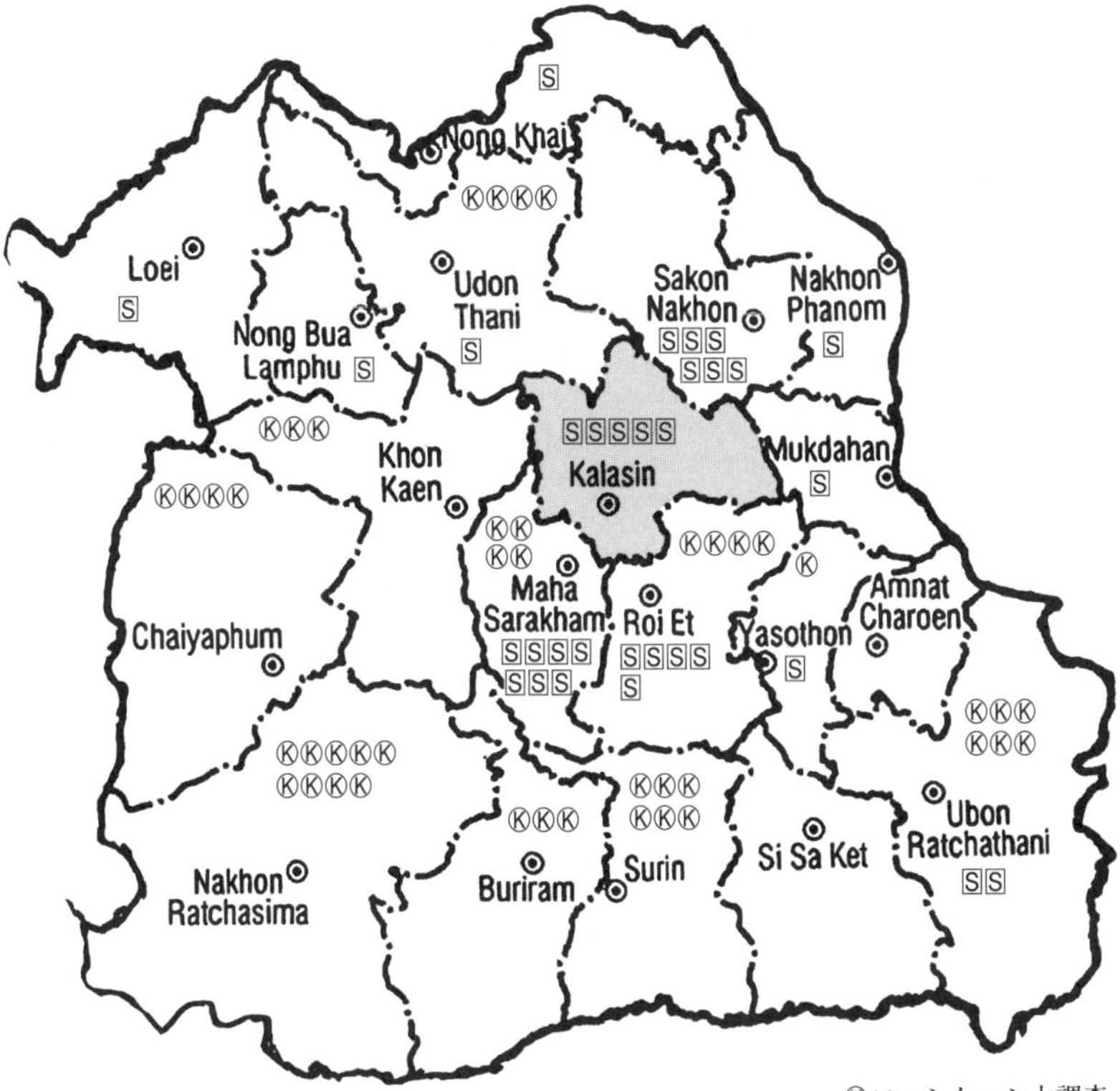

Ⓚコーンケーン大調査
Ⓢ櫻井調査
網かけは，カマラーサイ郡の調査

図5　東北タイ開発僧 調査地

表16　調査概要

	A　コーンケーン大学（東北タイ）	B　櫻井（東北タイ）	C　櫻井（カマラーサイ郡）
調査年	1990－91	1995－97	1997－
調査地域	東北タイ（南部中心）	東北タイ（北部中心）	カーラシン県（中部）
調査方法	面接（評判・伝聞）	面接（評判・伝聞）	面接（悉皆調査）
ケース数	44	32	81

コーンケーン大学の開発僧調査

筆者が実施したBの東北タイの開発僧調査は七章で分析し、Cのカーラシン県カマラーサイ郡寺院調査は八章で考察したところである。筆者が開発僧調査のモデルとしたコーンケーン大学開発研究所が実施した開発僧調査は日本でもタイでもあまり参照されていないので簡単に説明しておこう。

コーンケーン（Khon kaen）大学は一九六四年創設で一七学部をもつ地域総合機関大学であり、博士課程に農学、機械工学、水資源工学、公衆衛生の四学科（農学研究科に相当）、修士課程には農学、農村開発、農業経営（以上農学）、解剖学、寄生虫学、動物学（以上獣医学）、医療生化学、薬学、生理学、細菌学、医療統計学（以上医学・薬学）、歯科技工学（以上歯学）の専攻がある。全て自然科学系例であり、農村開発部門で社会科学が関わっており、開発研究所もそうした研究部門の一つである。筆者は同大学人文社会学部のソムサック・スリソンティスック准教授他の研究者達と、東北タイの貧困・地域研究において学術交流を継続しており（Sakurai and Somsak, 2003）、北海道大学大学院文学研究科と人文社会学部は学部間の学術協定・学生交流協定を二〇〇五年に締結して大学院生を研究室に受け入れている。コーンケーン大学が力を入れているメコン流域圏における人文学・社会科学研究のセンター構想をはじめとする研究・教育の国際化戦略に北海道大学も協力する形となった。しかし、このような関係を構築できたのは二〇〇〇年以降のことであり、筆者が開発僧の調査を行っていたときは隣県のマハーサーラカーム大学東北タイ文化研究所との関係だけであり、コーンケーン大学開発研究所により実施された開発調査は文献としてのみ知り得ただけであった。

ナラセート・ピシットパーンポーンとサック・プラサーンディーが一九九一年に刊行した『東北タイ開発僧ダイレクトリー』（Naraset phisitphanphon lae Sak Prasandi, 2534（1991））は、文字通り開発に従事する僧侶の個人的属性や寺院の状況、開発の内容や課題、関係する仏教の教え等をまとめた要覧であり、地域開発NGO／NPOや研究者等が地域開発に役立ててほしいとのはしがき以外に特段の解説等は付されていない。しかしながら、既に紹介した開発僧の研究にもまして僧侶が実質的にどのような開発を行っていたのかを知る上では貴重な資料である。後述するように、この要覧に出てくる僧侶達の開発事業には地域開発NGO／NPOとの協力が目立つ。一九八〇年代の農村地域開発に典型的に見られた住民の自助組織支援（米銀行・牛銀行、信用組合等の創設、職業支援）を僧侶も行っている。

しかしながら、本要覧に基づいて開発僧及びタイの上座仏教に詳しい泉が二〇〇〇年以降に半数近くの寺を訪ね歩いたところ、殆どの寺院において要覧に記載されている開発事業は継続されていなかったという。自ら開発に従事する僧侶という開発僧のモデルは、東北タイが本格的な開発の時代に入ったときに生み出されたものであり、地域社会がグローバルな資本主義経済に巻き込まれ、地方が首都バンコクや工業地帯、或いは出稼ぎ先の先進諸国と結びつくなかで、開発僧が掲げた自力更生型の開発は次第に村人達への影響力を失っていった。それは開発僧だけではなく、地域開発NGOが地域開発のリーダーとしての地位を失っていった過程と軌を一にしている。地域に根ざした開発よりは手っ取り早い出稼ぎや前首相タックシンのポピュリスト的地域支援事業に東北タイは期待するようになったのである。

さて、これ以上一挙に結論めいたことを言うことは差し控え、開発に従事する僧侶達の属性と開発内容に関して要覧をさらに要約する形で本章巻末にまとめておいた。櫻井の東北タイ開発僧データ及びカマラーサイ郡の寺院のデータと比べていただきたい。

二　僧侶の個人的属性・開発開始時期

年齢・安居年・学歴・仏教学習

僧の年齢・安居期間・学歴・仏教学の学修歴に関しては、AとBの開発僧群ではほぼ同じと言ってよい。それに対して、Cの一般僧侶の方が安居期間・学修歴共に短く、年齢も高い。学歴は、コーンケーン大の調査対象の僧侶のものが、ほぼタイ全国の平均に近く、一般僧は東北タイの村落平均に近い。それに対して、筆者が調査した東北タイの開発僧では、高等教育修了者の比率が極めて高い。これは、高徳の誉れ高い瞑想修行の僧侶であるマン老師の弟子であるテート師とチャー師に師事したバンコク出身の高学歴者が数名いるためである。

開発に従事する僧侶が止住している寺はコミュニティの拠点寺院（住職が区・郡の僧団長である場合が多い）であることが多いため、僧の経歴をみると安居歴や仏教学の学習歴も高い。一般僧は村落レベルでは、村の高齢者による出家が多いため、学歴は村人並みのものになっている。村で一時出家した若い僧は、僧侶として安居を重ねる中で、拠点寺院、バンコクの名跡寺院で学習する機会を得る。東北タイでは長らく貧困層の男児が学歴を得る手段として出家があり、小僧から沙弥になり、寺の日曜学校で学習し、比丘となってからマハーチュラーロンコーン、マハーマクット等の仏教大学を卒業して還俗するものが少なくなかった。

表17　僧侶の属性

比較項目	A コーンケーン大学	B 櫻井　東北タイ	C 櫻井　カマラーサイ郡
僧の年齢	40―50代中心 平均48.48歳	各年代へばらつき 平均49.9歳	60,70代と若年の僧 平均55.89歳
僧の安居期間	安居期間の長い僧が多い 平均26.66年	各期間へばらつき 平均25.12年	10年未満が半数 平均15.17年
僧の学歴	初等教育　42.6% 中等教育　52.4% 高等教育　5.0%	初等教育　55.2% 中等教育　21.0% 高等教育　13.8%	初等教育　78.3% 中等教育　20.3% 高等教育　1.4%
僧の仏教学	教理2,3級　9.3% 教理1級　72.1% パーリ語3段以上　18.6%	教理2,3級　15.6% 教理1級　74.2% パーリ語3段以上　9.7%	教理2,3級　33.8% 教理1級　60.3% パーリ語3段以上　5.9%
開発開始時期	1970―80にかけて 1959年以前　9.1% 1960年代　6.8% 1970年代　34.1% 1980年代　50.0%	1980―90にかけて 1959年以前　6.3% 1960年代　3.1% 1970年代　18.8% 1980年代　37.5% 1990年代　34.3%	「開発」の意識なし 1982, 3, 5年　3名 1992, 3年　2名 不明　66名

開発開始時期

一九六〇―七〇年代には東北タイ開発政策の一環として、少数民族や非タイ系民族において精霊崇拝と仏教が混淆している地域に対して、地方布教の動員が時のサリット政権により実施された。その結果、タンマ・トゥート（仏法の使節）、タンマ・チャーリック（仏法の布教）の両計画の下バンコク在住青年僧（地方出身者が多い）が東北地方に派遣されたのである。コーンケーン大学や筆者の調べた東北タイの開発僧達は、この時代の開発のスローガンをかなり内面化していた。

一九八〇―九〇年の間、開発に従事する僧侶が増えてくる。この時期、開発の主体は政府や軍の開発計画に準じた公共事業と、海外NGOの傘下にあるタイの地域開発NGOであった。僧侶が開発に従事する場合、地域開発NGO等との連携が多くみられ、コーンケーン大学が調査した事例はそのような開発僧をフォローしている。

一九九一年以降は、タイ経済成長の余剰が地域開発等に還流した時期である。コーンケーン大学調査はこの時期を扱っていないが、櫻井が調査した開発僧や一般僧はこの時期に様々な開発事業を起こしたものが多い。櫻井の事例には二つの傾向が見られる。一つは、出稼ぎ農民や都市へ移住した人々が故郷の寺にタンブン（積徳として布施行）する金額が増加し、寺院を立派にするだけでなく、余剰資金を用いた様々な事業展開が可能になったことである。もう一つは、篤志家が東北タイの高名な僧侶に帰依して相当の資産を出して寺院の建設や僧侶の事業を支援するケースが増えてきたことがあげられる。

なお、コーンケーン大学と櫻井調査の東北タイの開発僧による開発時期を一九八〇年代までに限定してみていくと、櫻井調査分でも一九八〇年代は五七・一パーセントになり、コーンケーン大学の比率五〇・〇パーセントに近くなる。僧侶による地域開発は一九八〇年代から本格化したとみてよいだろう。

三　開発内容

開発事業

まず、開発の内容に関わる各データ間の相違点を年代ごとにみていきたい。

一九六〇―七〇年代に開発を始める初期の開発僧は、そもそも僧侶としてユニークな存在である。櫻井調査のデータでは、寺院内に文化財の展示・保護施設を作る例があった。タイの寺院では古色蒼然としていることを仏教の隆盛と解釈しない傾向にあり、仏像や仏塔に金箔を付けて信仰の篤さや仏陀への崇敬を示したり、新しい寺院の施設や用度品を次から次へと寄進して功徳を積んだりするのが普通である。したがって、歴史的な遺物を保存している寺院

表18　開発事項の比較

比較項目	A コーンケーン大学	B 櫻井　東北タイ	C 櫻井　カマラーサイ郡
開発内容	自助組織（米銀行，貯蓄組合）・職業支援が多い	自助組織形成が少ない	米銀行1例のみ
	瞑想修行への言及なし	瞑想で高名な僧（東北タイ苦行僧の弟子筋→霊験あらたか）	瞑想と説法はセット（道場も多い）
	土木治水にも力点	土木治水の開発	インフラ整備に非関与
		教育・学校支援大	教育・学校支援大
	託児施設	託児施設	託児施設（サンガの方針）
	森林保護	植樹等	植樹等
	寺への言及なし	寺の開発	寺の開発

備考：網掛け部分が開発の独自性として強調したものである。

はそれだけで博物館の役割を果たし、近隣から珍しい寺、観光の場としてさらに多くの信徒を集めることになる。僧侶の才覚とも相まって、集積される喜捨が様々な事業資金になる。

一九八〇―九〇年代の特徴は、コーンケーン大の開発事項に特徴的な自助組織の創設による地域住民参加型の開発である。これはNGOの開発方法そのものでもある。僧侶が指導したというよりも、NGOがコミュニティのリーダーとして僧侶にターゲットを絞り、僧侶の指導の下、地域住民の結束や協働を促したという事例が多い。米銀行や水牛銀行、貯蓄組合、信用組合の結成は、政府系の金融機関・事業組織・農業協同組合が未発達な時期に、NGOが住民のポテンシャルと村落的互助協働を組織作りに利用したものである。

僧侶に期待する社会的役割の変化

ラープタナーノンは、村落の経済レベルに応じて僧侶が開発の第一線で旗振り役になるか、後方から後援者の役割を果たすかが決まるのではないかと述べている（Lapthananon, 1985：66-77）。確かに、一九八〇年代、地域の開発は全く遅れていた。雨期には川やため池が氾濫し、道路が水没して大きく迂回しないと行けない村落が少なくなかった。土木治水事業が必要だったのである。また、村落に商品経済が浸透し始め、稲作が望めない畑地や山村において換金作物栽培が本格化した時期に、多くの農民が農産物仲買のミドルマンや町の金貸しから高利で借金をし、農産物の価格が下落した際や不作の年に農地を失っていった。このような時期には農民の自助組織形成が不可欠であった。

しかし、一九八〇―九〇年代のタイ高度経済成長の恩恵が地方へ波及するようになると、地域開発の事項がインフラ整備から社会保障・福祉的施設（託児施設や学校の充実）に変わる。また、急速な社会変動や物質文化に心の平安を乱された人々が精神修養を欲するようになり、僧侶が瞑想の道場を提供することになる。既に述べたように、コーンケーン大学調査の開発僧の事例を補足的に調査してきた泉によると、一九九〇年代後半には多くの寺院が開発事業を停止していたという（泉、二〇〇二）。低開発の時代に要請された社会的インフラの整備・充実が、もはや僧侶の仕事ではないと僧侶自身も考え、地域住民もそのように考えているということではないか。

開発僧が行う開発の中身は多様化を経て、僧侶・寺院本来の宗教的役割の領域に回帰しつつある。実際、NGO型開発を行うタイプの開発事例は、櫻井調査のデータには殆ど見受けられなかった。また、一般の僧侶はここまで地域開発のイニシアチブを取ることがない。従来の開発僧のイメージは、この自助組織作り、地域開発NGOとの連携であったが、これは時代的な影響ではなかったかと考えられる。むしろ、僧侶のイニシアチブや寺院の地域内活動は、伝統的なコミュニティに埋め込まれた要素と、一九八〇年代後半から九〇年代にかけてタイ社会の経済的底上げがなされた時期に生じた余剰資金の転換利用という要素が強い。

僧侶や寺院がコミュニティとの関わりにおいて果たす伝統的な役割とは何か。一言で言えば、僧侶は地域の知識人であり、寺院は地域のセンターである。三つのデータを見比べると、開発の内容に関わる共通点もかなり見受けられる。環境保護・植樹や教育支援である。特に、森の寺は、日本で言えば鎮守の森に匹敵する森や林の中にあり、僧侶の修行や在家の瞑想・持戒の場として、静謐な環境を保っている。村の共有地にある森は、田や畑にすることができない。

寺院は長らく、①修養、②教育、③医療のセンターであったし、この機能は、現在も生きている。一般の僧侶達が守る寺院においても、修養の場であることに変わりないし、区の僧団長や郡の僧団長がいる寺院には託児施設や日曜学校の施設がある。村の僧侶は薬草や民間治療に長じているものが少なくなく、骨接ぎや慢性病の治療などを行っている。櫻井調査の開発僧には、神霊治療や占い、各種の霊験を示す祈祷の御利益を求めて他県からも信徒というよりクライアントが訪れる名僧もいる。このような業を行う僧侶はサイヤサート（神霊系統）に通じるものであり、師事を願う僧侶や在家も少なくない。

先に述べた瞑想修行で有名な高僧や神霊治療の僧侶の元には相当の喜捨が集まる。修行を重ね、アラハン（arahān 阿羅漢）の域に達した僧は神通力を自在に操り、天界にまで行くことができると信じられている。このような僧侶が触れたモノや衣服、私物には特別な力が宿るとされる。僧がはき出したびんろうじの滓（嗜好品）も天日干ししてお守りに詰め、自動車のバックミラーにつり下げれば、けして事故は起こらないといわれる。少なくとも大事故でもケガはしないと考えられている。また、こうした僧侶謹製のプラ・クルアン（小仏像が彫り込まれたメダルや石膏等のお守り）は高値で専門の古物商に売買されている。どれほどの御利益・御加護があるかは信心次第ともいえるが、僧侶がもたらす功徳にすがる人々は多い。在家の人々は僧侶からいただいた功徳と引き替えに、相当のお布施を僧侶個人や寺院に献上する。当初、このような浄財は寺院を充実させること（僧堂や説法所、布薩堂、庫裏、鐘楼、山門や塀、火葬台等、寺院に必要最小限の施設の充実に充てられ、既存の施設は立派に化粧される）に用いられる。しかし、ほどなく、その浄財のトリックルダウンが、寺院の社会事業に活用されるようになる。高度経済成長は、このトリックルダウンを大幅に増やしたといえそうである。櫻井調査の開発僧の事例は、大半がこのような高僧や、先に述べた技を持つ僧侶であった。

しかし、注意すべきは、少数の「開発僧」を支える一群の普通の僧侶達がいるということである。広範な僧侶に対する在家の人々、村人達の信仰や信頼があってはじめて功徳の交換から喜捨が生まれ、余剰がコミュニティを潤すようになる。C調査の事例は八章及び巻末の開発僧ダイレクトリーを参照していただくこととし、ここでは東北タイにおける一般の僧侶と少数の開発僧との関係を示すだけにとどめておこう。

四　僧侶・寺院の社会的背景と開発

僧侶の開発への自覚

僧侶の出身背景を見ると、コーンケーン大学と櫻井調査の開発僧、カマラーサイ郡の一般僧共に、タイの慣習に従い、男子が二〇歳過ぎに一時出家したものが長期間出家しているもの、或いは沙弥がそのまま比丘になっているものが大半である。僧侶は農民の子弟が多く、わずかに櫻井調査の高名な頭陀行僧（瞑想実践）に入門した中間層で高学歴の僧が散見される程度である。東北タイの出身者は頭陀行の後に自分の故郷か、近隣の県の寺に止住するのが多い。

村人が出家する一般の僧、コーンケーン大学調査の開発僧、櫻井調査の開発僧の順に故郷に戻る率が高い。この数値は僧侶の属性そのものである。カマラーサイ郡の寺院の僧侶は、元来が村人であり、途中還俗して結婚し、家族をなすが、高齢期に男やもめとなり、再度出家した僧など、村人としての属性が濃厚である。東北タイにおいて地域の中核寺院や社会事業を行う寺院の僧侶は、故郷へ帰還することよりも村人の招請に応じて止住する寺院を選択した僧である。

僧侶の開発実践についての意識をみると、僧侶が開発のリーダーを自認している割合は、コーンケーン大学調査がぬきんでて高く、一般の僧にその自覚はなく、櫻井調査の開発僧では、自ら意図することなく開発をすることになったというのが実態である。

つまり、筆者が調査した開発僧は、学僧、瞑想指導者、治療・祈祷者として地域の誉れ高い僧侶であり、在家の布施を大量に集めるために、寺を整備するだけでは資金が余り、寺院外の社会資本整備（村落、地域の施設への寄付等）に至ったという実態があった。富農や地域の名望家（役人・政治家・商人）は、既に評判の高い寺院に寄付をしたり、まだ世には十分に認められていないが、自分が目を付けた僧侶の後援者として寺院を建立する資金を提供したりする。突然、地方農村の林の中や鬱蒼と生い茂った森の中に壮大な伽藍を発見したとき、経済的・政治的勢力を功徳の力によって社会的勢力に変換しようとするタイ社会上流階層の文化を感じることがある。

寺院の社会圏

寺の社会圏（信徒の広がり）は、カマラーサイ郡の寺院が一番狭く、村の域を出ない。コーンケーン大学調査の開発僧は近隣の村や地域開発ＮＧＯ、或いは開発僧同士のネットワーク（ナーン師の開発実践に影響を受けた南部東北タイの開発僧達が結成した「仏法と開発のためのネットワーク」）に連なる。最も寺院の社会圏が広いのは、様々

表19　僧侶と寺院の社会的背景

比較項目	A　コーンケーン大学	B　櫻井　東北タイ	C　櫻井　カマラーサイ郡
出身地と寺院所在地の一致度	県の一致度　75% ほぼ故郷に戻る	県の一致度　50% 半々	郡の一致度　90% 出身村で僧侶となる
僧の出家前階層	農民	農民と都市中間層	農民
僧の出家動機	慣習，報恩	仏法への関心	慣習，余生
地域開発と僧	僧が村の開発において指導者，支援者	僧は村開発に後援することもある	僧が村の開発に直接携わることはない
寺の社会圏	地域の信者，NGO関係者等	僧は高徳・名僧の誉れ高く，近郷，バンコクからも信者が集まる	村の範囲を超えない
開発の特徴	開発をねらう	タンブンの余剰が開発に回る	開発にはそれほど関心なし

な意味で高名で有徳の僧侶として近郷はおろか、バンコクにも信奉者をもつ櫻井調査のデータにある寺院である。但し、これらの寺院は、チュラーポーン王女が年に何度も布施に訪れるウドーンターニー県のバーン・タート寺ほどではない。ここにおられるブア老師のような超有名僧は、バンコク市民一般に広く認知されている。事例となった僧侶は、既に述べたように限られた範囲の人々の崇敬を集めている。しかし、三つの調査全ての寺院に関して言えることは、出稼ぎ者や都市への移住者の布施という行為によって、一村落の寺が首都他の都市圏と結ばれているということである。

五　結論と展望

寺院と地域社会

開発僧として典型的に描かれる僧侶の活動は、瞑想修行による自己の内面の開発と、村落の経済水準を高めるために社会資本の充実を図る地域開発の活動と要約される。先行研究では前者の人間開発の観点が思想的なオルターナティブ性として高く評価されたが、これはことの一面でしかない。現実の開発において一般庶民の布施を用いて社会資本を充実する寺院の機能は、コミュニティ・センターとしての伝統的な寺院の機能に由来するものであったし、人々の崇敬を集める僧侶の能力もまた伝統的なものであった。

このことは開発僧の開発事項を年代ごとにみることでより鮮明になった。コーンケーン大学の調査データは一九八〇年代の開発僧を主に事例としており、当時地域開発の中心的担い手であった地域開発ＮＧＯの住民参加・自助組織創設の開発手法を採用している。これに対して、櫻井調査のデータは一九九〇年代の開発を扱っているが、伝統的な寺院・僧侶の活動が復興したような印象を受ける。つまり、地域のセンターとして寺院が精神修養の道場、教育・医療等の補完的機能の場として活用されているのである。人々の僧侶に対する期待は、開発の指導者や後援者から、宗教的指導者としての本来の役割に期待するむきが強まっている。それだけタイの地域社会も経済的な底上げがなされたとみることも可能だし、地域開発ＮＧＯの役割が縮小しているように開発僧の役割も縮小している可能性もある。出稼ぎや海外からの送金に頼る生活様式が農村社会では一般化し、もはや初期の開発僧達が考えたような自足的生活、節制だけでやれない状況になってきた。子供を農民にするつもりであればともかく、勤め人にしようとする農家の親世代には、学費のために現金収入が必要である。地域の産業化がなかなか進行しない地域では、農民としてその土地で生活する生き方から、家族のために生活様式の変更や移住も辞さない生き方に変わりつつある。

タイにおいて村と寺、村人と僧侶が不可分の存在というのは、理念ではなく現実である。村落開発において僧侶・寺院は社会資本であり、寺院の発展には村人の布施が欠かせない。僧侶のリーダーシップが要請された開発の時代について、本書では詳しく述べた。もう一つの要素としては、開発が要請される生態的環境というのも考慮に入れるべきであろう。本章では、十分に触れることができなかったが、要点のみ述べておきたい。

開発僧の地域的差異

コーンケーン大学の調査地域は、東北タイのうちでも南部・中部が多い。特に、カオヤイ国立公園の山地によってタイ東部とカンボジアから分けられるコーラート盆地は、内陸部の乾燥地域であり、森林伐採による生態環境の変化もあって旱魃や洪水に見舞われる。中部はコーラート高原であり、低地と丘陵が交代して出現するような風景であるため、中央部のマハーサーラカーム県では森林被覆面積が一パーセント以下にまで耕地化が進んだ。その帰結はやはり雨期が短くなり、天水依存の農業が打撃を受けたことである。北部はラオスとメコン川によって隔てられているが、東北部の中でも比較的湿潤であり、ルーイ県にはまだまだ森に覆われた山々がある。櫻井調査の開発僧は北部と中央部から収集された事例のため、南部と比べれば村落の農業経営は比較的楽であったといえる。少なくとも、一九九〇年代には僧侶に開発を期待せざるを得なくなるほどの生活の切実さもなかった。一般の僧侶を調べたカマラーサイ郡の村々は県道に隣接し、用水路も走っているため、農業経営の面では恵まれている地域である。しかし、それでも子供達は小学校を卒業すれば、郡役所がある町の中等学校、さらに県庁のある町やバンコクに高等教育や仕事を求めて出て行く。農業経営という面だけであれば条件不利地域・有利な地域ということはいえるが、大きくみれば東北タイの地方農村部の生活は一様に若い世代の流出傾向がみられる。農村家族が出稼ぎ者や都市に移住した世代の仕送りで農地を保全し、かろうじて農業生産を継続しているように、村落の寺院や開発僧の止住する寺院もまた、都市からの喜捨により維持され、事業展開しているといえなくもない。

東北タイ地域社会は商品経済化の進展によって中部タイ、バンコク都市圏との結合を強めてきたが、グローバル化の時代、タイの出稼ぎ労働者を必要とする中東産油国、東アジア工業国とも関係を深めている（櫻井、二〇〇五b）。

東北タイの女性の中には、よりよい暮らしを求めてヨーロッパの産業国の男性と結婚するものが多い。バンコクを経て日本にたどり着くものもいる。移動していく人々が情報交換する場所として、日本を含めて世界各地のタイ寺院がある。

バンコクは、古刹・名刹に事欠かない都であるが、多くの労働者や移住者、若者世代が気軽に行けるような寺院ではない。何よりも郊外やスラム等から通うことに時間がかかる。豪壮な布薩堂や僧堂には自分たちの記録を残せるような場所も見あたらない。そういうこともあってか、瞑想法と集合的儀礼を駆使して自己実現のメニューを提供し、バンコク都市民の心のよりどころになりつつあるのが、タンマカーイ寺院である（矢野、二〇〇六）。

筆者が調査したような開発に従事した寺院や村落の寺院は、今後どのような変貌を遂げ、地域社会の中でどのような役割を果たしていくのであろうか。おそらく、開発の中身が経済的側面の社会開発から人間開発に移行するだろう。その場合、あえて開発という言葉を使い続けることもない。タイにおいて開発（phattana）という言葉は開発主義の実践的用法を含意する。タイが開発の時代から、ポスト・モダンや個としての人間を尊重する成熟化した社会に移行しつつあるのであれば、その時代にふさわしい僧侶の呼称があるのではないか。もしくは、あえて名前を付ける必要もなく、タイ上座仏教と地域社会との関係をこれまで同様に長期的スパンで眺めていけばよいのかもしれない。

学歴	仏教学	開発開始年	寺開発	社会教育	仏教教育	託児施設	医療・癒し	瞑想・説法	土木治水	森林保護	職業支援	自助組織	文化保護
小学校4年	仏教学1級	1985									○	○	
小学4年	仏教学1級, パーリ語6段	1983										○	
中学3年	仏教学1級	1981		○		○					○	○	
		1977				○				○		○	
小学校3年	仏教学1級	1971						○		○		○	
小学校4年	仏教学1級	1984		○								○	
小学校6年	仏教学1級	1971					○					○	
小学校4年	仏教学2級	1983					○					○	
小学校4年	仏教学1級,論蔵の学位（博学）	1976					○			○			
小学校4年	仏教学1級	1981							○		○		
中学校1年	仏教学1級	1973								○			
中学教員特別免許証	仏教学1級, 中学3年終了資格	1980					○		○	○			
小学校4年	仏教学1級	1984					○				○		○
小学校4年	仏教学1級	1979							○		○	○	
中学校6年	仏教学1級	1987					○				○		
小学校4年	仏教学1級, 仏教学教師資格4級	1971				○			○	○			
	仏教学1級	1960							○			○	
中学校3年	仏教学1級, 仏教学試験3級	1969			○						○	○	
小学校4年	仏教学1級	1980			○					○		○	

表　コンケーン大調査

ケース番号	名前（僧名）	出身県	寺院住所	年齢	安居年
1	Samrit Suparo	Khon Kaen県, Pon郡	Khon Kaen県, 都郡, Tapra区, Pohsri寺	46	24
2	Supachai Sujitto	Khon Kaen県, 都郡	Khon Kaen県, 都郡, Pralap区, Peu村, Dtanriang寺	42	22
3	Pattikhom Bunyaro	Khon Kaen県, Powiang郡	Khon Kaen県, Powiang郡, Gut-khonkaen区, Sawang-lerngsaeng寺	40	20
4	Khamkien Suwanno	Khon Kaen県, Nongreua郡	Chaiyaphum県, Gae-kror郡, Gae-kror区, Gutgohng村, Pahsukadto寺	54	25
5	Boontham Uttamatamo	Khon Kaen県, Nongreua郡	Chaiyaphum県, Gaengkror郡, Chong-sammor区, Nong-gae村, Pohnthong寺	58	25
6	Noopiap Suthammo	Chaiyaphum県, Konsawan郡	Chaiyaphum県, Konsawan郡, Konsawan区, Nongmeuat-ae村, Nongbualoi寺	34	13
7	Kanchit Kantamo	Chaiyaphum県, Konsawan郡	Chaiyaphum県, Chadturat郡, Nongdohn区, Sawangware寺	45	25
8	Sriha Supajaro	Yasothon県, Gutchom郡	Yasothon県, 郡 Gutchom, Nasoh区 ,Talat村, Talat寺	51	31
9	Ban dorn Shinwaso	Nakhon Ratchasima県, Buayai郡	Buriram県, Nanrong郡, Nangrong区, Glangnanrong寺	57	35
10	Paiwong Suwanno	Buriram県, Nanrong郡,	Buriram県, Nongge郡, pai区, Bansakam寺	52	24
11	Sanan Yanuttaro	Nakhon Ratchasima県, Buayai郡	Buriram県, Nonge郡, Nonge寺	56	28
12	Chalermchai Khemmawero	Kalasin県, Kamalasai郡	Maha Sarakham県, Kansawichai郡, Kohkpra区, Kohkkohk村, Bopparam寺	42	22
13	Bonlua Yasotaro	Maha Sarakham県, Payaktapopisai郡	Maha Sarakham県, Maboh 村, Payaktapopisai郡, Lansagae区, Ratchchareunmaboh寺	42	21
14	Nokrai Kantasrilo	Maha Sarakham県, Payaktapopisai郡	Maha Sarakham県, Payaktapopisai郡, Metdam区 Nongnanai村, Nongnanai寺,	35	14
15	Narong Samo	Maha Sarakham県, Payaktapopisai郡	Maha Sarakham県, Wapepatom郡, Nongsaeng区, Glang寺	42	18
16	Sataporn Shotidhammo	Roi-et県, 郡都	Roi-et県,Muangsruang郡, Nonghin区, Koi村, Srisuk寺	49	25
17	Bonta Srikula	Maha Sarakham県, Wapepatum郡	Roi-et県,Patumrat郡, Nongkae区, Suanpor村, Sunantaratch寺	75	54
18	Lamai Issaradhammo	Roi-et県, Senpom郡	Roi-et県,Senpom郡, Glang 区, Srithongnoppakhun寺	51	32
19	Sawat Suwero	Roi-et県, Kasetwisai郡	Roi-et県, Kasetwisai郡, Gampaeng区, Saithong寺	39	18

学歴	仏教学	開発開始年	寺開発	社会教育	仏教教育	託児施設	医療・癒し	瞑想・説法	土木治水	森林保護	職業支援	自助組織	文化保護
名誉学士（学芸・教養）地域開発の功により	仏教学１級	1963			○							○	
小学校４年	仏教学１級	1987			○							○	
中学校６年	仏教学１級	1981			○							○	
中学３年	仏教学１級	1985			○							○	
小学校４年	仏教学１級	1984										○	
中学校６年	仏教学１級	1987										○	
中学校３年	仏教学１級	1982			○		○						
中学３年	仏教学１級	1978			○						○		
小学校４年	仏教学１級	1956					○			○			
中学教員特別免許証	パーリ語6段	1988			○								
小学校６年	仏教学１級	1944		○	○		○			○			
中学校３年	仏教学１級	1974			○							○	
高学校３年	仏教学１級	1982										○	
中学校３年	仏教学３級	1977		○			○			○	○	○	
小学校４年	仏教学１級	1979			○	○					○	○	
中学教員特別免許証	仏教学１級	1985		○	○							○	
中学校３年	仏教学１級	1977			○	○					○		
高学校３年	パーリ語7段	1975								○			
中学校３年	仏教学１級	1976							○		○		

ケース番号	名前（僧名）	出身県	寺院住所	年齢	安居年
20	Nan Sutthasrilo	Surin県, 郡都	Surin県, 郡都, Tasawang区, Sawang村, Samakkee寺	63	43
21	Somjit Kantadhammo	Surin県, 郡都	Surin県, 郡都, Tasawang区, Gagor村, Mulaniwet寺	31	11
22	Taptim Anawilo	Buriram県,Grasang郡	Surin県, Nokmuang区, Kohkpalat村, Maisrimakthong寺	34	14
23	Somnuak Sirichanto	Surin県, 郡都	Surin県, 郡都, Buruesi区, Feung村, Pasopsuk寺	45	24
24	Pramual Tanissaro	Surin県, Prasat郡	Surin県, Praasat郡, Gang-aen区, Gang-aen村, Suwanwichit寺	36	14
25	Damrong Kantasrilo	Surin県, Prasat郡	Surin県, Prasart郡, Cheuaplerng区, Muneniramit寺	47	27
26	Charon Taruwano	Khon Kaen県, Pon郡	Udon Thani県, 郡都, Nongkongwang区, Kaiseneronnayut村, Sohmmanat-santayaram寺	51	29
27	Kongchan Ratnopas	Udon Thani県, Banpeu郡	Udon Thani県, Bunpeu郡, Bunpeu区, Srisa-at寺	40	20
28	Srikran Yannawisutthikon	Udon Thani県, Nonghan郡	Udonthani県, Nongsan郡, Nongmek区, Srisuthatip寺	66	44
29	Sommye Bonauang	Ubon Ratchathani県, Amnatcharoeng郡	Udon Thani県, Keuangnai郡, Keuangnai区, Keuang Glangnai寺	47	26
30	Kawn Dhammathinno	Nakhonpanom県, 郡都	Ubon Ratchathani県, Det-Udom郡, Muangdet区, Saengkasem寺	81	61
31	Sukhe Pariponno	Ubon Ratchathani県, Phana郡	Ubon Ratchathani県, Det-Udom郡, Nong-om区, Nong-om寺	40	20
32	Chanla Dhammaratano	Sisaket県, Uthompornphisai郡	Ubon Ratchathani県, Bontari郡, Nongsanoo区, Sompornrat村, Sompornratanaram寺	58	38
33	Somsak Kittiyano	Ubon Ratchathani県, Huataphan郡	Ubon Ratchathani県, Huataphan郡, Kampra区, Kutsuay村, Poesri寺	41	21
34	Bonkorng Tanachitto	Ubon Ratchathani県, Huataphan郡	Ubon Ratchathani県, Huataphan郡, Saangtornoi区, Nakhru村, Srikhunkantharot寺	64	44
35	Sawat Watano	Nakhon Phanom県, Srisonkram郡	Ubon Ratchathani県, Amnatchareon郡, Bong区, Thepmongkon寺	46	26
36	Chalerm Chittisrilo	Nakon Ratchasima県, Nonthai郡	Nakhon Ratchasima県, Kamsagae-saeng郡, Nonmuang区, Nonmuang寺	43	21
37	Chan Khunawuttho	Nakon Ratchasima県, Chokchai郡	Nakhon Ratchasima県, Chokchai郡, Talatkao区, Beungpra村, Beungpra寺	61	26
38	Aan Panyatharo	Nakon Ratchasima県, Dankhunthot郡	Nakhon Ratchasima県, Dankhunthot郡, Hindat区, Tunsawang村, Tunsawang寺	42	22

学歴	仏教学	開発開始年	寺開発	社会教育	仏教教育	託児施設	医療・癒し	瞑想・説法	土木治水	森林保護	職業支援	自助組織	文化保護
小学校 ４年	仏教学１級	1979			○						○	○	
中学教員 特別免許証	パーリ語6段	1957		○									
高学校 ３年	仏教学１級	1985		○						○			○
中学教員 特別免許証	仏教学３級	1966		○	○							○	
中学教員 特別免許証	仏教学１級	1982		○	○				○				
中学校 ３年	仏教学１級	1980		○						○			

ケース番号	名前（僧名）	出身県	寺院住所	年齢	安居年
39	Banyat Anuttaro	Nakon Ratchasima県, Buayai郡	Nakhon Ratchasima県, Buayai郡, Nongwa区, Keumma-oo村, Pahdhammada寺	54	33
40	Opast Niruttimete	Nakon Ratchasima県, Pakthonchai郡	Nakhon Ratchasima県, Pakthonchai郡, Tom区, Prommaratch村, Prommaratch寺	60	40
41	Chirawan Issaro	Sisaket県, Uthompornphisai郡	Nakhon Ratchasima県, Pakthonchai郡, Nok-ok区, Kohksanoi村, Kohksisaket寺	34	14
42	Sanith Akkachitto	Nakon Ratchasima県, Pakthonchai郡	Nakhon Ratchasima県, Pakthonchai郡, Sagaeratch区, Pronimit寺	55	35
43	Withkromkananurak	Phichit県, Taphaanhin郡	Nakhon Ratchasima県, Srikiw郡, Srikiw区, Srikiwkanaram寺	39	19
44	Khong Kitisopano	Nakon Ratchasima県	Nakhon Ratchasima県, Suangnern郡, Magleuamai区, Magleuamai寺	45	25

備考：郡都とはAmphoe Mueangを便宜的に訳したもので，県で最も市街地が発達している特別な郡であり，県庁など地方行政の中心となる役所が置かれる。

学歴	僧学歴	開発開始年	寺院		寺開発	教育(奨学金等)	仏教教育	託児施設	医療・癒し	瞑想修行・説法	インフラ整備	環境	職業支援	自助組合
中学校3年	パーリ語3段	1986	タンマユット	森の寺	○				○	○	○			
中学校6年卒	仏教学1級	1990	マハーニカーイ	森の寺		○								
小学校4年	仏教学1級	1985	マハーニカーイ	村の寺	○	○								
小学校6年	頭陀僧	1994	マハーニカーイ	森の寺					○			○	○	
中学校3年	仏教学1級	1969	マハーニカーイ	村の寺	○									
小学校4年	仏教学1級	1993	マハーニカーイ	村の寺	○	○		○	○	○				
小学校4年	仏教学1級	1987	マハーニカーイ	森の寺	○		○		○		○		○	
小学校4年		1984	タンマユット	森の寺		○					○	○		
大学卒(チュラロンコン大学工学部卒)	仏教学1級	1978	タンマユット	森の寺						○				
小学校4年	仏教学1級	1988	マハーニカーイ	村の寺	○	○		○	○			○		
なし	なし	1983	マハーニカーイ	村の寺	○				○					
小学4年	仏教学1級	1982	タンマユット	森の寺	○	○					○			○
	仏教学1級	1975	タンマユット	森の寺	○				○		○			○
職業高校(農業)	仏教学1級	1991	タンマユット	村の寺	○	○								
職業高校(電気)	仏教学1級	1993	タンマユット	森の寺						○		○		
小学4年(中3修了資格あり)	仏教学、1級パーリ語4段	1992	タンマユット	村の寺			○			○				

表　東北タイ開発僧　櫻井調査

ケース番号	名前	出身県	寺院住所	年齢	安居年
1	Chenyutthana Chirayutto	Sakon Nakhon県, 郡都	Sakon Nakhon県, 郡都, Din Daeng寺	35	12
2	Somsak Analayo	Nong Khai県, 郡都, Michai区	Udon Thani県, Kut Chap郡, Kut Chap区, Phu Khao Khoen村, Thamchandai Thepnimit寺	51	21
3	Kab Thanawaro	Maha Sarakham県, Kae Dam郡, Wang Saeng区	Maha Sarakham県, Kae Dam郡, Kae Dam区, Wang Saeng村, Uparat寺	34	17
4	Thawi Thammothipo	Khon Kaen県, Ban Fang郡, Lao Nadi区, Lao Yai村	Maha Sarakham県, Kae Dam郡, Wang Saeng区, Non Kawao村, 1班, Aranyikawat寺	36	10
5	Opat Suwiro	Nongbua Lamphu県, Na Klang郡, Kut Lo村	Nongbua Lamphu県, 郡都, Rueang-Uthaisirimongkhon寺	48	28
6	Chamrat Chapanyo	Roi Et県, Pathum Rat郡	Roi Et県, Pathum Rat郡, Nong Khaen区, Samran寺	55	35
7	Kitti Kittisaro	Maha Sarakham県, 郡都	Maha Sarakham県, 郡都, Waeng Wang区, Hin Tang村, Kunchonwararam寺	67	45
8	Sawat Piyathammo	Maha Sarakham県, Wapi Pathum郡, Na Kha区, Khok Tao村	Maha Sarakham県, Na Chueak郡, Nong Ruea区 Khu Tat寺	41	19
9	Phichit Chittamaro	Kalasin県, 郡都	Nong Khai県, Hin Makpeng寺	55	19
10	Punyaphisan	Maha Sarakham県, Kae Dam郡, Wang Saeng区	Maha Sarakham県, Kae Dam郡, Wang Saeng区, Burapa Nongbua寺	46	26
11	Bunchu Tantisaro	Maha Sarakham県, 郡都, Polo Nongka村	Kalasin県, Phochai郡, Non Sila区, Sawang村, Sawang寺	87	14
12	Phaen Sophanno	Kalasin県, Yang Talat郡, Khao Phano区, Na Khu村	Karasin県, Somdet郡, Wira Ongsawat寺	46	24
13	Siri Yannawiro	Yasothon県, Kham Khuean Kaeo郡, Song Plueai区, Song Plueai村	Yasothon県, Kham Khuean Kaeo郡, Song Pueai区, Song Pueai村, Sirirat Phatthana寺	77	35
14	Praphit Tittawanno	Kalasin県, 郡都	Kalasin県, 郡都, Pracha Niyom寺	36	14
15	Bunkoet Ariyo	Sakon Nakhon県, Kusuman郡, Tong Khop区, 4班, Na Mon寺	Kalasin県, 郡都, Lam Pao区, Amphawan村, Amphawan Muangnoi寺	33	13
16	Aut Thittapunyo	Khon Kaen県, Chonnabot郡, Chonnabot区, Tha Khoi村	Kalasin県, Nong Kung Si郡, Nong Sawang区, Nong Sawang寺	32	11

学歴	僧学歴	開発開始年	寺院		寺開発	教育(奨学金等)	仏教教育	託児施設	医療・癒し	瞑想修行・説法	インフラ整備	環境	職業支援	自助組合
高等学校修了	仏教学1級	1987	マハーニカーイ	村の寺	○			○	○					
小学校4年	仏教学1級、パーリ語2級	1986	マハーニカーイ	村の寺	○	○	○		○		○			
	パーリ語4段	1973	マハーニカーイ	森の寺	○	○			○		○			
小学校4年	仏教学1級	1958	マハーニカーイ	村の寺	○		○							○
小学校卒	仏教学1級	1982	タンマユット	森の寺	○	○			○					
小学校4年	なし	1994	タンマユット	森の寺	○	○			○				○	
小学校3年	仏教学1級	1977	タンマユット	森の寺	○	○				○				
プリラム教育大より名誉教育学士号	仏教学1級	1959	タンマユット	村の寺	○	○	○			○				
カセートサート大学工学部卒	仏教学3級	1995	タンマユット	森の寺	○					○				
小学校4年	仏教学1級	1979	タンマユット	村の寺	○	○	○						○	
小学校4年	仏教学1級	1977	マハーニカーイ	村の寺	○			○					○	
中学3年	仏教学1級	1996	マハーニカーイ	森の寺						○				
タンマサート大学商学科卒	仏教学1級	1992	タンマユット	森の寺	○	○				○				
中学3年	仏教学1級	1989	タンマユット	村の寺	○									
高等学校卒業	仏教学2級	1992	タンマユット	森の寺	○	○	○			○				
	仏教学1級	1987	マハーニカーイ	村の寺	○	○			○					

ケース番号	名前	出身県	寺院住所	年齢	安居年
17	Ha Asoko	Nakhon Phanom県, Renu Nakhon郡, Phon Thong区, Dong Ma-Ek村	Nakhon Phanom県, Renu Nakhon郡, Nong Yang Chin区, Nong Yang Chin村 Sa Phang Thong寺	48	24
18	Sing Khamphiro	Chon Buri県	Maha Sarakham県, Kantharawichai郡, Si Suk区, Si Suk村	70	50
19	Pathumworakit	Maha Sarakham県, Borabue郡, Don Ngua区, Don Ngua村	Maha Sarakham県, Borabue郡, Khwan Mueang Rabue Tham寺	66	46
20	Yot Yotchato	Surin県, Chom Phra郡, Krahat区	Mukdahan県, 郡都, Si Bunrueang寺	66	46
21	Somsit Rakkhitasiro	Roi Et県, Selaphum郡, Tha Muang区, Tha Muang村	Roi Et県, Selaphum郡, Tha Muang区, Tha Muang村, Sakdaram寺	40	20
22	Pradit Chotiko	Sakon Nakhon県, Sawang Daen Din郡	Roi Et県, Pho Chai郡, Akkha Kham区, Uai Chai村, Prasop Priyaram寺	44	9
23	Ma Nanwaro	Roi Et県, Selaphum郡, Na Ngam区, Na Ngam村	Roi Et県, Selaphum郡, Tiwiwek宿泊所（Samnaksong）	84	64
24	Sichan Punyarato	Roi Et県, Chaturaphak Phiman郡, I Ngong区, Nong Nong村	Roi Et県, 郡都, Bueng Phalan Chai寺	60	40
25	Phanlop Chirathammo	Kanchana Buni県	Sakon Nakhon県, Phanna Nikhom郡, Sawang区, Khampramong村, 4班, Khampramong寺	43	19
26	Krian Thikhayuko	Sakon Nakhon県, 郡都, Dong Mafai区, Dong Mafai村	Sakon Nakhon県, 郡都, Dong Mafai区, Dong Mafai村, Sawang Watthana寺	60	40
27	Prasit Chatapanyo	Sakon Nakhon県, 郡都, Huai Yang区, Phanao村	Sakon Nakhon県, 郡都, Huai Yang区, Phanao村	53	33
28	Phairat Yannataro	Ratcha Buri, 県, 郡都, Ban Pong村	Sakon Nakhon県, 郡都, Huai Yang区, Muang村, Choeng Doitheppharat寺	32	8
29	Songwut Thammawaro	Ayutthaya県, Phak Hai郡	Sakon Nakhon県, Phanna Nikhom郡, Rai区, Pa村 Khamkha寺	40	12
30	Daeng Chanthawangso	Loei県, Chiang Khan郡	Loei県, Chiang Khan郡, Chiang Khan区, 4班, Tha Khaek寺	40	20
31	Sangkhom Achara Sampanno	Roi Et県, Phanom Phrai郡	Ubon Ratchathani県, Warin Chamrap郡, Bung Wai区 Tha Ngoi村, Pamongkhon寺	35	14
32	Bunchu Suphachitto	Yasothon県, Patio郡	Ubon Ratchathani県, Warin Chamrap郡, Sa Saming区, Non Yai寺	36	16

学歴	仏教学習	僧団内地位	開発開始年	寺開発	教育	仏教教育	託児施設	医療・癒し	瞑想・説法	土木治水	森林保護	職業支援	自助組織	文化保護
小４	仏教学１級			○	○	○		○						
中学３年	仏教学１級		1993	○			○							
小学４年	仏教学３級			○										
小学４年	なし		1993	○					○					
		副郡僧団長		○	○	○	○	○						○
小学４年	仏教学１級、パーリ語８段	区僧団長		○										
中３と職業教育教員免許証取得及びラムカムヘーン大学ローイエット校で学習中	仏教学１級	区僧団長秘書		○										
小学６年現在中学過程のインフォーマル教育を受講中	仏教学１級			○										
小学４年	仏教学２級			○										
小学4年	仏教学１級パーリ語３段	経験多数、引退		○	○				○		○			
小学４年	仏教学２級	郡僧団長		○										
初級教員免許証取得	仏教学１級	区団長		○					○					
高校３年	仏教学３級			○				○			○			
中学３年	仏教学１級			○										

表　カマラーサイ郡寺院調査

ケース番号	名前	出身県	寺院住所	年齢	安居年
1	Somsi Katapunyo	Kalasin県, Kamalasai郡, Kamalasai区, Polo村	Kalasin県, Kamalasai郡, Kamalasai区, polo村, Phochai Polo寺	58	17
2	Kraison Yasapalo	Kalasin県, Kamalasai郡, Lak Mueang区, Huakwa村	Kalasin県, Kamalasai郡, Lak Mueang区, Huakwa,村, Phochai Huakwa寺 マハーニカーイ	51	15
3	Kasem Paphatsaro	Kalasin県, Kamalasai郡, Khok Sombun区, Nong Ikum村	Kalasin県, Kamalasai郡, Lak Mueang区, Hua Nong村, Anusawari Phochai寺 マハーニカーイ	53	6
4	Sawan Putsawaro	Kamphaeng Phet県, Khlong Khom郡, Wang Yang区, Nong Sun村	Kalasin県, Kamalasai郡, Lak Mueang区, Padonyang村, Padonyang 森の寺 タンマユット	32	12
5	Pathom-thammarakkhit	無回答	Kalasin県, Kamalasai郡, Lak Mueang区, Pathom Kesaram寺 マハーニカーイ		
6	Anan Nimmalo	Kalasin県, Kamalasai郡, Lak Mueang区, 1班	Kalasin県, Kamalasai郡, Lak Mueang区, Khet Samakhom寺 マハーニカーイ	53	33
7	Khampun Satharo	Kalasin県, Kamalasai郡, Lak Mueang区, Lat村	Kalasin県, Kamalasai郡, Lak Mueang区, Lat村, Sattha Ruam Ban Lat 森の寺 マハーニカーイ	36	9
8	Aon Rakkitta-thammo	Kalasin県, Kamalasai郡, Lak Mueang区, Lat村	Kalasin県, Kamalasai郡, Lak Mueang区, Lat村, Ban Lat寺 マハーニカーイ	27	3
9	Uthai Ophaso	Kalasin県, Kamalasai郡, Lak Mueang区	Kalasin県, Kamalasai郡, Lak Mueang区, Non Sawang村, Phosi Non Sawang寺 マハーニカーイ	54	6
10	Intharawichai	Kalasin県, Kamalasai郡, Dong Ling区, Don Wai村	Kalasin県, Kamalasai郡, Lak Mueang区, Phaengsimueang寺 タンマユット	58	38
11	Phim Phatthanapunyo (Phim Kongnarong)	Kalasin県, Kamalasai郡, Lak Mueang区, Bung村	Kalasin県, Kamalasai郡, Lak Mueang区, Bung村, Ban Bung寺 マハーニカーイ	79	24
12	Siriphothitham	Kalasin県, Kamalasai郡, Lak Mueang区, Bueng Hai村	Kalasin県, Kamalasai郡, Lak Mueang区, Bueng Hai村, Phosi Bueng Hai寺　マハーニカーイ	66	46
13	Saat Suchitto	Roi Et県, 郡都	Kalasin県, Kamalasai郡, Lak Mueang区, Lao村, Chaisi Ban Lao寺, マハーニカーイ	70	7
14	Phomma Thawaro	Kalasin県, Kamalasai郡, Kamalasai区	Kalasin県, Kamalasai郡, Pak Nam村, 12班, Anomanthi寺 マハーニカーイ	71	4

学歴	仏教学習	僧団内地位	開発開始年	寺開発	教育	仏教教育	託児施設	医療・癒し	瞑想・説法	土木治水	森林保護	職業支援	自助組織	文化保護
小学4年	仏教学1級			○										
小学4年	仏教学1級			○										
小学4年	仏教学1級			○	○		○		○					
小学6年	仏教学1級								○					
小学6年	仏教学3級を学習中								○					
不明	仏教学2級			○	○			○						
小学4年	仏教学3級			○			○							
小学6年	仏教学1級パーリ語4段			○	○	○	○	○	○					
小学4年	仏教学1級			○	○			○	○					
小学4年	仏教学1級	副区僧団長		○			○							
小学4年	仏教学1級	区僧団長		○		○								
小学4年	仏教学3級							○						
小学4年	仏教学1級			○										
小学4年	仏教学2級			○										

ケース番号	名前	出身県	寺院住所	年齢	安居年
15	Awut Acharo	Kalasin県, Kamalasai郡, Kamalasai区, 7班, Nam Chan村	Kalasin県, Kamalasai郡, Kamalasai区, 7班, Nam Chan村, Thamalanthi Nam Chan寺 マハーニカーイ	54	7
16	Bai Phutthasaro	Kalasin県, Kamalasai郡, Nong Paen区, Sema村, 7班	Kalasin県, Kamalasai郡, Kamalasai区, Don Pluai村, 5班, Sa-at Chaisi寺　マハーニカーイ	74	24
17	Thiang Banyatko	Kalasin県, Kamalasai郡, Nong Paen区, Sema村	Kalasin県, Kamalasai郡, Kamalasai区, Khao Lam村, Ban Khaolam寺　マハーニカーイ	36	9
18	Phing Kammaphutthasiri	Chantha Buri県	Kalasin県, Kamalasai郡, Kamalasai区, Khao Lam村, Pa Dong Mafai Butsabaram寺 タンマユット	40	6
19	Prayun Katapunyo	Khon Kaen県, Phu Wiang郡	Kalasin県, Kamalasai郡, Kamalasai区, 6班, Don Yang Chan Thararam寺 マハーニカーイ	23	3
20	Phunwan Attothammo	Kalasin県, Kamalasai郡, Kamalasai区, 3班, Song Yang村	Kalasin県, Kamalasai郡, Kamalasai区, 3班, Song Yang村, Phochai Song Yang寺 マハーニカーイ	35	2（初回12年）
21	Pheng Paphatsaro	Kalasin県, Kamalasai郡, Kamalasai区, Sabua村	Kalasin県, Kamalasai郡, Kamalasai区, 5班, Sabua Rat Pradit寺 マハーニカーイ	72	10
22	Saengchan Siriwaro	Kalasin県, Kamalasai郡, Kamalasai区, 9班, Don Yung村	Kalasin県, Kamalasai郡, Kamalasai区, 9班, Don Yung村 Silarak Don Yung寺　マハーニカーイ	68	3
23	Somsi Katapunyo	Kalasin県, Kamalasai郡, Kamalasai区, 10班, Polo村	Kalasin県, Kamalasai郡, Kamalasai区, 10班, Polo村, Phochai Polo寺　マハーニカーイ	58	17
24	Chanthi Kittiko	Kalasin県, Kamalasai郡, Khok Sombun区, 7班, Nong Ikum村	Kalasin県, Kamalasai郡, Khok Sombun区, 7班, Ban Nong Ikum寺　マハーニカーイ	40	20
25	Phrom Chanthawangso	Kalasin県, Kamalasai郡, Khok Sombun区, Na Mon村	Kalasin県, Kamalasai郡, Khok Sombun区, Sakhaen Na Mon寺　マハーニカーイ	65	30
26	Samrit Phutthathammo	無回答	Kalasin県, Kamalasai郡, Khok Sombun区, Na Mon村, Dong Na Mon保全林の Thi Phak Song（僧宿泊所）	43	2
27	Si Siripanyo	Kalasin県, Kamalasai郡, Khok Sombun区, 5班, Kham Phon Thong村	Kalasin県, Kamalasai郡, Khok Sombun区, 5班, Kham Phon Thong村, Kham Phon Thong寺　マハーニカーイ	72	16
28	Bunsuk Panyakhamo	Kalasin県, Kamalasai郡, Khok Sombun区, 3班, Ngio Ngam村	Kalasin県, Kamalasai郡, Khok Sombun区, Ngio Ngam村, Ngio Ngam寺　マハーニカーイ	74	4

学歴	仏教学習	僧団内地位	開発開始年	寺開発	教育	仏教教育	託児施設	医療・癒し	瞑想・説法	土木治水	森林保護	職業支援	自助組織	文化保護
高校３年	仏教学１級					○			○		○			
小学４年	仏教学１級			○			○							
小学４年	仏教学３級			○										
小学４年	なし			○										
小学４年	仏教学１級	区僧団長		○	○	○								
小学校４年	仏教学１級	1996年より戒和尚		○	○	○								
小学校４年	仏教学３級を学習中			○		○		○						
小学４年	仏教学１級パーリ語４段			○		○								
中学３年	仏教学２級	区僧団長秘書	1992											
小学４年	仏教学１級	なし		○	○			○						
小学４年	仏教学１級			○										
小学４年	仏教学１級			○										
中等学校６年	仏教学１級			○	○									
小学６年	仏教学１級	戒和尚の介添え		○			○							

ケース番号	名前	出身県	寺院住所	年齢	安居年
29	Simchai Charuwanno	Kalasin県, Kamalasai郡, Khok Sombun区, 6班	Kalasin県, Kamalasai郡, Khok Sombun区, 6班, Nong Phai村, Nong Phai Khunatham修行場	40	5
30	Phim Paphatsaro	Kalasin県, Kamalasai郡, Khok Sombun区, 6班, Nong Phai村	Kalasin県, Kamalasai郡, Khok Sombun区, Ban Nong Phai寺 マハーニカーイ	58	10
31	Son Mahayano	Kalasin県, Kamalasai郡, Khok Sombun区, 8班, Rat Samran村	Kalasin県, Kamalasai郡, Khok Sombun区, Rat Samran村, Rat Bamrung寺　マハーニカーイ	64	3
32	Bunma Yasintharo	Kalasin県, Kamalasai郡, Chao Tha区, 7班, Chao Tha村	Kalasin県, Kamalasai郡, Chao Tha区, 7班, Chao Tha村, Sawang Khongkha Chaengchom寺 マハーニカーイ	71	3
33	Phrom Rangsiborirak (Chingchai)	Kalasin県, Na Mon郡	Kalasin県, Kamalasai郡, Chao Tha区, 6班, Tha Mai村, Phrom Rangsi 森の寺　タンマユット	40	15
34	Sunthonchariyaphirak	Kalasin県, Kamalasai郡, Chao Tha区, Muatae村	Kalasin県, Kamalasai郡, Chao Tha区, 2班, Muatae村, Muatae寺 マハーニカーイ	58	38
35	Khun Thitmetho	Kalasin県, Kamalasai郡, Chao Tha区, Dong Ling村	Kalasin県, Kamalasai郡, Chao Tha区, 11班, Dong Ling村, Sikhanaram Dong Ling寺 マハーニカーイ	72	5
36	Saman Anantho	Kalasin県, Kamalasai郡, Chao Tha区, 10班, Chot村	Kalasin県, Kamalasai郡, Chao Tha区, 10班, Chot村村, Ban Chot寺　マハーニカーイ	37	17
37	Sisai Yanthilo	Kalasin県, Kamalasai郡, Chao Tha区, 9班, Nongbua村	Kalasin県, Kamalasai郡, Chao Tha区, 9班, Nongbua村, Pathum Keson Nongbua寺 マハーニカーイ	25	6
38	Khwanchai Kantasilo	Kalasin県, Kamalasai郡, Thanya区, 8班, Tha Klang村	Kalasin県, Kamalasai郡, Chao Tha区, 3班, Tha Samakkhi村, Ban Mai Samakkhi寺 (寺院用地未下賜寺) マハーニカーイ	49	6
39	Phrom Narintho	Kalasin県, Kamalasai郡, Chao Tha区, 5班, Nong Makluea村	Kalasin県, Kamalasai郡, Chao Tha区, 5班, Nong Makluea村, Mai Samakkhi Tham寺 マハーニカーイ	68	25
40	Samu Khamsi Paphatsaro	Roi Et県, 郡都, Din Dam区, Khawaochi村	Kalasin県, Kamalasai郡, Chao Tha区, 12班, Muatae村, Ban Muatae森の寺道場 マハーニカーイ	62	9
41	Prathip Chantharaphon	Kalasin県, Kamalasai郡, Chao Tha区, Tha Muatae村	Kalasin県, Kamalasai郡, Chao Tha区, 1班, Tha Muatae村, Ban Tha Phloeng寺	41	18
42	Udon Chanthasaro	Kalasin県, Kamalasai郡, Chao Tha区, Kao Noi村	Kalasin県, Kamalasai郡, Chao Tha区, Kao Noi村, Ban Kao Noi寺　マハーニカーイ	34	13

学歴	仏教学習	僧団内地位	開発開始年	寺開発	教育	仏教教育	託児施設	医療・癒し	瞑想・説法	土木治水	森林保護	職業支援	自助組織	文化保護
小学４年	仏教学１級	区僧団長、戒和尚		○	○						○			○
小学４年	仏教学１級	区僧団長		○	○	○					○			○
小学４年	仏教学３級			○										
小学４年	仏教学２級			○										
小学４年				○										
中等学校６年	仏教学１級			○										
中等学校３年	仏教学１級			○					○					
小学６年	仏教学２級			○					○					
小学６年	仏教学３級										○			
小学４年	仏教学３級			○										
小学４年	仏教学３級			○										
小学４年	仏教学２級			○										
小学４年	仏教学２級			○										
小学４年	仏教学１級	Thanya区１区僧団長		○			○							
中等学校３年	仏教学３級			○							○			

ケース番号	名前	出身県	寺院住所	年齢	安居年
43	Chanthi Kawitsaro	Kalasin県, Kamalasai郡, Chao Tha区, Tha Klang村	Kalasin県, Kamalasai郡, Chao Tha区, Tha Klang村, Tha Klang寺　マハーニカーイ	63	16
44	Wichansathukit	Kalasin県, Kamalasai郡, Nong Phaen区, Hua Non Plueai村	Kalasin県, Kamalasai郡, Thanya区, 12班, Kae村, Thipphawan Ban Kae森の寺　タンマユット	73	21
45	Tha Rattanayano	Udon Thani県, Tan Riang村	Kalasin県, Kamalasai郡, Thanya区, Nong Thu村, Prasai Khantitham森の寺　タンマユット	71	9
46	Saeng Thittapunyo	Kalasin県, Kamalasai郡, Thanya区, Nong Tu村	Kalasin県, Kamalasai郡, Thanya区, Nong Tu村, Saeng Udom Prasit Tharam寺 マハーニカーイ	60	5
47	Bunmi Thirapunyo	Kalasin県, Kamalasai郡, Thanya区, Non Makham村	Kalasin県, Kamalasai郡, Thanya区, Non Makham村, Sawang Aran Non Makham寺	70	6
48	Monthian Thirasaro	Kalasin県, Kamalasai郡, Thanya区, 2班, Bo村	Kalasin県, Kamalasai郡, Thanya区, 2班, Bo村, Phaengsi Ban Bo寺 マハーニカーイ	30	5
49	Phong Thammathinno	Kalasin県, Kamalasai郡, Thanya区, 2班, Bo村	Kalasin県, Kamalasai郡, Thanya区, 2班, Bo村, Si Phohhong森の寺 マハーニカーイ	59	30
50	Yutthana Chanthasalo	Kalasin県, Kamalasai郡, Thanya区, Song Plueai村	Kalasin県, Kamalasai郡, Thanya区, Song Plueai村, Wiwek Tham仏法道場　マハーニカーイ	26	6
51	Khamphrai Katasalo	Kalasin県, Kamalasai郡, Thanya区, 7班, Song Plueai村	Kalasin県, Kamalasai郡, Thanya区, 7班, Song Plueai村, Phothaong Song Plueai寺 マハーニカーイ	28	6
52	Khamsing Chanthupamo	Kalasin県, Kamalasai郡, Thanya区, 9班, Nongbua村	Kalasin県, Kamalasai郡, Thanya区, 8班, Non Kho村, Sawang Don Kaeo寺　マハーニカーイ	70	8
53	Sao Santakitto	Kalasin県, Kamalasai郡, Thanya区, 6班, Cik Ngam村	Kalasin県, Kamalasai郡, Thanya区, 6班, Cik Ngam村, Sawang Arom寺 マハーニカーイ	74	3
54	Aonsa Chanthawanno	Roi Et県, Changhan郡, Dong Sing区, 14班, Plueaitan村	Kalasin県, Kamalasai郡, Thanya区, Sa-at Somsi Khonoi村, Sa-at Somsi Khonoi寺 マハーニカーイ	89	3
55	Bunyang Khantiko	Udon Thani県	Kalasin県, Kamalasai郡, Thanya区, 11班, Som Hong村, Sawang Phosi寺　マハーニカーイ	56	26
56	Thanya Watthanakhun	Kalasin県, Kamalasai郡, Thanya区, Kae村	Kalasin県, Kamalasai郡, Thanya区, Kae村, Sawang Ban Kae寺　マハーニカーイ	56	36
57	Sing Sinwanno	Kalasin県, Kamalasai郡, Thanya区, 5班, Sa-at Somsi村	Kalasin県, Kamalasai郡, Thanya区, 15班, Sa-at Somsi村 マハーニカーイ	84	20

学歴	仏教学習	僧団内地位	開発開始年	寺開発	教育	仏教教育	託児施設	医療・癒し	瞑想・説法	土木治水	森林保護	職業支援	自助組織	文化保護
中等学校6年	仏教学1級	Thanya区僧団長、戒和尚		○	○									
小学4年	仏教学1級	区僧団長		○		○								
小学4年	仏教学1級			○			○							
	仏教学1級		2529		○				○				○	○
小学校4年	仏教学1級		2525	○					○					
小学4年														
小学校4年	仏教学1級			○							○			
小学4年	仏教学1級	仏教学試験監督		○	○									
中等学校3年 中学教員 特別免許	仏教学1級	Kamalasai区僧団長		○	○									○
小学4年	仏教学1級			○			○							
学校にいっていない	仏教学1級			○	○		○	○						
小学4年	仏教学1級			○	○									
小学4年	仏教学1級	Nong Paen区僧団長		○										
中等学校6年	仏教学1級			○	○									

ケース番号	名前	出身県	寺院住所	年齢	安居年
58	Somchai Suntharo	Kalasin県, Kamalasai郡, Thanya区, 10班, Hua Hat村	Kalasin県, Kamalasai郡, Thanya区, Hua Hat村, Phosri Ban Hua Hat寺 マハーニカーイ	52	31
59	Noi Phutasaro	Kalasin県, Kamalasai郡, Phon Ngam区, Phon Ngam村	Kalasin県, Kamalasai郡, Phon Ngam区, Phon Ngam村, Phon Ngam寺　マハーニカーイ	52	23
60	Samu Prani	Kalasin県, Kamalasai郡, Phon Ngam区, Don Han村	Kalasin県, Kamalasai郡, Phon Ngam区, Don Han村, Sawang Don Han寺　マハーニカーイ	42	21
61	Somsi Suchitto	Kalasin県, Kamalasai郡, Phon Ngam区, Don Han村	Kalasin県, Kamalasai郡, Phon Ngam区, Don Sai Ngam村, Si Sawangtham森の寺　タンマユット	59	31
62	Phim Kusalo	Kalasin県, Kamalasai郡, Phon Ngam区, 4班, Khok Si村	Kalasin県, Kamalasai郡, Phon Ngam区, Khok Si村とNong Tao村 Si Sawang Phaibun 森の寺 タンマユット	67	16
63	Phong Charuwanno	Kalasin県, Kamalasai郡, Khok Sombun区, Nong Phai村	Kalasin県, Kamalasai郡, Phon Ngam区, 6班, Non Hai村, Non Hai Uthithayaram寺 マハーニカーイ	70	4
64	Khamtan Aphatsaro	Kalasin県, Kamalasai郡, Phon Ngam区, 2班, Dan Nuae村	Kalasin県, Kamalasai郡, Phon Ngam区, 2班, Dan Nuae村, Pracha Satthatham寺 マハーニカーイ	63	8
65	Phrom Paphatsaro	Kalasin県, Kamalasai郡, Phon Ngam区, Phon Ngam村	Kalasin県, Kamalasai郡, Phon Ngam区, Phon Ngam村, Phon Thong 森の寺　マハーニカーイ	74	8
66	Phuttha Yasothare	Kalasin県, Kamalasai郡, Nong Paen区, Sema村	Kalasin県, Kamalasai郡, Nong Paen区, Sema村, Phochai Sema Ram寺 マハーニカーイ	52	40
67	Buntham Santakitto	Kalasin県, Kamalasai郡, Nong Paen区, Nong Paen村	Kalasin県, Kamalasai郡, Nong Paen区, 4班, Nong Paen村, Phochai Nonsung寺 マハーニカーイ	69	6
68	Bunrian Attathammo	無回答	Kalasin県, Kamalasai郡, Nong Paen区, Na Chueak村, Pho Thong Saeng Chan寺 タンマユット	48	27
69	Suwandi Techathatto	Kalasin県, Kamalasai郡, Nong Paen区, 2区, Non Phosi村	Kalasin県, Kamalasai郡, Nong Paen区, 2区, Non Phosi村, Non Phosi寺　マハーニカーイ	50	8
70	Sirikhunawasai	Kalasin県, Kamalasai郡, Nong Paen区, Nong Paen村	Kalasin県, Kamalasai郡, Nong Paen区, Nong Paen村, Nong Paen寺　マハーニカーイ	65	44
71	Ophawaraphon	Kalasin県, Kamalasai郡, Nong Paen区, 4班, Na Bueng村	Kalasin県, Kamalasai郡, Nong Paen区, 4班, Na Bueng村, Sawang Arun Na Bueng寺 マハーニカーイ	59	36

学歴	仏教学習	僧団内地位	開発開始年	寺開発	教育	仏教教育	託児施設	医療・癒し	瞑想・説法	土木治水	森林保護	職業支援	自助組織	文化保護
				○										
小学校４年	仏教学１級	Kamalasai郡僧団長（タンマユット派）	1959	○	○	○		○	○	○	○	○		
中学校３年	仏教学１級	区副僧団長	1977	○		○	○			○	○			
小学校４年				○							○			
小学校４年				○	○		○							
				○								○		
小学校４年	仏教学１級	１区のDong Ling区僧団長、戒和尚		○	○		○				○			
小学校４年	仏教学３級			○					○					
小学校４年	仏教学１級			○	○	○	○							
小学校４年	仏教学１級	２区のDong Ling区僧団長		○	○	○								

ケース番号	名前	出身県	寺院住所	年齢	安居年
72	Chuang Kowitho	Kalasin県, Kamalasai郡, Dong Ling区, 9班, Don Wai村	Kalasin県, Kamalasai郡, Dong Ling区, 9班, Don Wai村, Palikaram Don Wai寺 マハーニカーイ	89	40
73	Kammalasayakhun	Kalasin県, Kamalasai郡, Dong Ling区, 9班, Don Wai村	Kalasin県, Kamalasai郡, Dong Ling区, 14班, Don Wai村, Kruea Wan 森の寺 タンマユット	64	41
74	Kosonpanyathon	Kalasin県, Kamalasai郡, Dong Ling区, 2班, Khok Lam村	Kalasin県, Kamalasai郡, Dong Ling区, 2班, Khok Lam村, Khok Lam寺　マハーニカーイ	59	33
75	Man Kantasilo	Kalasin県, Kamalasai郡, Dong Ling区, 3班, Non Muang村	Kalasin県, Kamalasai郡, Dong Ling区, 3班, Non Muang村, Wiweksamakkhitham 森の寺 タンマユット	76	4
76	Prasit Chutinatharo	Kalasin県, Kamalasai郡, Dong Ling区, Suan Khok村	Kalasin県, Kamalasai郡, Dong Ling区, Suan Khok村, Suan Khok寺　マハーニカーイ	52	6
77	Sai Kowitho	Kalasin県, Kamalasai郡, Dong Ling区, Si Than村	Kalasin県, Kamalasai郡, Dong Ling区, Waeng村, Waeng Noi寺　マハーニカーイ	82	22
78	Siripunyaphirat (Chan Katapunyo)	Kalasin県, Kamalasai郡, Dong Ling区	Kalasin県, Kamalasai郡, Dong Ling区, Si Than寺 マハーニカーイ	75	42
79	Un Paphatsaro	無回答	Kalasin県, Kamalasai郡, Dong Ling区, Khok Si寺 マハーニカーイ	83	23
80	Worakitsaratham	Kalasin県, Kamalasai郡, Dong Ling区, 5班, Maui村	Kalasin県, Kamalasai郡, Dong Ling区, 5,11班, Maui村, Maui寺　マハーニカーイ	63	11
81	Wimonpraphakon	Kalasin県, Kamalasai郡, Dong Ling区, Waeng村	Kalasin県, Kamalasai郡, Dong Ling区, 12班, Dong Muaeng村, Non Muaeng寺　マハーニカーイ	78	59

あとがき

開発僧の調査は一九九八年には終了しており、論文にまとめ始めたのは二〇〇〇年からである。Tai Studies (Sakurai, 1999) と『宗教と社会』(櫻井、二〇〇〇：二七－四六) に掲載した論文によって、開発僧出現の社会史的背景と開発僧の多彩な活動に関する考察をした。それから依頼論文や国際学会発表に合わせて、ほぼ二年おきに一本ずつまとめ、本書Ⅲ部に関わる分析を終えたのが二〇〇六年の一〇月である。調査開始が一九九五年頃であるから足かけ一〇年余かかったわけであるが、熟慮を重ねたために時間を要したというわけではない。

筆者は二〇代後半からタイ地域研究を志し、少しずつ様々なテーマで調査を行ってきたが、長らくタイ研究のまとまった仕事を公刊できなかった。その理由の大半は、一九九五年のオウム真理教事件以降始めたカルト問題の研究に膨大な時間が割かれたためである。社会的事件としてオウム問題を深刻に受け止めたことに加えて、元来の専攻が宗教社会学であるので、なぜまともなカルト研究がアカデミックなレベルでなされてこなかったのか、宗教研究のあり方自体も問われたように感じた。オウム真理教に関して言えば、筆者も含めて大半の研究者は事態の深刻さを全く予測できなかったばかりか、教団の広報に荷担したと批判されて仕方のない宗教学者までいたのである。不明を恥じるばかりだ。それからカルト論やマインド・コントロール論の理論的研究のみならず、カルト視される団体の調査を始めた。この調査法がカルト批判団体に関わるアクション・リサーチであったために、従前のアカデミックな研究以上に精力を注がねばならなかった。調査研究と一緒にカルト予防の啓蒙的な活動も行うためである。その結果、この一〇年ほどは調査研究の三分の一しかタイ研究に割くことができず、タイ研究の大幅な遅延を招いた。

二〇〇五年に『東北タイの開発と文化再編』（北海道大学図書刊行会）をまとめ、論文博士の学位を取得したことで肩の荷が下り、カルト問題にも二〇〇六年に『「カルト」を問い直す』（中央公論新社）で一区切りつけることができた。ようやく懸案の開発僧の研究をまとめようという気持ちになったわけである。タイ研究の前著は開発僧の背景として描かれた東北タイの地域社会研究であり、本書と併せて読んでいただければ、開発僧に関してより理解が深まるものと考える。筆者が志向する宗教社会学は、宗教現象だけを調査して社会背景も併せて叙述するというものではない。社会構造や社会変動の調査も実際に行わなければ、宗教的教説や儀礼のイデオロギー的拘束性と人々の慣習的宗教実践の意味を読み取ることはできないと考える。その意味で、開発僧を描くためには、東北タイの社会と文化を総体的にまとめる必要があった。

本書の調査研究が先行していたにもかかわらず、他の研究よりも遅くまとめたことで得られた利点もある。二〇〇〇年前後で開発僧の分析・執筆に集中すれば、東北タイの地域研究のなかに一、二章の紙幅で開発僧の調査分析が収められ、本書のようにテーマを広げ、なおかつ東南アジア社会論や南タイ問題を通してタイ上座仏教を描くという視角は生まれなかった。「宗教と社会貢献」という問題視角は、二〇〇四年の「宗教と社会」学会学術大会において同じタイトルのテーマセッションをコーディネートしたことで明確化されたものである。また、社会参画型仏教（宗教）（Engaged Buddhism/Religion）に関わる考察は、二〇〇五年の国際宗教学・宗教史学学術大会（於東京）の二つのセッション「宗教団体の社会貢献活動」（日本セッション）「Engaged Religion」（国際セッション）で行ったものである。考えてみれば、宗教の社会形成に関わる活動を評価したいという私の意図は、宗教による人権侵害や社会への攻撃をどのようにしたら防ぐことができるのかというカルト問題研究に触発されたテーマである。宗教活動が社会貢献的なものになるか、破壊的なものになるのかは、当事者達の目的や宗教組織の方針だけに左右されるものではなく、暴力を防ぎ宗教に社会への関わりを促すような社会倫理や社会制度があるかどうかも問題となる。この部分に関わる考察はカルト問題も宗教の社会貢献活動の研究も実は同じ視角、同じ調査法で可能なものである。

ところで、本書の各章の執筆が完了した段階で、タイの開発僧研究の草分けにして第一人者のラープタナーノンの新著（Lapthananon, 2007）を入手した。同書は二〇〇三年から四年にかけて彼が東北タイで調査した開発僧のダイレクトリーで、三〇名の僧侶の経歴と開発事業について書かれている。元々五六名について調べ、三〇名に厳選してデータのみ記載したという。

残念ながら、本書は出版助成を受けて刊行されるために、彼の知見やデータを本書の事例と比較して検討する時間的余裕がなかった。寸評のみ述べれば、東北タイの地域開発に果たしてきた僧侶の役割を高く評価し、これからも僧侶の活動に期待するという主張は理解できるものの、現在の東北タイの人々の生活や価値意識を考えた時に、彼の開発僧に対する認識はいささか理念的すぎると思われる。開発僧が一九七〇、八〇年代に果たしてきた役割は九〇年代ですら期待されない事例が少なくなかった。それからさらに十年経っている。タイの僧侶は開発僧に限らず、都市の僧も地方農村の僧も、国やサンガ、地域社会の期待や要請に応える形で、様々な社会的役割を果たしていくことと思う。一つの時代に出現した「開発」僧という縦割りの概念だけで僧侶の役割を考えていくことはないのではないか。これが平凡ではあるが、筆者の所感である。

本書には宗教の社会貢献という大きなサブタイトルをつけたが、宗教に社会貢献や社会開発の役割が期待できるとも、期待すべきとも安易に言いうるものではない。こうした大きな問を考える素材となる事例を蓄積することが、学問として今研究者がなすべきことと考えている。本書のような調査研究が宗教研究や地域研究のみならず、隣接諸学の研究者や、現代における宗教の役割を考察する人々に役立てていただければ幸いである。

さて、本書の内容は様々な研究機会を通じて広がりと奥行きを得たものである。まず、東北タイにおいて調査にご協力いただいた多くの僧侶の方々に御礼申しあげたい。タイ上座仏教のみならず、宗教のあり方そのものを教えていただいた。村の人達には宗教とコミュニティの関係を教えていただいた。地域の様々な立場の方々のご厚誼なくして本書の調査研究はありえなかった。

次に、多くの仲間に謝意を表したいが、具体的に名を挙げて謝辞を述べたい人々がいる。東北タイの調査研究では、マハーサーラカーム大学東北タイ文化研究所研究員のワンナサックピジッター・ブンスーム氏が様々な調査の便宜を図ってくれ、友人として東北タイの人たちの生活を教えてくれた。一九九七年の調査では、コーンケーン大学卒業生のスワンニー・スリーブラサーンさんが調査助手として活躍してくれた。開発僧の存在と調査可能性に関して示唆と情報を提供してくれたのは、琉球大学教授鈴木規之氏、タイで長らく調査研究に従事してきた泉経武氏、浦崎雅代氏である。お二人はかなりインテンシブな調査をされており、泉氏には本書の草稿を読んでいただき、タイ語のアルファベット表記に至るまで丁寧なコメントをいただいた。市民社会論やアクション・リサーチのエスプリは鈴木氏に学ぶところ大であった（鈴木、一九九六）。筆者自身はことタイ研究に関して学術研究と市民運動を接合してタイの社会問題と直接関わるタイプのアクション・リサーチには踏み込まず、タイの中等学校生に奨学金を送るNGOに関わったり、東北タイに日本語教師を派遣するNPOの理事として学校を回ったりしてきた。そうした経験も本書に部分的には生かされているかと思われる。この二、三年はタイからの留学生を研究室に迎えることができ、彼らに調査資料のチェックでもずいぶんと世話になった。クルプラントン・ティラポン君、スチャリクル・ジュタティップさん、マユラネー・ラグアンワンさん他の留学生である。博士課程でタイの大学院生を指導することも筆者にとって勉強する機会となる。

研究発表と考察を深める機会を与えてくれた場所が、「宗教と社会」学会、日本宗教学会、日本タイ学会である。日本の宗教研究、タイ研究をリードされてきた重鎮や中堅どころの研究者が名を連ねる学会において、名前を挙げられないくらい多くの先生方に啓発されてきた。記して感謝します。

長期・短期のタイ出張と研究成果とりまとめの時間を与えてくれた北海道大学大学院文学研究科の諸先生方の配慮にも感謝申し上げたい。ここ数年は私学並に国立大学法人も組織運営の改革改善・教育の充実に時間が割かれ、調査研究の時間を捻出することが難しい。そうはいうものの、まがりなりにも著作をとりまとめることができたというのは時間的余裕が与えられたということである。さらに、タイ研究のような海外調査をやる人間の常として自宅を空けることは頻繁である。家族のサポートにも感謝したい。

最後になるが、筆者がまだ一冊も公刊していなかった時分から、筆者の研究に関心を寄せ、開発僧の本を是非と長らく待ってくれた梓出版社の本谷高哲氏に感謝申し上げたい。

本書は日本学術振興会から平成一九年度科学研究費補助金（研究成果公開促進費）課題番号（一九五一四一）を受けて刊行されるものであることを明記しておく。

二〇〇七年十二月

櫻井義秀

初出一覧

Ⅰ　研究の視点

第一章　宗教と社会貢献

櫻井義秀、二〇〇五、「宗教の社会的貢献――その条件と社会環境をめぐる比較宗教・社会論的考察――」（『宗教と社会』第一一号）一六三―一八四頁。二節部分のみを大幅に加筆・修正。

第二章　宗教と社会開発

櫻井義秀、二〇〇四、「宗教と社会開発――東北タイの開発僧――」（『印度哲学仏教学』一九号）二四五―二七五頁。二節部分のみを大幅に加筆・修正。

Ⅱ　東南アジア・タイにおける社会変動と文化

第三章　東南アジアの地域社会変動

櫻井義秀、二〇〇六、「分野別研究動向（地域研究、東南アジア）グローバリゼーションと地域社会変動」（『社会学評論』二二五号）二〇四―二一七頁。ほぼ一・五倍の分量に大幅に加筆・修正。

第四章　タイの開発と宗教

櫻井義秀、一九九五、「『開発』の言説支配と対抗的社会運動」（『現代社会学研究』第八号）二八―五九頁。執筆年次が古いので、かなりの程度修正を加えた。

第五章　南タイにおける暴力の問題
櫻井義秀、二〇〇六、「南タイにおける暴力の問題――国際タイセミナーにおける研究動向から――」（『北海道大学文学研究科紀要』第一一八号）一八三－二三六頁。論文全体を加筆・修正。

Ⅲ　上座仏教による地域開発

第六章　調査の視角と方法
書き下ろし。
第七章　東北タイの開発僧
櫻井義秀、二〇〇〇、「地域開発に果たす僧侶の役割とその社会的機能――東北タイの開発僧を事例に――」（『宗教と社会』六号）二七－四六頁。加筆・修正。
第八章　寺院と地域社会
櫻井義秀、二〇〇七、「東北タイの寺院と地域社会――カマラーサイ郡の寺院悉皆調査より――」（『北海道大学文学研究科紀要』第一二一号）一七一－二六九頁。加筆・修正。
第九章　僧侶の社会活動に関わる三調査比較
櫻井義秀、二〇〇六、「東北タイの仏教と開発――三調査比較――」（『北海道大学文学研究科紀要』第一二〇号）一－七九頁。加筆・修正。

著者略歴

櫻井義秀（さくらい　よしひで）

1961年生まれ（山形県）

1987年3月　北海道大学大学院文学研究科行動科学専攻博士後期課程中途退学

1987年4月　北星学園女子短期大学専任講師

1992年4月　北海道大学文学部専任講師

2004年4月　北海道大学大学院文学研究科教授　博士（文学）

著　書

Sakurai Yoshihide and Somsak Srisontisuk eds., 2003, *Regional Development in Northeast Thailand and Formation of Thai Civil Society,* Khon Kaen University Press.

櫻井義秀，2005,『東北タイの開発と文化再編』北海道大学図書刊行会。

櫻井義秀，2006,『「カルト」を問い直す』中央公論新社。

櫻井義秀・三木英（共編），2007,『よくわかる宗教社会学』ミネルヴァ書房。

東北タイの開発僧　　定価はカバーに表示

2008年2月20日　第1刷発行　　《検印省略》

発行者　本　谷　高　哲

制　作　（有）ブライト社

東京都中央区銀座2-14-12

（東銀座ビル5F）

発行所　梓　出　版　社

千葉県松戸市新松戸7-65

電話・FAX 047（344）8118

ISBN　978-4-87262-222-5　C3036

索　引

タ　行

ナ　行

ハ　行

マ　行

ヤ　行

ラ　行

付録　B　櫻井調査　東北タイで開発に従事する僧侶

1　Chenyutthana Chirayutto

Din Daeng 寺は Phu Phan 山地の山裾，岩盤の露出した山肌に建てられており，瞑想修行の場という雰囲気を持っている。Chenyutthana は博識であり，年齢のわりに弁舌も達者で個人的信奉者を広く持つ。彼等からの招請により国内外を周り，布施により，自身の事業を行い，その成果を記念する品々・写真を僧堂に陳列している。自らの事業能力を顕示することでさらに布施を集めようとしているのかもしれない。寺の下の方に村があるが，Din Daeng（赤土）に換金作物を栽培する開拓村であり，水田がない。農民にとって，同師は開発の指導者である。

出身地：Sakon Nakhon 県市内
寺院：Sakon Nakhon 県市内 Din Daeng 森の寺　タンマユット派
年齢：35歳
安居年：12年
学歴：中学校3年
仏教学習：パーリ語3段
寺院内地位：住職
開発開始年：1986年
履歴：母は多くの寺で僧侶を信奉し援助する在家であり，師自身は寺になじんでいた。俗世のことを考察してみたときに飽き飽きし，本を読んでみて法を学んでみようと思った。簡単なものではなかったが，法の明快さ，神秘さではない深遠さを学ぶのが好きだった。自然科学では仏教の教えを証明できない。実践，三蔵，大悟が重要。仏日ごとに仏塔を拝みに行き，1ヶ月程ゲーンガトム村に居てから，4年間森に入り，その後，村人を助けるために，橋，道路，寺の庫裏等を建設した。現在は村人の相談役である。
開発事業：村人の抱える問題を解決して，美徳を生み出し，衣食住を確保する。社会の開発は，個人をして社会の一員とせしめることで，それによって行動がよくなる。①頭陀行中に村人が公共施設を作るのを助けた。橋，道路，診療所など。②現在道徳を教えて精神面の開発を計っている。特に悪癖をなくすこと，③寺の周辺の自然を守ることなど。
開発方法：村人に助けを求めること。特に村，寺，学校の連携が大事であり，そのコーディネート役をやる。これをやっているのは師だけである。こうす

ることでコミュニティの開発が可能になり，効果を得ることができる。

開発と仏法：宗教の言葉を用いて，社会の生活状態を改善し，自立できるようにする。自立しようと思わないものや，そのような努力をしないで自立できるものはいない。

特技：公共事業のやり方を知っていること。開発の指導者である。薬草の知識がある。民衆を動員する妙計を持っている。

開発の障害：民衆の中には悪癖に染まってなかなか解消できないものがおり，賭博など含めて，こちらの力が及ばないところがある。

支援団体：師を支援する個人や団体多数。

将来計画：開発の最大の障害となっている民衆の悪癖をなくすことをやっていきたい。

2　Somsak Analayo

Phu Khaohin 村　Thamchandai Thepnimit 寺は，Nongbua Lamphu 県と Udon Thani 県境の山地，Udon Thani 側の山裾にある。岩盤の露出した小さな山の頂にある。岩の下にはピープーター（土地の守護神）の祠が数個あり，村人の話では，寺ができる前からあったという。同村はキャッサバ栽培と出稼ぎで生計を立てる世帯が大半であり，付近の農村と比較すれば貧しい。プーカオケーン村は開村10年。その隣村のランプーカオケーン村は20年。森を開拓した村。どちらも畑だけである。僧侶はキンマをやりながら，世間話を楽しむ。いわゆる開発僧とはだいぶイメージが異なるが，この付近では名士の一人であり，区の中学校教師が師から教育資金を毎年都合してもらっている。

出身地：Nong Khai 県市内 Michai 郡

寺院：Udon Thani 県，Kut Chap 郡，Kut Chap 区，Phu Khao Khoen 村 Thamchandai Thepnimit 森の寺　マハーニカーイ派

年齢：51歳

安居年：21年

学歴：中学校６年卒

仏教学習：仏教学１級

寺院内地域：住職

開発開始年：1990年

履歴：19歳で中学校６年を終了後，Nakhon Ratchasima 県の警察学校に入学，1967年から1973年まで警察に勤務し，階級章をもらい，Nong Khai 県，So Phisai 郡の警察署に勤務した。

開発事業：民衆の貧しい生活を見て，また彼らの教育の程度から考えても，自

力で開発するのは難しいと考えた。彼等の怠惰な暮らしと食べるものがない環境（高地のため水田がない）のためである。彼等は貧しさの理由を弁解するが大した意味はない。生活の不安定さ。出稼ぎ，悪癖，生活を向上させようという気のなさなどが見えたからである。具体的には職業教育を行う。協力して開発するように誘導する。村を繁栄させるためにそれぞれ得意な分野で，グループで一丸となって開発する。心身両面において村落の開発に協力する。物質的側面としては，職業教育のための資金を持つ。

開発方法：村人達が協力し合うようにする。指導者と指揮されるものを分けて，それぞれ責任を分担し，心を合わせて食い扶持を探す。

開発と仏法：これまで学んできたことから教えていく。よいと証明されたこと，人間の日常生活に役立つものを持つ。そして，生活の中心となる道徳を教え広げていく。

特技：芸術（映画）説法。学校などで教えること。

開発の障害：民衆は我慢することが得意でない。教育程度，生活水準が低いので，開発の成果がなかなかあがらない。

支援団体：師を支援してくれる会社などの布施。

将来計画：村にはまだ小学校がないので欲しい。村人の教育程度をあげたい。

3　Kab Thanawaro

いわゆる普通の村の寺（ワット・バーン）である。師自身は僧侶としての活動をやるだけで特に開発は意識していない。

出身地：Maha Sarakham 県，Kae Dam 郡，Wang Saeng 区

寺院：Maha Sarakham 県，Kae Dam 郡，Kae Dam 区，Wang Saeng 村，Uparat 寺　マハーニカーイ派

年齢：34歳

安居年：17年（沙彌を含めて）

学歴：小学校４年

仏教学習：仏教学１級

寺院内地位：住職

開発開始年：1985年

履歴：学校卒業後，Bangkok に働きに出て，やがて自動車修理工になった。出家する年になってから，故郷に戻り出家し，仏教学１級を得るまで続けた。その後，頭陀行に出て誰も僧の居なかったこの寺に着いた。村人の懇請に応じ，以来この寺の開発に努めている。

開発事業：この寺に僧は居なかったが，安居入りから僧が居るようになった。

村人はスットーロム寺の住職として懇請したが，郡僧団長の要請に応じてこの寺をよくするために村人が協力することになった。①庫裡の建設や他の開発事業をやっている。教えの場としてふさわしいように境内の整備，火葬場の建設，②村の子供達の教育施設建設，昼の給食施設，③沙弥の教育を行う。
開発方法：開発のための資金を得るために，黄衣奉献祭を初めとしたタンブンによる喜捨。年によっては，宗教局からの基金を募る。村人と協力する。
開発と仏法：善行をなせば，得るところも多い。その逆も然り。民衆にその地域にあった開発を教えていく。
特技：修理技術。村人が心を合わせることができるような説法をなすこと。
開発の障害：資金の欠如と援助してくれる行政の運営方法の問題
支援団体：宗教局
将来計画：現在はない布薩堂等をたて，宗教的教えの場にふさわしくしていく。

4　Thawi Thammothipo

1995年時点の調査では，森林を守る僧と在家組織の協力体制が典型的に見られたが，1997年調査では，薬草治療・マッサージ組合など村落の自助組織で行おうとしていたことが病院の事業となっており，伝統的タイ方医療に関する事業は郡の病院に殆ど吸収され，僧は森の番人の役目しかない。政府の事業としても，薬草，民間医療などが脚光を浴びるようになっており，民間の伝統・知識・技術が公定言説化することで，民間の力が奪われていく典型的事例である。

出身地：Khon Kaen 県，Ban Fang 郡，Lao Nadi 区，Lao Yai 村
寺院：Maha Sarakham 県，Kae Dam 郡，Wang Saeng 区，Non Kawao 村，1班，Aranyikawat 森の寺　マハーニカーイ派
年齢：36歳
安居年：10年
学歴：小学校6年
仏教学習：頭陀僧
寺院内地位：住職
開発開始年：1994年
開発事業：開発を始めた理由は，Nong-Ithao 高地の森を守りたかったということである。この森は Nong Kewao，Ma Ka，Nong Thi，Nong Waeng の4つの村に属している。ここには薬草・木が多数あり，村人がこれを知っていて用いるために残している。そして森を保護し，畑にしないようにしている。開発の内容は，薬草になる木にそれぞれ名前の標識をつけた。薬草を調査したり，関心を持つ人が県の内外から訪れた際に案内するためのグループを形

成したりする。この薬草に関するデータの収集も含めた広報的活動は郡の病院と新聞社主 Prasan 氏が行った。

この計画を始めたのは Prasan Rattanopanya（獣医師，印刷所経営）であり，薬草グループの一会員である。しかし，氏の計画は現在森林保護に変わっており，薬草による医療は医師に任せている。Nong-Ithi 台地は75ライの共有地と6ライの隣接する寺院の土地である。本来100ライ以上あるのだが，中学校に35ライ分けてやった。最も大事な活動は村人の火の不始末から森の火事にならないように，伐採しないように監視することである。以前は荒廃した林であったが，師が来てから3年で復活した。それは師等がチークやサガリバナの木など100種類にも及ぶ木々の植林を行ったからである。師は下枝以外の伐採を禁止したが，違反者を処罰できるわけではない。森林保全のために県の木と指定され，この区域を入りにくくしているにもかかわらず，村人は多種のキノコ取りに入る。

森を守る効用は，村人がここに入って食べるものを得ることができる。病気やけがを治す薬草を得ることができ，また売ることもでき，下枝を取って薪にできることであると師は語る。

1995年時点の調査では，次のような活動があった。

①ゲーダム郡の薬草コミュニティグループを結成。薬草管理，森林の保護を委員長である僧の指導の下に行う。②古式マッサージの研修を行うグループを作る。③村人のためにマッサージの奉仕を行う。重要なものは，郡役所や赤十字の年中行事への参加や研修などである。④マッサージを仕事として確立する。既に10人の村人がこの仕事をしている。

しかし，1997年6月の再訪の聞き取りでは以下のように事態は変化していた。

病院医師はここを薬草病院として用いることを願っているが，薬草研究の場所として用いるだけでは不十分であると師は考えている。医師，寺，コミュニティの協力関係が本来必要なはずであるが，行政関係の予算（郡の病院）については，僧が計画に参画できないでいる。早い話が上記①から④の事業は病院に吸収され，寺と村の協力による事業はなくなってしまった。コミュニティの自発的な活動が公的組織に移管されてしまったわけであるが，これを開発の仕掛け人である新聞社主は成り行きに任せ，病院では開発の完成度を高めたと認識している。

住職はこの薬草の調査や管理の事業に参加し，薬草の調査は大部分元の民間薬草医療者が行った。70歳になる存命のこの人はノーンテー村スック氏で知らぬものはない。調査後，薬草，薬木に標識を付け，病院で使われる薬草は別に植えている。村，区ごとの薬草グループはそれぞれ250種類の薬草，

100種類以上の木の種子を持っているが，日本の製薬会社が胃薬にするようなものやパータライジョンといった薬になるものは多くない。村人が病院で薬草による治療を受ける場合には，治療費や薬代を払わなければならなくなった。薬草の知識があれば自分でできるが，素人がやるより病院に任せた方が安全なことは確かであるが。

開発方法：仏法を尊敬させる。行事に参加させ，皆互いに助け合うこと，いたわり合うこと，役に立つことを知ることなど。

特技：①民衆を惹きつける説法ができる。②大工，左官仕事ができる。

開発の障害：1995年時点では，現在，政府，民間の各団体から，開発の各事業や研修をやるための資金を得ているが十分ではない。現在の予算では，薬草の木に標識をつけたり，薬草の種類を皆に知らせる研修やマッサージの研修を行ったり，さらに薬草の植え付けをしたりするのに十分ではないことがあげられた。

1997年調査では，障害は，村人が森に侵入し，伐採することを禁止できないことであり，より深刻なのは民間医療者等が薬草を売るために取っていき，これらを禁止できないことである。

その他の開発で寺に関わるものは庫裡を1つ，便所，事務所，電気の敷設を行った。

支援団体：タイ国医療研究所，Kae Dam 郡の厚生省の保健所病院，Prasan Rattanapanya 医師，家族と民衆のための協会等，NGO。

将来計画：1995年時点では，今年か来年に，病人を治療する病院の建設，薬草サウナ，マッサージのセンターを作りたい。1997年調査では，将来は多くの村で共用できる火葬場の建設。夏季の子供達の出家による教育も考えているが，親の中に反対するものがおり，小学校からこの寺が遠いなど問題がある。止観の研修は安居の時期に行う。

5　Opat Suwiro

いわゆる町の寺，普通の僧である。目立った開発事業はないが，町の発展に資金的な面で寄与している。かつて，師は長らく Udon Thani 県，Kut Chap 郡，Khon Yung 区，Nong Kung 村，Sawan 寺で住職を務めていた。同村は筆者のタイ最初の農村調査地であり，師とは懇意の間柄である。開発僧という概念すら知らない師であるが，実母が多額の布施を師に対して行ったおかげで資金的に豊かであり，村の事業にはそれなりの資金を出していたのを見てきた。

出身地：Nongbua Lamphu 県，Na Klang 郡，Kut Lo 村

寺院：Nongbua Lamphu 県，Mueang 郡，Lamphu 区，2班，

（10）

Rueang Uthai Sirimongkhon 寺　マハーニカーイ派
年齢：48歳
安居年：28年
学歴：中学校３年
仏教学習：仏教学１級
寺院内地位：住職
開発開始年：1969年
履歴：子供の頃から沙弥になっているので仏教には親しんでおり，タイ人に精神面での開発を促進させたいと考えていた。
開発事業：開発を始めたのは仏教を広めるいい機会だと思ったからである。具体的には，寺内の建造物等。青少年その他への仏教の研修を行う。
開発方法：村人との関係を大事に保ち，事前に実践してみせる。
開発と仏法：研修等をやって，人々が道徳心を持つようにする。
特技：説法（テートスィアン）
開発の障害：あまりない。
支援者：行政官や，村人を支援してくれる個人，会社等。
将来計画：寺院の施設を完備し，青少年の研修施設を作る。現在よりも，民衆に道徳のことを知らせていく。

6　Chamrat Chapanyo

Samran 寺は薬草により薬物中毒患者を矯正的に癒す寺として地域では知られている。Chamrat 師は快活，俳優のような声で，テートスィアンの名手としてひっぱりだこという話もうなずける。テートスィアンとは説法の一種で，道徳的説話を笑い，泣きを適当に織り交ぜながら２時間近く，語り，詠う。僧の掛け合いもあり，マイクのエコーをめいっぱい聞かせながらのどをふるわせる僧侶の姿は自己陶酔的でもあるが，聴衆はこれに涙する。これで得た布施を開発資金として事業展開をしている。

出身地：Roi Et 県，Pathum Rat 郡
寺院：Roi Et 県，Pathum Rat 郡，Nong Khaen 区，Samran 寺
マハーニカーイ派
年齢：55歳
安居年：35年
学歴：小学校４年
仏教学習：仏教学１級
寺院内地位：住職　僧団内地位： Nong Khaen 区僧団長

開発開始年：1993年

履歴：16，17歳の時に僧になれば幸せになれると思い，説法に熟達するべく1960年に出家を決意，20歳に達してから現在まで比丘である。初めての安居では，自分の村で三蔵，教法を学び，その後勉強のために村を出た。Maha Sarakham 県，Wapi Pathum 郡，Kut Rai 村の寺で説法を学んだ。テートスィアンをとりわけ好み，1ヶ月学んだ。村に帰ってから声が良くなった。3度目の安居では，Wapi Pathum 郡，フアルア村の説法僧の所で修行し，経蔵とベッサンタラ（布施太子）を学んだ。1969年から2，3年間別の県を歩き，コーラートに行き，そして現在の寺に戻ってきた。

開発事業：開発を行ったのは，この村と寺を発展させたかったからである。その内容は繁栄と善行，寺での行に人々を導くことである。①布薩堂，火葬台，僧堂の建設を行い，②境内の小学校，来賓を記念した植樹，③薬物をやめたい人の救済センター建設を行う。④境内に学校を1993年に設立。⑤コミュニティの森を保護する。⑥学校に昼食を無料で提供する。⑦託児所を設置する。子供達を送迎する車を用意し，保母を二人，月給1200バーツで雇う。寺の資金を提供して幼児を預かり，その間父母が働けるようにするためである。村では青壮年層が出稼ぎでおらず，祖父母が孫の面倒を見ながら，農作業に従事している。いきおい，子供の教育がおろそかになるので寺に保育施設を設置しようと考えたのである。

開発方法：父母に子供を寺に連れてくるように言う。子供に社会性を植え付けることができる。

開発と仏法：仏教で教えている実践に従い，子供達に僧侶の事を教え，寺は皆の心を合わせるところであることを教える。

特技：テートスィアンと仏法を広める力。

開発の障害：麻薬中毒になった人の治療や子供の託児施設の管理面。勉学を支援されているものが寺の仕組みを十分理解してないこと。教育効果の問題。

支援者：宗教局が子供達のために月1200バーツ2人分の保母の給料を出してくれる。

将来計画：社会問題をなくすために，Bangkok に行かずとも働く機会を得られるように，バイクの修理とか溶接等の職業教育を行う。

7　Kitti Kittisaro

森の寺であるが，今では Maha Sarakham 市街地にある。寺の裏手は大きな溜池，水田が広がる。冗談の好きな僧侶であるが，仏法の核心は人の役割に応じた義務をなすことと分かりやすく説明してくれる。地域の生活全般の面倒を見る。来訪者がひっきりなしにおり，聖水をふりかけたり，祈願したりと伝統的な僧の

役割を行う。頼りにされている。

出身地：Maha Sarakham 県，郡都
寺院：Maha Sarakham 県，郡都，Waeng Wang 区，Hin Tang 村，
Kunchonwanaram 森の寺　マハーニカーイ派
年齢：67歳
安居年：45年
学歴：小学校4年
仏教学習：仏教学１級
寺院内地位：住職　僧団内地位：ターソーンケーン区僧団長
開発開始年：1987年
履歴：最初は慣例に従って出家したのであるが，師であった Phra Sanchit Prayut と戒和尚への責務を感じるようになり，師が亡くなってからは仏教の実践を熱心に行うようになった。
開発事業：最初は開発に関して色々と相談を受けていた。それから民衆は政府と力を合わせて開発を行うようになった。そして，住職はそれらの活動に協力するようになった。具体的には，①村からの喜捨を得て，村内の道路を造る。②衛生の講習会や政府の養蚕，機織り研修会等を寺で開く。③村人に協力して資金を供出，図書館を作る。④米銀行の米倉を境内に建設。⑤村に仏法を教える学校を設置。仏教学３級から１級までの内容を教える。年間受講生は50人。14の村を管轄している。
開発方法：①決断する際に判断を助ける。②道具などを援助する。村人から集めた金を寺に保管しておき，寺の委員会が管理する。住職個人が保管しているのではない。
開発と仏法：僧は村人に協力し，村人は寺があってこそ生活ができる。
特技：民衆と心を合わせて色々な実践ができる。
開発の障害：あまりない。
支援団体：行政も運営面で協力的であり，教育機関の支援もある。コミュニティ開発。家族計画センター。大学，教育大学，その他の団体。
将来計画：寺院の塀と水道。村のために使える資金の拡充。

8　Sawat Piyathammo

寺院は典型的な森の寺で森を守る僧である。小高い丘状の地形一帯が森になっており，その中に同寺がある。エコロジー的発想を持つ師は，静かに森の効用を語る。数年前，西欧人が寺に３ヶ月程滞在していった。

出身地：Maha Sarakham 県，Wapi Pathum 郡，Na Kha 区， Khok Tao 村

寺院：Maha Sarakham 県，Na Chueak 郡，Nong Ruea 区　Khu Tat 森の寺　タンマユット派

年齢：41歳

安居年：19年

学歴：小学校4年

仏教学習：なし

寺院内地位：住職代行　僧団内地位： Nong Ruea 区の管理役

開発開始年：1984年

履歴：真摯に教育期間が終了するまで頑張り，その後ナードゥーンで縫製の勉強をし，Bangkok に働きに出た。帰ってきて，病気の祖父の恩返しに出家した。最初は2週間でやめるつもりだったが，僧の黄衣をまとっているうちに胸がすっきりした。それで生涯僧侶でいられるようにと誓願した。最初は僧になる決心がつかなかったし，森の近くにいて，人が生まれ，年老い，傷つき，死んでいくのを見る僧が好きではなかった。しかし，そうこうしているうちに僧になる決心をした。一安居過ぎてから，母と恋人は還俗して Sakon Nakhon 県に戻って欲しいと頼んだが，一緒に出家した僧とともに，Nong Khai 県，Bueng Kan 郡，Seka 郡，Bung Khla 郡の各郡を回った。

開発事業：「①社会の中の貧しい人たちと心で結ばれており，彼等の生活をよくしてやりたいという気持ちが起こった。人は寺を頼り，寺は人を頼る。②木と仏法は極めて近しい関係にあり，木は涼しさと静けさを与えてくれる点で価値がある。それで森の寺の僧は森を守る，自然に頼ることが必要である。これらの全てが心を安らげることを助ける。木を植えることは庫裡を作るよりも良い。心が安静であれば，欲求は起きない。」このように語る師の具体的な事業は，①1993年，村の中に水道を作る。③森林保護。現在200ライの森林と20－25種類の木々がある。③学校の支援。昼の給食，奨学金，教育用備品。④生徒に勉強させる。

開発方法：とにかく自分で企画，運営する。村人はまだ余り助けてくれない。それは，この寺が村から離れているからで，なかなか大変である。

特技：縫製技術。

開発の障害：①時たま開発資金が不足する。②森林が火事で焼けてしまった。
③殆ど自分一人でやらなければいけないことで，この地域では村人の協力は少ない。

支援団体：まだない。

将来計画：寺に入る道の整備と焼けてしまった森林の修復。60ライを焼いてしまったので，残っているところを維持すると共に，元へ戻すよう努力する。

9 Phichit Chittamaro

Phichit 師はタンマユット派の頭陀行僧である。開発は主として精神面の陶冶であり，説法，瞑想修行方法等で，大学教師など高学歴の人々の崇敬も集める。在家の人が語るには，「開発には様々な方面があり，経済開発だけではない。精神的なものを求めている人も多いので，Phichit 師のような方は重要である。」

出身地：Kalasin 県，郡都

寺院：Nong Khai 県，Hin Makpeng 寺　タンマユット派

年齢：55歳

安居年：19年

学歴：大学卒（Chulalongkorn 大学工学部卒）

仏教学習：仏教学１級

開発開始年：1978年

履歴：Kalasin 県に生まれる。子供の頃は哀れむ心が強く，よくめぐんだりした。しかし，あまり寺と関係することはなかった。霊験あらたかなお守りの小仏像を好んだ。単純に信じていたのではなかったが。16—17歳の頃から，セージャンコーセート（アヌマーンラーチャトーン）が訳したカーマニット物語（大乗仏教の物語）を読んで宗教に興味を持ち，釈迦がカーマヌットに説いた成果を知りたいと思った。そして，自分にとって一番いい時期に出家しようと思った。

その他に読んだ本として，プッタタート師の上座仏教の本，ブア師によってかかれたマン・プリタトー師の本等である。

こうした読書以外に，どこの僧が本物の実践をしているのかと始終考えていた。一番勉強になったのは，マン師の弟子から仏法の実践を教わったことで，それで1978年に出家した。

開発事業：民衆に自分で理解して欲しいことは，自分を持つ，信頼するということが，自分の周りの環境に左右されないということである。それでこそ，平安を得ることができる。そして，宗教を本当に理解して欲しい。形として目に見える成果はない。殆どが精神的側面のものであり，頭陀をしながら民衆に説明している。タイ人にあった慣習と祭祀を説明する。タイ人にとって仏教はなくてはならないものであるから。

開発方法：頭陀行はたいてい４—６月の夏季になされる。所を変え，法の実践をするものに益を与える。なぜなら，我々は慢心しやすいので，常に自分を保ち，意識を強めなければならない。瞑想は精神を強め，身体の感覚に煩わされなくなる。他人のために自分の身を律する原則を守れば，他の人もよく

分かるようになる。信仰すれば，よりわかりやすくなり，法のことを説明しやすくなる。
開発と仏法：身を律する。意識を強める。慢心しない。足ることを知る。
開発の障害：人々は悪癖にふけるものが多い。西欧式の身の丈を越えた生活環境が生じており，道徳的ではない物質主義の類に取り込まれている。これは，人々が道徳を学ぶ時間がないことが原因である。
支援団体：在家の人々が訪れ，法を学んで自らの行為をただし，益を得る人々がかなりいる。
将来計画：仏教を愛する人々を援助していくこと。

10　Punyaphisan

僧団長としての郡に対する役割をそのままに果たしている。行政，サンガとの連携も密。開発の指導者というよりも，後援者。但し，寺院内に託児施設を設けるなど積極的であり，そこに予算を着けさせるなどの政治手腕もある。地域での名望僧の一人。将来の県僧団長という在家もいる。

出身地：Maha Sarakham 県，Kae Dam 郡，Wang Saeng 区
寺院：Maha Sarakham 県，Kae Dam 郡，Wang Saeng 区，Burapha Nongbua 寺　マハーニカーイ派
年齢：46歳
安居年：26年
学歴：小学校４年
仏教学習：仏教学１級
寺院内地位：住職　僧団内地位：Kae Dam 郡僧団長
開発開始年：1988年
履歴：最初はあまり宗教に関心はなかったが，両親が１週間ほど出家してくれと頼むので，出家し勉強しているうちに寺を改善していくことになった。1980年に仏教学１級をとる。1982年，中学３年卒業相当の資格を得る。同年，Kae Dam 郡，Khetburi Dongko 寺住職。同年，Kae Dam 区副僧団長。1984年 Kae Dam 区僧団長代行。1985年 Kae Dam 区僧団長。1988年，Kae Dam 郡僧団長。
開発事業：最初は特別な責務はなかったが，1982年 Kae Dam 郡分郡の村から区までの僧侶，メーチー，プラーム（村落バラモンと呼ばれる村の祭式を執り行う人）の実践を指導する役目に任命された。①昔は寺の敷地内に学校があったので，僧侶は行政と協力して学校建築の資金を探さなければならなかった。そして，診療所のために４ライの敷地を得た。(既に建築済み）活動の

中心は村，学校，区での道徳研修である。区内50の寺では，悪癖禁止の掲示，寺を静粛に保つために境内に映画，劇などの立ち入りを禁止している。

②病気のものがおれば，薬を持っていき，寂しがらせない。③民衆への支援としては教育。5年間の教育方面の事業として，五万バーツを学校外教育に提供する。また，各学校の教師のために3千バーツを寄付する。Kae Dam内の各学校はこれ以外に，道徳教育のための寄付もされている。これらの金は信仰の篤い人，僧，行政から出されており，1987年から現在までこれらの事業が継続されており，生徒や教師を多方面から支援する責任がある。

④民衆との関係でいえば，衛生，環境に関して定期的に地域のリーダーと相談している。⑤民衆に自然保護を理解してもらうため，Kae Dam 内17カ所の森2千ライ以上を僧侶が守る森としている。その森の中で法の実践を行い，伐採を禁止する。Kae Dam 地域内の3カ所，メーチー，プラームが修行できる寺がある。Chombunbuapra 森の寺，Chattanmada 森の寺，Dongtak 寺である。森林が伐採され減少するのを防ぐ。

開発協力に関して，Kalasin 県・Khon Kaen 県の開発僧と共に，Maha Sarakham 教育大学で研修を行い，開発方法等の交流を行った。この際，Surin 県のナーン師を呼んだ。開発は物質的側面で終わるものではなく，個人と精神的側面の開発が法によってなされ，後に物質的側面に移る。ナーン師の開発計画についての考えは，民衆に対して真摯に対応しているので成果が上がるのであろう。

様々な事業において，師は自分の資金（出家前に商売をやり当時で2万バーツの金があった）や喜捨してくれる人の資金で行っている。この寺は1991年に行政から10万バーツの資金を受け取り，師が自身で布薩堂，庫裡を建設された。

師は大学での講演や，インド，スリランカ，ラーオ，ビルマへ自身の資金や外国からの資金の提供などで各地の視察を行い，貴重な経験を得ている。

就学前児童託児所は郡 Kae Dam 内に4カ所あり，Dao Don 寺，Raochan 寺，Raoearun 寺，Nakun 寺。これらは各寺の支援の下に行われている。保母は月3千バーツの月給を受け取り，寺は運営維持費を支援している。保護者は保育料を払う必要はなく，この事業は父母達に働く時間を与え，経済的支援にもなったことから成功したと言えよう。宗教委員会も資金を提供しており，これは師の提案によって決定されたことである。それで最初の年から予算を得た。就学前児童保育施設の運営を始めてから1年して，行政が認可し，予算措置を執るようになった。

薬草に関しては，師が境内に植えてはいるが，自分で薬草を作ったことはない。病院を支援している。

開発方法：村人の経済的問題を解決するために，事業基金を設置するべく，各村から基金を募るが，今ではあまり芳しくない。村人はそれをやる時間がないことを引き合いに出す。それで僧侶が協力し，村人達が団結してこの事業をやってくれるように説得して回らなければならない。たいした金額でなければ，あるところでは基金に協力してくれる。この事業をやりたいのは今よりも社会を豊かにしたいという願いがあるからである。数カ所に若干の資金を配分しているが，目立った結果は出ていない。

この地域の経済状態はかなり悪く，いい仕事のないものは子供をよそに働きに出さなければならない。現在，紡績関連の工場ができて，出稼ぎの問題が若干解消された。しかし，出費を抑えるべく節約することを促進しなければならない。この近辺は農民が主で他の産業がない。協同組合の店舗や米銀行，牛銀行などはない。

開発と仏法：仏教の教育では，僧や年長者が教え導く。様々な開発を行うにあたって，自分を犠牲にすること，信仰を持つことが重要である。

支援団体：なし

将来計画：職業面での開発事業を探る。

11　Bunchu Tantisaro

開発というより，聖水による祓い，病気直しで有名である。日曜日には新車に交通事故を避ける祈願を込めてもらう人が集まる。

出身地：Maha Sarakham 県，郡都，Polo Nongka 村

寺院：Kalasin 県，Phochai 郡，Non Sila 区，Sawang 村，Sawang 寺
マハーニカーイ派

年齢：87歳

安居年：14年

学歴：なし

仏教学習：なし

寺院内地位：住職

開発開始年：1983年

履歴： Polo Nongka 村に生まれた。私が子供の頃は12頭もの水牛の世話で学校に行くことがなかった。この頃は名字さえなかった。村長すら名字がなく，村の支配者のみ名字を持っていた。結婚して，Sawang 村に家族を持ったが，婆さんに死なれたので出家を決心した。

開発事業：僧房，庫裡，塀，門，鐘楼の建設。クメール式の火葬台の建設。学校へは未だ教育資金を提供していない。年中行事の祭りなど村人に協力して

いる。

村人に朝晩寺に来るように指導している。在家で戒を守るために寺に来るものは20名ほど。寺に来ているものは計70名ほどになろうか。

開発方法：説教だけではダメ。しかし，信者に対して僧は説法のお返しをするのである。(布施に対して) 聖水で病人を癒す。綿を紡ぐ。薬草を使ったことがあるが，自分で栽培はしていない。

支援団体：村民と Bangkok で働いている自分の子や孫

将来計画：塀が完全に出来上がっていないので，寺の回りに張り巡らせたい。

12 Phaen Sophanno (Patthanakanwichit)

詳細は本文を参照のこと。

出身地：Kalasin 県，Yang Talat 郡，Khao Phano 区，Na Khu 村

寺院：Kalasin 県，Somdet 郡，Wira Ongsawat 寺　タンマユット派

年齢：46歳

安居年：24年

学歴：小学４年

仏教学習：仏教学１級

寺院内地位：住職　僧団内地位： Somdet 郡僧団長

開発開始年：1982年

履歴：沙彌になったことはない。小学校卒業後，貧しかったので出面，苦力など金になる仕事は何でもやった。出家する年になったので，1974年この寺で出家し，仏法を学ぶ。２年目に遊行，クーン師と共に止観行，布教して村々を歩いた。多くの土地で村人が困窮しているのを見た。Sakon Nakhon 県，Phon Na Kaeo 郡に頭陀をした年，凶悪なコミュニスト（共産ゲリラ）の首謀者たちがいたところで，７人の僧で行ったがそのうち２名が殺害された。なぜなら，この２人が兵士でちょうど出家しているところだという役所の文書を持参していたからである。９年目（1983年）に師僧の位階を得た。師はあまり位が好きではない。和尚の師は住職のグライ師であり，この Somdet 郡の寺にいた。ファン師に出会ってからは，グライ師に一日一食の許可を得た（1974)。翌年に師は盆に食事を盛ってもらった際，鉢に入れてくれるように頼んだ。1976年，グライ師が病み，副住職となった。1980年，師死去。翌年，葬儀。

開発事業：詳細は本論参照のこと。1982年に庫裡を新築。これより，寺の開発を始める。師は民衆を愛した。民衆の生活が寺の僧侶の生活よりも悪いことに気づいた。それで，様々な領域で民衆を助けていこうと考えた。全てのこ

とで開発を行おうと目標をたてた。そのような折，国王陛下がお出遊ばし，高貴なものを下賜された。それは，国王がパッタナー「開発」を含んだ法名を与えるということをお命じになったことである。

開発方法：全ての人に愛し合い，団結し合うようにいう。共有すること。国家，宗教，王を敬うこと。村の政治が平穏であれば，村人は平穏無事に一緒に暮らすことができる。村の委員会を立ちあげ，計画を推し進めた後，使用する土地に所有権を付けるために土地管理局に手続きを行う。寄進された土地の利用法。

開発と仏法：僧が持つべき役割，義務とは，説法の中で仏法，道徳を教え，人を導くことである。師の考えでは，国の法と道徳が重なり合っていかなければいけない。開発については，精神的な発展（開発）の方が物質的経済面の開発よりも重要である。何事にも成功を収めるには，まず心を富ませることが肝心である。心が貧しいと，何事も思い浮かばない。僧は民衆の中に入っていき，まだ知らないものには教え，知っているものにはより豊かになるよう教えていく必要がある。よく知っている僧の立場は，民衆に対して慈悲の心で接するということである。自分ができる限りのことをして，民衆にお返しをするのである。以下の２点を開発の要点と考える。①全ての人に，戒を守ること，身体，言葉使い，心をまず改め，きちんとさせること。②全ての人の心に団結心を芽生えさせること。

特技：説法。テートスィアンも言葉だけのものも，形態，長さ自由自在にやれること。開発に関わる種々の方法，考え方は止観の瞑想中に湧き出てきたものであり，研修を受けたとか，誰々に習ったというようなものではない。止観こそ知恵の泉である。

開発の障害：村人の中には不満を持ち，仕事を手伝わないものがいる。それは，どうして僧侶が村人のために忙しく走り回っているのか，僧侶が活動を寺の中だけに留めておかないのか，分からないからである。しかし，師はくじけることなく「人生とは戦いであり，敵とは強壮剤である（敵があってこそ戦う楽しみがあろうというもの）」と語る。

支援団体：なし。開発事業に関わる村の開発委員会を除けば，いかなる団体とも関係がない。

将来計画：①学齢前の子供たちを預かり，仏の教えと日常的なことを教えるセンターの設置。②外国輸出向けの縫製工場を建て，村人の収入の補填とする。③農業用水と水力発電ができるような貯水池（ダム）の建設。この件は事務所に文書として上げたものだが，まだ返事を得ていない。これによって，Somdet 郡の農民の生活が良くなる。Khok Sai 村から Somdet 市街地まで20キロの距離があるが，毎年一回しか米を作れない。村人が水稲を２回作り，

収入を増やせるようにしてやりたい。④僧侶のための病院を作る財団を作ること。

13 Siri Yannawiro

詳細は本文参照。

出身地：Yasothon 県，Kham Khuean Kaeo 郡，Song Plueai 区，Song Plueai 村
寺院：Yasothon 県，Kham Khuean Kaeo 郡，Song Plueai 区，Song Plueai 村，Sirirat Phatthana 寺　タンマユット派
年齢：77歳
安居年：35年
学歴：不明
仏教学習：仏教学1級
寺院内地位：住職　僧団内地位：1991年に Phon Tan 区僧団長を経験
開発開始年：1975年
履歴：師は Nakhon Ratchasima 県で40歳頃に出家し，1，2年安居を過ごした。それから，長らく南タイ，中部タイ，北タイで頭陀行を楽しんだ。Bangkok では11年間学んだが，故郷が恋しくなり，戻って修行した。ここにずっといようとは思わなかったが，村人が招請したために居ざるを得なくなった。かつて，この辺は深い森であった。ここで長居をしていると，村人の困窮ぶりが分かってきて，ここの困難を解決しようと決心した。この寺は1975年に開基され，現在安居期間7人の出家者と Mueang Thoi 丘副寺院に2人の僧がいる。
開発事業：師は，地方の人々が，自分たちを助ける近代的な技術を持たず，迷信的なことに縛られているのを見て，まずそれを捨てさせ，先進国からの知識を得させることが肝心と考えた。交通手段のみならず，通信もままならない状態であったことから，地方の人々は日常生活を遂行するための近代的な知識を持たない状態におかれたのである。これまでやってきた開発事業でも未だ効果が出ていないこともあり，夕食に事欠く村人がいることも事実である。あまりに豊かさとかけ離れているために投げやりな生活を営んでいるものもいる。不便な道を直したり，日常的な生計を立てる手段として、農業を基盤とした自然に適った暮らしをしていくだけであり，経済面，産業を興すようなことはあまり考えていない。具体的な目標として，①地域開発は，農業，道路，衛生，通信面に重点，②日常生活を助ける近代的知識を得る，③近代的な知識人により教育を行い，品行をよくし，村人を視野の広い，思慮

深い，行動的な人間にしたい。成功した事業　①風俗習慣と宗教，哲学，教理の類，②言語と文学，③美術，文化，考古的学，④生活と知識，器械の使用，衛生観念，生活の知恵等を教育，研修する等であった。社会に有益であった事業の詳細は本論を参照。

開発方法：事業は行政か，その分野の専門家に尋ね，実現の可能性を探る。仮に予測しない事態が生じても，これらの人々が自分たちの事業内容を保証してくれる。というのは，開発事業を始めたばかりの時は，悪党の集団やコミュニストの一味ではないかと疑われた。この時期は僧もコミュニストではないかと嫌疑をかけられ警察に捕まったことが多い時であった。行政に連絡した後も，始終村人に会いに行き，調整しなければならない。どのようにしたら成果が出るのか，どのようにした結果失敗したり，問題になったりしたのかの話を聞いて理解してもらう。仮に，村人が師の話を理解せず協力してくれない場合は，こうした人に今後予め話をするのはやめる。そして，誰が敬意と謙譲の心を持っているかを見定め，その人のところへ行く。こんな種類の人に感化することができれば，今度はその人を頼む。話しても分からない人を相手にするのは無駄であり，こうしたやり方をする方が実り多い。

師の事業は殆ど自分で考えついたものであり，情報はそれに通じた人から助言を受けており，彼等に相談しようと待ちかまえているのである。どのような事業でも始める前は，質問する。計画が浮かんだときは，実現可能な具体的なものになっている。

開発と仏法：和尚はこうした開発事業に対して何の見返りも期待しないし，やったことだけで嬉しく思っている。本物の出家者は自己犠牲だけである。

14　Praphit Tittawanno （Phinitprachanat）

タンマユット派県僧団長の秘書的な仕事を行っている有能な僧。将来，この地区ではそれなりの出世階段を登りつめる可能性あり。話に英語も混じり，渉外役にうってつけであろう。

出身地：Kalasin 県，郡都
寺院：Kalasin 県，郡都，Kalasin 区，Pracha Niyom 寺　タンマユット派
年齢：36歳
安居年：14年
学歴：職業高校（農業）
仏教学習：仏教学１級
寺院内地位：住職　僧団内地位： Kalasin 区僧団長
開発開始年：1991年

履歴：Kalasin 県市内に生まれる。父は公務員であった。両親が亡くなったので，慣習に従って，22歳の時に出家した。しかし，出家している内に精神的に惹かれるものがあり，このまま続けようと決心した。そして，Prathom Wanaram 寺にて安居を過ごし，最近アメリカのタイ寺院に2年ほどいてきた。アメリカには28のタンマユット派の寺院と40のマハーニカーイの寺がある。

開発事業：最も責任として重いのが，区僧団長の役割であり，統括地域内の寺院の管理，僧侶の行状などを統制し，業務を指導することである。社会福祉的なものとしては，警察と協力して，麻薬防止の研修により，若者を麻薬のわなから救う。今年が最初である。母の日の行事。病院に Bangkok からベッドを寄付。

Kalasin 市街の商業高校に教育資金を寄付。30人ほどの中学1年相当男子生徒を寺に寄宿させている。Nong Kung Si 郡，Kham Muang 郡など辺地から来た生徒である。生徒たちは経費を一切負担しなくてよい。彼等の義務としては寺院内で規律正しく生活することである。月・水・金の研修に参加すること。どのような子供たちを寄宿させるかに関して規則はないが，両親が連れてきたものを入れている。

村人が相談に来たら，聞いてやり，意見を交換する。

開発方法：開発資金を募金して回る。宗教局が若干の補助をしてくれるが，どの程度になるのかは来てみないことには分からない。殆どの予算は寄付から得ている。

開発と仏法：自立できるよう導く。まず，自分が身をもって示す。それから教え，精神的安らぎと正しい行いに教えていく。

特技：古仏や骨董の収拾・管理。若干の鑑定もできる。

開発の障害：私自身の年が若いことである。タイでは年長者が敬われるので，発言力の重みに欠ける。それ以外は問題ない。

支援団体：仏教協会。県教育委員会。県。ボランティア等。

将来計画：木を植えて，公園のような境内にしたいものである

15 Bunkoet Ariyo

タンマユット派頭陀行僧の伝統に連なる僧侶は，年が若くてもそれなりの風格と思慮を感じるものである。自然の中に仏法を見るという発想と，その自然が失われつつあることとタイ国のモラルの変化を連動させて考えている。森を守るということと道徳心の復興がこの僧の場合重なり，一つの森林僧の典型を示している。

出身地：Sakon Nakhon 県，Kusuman 郡，Thong Khop 区，Na Mon 村
寺院：Kalasin 県，郡都，Lam Pao 区，Amphawan 村，
Amphawan Muangnoi 寺　タンマユット派
年齢：33歳
安居年：13年
学歴：職業高校（電気）
仏教学習：仏教学1級
寺院内地位：住職
開発開始年：1993年
履歴：農家の長男に生まれた。姉と妹がいる。21歳で出家した。子供の頃に寺に行っていたので，行をしている内に帰依する心が起き，出家しようと思ったのである。学校卒業と同時に慣習に従い，出家した。Nok Nimit 森の寺で安居を過ごし，6年いた。この寺はマン老師がいた由緒ある寺であり，止観の修行をした。その後，Nakhon Phathom 県，Dan Luang 郡近辺の山沿い，Phu Phan 山地付近，Chiang Mai 県の Fang 郡等を頭陀行して回った。自然の重要さを認識した。なぜなら，自然とは法（タンマ）であり，法を行ずるところは自然の中にある。多くの人に自然に対する関心を高めてもらいたい。
開発事業：寺には6人の僧と2人のプラームがいる。具体的には，①小中学校の生徒に道徳の研修を施す。これらは学校や県の教育委員会の招きで行っているものであり，県の高等教育課に設けられた教育施設で行う。県内32ヶ所の学校を1997年に回った。学校ごとに500から1000人の生徒がおり，計15000人の子供たちに法を説いた。祈りに集中すること，最初は僧侶がリードして心を静めることから瞑想を教えていく。②植林の支援。自然保護。③森の中の動物保護。寺の境内付近の森には200羽からの野鶏（雉科）がいる。動物と環境のふさわしいバランスをとるために，保護しなければならない。④薬草の栽培。しかし，それらの管理を自分だけでやるのは大変である。⑤寺を発展させる。⑥村人に法を説く。境内で娯楽を禁じる。
開発方法：寺の年中行事や記念日などに重要な法の話をきちんと行う。このような折り，村人は寺の様子を観察していく。寺が清潔を重んじれば，村人は自分の家同様に，家の清掃の後，寺に戻り清掃を行う。こうしたことは，まさに自然なことであり，あえて言葉で教える必要はない。
開発と仏法：法というのは，道徳と霊性が一体となったものでなければならない。誠実で，真摯であることが，平常心の中に道徳を保っているということである。僧侶の社会的役割として考えられるのは，第一に，心，道徳面の事柄であり，地域の指導者たるべきである。第二に，僧は知識と信仰を同時に持っていなければならない。伝統と慣習を守るべき。もし，現世のことだけ

を中心に考えれば，この世は急速に悪くなる。そこで，法を保持し，説いていくことに意味が出てくる。

特技：電気工事と建築。庫裡と講堂は自分が指揮して建てた。

開発の障害：開発の資金に関してはあまり問題ない。村人の信仰心のおかげで，寄付してくれる。

支援団体：Kalasin 県 Lam Pao 自立村（内務省公共福祉局），Kalasin 県営林署，キリスト教子供財団。この財団は東北タイ各地で事業を行っている。村人が多方面で援助してくれる。母の日には植樹し，村，学校，寺の発展に力を合わせる活動を行う。

将来計画：現在の活動を継続していきたい。僧侶のことに関しては，これから新米僧侶に対する研修を県レベルや，王国レベルで行い，仏法の規律を高め，行いや止観行を正しくしていけばいいのではないかと考えている。東北タイでは，このような研修が大規模になされることが少ないので，提案している。

16　Aut Thittapunyo

タンマユット派の学僧という雰囲気である。話の簡潔さは小学校卒というのが全く信じられないほどで，仏教学の学習と止観行の成果かと思われる。話自体も要点の整理がなされており，そのまま聞き取ったことがインタビューの要約をなすほどである。

出身地：Khon Kaen 県，Chonnabot 郡，Chonnabot 区，Tha Khoi 村

寺院：Kalasin 県，Nong Kung Si 郡，Nong Sawang 区，Nong Sawang 寺　タンマユット派

年齢：32歳

安居年：11年

学歴：小学４年（中３修了資格あり）

仏教学習：仏教学１級，パリエン４段

寺院内地位：住職，日曜学校管理者　僧団内地位：Kalasin 三蔵学僧（パーリ），Kalasin 県僧団委員，郡 Nong Suri 僧団長

開発開始年：1992年

履歴： Chonnabot 郡の農家，３人兄弟に生まれた。13歳の時より，８年間沙彌をやり，その間にパリエン４段を取得した。その後，出家して，Paniya Surikun 老師に止観を２年間師事した。この間仏教学１級を取る。そして，１年間 Chiang Rai 県で止観の修行をなし，帰ってくるまでにサンガの新しい学習を身につけてきた。

開発事業：①管理業務　郡僧団長として管内18の寺院を管理，戒律に従って規

律正しく指導する。寺院内のことだけでなく，環境にも配慮するようにいい，寺院はどのくらい人々に安寧を与えているのか，すなわち，幸福感を与えているのかを諭す。これらは寺を教えの場にしていこうという試みである。

②教育業務　Kalasin 県各寺院に関わるサンガ内教育の管理運営。沙彌への教育。4つの学校で876人の子供に仏教学1級から3級の間の事柄を教え，寺内の学校では小学校5年から中学4年の子供たち263人に仏教を教える。こうして教えるのは，将来子供たちが仏法を理解し，日常生活で役に立てることが出来るよう指導するためである。もし，問題が発生したならば，それを解決するために仏法を参照し，家族で戒を守ることが出来る。最近，子供たちは仏法を学ぶ機会がないので，布施，受戒の懇請，説法の懇請，吉兆・凶兆の時行われる仏教儀礼などを教えなければならない。

③民衆各層への布教　僧侶達に村へ行って村ごとの問題がどのような状況であるか知るために，布教に行きなさいと勧めている。正しいこと，問題の解決法等を教える。それぞれの分（状況）に応じた生活をするよう民衆に教える。仏日には，村人を伴って止観の行のため，森にはいる。五蘊（色・受・想・行・識）を認識するに至るものや自分を知り，平安を得るものがいる。自然に反することをする故に，難儀が生じる。

④寺内の公共的建築　昔から言われてきたように，仏教の法に沿って行えば幸せになるということを信じさせる。信仰に導くために，僧としての行いを正しくする。

開発方法：念，意識を持つものに導く。自然界に起こっていることを教えることで，それに逆らわず行うことを諭す。しかし，自然に起こることを意識的に生じさせようとするのであれば，それは消し去らなければならない。自然でなければ，幸せではない。

特技：学問が一番であろう。子供の頃，学問を志すという大望を持ったが，家が貧しかったので，教師になるための学校にはいることが出来なかった。それで，出家することで満足し，ひたすら学問をした。どんな困難な状況であっても，自分のやる気で切り開いていける。それで，他のものにも機会を与え，手助けしてやりたいと考えている。自分の身を養っていけるようになればよく，そのことで彼等から恩返しをしてもらおうとは思わない。

開発の障害：村人は僧侶が教える法をあまりよく理解していない。これは彼等が本当の信仰を持っていないからである。いろんなうわさ話しでも，村人は無邪気に信じるものである。まだ誰も証明していないこと，証拠のないことが本当かどうか確かめない。また，ただ法話を受け取っているだけで，正しい行為を受け入れようとしない。

支援団体：寺の財団。村の指導者，村人達。

将来計画：教育，研修その他の機会に役立てられるように，境内に学校を建てたい。成果が期待できる。

17　Ha Asoko

寺の作りは全く普通の村の寺であるが，住職が薬草を用いた治療を行うことで有名である。薬草に関する知識，治療方法に詳しく，詳細は聞き取れない部分が多かった。

出身地：Nakon Phanom 県，Renu Nakhon 郡，Phon Thong 区，Dong Ma-Ek 村
寺院：Nakon Phanom 県，Renu Nakhon 郡，Nong Yang Chin 区，Nong Yang Chin 村，Sa Phang Thong 寺　マハーニカーイ派
年齢：48歳
安居年：24年
学歴：高等学校修了
仏教学習：仏教学１級
寺院内地位：住職　僧団内地位：Phon Thong 区の僧団長を経験したが，勇退している。
開発開始年：1987年
履歴：かつて，金商人をやり村々を歩いていたが，金の価格が暴落して，出家した。金の価格が上昇してくると還俗したかったが，すぐできなかった。雨安居を過ぎてから還俗しようとしたが，ちょうど価格が下がり，これは還俗できないということだと思い，以来僧侶をやってきた。出家している間，頭陀行に４年間 Phayao，Mae Hong Son，Tak，Phrae の各県を歩き，Malasia にも行ったことがある。これらは安居明け，行事が終わってから出ていった。夜を過ごす（違反僧が限定された場所に居させられること）風の行為を毎年やった。現在も頭陀に歩く。

頭陀行の際，多くの僧と話し，見聞を広め，薬草に関する知識を得た。薬草に関心を持ち，１年間勉強し，自分で育ててもみて，Saraburi，Prachin Buri 県に視察に行ったこともある。Nakhon Pathom 県保健局の医師による講習会に参加したりした。境内に薬草を植えて，標識をたてた。足を薬草で揉むやり方をやっている。

開発事業：寺院内　僧10名，沙彌２名。具体的には，以下の通り。

①建築等。寺院内に庫裡，僧堂，これらの建築は乾季か田植え以外の時に行う。沙彌には私が建築の仕方を職業教育として教える。これらは沙彌が還俗したときに役に立つ。これ以外には電気工事等の知識もある。

②教育。かつては境内に子供たちの託児施設があった。しかし，現在は寺院の隣に移った。60人以上の子供が登録している。しかし，実際来ているのは40人くらいで，３人の保母を月3000バーツで雇い，この予算は宗教局と寺の持ち出しである。

③寺建設。もう一箇所に新しい寺を建設している。そこには７人の僧と12人の沙彌がいる。

④病院。薬草の種子を植え，薬を作る。足の薬草蒸等，薬草を使った病院がある。私はこの方面で実績がある。特に，喘息にはこのやり方がよく効く。或いは刻んだ薬草（巻いてシガー状にしたもの）やホマメノキと石灰を水で練り合わせたものを首に巻くなど。その後，これらを灰の反対側の背中に塗り重ねる。これを肩から布でしばっておく。乾かないように時たま水をかけておく。薬は皮膚から吸収されていく。患者は何度か吐き気をもよおす。皮膚の毛が黄色になってきたらはずしてよい。直に吐き気が止むが，体中疲れているので安静にしておく。病院で出す生理食塩水や塩水を飲んでも良い。最初の段階では３回くらい，１時間ずつやればよい。しかし，殆ど１回目で効果がある。

治ることを願うものには，水碗に1.5バート（6サルン）と白い花を入れて呪文（祭文）を唱え，礼拝する。三度息を吹きかける。これで儀式は終わり。この儀式によって，喘息は全快する。

開発方法：開発の資金は殆ど，ガチン祭，黄衣奉献祭からのものである。または篤信者，宗教局など。開発は関心を持つものと僧侶が協力して行う。僧が村人と働いているのを見て黙っておれないものは，信仰が生まれたものであり，言わずとも協力してくれる。

開発と仏法：村が一致協力するように，仏法を基礎に用いる。

特技：電気工事，左官，鍛冶等。

開発の障害：あまりない。仕事が大変であれば，村人の応援を頼めるし，50人からの村人が来てくれる。左官などの仕事では100人が来る。

支援団体：村人，篤信者，宗教局，ボランティア，役人，新しい事業の場合特に。

将来計画：寺と村に図書館を作りたい。庫裡が狭くなったのでもう一棟建てる。

18　Sing Khamphiro

郡の僧侶であるが，県都市街地から来る信者も多く，人望のある僧侶である。治療なども含む様々な相談にのる。寺には布薩堂がないために，同じ村にある隣の寺の布薩堂を借りて出家式を行う。この村はソー民族の村であるが，外見はもとより日常生活レベルにおいてもラーオの人達（タイ国民）と差異はほとんどなくなった。

(28)

出身地：Chon Buri 県

寺院：Maha Sarakham 県，Kantharawichai 郡，Si Suk 区，Si Suk 村
マハーニカーイ派

年齢：70歳

安居年：50年

学歴：小学校４年

仏教学習：仏教学１級，パリエン２段

寺院内地位：住職

開発開始年：1986年

履歴：不明（語らず）

開発事業：①交通事故者の治療。骨折。薬草と霊験あらたかな祭文による。
②精神的治療。ブッダの加護を願う祭文により，患者を癒す。
③精神的な面での社会貢献。仏教の布教。運勢を変えるための犠牲的な儀式を行う。
④公共的な建設。村内の道路。Si Suk 村と Pak 村，Na Di 村間の道路。
⑤教育資金と児童の給食資金の提供。
⑥寺院内の沙彌のためにパーリ語の学校を開設。
⑦寺内の僧堂，火葬台，庫裡等の建設。これらは村の指導者の事業。
治療者としての僧の名声を聞いて，各地から人が集まる。信者は多い。

開発方法：予算は，タンブン，布施，黄衣奉献祭，ガチン祭。或いは，病気治療の礼金を充てる。

開発と仏法：開発は，村人を誘って協力してもらう。仏法そのものと，村人の信仰が開発を助ける手段である。地域の政治家に，必要なもの，予算，その他利便性のあるものを要求する。国内の発展は非常に早いが，人々の心は発展というものを理解していないために，モノの奴隷になっている。生活が良くなるほど，人心が荒廃する。村のインフラは大分整備されてきた。道路も良くなった。しかし，人の心は卑賎になる。車を持つことで人に見せびらかし，昔ほど人を助けたりする寛大さがなくなった。貧しいものにとっては，開発とは道路を切ること，美しいものを建てること，十分な収入を得ることであり，戒，仏法などはどうでもよくなっている。師の提言としては，①国家の発展のためには，人が法を持たなければならない。仏法を護持すれば人間は成長する。人が苦しんでいるときには社会にも難事が生じる。②村人に仏法を知ってもらいたい。また，昔のように寺に聞法にきてほしい。なぜなら，現在，寺に仏法を聞きに来るものは非常に少ないからである。もし，民衆が仏法に関心を持てば，慈悲喜捨の心が生まれる。③仏法を学び，寺に来ることで，人は心を成長させなければならない。

19　Pathumworakit

この寺はマハーニカーイ派の森の寺であるが，実際はボラブー市街地に位置する。住職はサイヤサート（呪術）を用いた治療で有名であり，境内では住職が信者に祭文を唱えてから，薬草等を与え，水を被らせる場面が遠くから見えたが，インタビューには応じてもらえず，秘書役の僧から間接的に聞き取りを行うことになった。

出身地：Maha Sarakham 県，Borabue 郡，Don Ngua 区，Don Ngua 村
寺院：Maha Sarakham 県，Borabue 郡　Khwan Mueang Rabue Tham 寺
　マハーニカーイ派
年齢：66歳
安居年：46年
学歴：不明
仏教学習パリエン４段
寺院内地位：住職　僧団内地位：ボラブー郡僧団長
開発開始年：1973年
履歴：Don Ngua 村において14歳で沙彌になり，Ubon Ratchathani 県，Khon Kaen 県，Bangkok などで勉強し，特に精神病医療に関する書物を学んだ。1973年，ボラブーのこの土地でボラブー森の寺を作った。これは現在の寺の境内にある。初代の住職である。現在7名の僧と，33名の沙彌がいる。三蔵と普通教育を受けに地方から出家して集まってきた。
開発事業：① Borabua 郡の僧団長として規定された仕事を行い，６つの郡をまとめて会議を行う。
　②布教面では，説法僧，開発僧，監督者としての役割。
　③寺内部の建設。
　④村の開発。村から要請があったところで，井戸掘り，道路を作るなど。
　⑤教育資金，給食の提供。
　⑥貧しい階層の子供たちを沙彌として預かり，教育，一切の面倒を見る。
　⑦精神病者の治療。仏法と薬草を用いる。喉の痛み，つぼや腹部中央の痛み等。治療を求めてくる人は1日少なくて40人。
　⑧住職が作る小仏像
　⑨ボラブー中学校，ボラブーウィタヤーカーン中学校などで，生徒に瞑想の指導。
　⑩仏日に寺で説法，土日に学校で説法を頼まれるなど。
　主として，サイヤサートの霊験を求めて来る人たちで賑わっている。住職

自身はインタビューに応じないで，秘書役の Kanlaya Chaotosopanno 師より話を聞く。

開発方法：①必要な物資を買う金を付加する。

②知恵を貸し，成功させるよう相談に乗る。

③仏法により精神病を治す。仏法を教える。止観を練習させる。まず，なぜこのような状態になったのか問診し，次いで住職が癒しを与える。治療に来るものは花とろうそくをお盆に乗せてこなければならない。

④薬草による治療。薬草の事典などを研究の上，病気によっては薬草を練り込むマッサージを施す。痛む，だるい等の症状によく効く。

開発と仏法：仏法を説教し，病人を薬草により癒す。

特技：説法。薬草治療。

開発の障害：ない。住職は常に薬草の新しい知識を仕入れて治療している。

支援団体：開発資金の一部は宗教局。信者のお布施。治療に関しては病院のように金を取らないが，殆どのものが，治療に要した水，電気代等の足しにとお金をおいていく。また，薬草は薬草研究センターにより試験済みのものであり，ここにおいてある。人々に分け与えるが，布施が置かれる。

将来計画：人々を助けるために，薬草学を勉強する。

20　Yot Yotchato

マハーニカーイ派県副僧団長という地位，スリブンルアン寺の歴史からして相応の開発を行っているという印象である。寺自体もパーリ語学校を併設しているだけに大きく，町の寺である。住職は親しみやすい雰囲気で語り，調査者に「タイの仏教を理解するのであれば，是非一安居は出家してもらいたい」と助言してくれた。

出身地：Surin 県，Chom Phra 郡，Krahat 区

寺院：Mukdahan 県，郡都，Si Bunrueang 寺　マハーニカーイ派

年齢：66歳

安居年：46年

学歴：小学校４年

仏教学習：仏教学１級

寺院内地位：住職　僧団内地位：Mukdahan 県副僧団長

開発開始年：1958年

履歴：1931年に，農家に生まれる。20歳の時に慣習に従い，Surin 県，Chom Phra 郡，Krahat 区，Prathomthong Krahat 寺にて出家した。戒和尚は Pra Athikanthin Thammomuthino 師，当番僧 Pra Kamawachan 師であった。

その寺で3安居を過ごし，お経を学び，護呪経の7節，10節を暗記した。これに熟達すると，僧の戒・律について学んだ。受戒したときの後援者に恩があるため，1954年までそこにいた。それから，この Si Bunrueang 寺に仏教学を勉強するために移った。決心して，Pra That Phanom 寺で安居を過ごしたこともある。しかし，Si Bunrueang 寺にて安居を過ごしているうちに，故郷の村に帰りたくなってきたが，住職から許可が出なかった。1955年，副住職になる。1958年に住職となり，今日に至る。

開発事業：村の家族の様子を見ていると大変であり，自分の父母をはじめ村人の難儀をずっと感じていた。出家後，家の仕事を手伝うために還俗しようとした。しかし，寺の住職に自分だけでは今後寺で安居を送っていけないからと頼まれ，還俗の機会を失ったが，この Si Bunrueang 寺では自分の腕を振るえる機会があったので，それ以来いろんな事業を行っている。事業は，教育と福祉的なものに分けられ，そのための施設を建設した。

①布薩堂，僧堂，庫裡の建設。

②パーリ語の学校を敷設。

③橋や病院などの公共建築。

④Mukdahan 県，郡都，Na Sok 区，Don Tan 郡の Phon Wan 村と Nawa 村に米銀行を設立。豊作の時に村人に呼びかけ，米を寄付してもらう。不作の時はいつでも村人が不足分を出しても良いということにした。なお，借り出す際の利子は3タンを借りたら1タンという具合に非常に低くしてある。しかし，Phon Wan 村の米銀行は運営がまずく，潰れてしまった。

開発方法：何か建設する場合は，当初予算を超える費用がかかる。その時は建設を請け負った村から寄付を募る。中には篤信者が予算のかなりの部分を出してくれる。村によって，遅い早いの違いはある。村人にとって都合の良い時期は稲刈り後である。

開発と仏法：真摯であることが一番。何事も真剣にやる。きれいに，ていねいにやる。自信を持ちすぎてはいけない。信仰があれば，自然にできてくる。事業をする予算のない時もあるが，寄付を募れば，必ずできた。こうして，Mukdahan 県にある40以上もの寺をいろんな形で支援できた。

特技：骨接ぎなどを伝統的なやり方で治療できる。

開発の障害：殆どない。人々は事業の予算のこともよく分かっており，寄付を募ってくれる。僧の役割としてはコーディネートして見ているだけでよい。

支援団体：村人と篤信者。

将来計画：開発を少しずつやっていくだけ。

21　Somsit Rakkhittasiro

タンマユット派森の寺の僧であるが，サイヤサートの霊力をもって知られており，40歳と若いが村人の崇敬が篤い。寺の諸施設を現在建築中であるが，その資金を十分に稼ぎ出す仕事量である。とにかく，師は忙しく，師の行くところ，法事の最中であれ，病気直しを求めて近郷から患者がつてでやって来る。その合間をみてインタビューの行ったくらいである。

出身地：Roi Et 県，Selaphum 郡，Tha Muang 区，Tha Muang 村
寺院：Roi Et 県，Selaphum 郡，Tha Muang 区，Tha Muang 村，
　Sakdaram 森の寺　タンマユット派
年齢：40歳
安居年：20年
学歴：小学校卒
仏教学習：仏教学1級
寺院内地位：住職　僧団内地位：Khwao 区僧団長
開発開始年：1982年
履歴：1957年，8人兄弟の2番目に長男として生まれ，小学校を卒業，1973年に沙彌として Rat Visut 寺にて出家，1977年 Nong Siam 寺にて Pra Wisot Selakhun を戒和尚に比丘になる。1979年 Sakdaram 森の寺にて仏教学1級を取得。1977年より Sawang Thasi 寺の Thongma Taoro 老師に祭文を習う。1982年に Sakdaram 森の寺住職。1986年ガゲーオ区僧団長，同年戒和尚の資格を得る。1990年に，師僧の位を得る。
開発事業：慈の心を持って村人の貧しい生活を見ていた。中には悪徳，麻薬に染まるものもいた。それで，村人の生活をよくしたいと願った。具体的には，①寺院内の建設。1980年，庫裡を建設。1983年，布薩堂の壁面を塗装・修復する。1986年，トイレ建設。1987年，仏塔と寺へはいる道路の建設。1987―96年，庫裡を4棟建設。1996年，仏像と Thongma Taoro 老師の遺骨を納める仏塔の建設。②貧困者の救済。時には金をやることもある。③学校に教育資金を上げる。
開発方法：和尚の特技と開発に関して
　①モードゥー（占い）。占いのテキストにのっとったもの。
　②薬草医。Thongma Taoro 老師から薬草による治療を習い，自身も境内に栽培している。
　③呪医（モーピー）。精霊（ピー）の仕業によってけが・病気になったものの治療。村人に迷惑をかけたり，人に取り付いてしまった霊を祭文や聖水に

て追い払う。例えば，神霊たち，ピーポープ（人体に巣くい，貪り食べる霊）等。患者は他の地方から来る。なぜなら，この村の者たちは，こうした話をあまり信じないからである。また，仏法僧の教えの神髄を既に得ているからでもある。時には，他地域でピー退治をするために呼ばれることもある。1997年10月13日には Nakhon Pathom 県の村から招かれ，ピー・ポープを退治することになっている。(これに関しては，タイラット10月13日月曜の記事になった。)

開発と仏法：5戒を守る。

支援団体：信者と村人。

将来計画：寺内部の建築。古美術的価値を持つ品々を保管するための施設建築。警察のための番小屋を設置する。

22　Pradit Chotiko

タンマユット森の寺の僧侶。別の寺を調査中に師に会い，参詣を進められる。話だけを聞けば，話題豊富な商人という感じであり，とにかく人を飽きさせない。商売人という出家前の来歴が師の事業計画やコンサルタント的な役割にうまくきいている。暖かみのある人物である。

出身地：Sakon Nakhon 県，Sawang Daen Din 郡

寺院：Roi Et 県，Pho Chai 郡，Akkha Kham 区，Uai Chai 村，Prasop Priyaram 森の寺　タンマユット派

年齢：44歳

安居年：9年

学歴：小学校4年

仏教学習：なし

寺院内地位：副住職

開発開始年：1994年

履歴：Sakon Nakhon 県，Sawang Daen Din 郡に農家の次男として生まれる。小学校を出てから農家の手伝いをやって，商人となり多くの土地を歩いた。息子と娘が1人ずつ。女房と離婚した後，出家した。家族内の不和で考えるところがあった。僧は働くばかり，女房は金を使うだけで，何度言っても同じことを繰り返し，すっからかんになるまで賭博をやるに至った。その行動を直すことも出来なかったので，離婚した方がよいと思い，決心した。子供達はカーラシン県におり，女房は再婚した。

Phichit 県，Wang Sai Phun 郡 Kao Noi 森の寺にて出家，Chanta Waoro 老師に止観を習い，Saeng Panyatro 老師に仏法を教わり，一安居の後，1991

年現在の寺に移った。

出家したのは，元の家族で夫と妻が協力できなかったので，2週間ほど出家してみようかと思った。しかし，仏法を学んでみると心が落ちつき，心に完全な平安が訪れるまで僧でいようと決意した。このような問題を抱えた人々の癒しを手伝いたいと考えた。

開発事業：東北タイにおいて，仏法を教えないのであれば，薬草の知識を与え，職業的知識，例えば，どこでどの品物が生産され，どこの市場で高く売れるかとか，いつ市が立つか等を教えて，人々を助けたいと考えた。もとより，自身を立て直し，社会で生きることを容易にするために何よりも必要なことは法を学ぶことである。寺院には僧5名，沙彌2名（住職は仏法の実践に重きを置き，開発は副住職にまかせる）具体的な開発事業は以下の通り。

①庫裡を9棟，僧堂を2棟，トイレを2棟。

②1994年に Uaisuri 中学校建設を支援。

③中学生で金属溶接技術に興味あるものに研修させる。この方面が出来る僧が実習指導。

④国王50歳の誕生を記念して，栄光を寿き，国王のご計画にもある植林を100ライ行う。

⑤学校に国旗掲揚の柱を計5ヶ所に寄贈。

⑥Pho Chai 郡内の学校，郡の小学校教育課，公衆衛生課に基金を寄贈。

⑦腹痛，めまい，筋肉痛等に効く薬草を植え，村人には無料であげている。自分が在家の時に薬草を試したことがあったので，いろいろ混ぜ合わせたりして，提供している。マラリア予防の薬もある。他に，糖尿病，高血圧，コレステロールを下げることなどに効くものがある。甘いもの，苦いものあり，混ぜて使う。ツタのアルコール（苦い，ツヅラフジに似ている。）1に対してナンキョウ2の割合。これをつけ込んで1週間もすれば，色が黄色になってくるので砂糖を加えて飲めるようにする。薬の性質により病の最初の段階で用いたり，食餌療法を併用したりする。

⑧月に4回，仏日に説教。仏日が土日に当たると在家信者が百名を超すくらい集まる。それ以外は30人ほど。Uaisuri 村以外に，Pho Yai 村，アッカカム村等からもくる。

⑨Ram Kham Haeng 大学，Thammasart 大学，各地の中学で説法。住職と出かけるときもあるが，殆ど師が単独で行く。

⑩クワンルアン誌とロークティップ誌にシバ神とマン老師の話を5分程，生徒向けに話した。

⑪地域の村人に商売のやり方を教える。こうした職業教育も経済開発になろうか。学習から得た知識，新聞の社会面で研究した事柄，瞑想と祈願に基

づくものである。とりわけ，5，6安居目の瞑想では，先見性が研ぎすまされ，今日は何人訪ねてくるか，或いは誰が来るのか分かるようになった。しかし，今では地域の俗事に関わることが多いため，祈願する方が多くなった。

⑫学期休み中，子供たちは家で両親の手伝いをする。小学校4年から6年にもなれば，家の外で仕事を探すこともある。Bangkok の親戚を頼っていき，縫製工場やガソリンスタンドで働くものもいる。1日60バーツほどの日当を求めて，男児の半分が Bangkok に行く。女児を土日に寺に集め，1時間10バーツで雇った教師役の生徒に教えさせる。

⑬農業に関して指導していることは，次の通りである。現在，米作りは経営規模が拡大している。しかし，5ライの田で手をかければ十分暮らしていける。日照りの時はポンプで水をあげ，干害に備え，田の畦に，種蒔きの範囲を交互に循環させ，多くの作物を混合してつくる。こうすれば，年中収穫がある。

開発方法：①念，精神統一，知恵と健康の強調。②心を強く保つための修練。仕事にがんばり抜くこと。子供たちに文化に関心を持たせる。

開発の障害：様々な面で人間の無理解，経験の不足があげられよう。例えば，両親が子供を寺に入れたがるが，子供は入りたがらない。しかし，このような子供でも順に説いていけば，耳を傾けはじめ理解するようになり，両親の言うことをきくようになるものである。

支援団体：村人。教師，会社。トムヤンティ等の作家。

将来計画：①土日のマーケットを作りたい。外国の商品も扱うことで，中部タイの商人をここに呼び込む。夕方のマーケットも考えている。②仏教関係，歴史的人物の伝記小説等書籍を集めた図書館・博物館を設置して皆に開放する。

23　Ma Nanwaro

タンマユット派森の寺の頭陀行僧として生きてきた師は語ることを好まない。「私は行をおこなうものであって，説法師でも作家でもないから，人に言うべきことは何もない。」こう言われてインタビュアーである調査者は進退窮まったが，タイ仏教を理解したいと懇願し，何とか重い口を開いてもらった次第である。

出身地：Roi Et 県，Selaphum 郡，Na Ngam 区，Na Ngam 村

寺院：Roi Et 県，Selaphum 郡，Tiwiwek 僧宿泊所（Samnaksong）

タンマユット派

年齢：84歳

安居年：64歳

学歴：小学校3年
仏教学習：仏教学1級
寺院内地位：住職　僧団内地位：区僧団長，郡副僧団長
開発開始年：1977年
履歴：Nong Kham 村にて5人兄弟の3番目に生まれる。7歳で沙彌になり，以来僧籍にある。師は仏法と止観をずっと実践してきた。社会，仏教に役立つような実践を行ってきた。
開発事業：この20年近く開発に関わることを行っている。
①精神面の開発。
②公共的事業として，学校，病院，保健所，井戸の建設。寺院内では説法所，布薩堂を建てた。現在進行中の計画としては，Selaphum Witthayakhom 中学校の図書館の建築と Yasothon 県，Kut Chum 郡に地方文化の博物館建設がある。
国王の栄光を仰ぐと名付けられた図書館は，Bangkok の Satri Witthaya 女学校に次ぐ，タイで2番目の規模を持つ。瀟洒なタイ様式の鉄筋コンクリート3階建てで，1階は図書館館長室，事務室，会議室，作業室からなる。2階は開架閲覧室，3階に師の記念室，王室の記念室，各種記念品の展示室からなる。3階の資料は生徒も閲覧可能であるが，2階にコピーしたものがおいてある。師が設計段階から助言した。資金集めその他は，在家の寺院管理の委員会が行い，僧は監視役である。村人にあまり，お金，労力の提供を求めない。なぜなら，師が強調するのは精神面の開発であり，これが先行することでそれ以外の開発が可能になるからである。どの宗教が役に立つとかは問題ではない。どのような宗教であれ，人をよくすることに役立っている。
開発方法：今の経済状態に関して言うのは難しい。現在，政府は民衆に節約を呼びかけているが，よしあしがある。皆，節約して何もしなければ，仕事はなくなる。この政策は無益だという話も聞いた。下層の人々は節約し，分に応じた生活をするであろう。借金を少しずつ返していくしかあるまい。中部タイの人と比べれば，東北タイ人は寛大な性格の持ち主が多い。少しずつでも分け合って暮らしていく。暮らしぶりはそれほど悪くならない。
開発と仏法：現在の人々は開発と仏法両面で欠けている部分が多い。それで，修養を説き，信仰が生まれる場を作る必要がある。僧がなす開発事業は，僧の名声のためではなく，社会のためであると皆に信じてもらう。実際，そのようにみな認識している。
開発の障害：地域の人々は条件が良かったり，規則に定められたり，報償が出るなどのことがなければ，心から協力するというレベルにまで至っていない。例えば，村の開発事業なども，ビデオで写して後で上映会をやるとか，撮っ

た写真をやるとかいうことであれば，手伝うような具合である。
支援団体：役人とか，地域の篤信者等。
将来計画：死ぬまで，開発の事業を継続していきたい。時間が惜しい。

24　Sichan Punyarato（Phrathepbandit）

寺院の大きさ，説法師としての名声（テープ多数），仏法の執筆家（著書多数）としての能力，風格等，タンマユット派第10管区副僧団長という地位もなるほどと思わせる僧侶であった。大学にも儀式や講演に招かれることも多く，世俗的には学長クラスの待遇であろう。立派の一言に尽きる。

出身地：Roi Et 県，Chaturaphak Phiman 郡，I Ngong 区，Nong Nong 村
寺院：Roi Et 県，郡都，Bueng Phalan Chai 寺　タンマユット派
年齢：60歳
安居年：40年
学歴：Buriram 教育大より名誉教育学士号
仏教学習：仏教学１級
寺院内地位：住職　僧団内地位：タンマユット第10管区副僧団長
開発開始年：1959年
履歴：1937年８人兄弟の５番目に生まれる。14歳で沙彌，20歳で Bueng Phalan Chai 寺にて出家。戒和尚に Kunsanphinit 師を頼む。
開発事業：精神が人間にとって最も大事なものである故，仏教の核心たる精神面の開発が主である。心の修養が出来ておれば幸福が得られる。これ以外に，寺院の管理，教育，布教，建設，福祉等の支援がある。

①管理：1959年寺 Bueng Phalan Chai 修復。1964年 Roi Et 県市僧団長秘書。1966年 Roi Et 県僧団長秘書。1967年寺 Bueng Phalan Chai 副住職。1970年 Roi Et 県市副僧団長。1973年寺 Bueng Phalan Chai 住職。1973—1990年，Roi Et 県僧団長。1991年—現在，タンマユット第10管区副僧団長。

②教育：1963年寺 Bueng Phalan Chai パーリ語教師。1970年 Roi Et 市仏教学責任者。1973年 Roi Et 県仏教学責任者。Luang Sitthithamma Witthaya 校校長。1990年より現在，タンマユット第10管区仏教学責任者。現在は，教育資金の提供を県内各地の学校に行う。

③建設：Roi Et 管内の寺を18から128寺に増やした。Bueng Phalan Chai 寺院内，４階建ての仏塔，費用１千万バーツ。寺院門と塀，500万バーツ。パーリ語学校，500万バーツ。説法堂，500万バーツ。庫裡，300万バーツ。３階建て鐘楼，30万バーツ。Charinrat 森の寺説法堂，100万バーツ。Phra Phutthabat 寺の説法堂，100万バーツ。トゥンクラーチャリムラート森の寺

の説法堂，100万バーツ。Donsamo 森の寺の説法堂，100万バーツ。Siponsai 森の寺の説法堂，100万バーツ。その他の寺院周辺の建設等，Lao Lo—Nongbua 村間道路2キロ，40万バーツ。Phon Dam 村—トゥンクラーチャリムラート森の寺間道路2キロ，40万バーツ。Sipacha Phatthanaram 森の寺ため池，20万バーツ。Sipawan Wanaram 森の寺ため池，30万バーツ。Sawang Arom 寺ため池5万バーツ。トゥンクラーチャリムラート森の寺，ため池5万バーツ。

④福祉：Ratchasan Sutian Nuson 学校に保育園建設，15万バーツ寄付。以下，教室建設，150万バーツ。体育館建設，150万バーツ。塀，30万バーツ。給食費用，5万バーツ。教育資金3万1千バーツ。I Ngong 郡の7つの学校に給食用資金それぞれ，1万バーツ。I Ngong 中学校に500バーツ，15人分の奨学金を毎年支給。商科短大に毎年1万バーツ，1人分奨学金。舞踊短大に同じく1人分千バーツ。給食資金を，Yanko，Chino Wararam 学校に支給。郡内各学校に仏像を寄贈。村 Don Kian 保育園校舎寄贈，5万バーツ。Maha Mongkut 大学に書棚と書籍，20万バーツ。寺内パーリ語学校に教育資材，100万バーツ。40年来，同寺では60—70人の子供達をあずかり学校へやる。雨安居に毎年100—400名の出家者を教育。

⑤布教：海外布教は30ヶ国以上。国内は東北タイを中心に各地，各団体，各層を対象。40年以上，各種学校にて講演。大学は，Maha Mongkut，Roi Et 校中心に大学，大学院相当の授業。Maha Sarakham 大学 FM 局とタイ FM 局 Roi Et 支局の放送で法話を毎日流す。

⑥その他，瞑想行の指導，仏日ごとの説法，植樹，芸術・文化の保護等。自分で行い，次いで人々に自分を確立すること，協力することを勧める。開発を行うには，その地域をよく見極めることが大事である。開発の知識が不足しているところには，それを教え，資金が不足している場合は，それを集めるなど。

開発方法：①心を平安に，情緒を安定させるような法話を行う。

②知恵をつけるような法話を行う。心，言葉，行い，真実について知らせる。僧侶の役割というものは，仏陀も話しているとおり，法を説くこと，行を指導すること，心の開発と相談にのること，禁欲（戒を守る），社会の管理（統治の手助け）。

開発の障害：民衆の知恵のレベル，教育程度が低いことなど。

支援団体：篤信者が開発資金などを提供してくれる。

25 Phanlop Chirathammo

タンマユット派森の寺の頭陀行僧であるが，Khampramong 寺は在家の特別な

寄進により建立された壮大な寺院である。瞑想修行道場という看板からは想像もつかない巨大な僧堂，シン老師の記念館，溜池，参道にいるクジャクなど，参拝者すら訪れるくらいである。バブル期に Bangkok の資産家が功徳を示したメモリアルの一つと思われる。住職自身に面会はできなかったので，秘書の僧より聞き取りを行った。

出身地：Kanchana Buri 県
寺院：Sakon Nakhon 県，Phanna Nikhom 郡，Sawang 区，Khampramong 村，Khampramong 寺　タンマユット派
年齢：43歳
安居年：19年
学歴：Kasetsat 大学工学部卒
仏教学習：仏教学３級
寺院内地位：住職
開発開始年：1995年
履歴：不明
開発事業：寺院には，僧侶９名，沙彌１名，メーチー１名，寺奉公子弟３名。

事業として具体的には，貧しい住民の棺桶を作る。寺の境内と地域に植林（１回につき50ライ）。布教が最も大切。毎日，村人に説法。仏日には20人ほどの村人が来る。子供たちに仏法の講習。招請されれば，出かけていき説法する。

寺院内に水道，電気施設を自分で設置。説法堂，庫裡，ため池，寺へ通じる道路等を全て建設。現在，開発事業を計画中であり，そのひとつとして，大僧堂を建設している。

同寺文書資料によると，Khampramong 寺の境内は48ライ，敷地300ライ。寺は民衆のもので，王室管轄ではない。1996年に建設完了。住職はパンロップ氏のみ経験。寺では毎日説法を行い，安居期間には500名，それ以外にはのべ千名程の信者が訪れた。寺の宗教的資産としては，仏像，三蔵経典，台所用品，机，椅子，寝具，茣蓙，僧の台座，水，電気，電話，車等。境内の建築物として，布薩堂，僧堂，庫裡，僧房，VIP用の僧房，図書館，台所，ため池，井戸，トイレ，鐘楼，信者用宿泊施設等。

同寺は，三蔵学習のための学校，瞑想修行のための研修を行う。また，公共的な徳を実践する。例えば，貧困者に棺を与える。農業の指導。寺にある上記備品の無料貸し出し。タンブンに招請された場合，村人に，枕，毛布，食餌，筆記用具，ノート，本，衣料，建築資材などを持っていってやる。

同寺は，村落内貧困者のために，寺院内部の建築の出面仕事を分けてやっ

ている。

毎年，8月13，4日に Chin Patthacharo 老師の亡くなられた日，3月22日 Phanlop Chirathammo 師の誕生日に特別な祭典を行う。

特技：説法師。忍耐力。戒律を厳格に守る。

支援団体：役人。軍人。工業省地下資源局。潅漑局，地域開発促進事務所等。NGO。

26 Krian Thikhayuko

動物や中国の仙人等の彫像やピマイの遺跡を模したクメール様式の建物，記念館など，ミニ・サヤーム的遊園地を彷彿させる境内である。師の話から東北タイの頭陀行僧はビルマ，北部タイ，ラオス等の地域を自由に回っていたことが伺える。寺に止住するようになってから，開発ということを意識することもなく，地域との関係の中で様々な事業を行ってきており，開発僧として調査者が発見した僧侶である。その意味では，開発僧という概念は宗教伝統や地域の文化からは切れた近年の開発言説の中で生まれたと考えられる。

出身地：Sakon Nakhon 県，郡都，Dong Mafai 区，Dong Mafai 村

寺院：Sakon Nakhon 県，郡都，Don Mafai 区，Dong Mafai 村，Sawang Watthana 寺　タンマユット派

年齢：60歳

安居年：40年

学歴：小学校4年

仏教学習：仏教学1級

寺院内地位：住職　僧団内地位：区僧団長

開発開始年：1979年

履歴：師はガルン族であるが，農家に生まれ，小学校を卒業後，10才で沙彌になる。Surisat 寺にて出家後，Nakramphu 村にて安居を過ごし，20才の時に Krusanam 寺にて比丘になる。戒和尚は Withum Damkit 和尚。師は国内中を頭陀行で周り，ビルマ，ラオス，マレーシアにも行った。自然の豊富なこの地域を回りながら，自然を学んでいった。なぜなら，法とは自然そのものだからである。1965年，ラオスで革命が起こり，森に入っている僧に帰るよう指示があった。それ以来，森にタイ共産党が入るようになり，1971年に師は森から帰ってきた。

その後も各地を回り，外国に1年いたこともある。サンガは毎年頭陀行に出るよう言ってきたためであったが，実際の効用がなければ，ただ歩き回るようなことはしない。毎回，国内・外信者の招請があり，通訳を現地でして

もらったこともある。旅に際して，多分の布施を受けたが，それを自分のものにしたことはなく，それを持っていって必要な人に与えた。自分の取り分は飛行機賃だけであり，船で行った場合は，費用の残りを自分の財団に入れた。

開発事業：寺に僧8名，沙彌1名がいる。具体的な事業内容は以下の通り。

①境内の建築及び彫刻，造園等。これらは自分が作ったものではなく，こうした職人で仕事がないものに手間仕事を与えたり，師自身が煉瓦の積み方などを村人に教えてさせたもので，職業教育になっている。

②タイ，ラーオ，ヨー，ヨーイ，ソー，プータイ，ガルン計6部族の民族博物館建設。内部展示は，衣装他，諸部族の文字や入れ墨の文化等。かつての男達は皆我慢して入れたものである。Sakon Nakhon 県内にいる自分の一族をはじめ，後世の子孫たちに歴史を伝えたい。

③米銀行。これは師自身が思いついたものである。村人に米を寄進してもらい，籾を境内の米倉に貯蔵し，米のないものは誰でも持っていってよいことにした。同じ量だけ，次の年に返せばよい。なければ仕方ない。2月にはまた村人達が寄進してくれる。だいたい，9月と10月から減り始める。この事業は寺を造ってからすぐ始めた。

④Sakon Nakhon 市内託児所への基金を集める議長。

⑤チェーンチュム中学校に図書館を建設。

⑥チューンチュム中学校に自分の財団を作る。

⑦Sakon Rat Witthayanukun 中学に教育資金を寄贈。

⑧毎年，数校に1万バーツずつ教育資金を寄贈。

⑨1985年から Bunthawan 校を支援しているが，その当時子供1人あたり1バーツで昼飯を作らせてきた。この事業は，信者の賄婦が年をとったために2年前に終了した。

物質的な開発と精神的な開発は同時に行わなければならない。いつも語っていることは次のようなことである。貧しいものは自分で自立することを目指さなければいけない。考えたことは実行する。やらなければ，考えないことと同じである。自身でやって見せた方がただ教えることより実があるし，他の人に頼むより自分でやった方がいい結果が出る。

開発方法：仏法をただ本気で教えているだけで，布施をあげていればじきに極楽に行けるなどとは決して言わない。必要なことは自分の力でやる。金がほしければ勤勉に働きなさい，と教える。また，格言などを用いて教えることもある。例えば，他人を見るときには良いところを見なさい。自分を見るときには悪いところを見なさい。

特技：テートスィアン，技術系の仕事，造形，彫刻など。

開発の障害：かつて，共産主義者と警察に睨まれたことがある。共産主義者から金をもらって人々を助けているのであろうと。しかし，彼等が師の後をついて回ると，師が仕事のために歩き回っているのであり，受けた布施は全て持って帰ることが分かり，信用するようになった。説法で受けた布施は全て財団に入れている。

支援団体：村人，篤信者

将来計画：若い世代に役に立つような様々な仕事をやってみたい。

27　Prasit Chatapanyo

マハーニカーイ派のごく普通の寺であり，住職が手先の器用さを生かして，法事やロウソク祭り等に用いる飾り，山車等を作ることを事業化しようとしている。

出身地：Sakon Nakhon 県，郡都，Huai Yang 区，
Phanao 村

寺院：Sakon Nakhon 県，郡都，Huai Yang 区，
Phanao 村，Phanao 寺　マハーニカーイ派

年齢：53歳

安居年：33年

学歴：小学校４年

仏教学習：仏教学１級

寺院内地位：住職　僧団内地位：区僧団長

開発開始年：1977年

履歴：農家に生まれ，20才の時，勉強と自分を高めるために出家した。もちろん，慣習に従ったまでであるが，出家してからもう少し僧でいようと思った。Tan Mafai 寺で出家してから，Sune Sa-at 寺で1968年から１年仏法を学び，Phu Phan 山地に分け入り，頭陀行を開始した。故人となった Khampon 師に師事したこともある。Kalasin 県の Somdet 郡が頭陀行で一番遠いところである。1982年からこの寺の住職をやっている。

開発事業：寺院には僧５名，沙彌なし　子僧３名がいる。

具体的には，①Cheng Doyon Prat 寺にて仏教学1―３級の内容を教える。寺内の僧堂，説法堂，布薩堂，僧坊，多目的使用の僧堂等の建設。

②1996年より，子供の託児施設を支援。Ban Paen 区と Huai Yang 区にある学校に教育資金を寄贈。主婦グループの会員を支援。スー・クワン儀礼などの伝統・慣習的なものを保存する活動を支援。重要な日に説法など。仏日には在家，特に女性が25―30人ほど集まる。

③蜜鑞装飾の宮殿模型を昨年のコンクールに出品した。予算は20万バーツで，賞金を獲得した。これは小学校を卒業した10―13才の子供たち5名が関わったもので，大人2名が指導している。住職が職業教育として子供たちに，バナナの葉での包み方，彫刻の仕方，文様の描き方などを教えている。

④問題を抱えた信者の相談にのる。

⑤境内に村の米銀行の倉庫がある。これは1996年に地域開発局が設立したもので，住職はこの事業に関わっていない。

開発方法：女性グループが生まれてきたら，手助けしてやるなど。問題が発生したら，相談にのり，解決してやる。

開発と仏法：五戒を守り，心を静める。瞑想実践など。人は生まれたときには貪欲，怒り，迷い等はなかったはずだ。

特技：バイシー・スークワン儀礼，花，装飾品を作るなど。

開発の障害：たいしてない。どの村にもいるように，寺に関心のない村人がいること。

支援団体：村人，村議会，市，学校，開発担当官等。

将来計画：その都度，思いついたことをやって行くだけ。そのための予算を用意しておく。

28　Phairat Yannataro

マハーニカーイ派の森の寺である。前住職が頭陀行僧として人々の崇敬を集め，現住職は若くしてその地位を継いだが，現在さらに修行を重ねているという段階である。瞑想修行道場としての寺，実践である。

出身地：Ratcha Buri 県，Ban Pong 郡

寺院：Sakon Nakhon 県，郡都，Huai Yang 区，
Muang 村，Choeng Doithepparat 寺　マハーニカーイ派

年齢：32歳

安居年：8年

学歴：中学3年

仏教学習：仏教学1級

寺院内地位：住職

開発開始年：1996年

履歴：師は Ratcha Buri 県，Ban Pong 郡に生まれ，両親は商人であった。中学卒業後，父親の仕事を手伝い，Bangkok の役所に物品を運ぶ仕事をやった。24歳の時，突然出家したい衝動に駆られ，出家した。Sakon Nakhon 県，Tao Ngoi 郡ウドムソンポン森の寺にて出家。Khamfon Mitonpani 老師に師

事。前住職である。老師が死去されてから，請われて1995年より，住職である。

開発事業：寺院には，僧3名，沙彌2名。具体的には，境内に僧堂，僧房，橋等を建設。

仏日毎に村人が10人ほど来て，瞑想を行う。この瞑想の試みは2年目で，まだ集まる人々が少ないが，これから広まっていくと確信している。説法や村人に頼まれて聖水をかけたりもする。村に問題が発生すれば，相談にのり，村人を助ける。

村の法事，年中行事などの手伝いなど。

寺は，周辺村から少し離れた山腹にある森の寺である。村はモンークメール語を話している。寺周辺には岩盤が露出し，その上に寺が建てられ，瞑想修行の道場にふさわしい環境である。寝仏，古仏など，千年を遡るタワーラワディー時代のものがあり，歴史的な史跡の上に現在の寺がある。住職は，瞑想修行三昧の毎日である。

開発方法：道徳を重視。皆，徳を持っていれば，難儀をすることなどおきないはず。五戒，八戒を守ることを心の中で決意することである。

開発と仏法：僧は村人に知らせるに値する知識を持っていなければならない。その知識により，地域に貢献することが大事である。

開発の障害：あまりない。この寺は村人と良好な関係を保っており，村人は寺を崇敬している。

支援団体：村人，役人等。

将来計画：多くの人に仏法を実践してもらいたい。そうすれば，心が豊かになるであろう。

29 Songwut Thammawaro

タンマユット派の現代的な頭陀行僧，森の寺の住職である。テート老師のおぼえがめでたかった若い弟子であり，老師の開発事業を事務的な面で支えた。現在は，老師時代からの信者に，新しい在家の信者を加え，パトロンから見れば，森の僧として売り出し中の気鋭の僧侶という感じである。マン老師に連なる頭陀行僧の主流派の系譜を継ぎ，無駄のない話ぶりといい，カリスマ的魅力を感じる中間層の在家信者が少なくない。

出身地：Ayutthaya 県，Phak Hai 郡

寺院：Sakon Nakhon 県，Phanna Nikhom 郡，Rai 区，Pa 村，
Khamkha 森の寺　タンマユット派

年齢：40歳

安居年：12年
学歴：Thammasat 大学商学科卒
仏教学習：仏教学１級
寺院内地位：住職
開発開始年：1992年
履歴：師の家族は王族ともつきあいのある家柄であった。母が結婚するとき，祖母がメーチーになった。出家者に布施をする人を見たとき，極楽行きを願ってやっているだけなのだろうか，それだけではあるまいと思ったが，その後考えることもなく，学校を卒業した。商業銀行に３ヶ月，タイ国立銀行に４年勤務したときに，両親に連れられてテート老師のところへ言った。老師は出家するのであれば，来年１安居することをすぐ決断しなさいと言われ，そうすることにした。1992年に１安居過ごすつもりで出家したが，出家してみると僧の世界と世俗の世界には考えていた以上の違いがあり，さらに勉強を続けたいと思った。会社はこれ以上休めなかったので，どちらを取るかの決断は素早くなされた。仏教学，三蔵，止観を学び，テート老師に仕えた。老師は師以外の僧侶をあまり用いようとはしなかったので，ずっと Hin Mak Peng 寺に留まった。テート師の仕事をずっと手伝ってきたが，それは民衆の生活を様々な局面で向上させる事業であったからである。森の僧はかつて全て自分ただ一人で行ってきたが，在家と関わっていくと，彼らに恩返しをしなければいけないのではないかと思うようになった。しかし，森にいる間は何もできなかった。現在，開発に関わる領域の仕事をすることが，自分の行にもよい結果をもたらすのではないかと考えている。僧と社会は共にある。
開発事業：テート師を支え，仏教の発展に尽くした。①テート師の事業に師が直接関わったものとしては，４カ所に僧堂，３カ所に布薩堂，３つの学校に講堂，2つの学校に図書館，教室棟を建設した。これ以外に，②昼食の給食を与える基金創設。病院の入院棟を３カ所に，疾病僧への基金を創設した。③師自身が計画したものとしては，屠殺場から買ってきた家畜をもとに水牛銀行を作った。殺生は断固として禁じる。④寺の北，60ライ余りを1997年に村議会から買い上げ，そこに寺院を建設して，その際村人を出面に雇う。ガチン祭を行い，ラオス民主主義人民共和国の古寺を修復することを考えている。⑤森林保護。最初は古い木の間に植林し，それが生えてくると森林内の動物も食べることができるようになる。フトモモ，榕樹，ルカムモモ等であり，森はフタバガキが多い。

テート師が亡くなる前に，この寺に信者らが仏塔を建立する許しを得，だいたい完成している。テート師は死後自分のリエン（名僧の御守り）を作ることを命じられ，その業務は Hin Mak Peng 寺が行った。それ以外に

Si Chiang Mai 郡教育委員会がテート師を記念するリエンを作った。1994年テート師の記念館を完成した式典で参加者に与えられた。図柄はパットヨット（国王が僧に贈った長柄の扇）と同じである。

開発方法：機会を得たら，核心を押さえる。十分な知識と資金を得たら，試してみる。

開発と仏法：最も大事なことは，開発は仏法の普及によって達成されるということである。

特技：熟達している事柄は，テート師と自分の場合は全く異なるであろうし，教育や社会経験によって異なってこよう。

開発の障害：ちょうどすこしばかりある。村人があまり協力し合わないことであるが，そうたいしたことではない。民主主義をしっかりおさえておれば，問題は発生しないであろう。村人の相談に予めのり，十分な資金的裏付けがあって，はじめて着手する。資金の不足は，テート師の徳とテート師への信仰がある限り，あまり大きな問題ではない。仮に，問題が起こったとしても，テート師は多くの人々のために最後までやり遂げるであろう。私は，師のためにもやり遂げる。

支援団体：テート師の信者，篤信者，自分たちの事業を見て支援したいと思う人々である。

将来計画：子供達のための道徳的研修。この近辺では森で死体を焼いているので，火葬台を作る。しかし，現在は，村人の心のよりどころとなる寺を造っている最中なので，それが先である。寺を村社会のセンターとして用いると共に，止観（瞑想修行）の場として用いたい。村人の生活が安定するように全ての面で開発を図ること。子供のために道徳心を涵養することと，自然を残すこと。乾季の夏休みに子供達に出家させる。子供達に昼食の給食を提供したり，公共的事業を行うなど。

僧はいったん口にしたことは必ず行わねばならない。実現しない場合は，うそを言ったことになるので，計画などは本来語るべきではないのである。

30　Daeng Chanthawangso

タンマユット派の寺。メコン河の屈曲部に位置する景勝地にある寺であり，名刹でもある。前住職は頭陀行僧の名僧であったが，現在の住職は中年ということもあり，寺をさらに発展させるほどのカリスマはないようである。

出身地：Loei 県，Chiang Khan 郡

寺院：Loei 県，Chiang Khan 郡，Chiang Khan 区，Tha Khaek 寺
タンマユット派

年齢：40歳
安居年：20年
学歴：中学3年
仏教学習：仏教学1級
寺院内地位：住職
開発開始年：1989年
履歴：母方の祖父が出家しようとしていたができなくなり，師に代わりに入り安居の時に出家してくれるよう頼んだ。誰も師がそのままずっと僧であり続けるとは思っていなかった。Loei 県，Chiang Khan 郡 Na Sao 区 Suri Phonten 寺にて出家した。この寺の由緒は古く，Ayutthaya のナライ王時代に建立されたものであり，マン老師がいたこともある。マン老師の弟子であるサーオ老師，ファン老師もいたことがある。村人がこの寺一帯の森林にかなり入り込んできて伐採し，森林が消失しているので，サンガは雨安居の時期には必ず僧がどの寺にも留まるよう指示したが，村人と問題を起こすことがある。Tha Khaek 寺は付近の廃寺から遠いために管理が行き届かない。1997年で寺は331年目を迎える。
開発事業：寺院内に僧3名，沙彌1名がいる。

村人への説法。仏日や村人が寺に来たときなど，仏法を説明する。新築，結婚式などで，村人から招請を受けた場合，出かけていく。これは僧の重要なつとめであり，朝，夕に読経を行うところもある。

夏期の休みに子供達に出家させる計画がある。バンファイ祭り（雨乞いのロケット祭り）を2日間にわたって行う際，村人と準備を行う。ジャータカ誕生祭に大生経を読む。この寺ゆかりの老師をしのぶ記念祭に村人を動員する。村人と共に名僧の寺を巡拝する。近くではテート老師の寺 Hin Mak Peng，その他 Pathum Thani，Rayong 県まで出かけることもある。

その他，寺内部の建築などを行う。
開発方法：まず，村人とよく話す。彼等との関係を良好に保ち，具体的な開発に持っていく。
開発と仏法：僧は村人を頼り，村人は僧に頼る。開発を行う場合は，よく相談する。普段の説法において，村人に信仰心が生まれるように話し，村人と僧の心が連帯するよう心がける。
特技：説法，コーディネート
開発の障害：掘削機を使って付近を掘り返し，年代物の品々を盗むものがいる。最初は村人が，こうした歴史的仏教遺品をサイヤサート（呪術）に用い，ピーを信じていたのである。師は村人に迷信を捨て仏法に帰依するよう説教した。仏教は因縁を用いた因果論であるからだ。村人はこうした迷信も必要で

あるとか，これは自分たちでやっているのだから関係ないとか主張し，師と意見が合わなかったが，次第に師の話に耳を傾けるようになった。もちろん，未だにピー，精霊信仰を持っているものもいる。

支援団体：村人，篤信者

将来計画：今度の入り安居には84名のナーク（出家志願者）を集める。

寺の敷地を周りの土地を布施してもらうか購入することで拡張する。

様々な病気を治すための薬草を栽培する。

子供達のために学校を建設し，資金に余裕があれば無料で教える。仏法も教える。

90床くらいある病院の建設。

31　Sangkhom Achara Sampanno

タンマユット派の森の寺。頭陀行僧の伝統に連なる僧侶である。父母の故郷の村に招請され，そこで教育を中心に地域の開発を単独で行っている。質素な寺の周辺の森には毎日行で通る道がある。

出身地：Roi Et 県，Phanom Phrai 郡

寺院：Ubon Ratchathani 県，Warin Chamrap 郡，Bung Wai 区，Tha Ngoi 村，Pamongkon 寺　タンマユット派

年齢：35歳

安居年：14年

学歴：高等学校卒業

仏教学習：仏教学２級

寺院内地位：住職

開発開始年：1992年

履歴：両親が寺で持戒する際連れていってくれたので，子供の頃から仏教に興味があった。また，自分の家が森の寺に近かったので，頭陀行僧の系統に属する僧侶を知る機会があった。この僧は心の問題で悩み，一心に祈っていた。心の探究をしていたのである。師の子供の頃の話であり，当時はそうした事柄を十分に理解できなかった。しかし，振り返ってみるとこうした経験により，師はいつの間にか，仏教に関心を持ち，勉強したいと思うようになった。仏法とは自分で学んでいくものであり，誰かに教えてもらうものではない。自分の心の中にいつの間にかそうした思いがわきあがってくることが大事である。何事も心の中から生じる。瞑想修行の流派では心を探究することを重視する。これは三蔵を学ぶことを第一とする派との違いである。

15歳の時に Roi Et 県グン森の寺にて沙彌になり，３年続ける。1982年にも

う一度同じ寺で出家し，比丘になる。それから1987年までマン老師の弟子である Maha Bunmi に師事し，修行する。その後，Udon Thani 県，Ban Phaen 郡の寺等を安居の度に変えながら歩き，Bunmi 老師が Maha Sarakham 県ムアンルン森の寺で死去した後，この寺を出て一人で頭陀行を行った。Tha Khoi 村は母方の祖父母がいる故郷であり，両親はそこから Roi Et 県，Udon Thani 県と移り住んだので，この村は聞き知っていた。村人が師を招請したので，この村に Tha Khoi 森の寺を創建し，住職となって現在に至っている。

開発事業：①1992年より，村から寺までの道を切り開き，寺の建築を進めてきた。本堂は未だ藁でふいており，設備もようやく整ってきたところである。

②Tha khoi 村の小学校に教育資金と給食用資金を提供している。それは貧しい村の子供達が勉強を継続できるようにである。また，境内に子供が住む宿舎を建設，10人の子供が住む（男子と女子分かれて）。子供達には１日20バーツを与える。また，土日に５人を Warin Chamrap 郡のタイプ学校に通わせており，交通費と食事代20バーツを与える。子供達はさらに遠くの村から出てきたもの達である。

③日曜仏教学校を開き，仏法を教える。これは宗教局から許可を得ている。20人ほど通ってくるが，田植えのシーズンでは，子供達は手伝いがあるので閉める。

④1996年王の即位50周年を慶祝する計画として，高名な僧侶に説法をしてもらうための寺を献上した。

⑤1993年，高名な僧侶の威徳をしのぶ博物館を境内に建築した。10坪程の大きさ。信者や村人が，子孫達に残すために，家にある僧侶のお守りや遺骨の粒，仏法書などを収めて，誰でも見てさわれるようになっている。

開発方法：村人に信仰心を起こしてもらい，自分自身の心を見つめてもらい，それから教育等の具体的な開発を導いていく。この村はタイーラオの国境村であり，村人は漁民と農民であり，まだ誰一人として役人になったものがいない。ここで教育を行うことで，次世代が勤め人になる機会を得ることができるのではないか。

開発と仏法：慈悲の心。村人に道徳，持戒を教える。

開発の障害：村人達は，師が訪れる前は，精霊信仰をもっており，葬儀の際，鶏を放り投げて鳴かせ，その音で火葬があることを皆に知らせ，鶏が落ちたところに死者が行きたがっているとして，そこで火葬を行うなどしていたのである。村人は僧が来ることで，森林を伐採したり，中で食べ物を探したりすることを禁止するのだと思いこんでいるものがいることと，開発資金の不足である。

支援団体：村人。村長は人手が必要なときに助けてくれ，その他信者が師の開

発事業を支えている。宗教局の援助はわずか。

将来計画：境内周辺には165ライの森林があるが，これを保護したい。森には薬草になるものが豊富で医者が視察に来たほどである。また，森があることで鳥も食べるものに困らない。

32 Bunchu Suphachitto

サイヤサートの霊力によって近隣に知られ，商売の関係者がよく訪れる。僧の話はかなり神がかっており，本堂の仏像，飾り，ロウソクなどの構成も，祈祷所という感じがある。

出身地：Yasothon 県，Patio 郡

寺院：Ubon Ratchathani 県，Warin Chamrap 郡，Sa Saming 区，Non Yai 寺　マハーニカーイ派

年齢：36歳

安居年：16年

学歴：不明

仏教学習：仏教学１級

寺院内地位：住職

開発開始年：1987年

履歴：1961年に生まれ，1976年に Yasothon 県，Pa Tio 郡，Pho Sai 区， Phra Suriyalai 寺にて沙彌になる。そのまま，同じ郡のパーパーラーム寺にて1981年に比丘となり，1990年に Yala 県で仏教学１級を取得。比丘になることを決心したとき，心の中で誓願したことは，前世の業から逃れて，ここから新しく人生を始めたいということであった。それから，座って瞑想していると天界の神が現れた。師が神を「老師」と呼ぶと，神は信号のようなものを送ってきた。それは文字表の形に写し取られた。それは古代文字であり，師が学んだことなどないものであった。師はこれをいつの間にか美しく，正しく書き出していたのである。それは不思議なことであったが，別の人間に瞑想を試みさせ，同じような文字を書かせることができたのである。師は神を座るよう招き，どのようなことを書いたらよいのか指示してくれるよう頼んだ。師にはこうした神秘的体験があり，現在は１日１食である。

開発事業：管理的業務として，寺 Nong Yai の住職。1994年より，Pa Thep 郡，Pa Thep Witthaya 中学の教育財団の理事。Pracharat Samakki 中学教育委員。三蔵の教師。

開発事業は以下の通り。

1　寺の建築。仏塔の建立。近辺の寺の支援。

2 寺や学校を支援する事業の代表を幾度か務める。

3 境内に仏法を学ぶ学校と宿舎を建設，貧困層の子弟を沙彌としておく。中には大学まで行ったものがいる。

4 30もの学校に，年千バーツずつ教育資金を提供。給食，生徒への自転車貸し出し，成績優秀なものへの支援等に役立てる。

5 イベントに使える僧堂を建設。Phra Thep Witthaya 中学に図書館を建設。

6 その他，井戸などの公共施設を建設。

7 精神面の開発。民衆に問題が発生したとき，例えば，神経質になったり，落ち込んだときなど，師を訪ねてくれば，聖水をふりかけたり，仏法の核心を体得することを助けたり（これは説法だけではなく，呪術的な祈祷がある）する。こうして，問題は解決する。師は，近在の信者のために，寺の仕事の合間をぬって火曜日と土曜日を訪問日として設けている。

8 病気治療。師の霊力，瞑想，聖水，薬草などによる。

9 お守り作り。

10 昨年より，村を周回する道路を開き，村人や托鉢する僧の便宜を図っている。

11 本堂を建設し，信者達が瞑想修行をする場を提供する。具体的な開発計画や建設の段取りを考える。資金を布施から集める手はずを整える。師の信者が率先してやってくれる場合もあり，信者の中には役人もいるのでインフラ的な計画には役に立つ。

開発方法：集めた資金は計画ごと，各地の寺ごとに分配する。

開発と仏法：格言的な言い方では，必要なことを済ましておけばさっぱりするとか，信仰を持てばがんばる力がわくなど。

特技：人の心の中にある神秘的な事柄を調べる力がある。薬草，瞑想，霊力（心の力）を用いて，身体の中央線からくる疾病（中風）等を癒す。また，霊験を込めたお守り，例えば丸太を加工したご神体状のものから，うっかりして交通事故を起こさないように，また気が変になった人に与えるお守りを作ること。

開発の障害：一般的に資金的な問題はないのであるが，大がかりな工事機械を使うような場合はかなり金がかかる。村人の人手は出面賃で足りるが，機械ものは作業する人の人件費も含めて借り賃がかさむ。時には，適当な価格で借りて足を出さないこともできるが。

支援団体：村人や，Nakon Pathom 県，Ban Yai 郡，Song Khla 県，Yasothon 県，Kansarak 郡，Si Saket 県，Det Udom 郡，同県 Nam Khlong 郡と Phibun Mangsahan 郡，Ubon Ratchathani 県等から来る信者。彼等の職業は様々で

あるが，地域の有力者であることが多い。役人からといえば，宗教局から支援を得たこともあるが，年間3000—5000バーツぽっちであり，今ではもらっていない。

将来計画：寺自体を立派にすること，境内に病院を建設すること，教育資金の規模を拡大すること，村落を支援するなどの開発事業をやっていくことなどである。

付録　C　カマラーサイ郡寺院調査データ

1　Somsi Katapunyo

出身：Kalasin 県，Kamalasai 郡，Kamalasai 区，Polo 村
寺院住所：Kalasin 県，Kamalasai 郡，Kamalasai 区，Polo 村，
　Phochai Polo 寺
僧位：pra prat
年齢：58歳
安居年：17年
学歴：小学4年
仏教学習：仏教学1級
寺院内地位：住職なし
僧団内地位：なし
生育歴：Polo 村に生まれ，農業を営んでいたが，何をしたらいいのか，どうやって生きていったらいいのか，分からなくなって，出家した方がいいと思い，決心した。Kalasin 県 Somdet 郡の寺で出家した。自分はパーリ語をさらに勉強したいと思い，寺を出て勉強しようと思っていたが，Chaimongkon 寺の郡僧団長が許してくれなかった。寺から出ると管理する人がいなくなり，寺が荒廃するということだった。
開発内容：①鐘楼，火葬台，説法所，休憩所，寺院を囲む塀の建設。現在，説法所を取り壊して，講堂を建設する予定。村内の学校生徒に昼食を出す。学校の運動施設へ寄付。10区と13区の村の施設に，備品を寄付。同地区保健所のボランティアセンター支援。Chaimongkon 寺で沙弥を勉強させるために出してやる。1997年10月より託児所敷設。
仏教の教え：村人に説法。特に話題は決めないが，団結心の話しなど。仏日に寺に来るおよそ，男7人女49人の在家信者に説法。
特技：サイヤサートによる病気治療，交通事故や精霊に取り付かれたようなときに，霊験あらたかで神聖な祭文を唱える。治療に訪れるものが多いし，殆どが治る。病院に行っても，病気の原因そのものをどうこうすることはできないからだ。スリン県で象使いをやっていた老人からこの術を習った。彼の故郷では皆信じており，どこに行くにも，こうした有り難いものを身につけて行くのだという。
開発の問題：青年の薬物中毒問題に関心を持つ。時々警察に捕まり，寺に連れ

てこられるものもいる。夕方，寺の作務を終えてから，住職は寺の周辺の地域に麻薬をやっているような若者の溜まり場を訪ねて回ることを日課にしている。時々沙弥も同行する。村の経済状態は厳しく，貧しいものはとことん貧しい。豊かなものはとことん豊かである。(豊かなものが多く持ち，貧しいもの，中間階層のものは少ししか持たない。) 村には農民，雑貨商，路線を走る車の運転手など豊かなものがいる。それ以外は，田植えが済めば，キノコを作ったり，いろんな雑業に従事したりしており，外国に出稼ぎしているものは3名，スイス2名，台湾1名である。

2 Kraison Yasapalo

出身：Kalasin 県，Kamalasai 郡，Lak Mueang 区，Huakwa 村

寺院住所：Kalasin 県，Kamalasai 郡，Lak Mueang 区，Huakwa 村，Phochai Huakwa 寺　マハーニカーイ派

僧位：なし

年齢：51歳

安居年：15年

学歴：中学3年

仏教学習：仏教学1級

寺院内地位：住職

僧団内地位：なし

開発開始年：1993年

生育歴：出家する前は農業に従事した。1981年に出家した。最初は，母親の追善供養の慣習に従い出家した。出家した後，Kalasin 県の Chaimongkon 寺にて仏教学の勉強をし，1級を取得する。安居期間には，1994年より Hua Nong村の Anusawari Phochai 寺に行っていたが，この寺が十分発展したので，元の寺に戻って安居するようになっている。

寺院：比丘2人。沙弥1人。

開発内容：Anusawari Phochai 寺と現在の寺における開発事項は，僧堂の建築である。建築以外には，布薩堂にて仏法修行の指導，村人のために公共の場で仏法を教える，生徒たちに仏法を学校等で教える，就学前の幼児保育所の設置がある。ここには90人の園児，4人の保母がおり，宗教局から費用として月3000バーツほど支給されている。

特技：説法等。

仏教の教え：仏法を教え，規律を身につけさせることである。

開発の問題：年中行事，他の事業をやる際に予算が不足する。宗教局に申請しているが，いい感触がない。

支援者：宗教局が保育施設に資金提供。県の僧団。タンボン行政機構。人々の喜捨。
将来計画：寺院内に建築したいものはまだある。また，村人と一緒に，電気・水道などの公共事業を行いたい。

3　Kasem Paphatsaro

出身：Kalasin 県，Kamalasai 郡，Khok Sombun 区，Nong Ikum 村
寺院住所：Kalasin 県，Kamalasai 郡，Lak Mueang 区，Hua Nong 村，Anusawari Phochai 寺　マハーニカーイ派
僧位：なし
年齢：53年
安居年：6年
学歴：小学4年
仏教学習：仏教学3級
寺院内地位：住職
僧団内地位：なし
生育歴：出家する前は農業と農繁期以外にバンコク，カーラシン県，或いは南タイで建設労働をやっていた。以前，25歳の時に Nong Ikum 寺で3年ほど僧であったことがあり，還俗した後，再び，母親の追善供養のために47歳で出家した。
寺院：Phochai Huakwa 寺と協力関係にある。
開発内容：寺の周囲を整頓しておくこと。年中行事の時に説法すること。寺の周囲から出て，事業を行ったことはない。
特技：読経。
仏教の教え：ヒート・シップソーン（12，東北タイの月ごとの年中行事）を守ることと，五戒を守ること。
開発の問題：なし。
支援者：村の指導者と，村人。
将来計画：僧堂や庫裡の建築，寺の塀など。今以上に寺を整備したいが，予算がない。あれば，すぐにでも着手するが。

4　Sawan Putsawaro

出身：Kamphaeng Phet 県，Khlong Khom 郡，Wang Yang 区，Nong Sun 村
寺院住所：Kalasin 県，Kamalasai 郡，Lak Mueang 区，Padonyang 村，Padonyang 森の寺　タンマユット派
僧位：なし

年齢：32歳
安居年：12年
学歴：小学4年
仏教学習：なし
寺院内地位：住職
僧団内地位：なし
開発開始年：1993年
生育歴：僧としての学歴がないのは，弟が出家しパリエン5段まで進んだにもかかわらず，精神を病んでしまったからである。そこで，勉強しすぎると精神がおかしくなってしまうということで，仏教学等はやらなかった。

出家する前は農業をやっていた。16歳で沙弥になったが，これは習俗・慣習に従ったまでで，強制されたわけではない。その後はずっと森の寺にいる。私の教学の師は，Chit Thitsawangso 師であり，チェンラーイ県，チェンマイ県，メーホーソン，ビルマ国境付近などの山をめぐりながらの頭陀行を行っていた。こうした頭陀行により学習していった。自然の中の生活には偽りがなく，自然そのものである。頭陀行の目的は仏法を広めることにもあったが，実際はあまり説法をする機会がなかった。山地民に僧侶と一緒にタンブンを行うことで行をするよう指導したが，彼等は喜んでいた。なぜなら，彼等は精霊信仰から仏教を信じるようになったからである。3年の頭陀行の後，この森の寺に戻ってきた。

今の自然環境は，僧侶が昔のような頭陀行をするには適していない。現在は場所を選んで頭陀行に出るか，それも，安居明けの期間に限るかと制限されたものになっている。

寺院：この寺には安居を過ごす僧侶4名，メーチー2名がいる。彼等はそれぞれの庫裡に住んでおり，食事，読経，作務の時にのみ顔を合わせる。それ以外は分かれて，それぞれの行を行う。

寺は，森の寺であり，1981年に建立され，最初の住職は亡くなった。この寺は70ライほどの入会森の中にあるが，土地の権利証書（no.so.③）がない。3つの部落，Hua Nong 村11班と Huakwa 村8班と12班が，この森の木を火葬に使うことになっている。1993年に森の一角を僧に献上し，僧侶がここで安居を過ごし，庫裡をたて，水道と電気を引くようになったものである。

村人達が寺を訪ねてくるのは，難儀をしてのことである。電気を引こうにもどうしてよいか分からず，また，予算もないといった類の話であり，なんとか解決してやりたいと考えた。

開発内容：この寺の開発は，庫裡，僧堂，台所の建設と，電気・水道の敷設である。開発方法であるが，これは僧侶が自力でやってしまう。しかし，自分

たちでできない場合に村人の協力を頼む。電気・水道敷設に関しては，チェンマイのメーチョー大学で工学を学んだ僧侶がやった。この僧はもう還俗して何年にもなるが。

特技：なし

仏教の教え：布施と五戒を守ること，正しい行いをすること。まず，自ら布施，施すことを先にする。悪から離れ，善行をなす。仏教の教えに従って，こころを明朗にする。

開発の問題：村人で開発に関心を持つものは少ない。しかし，大きな問題にあたるとみなで協力することができる。涼しい顔して知らないふりをするものはいない。しかし，最初は手を貸そうとするものが少ないので僧侶が始める。そこで村人から募金して回ることはない。今年は村人も関心をもってくれそうである。

支援者：外部からの資金援助はなく，ガチン祭と黄衣奉献祭の喜捨だけである。

将来計画：村人のために，火葬台を建築することと，庫裡の修繕，そして，村人の信仰を高めることである。

5　Pathomthammarakkhit

出身：無回答

寺院住所：Kalasin 県，Kamalasai 郡，Lak Mueang 区，Pathom Kesaram 寺　マハーニカーイ派

僧位：師僧

年齢：無回答

安居年：無回答

学歴：無回答

仏教学習：無回答

寺院内地位：住職

僧団内地位：副郡僧団長

生育歴：Nong Thi Witthaya 学校の教師であり，出家経験もある Wichai Chan 氏が，この僧侶の本を編集した。この本から関係箇所を抜き出したデータである。

寺院：この寺には5名の僧侶と8名の沙弥がいる。

開発内容：開発を行った理由として，①子供達に道徳心を涵養する。子供が寺に来るようになれば彼等が大人を連れてくるようになる。②貧しい子供達に学ぶ機会を与えたい。

開発項目は，建築したものとして以下にあげるもの。

①Lat 村の寺に布薩堂を建てたが本堂と電気の敷設はまだ。火葬台。布薩

堂の修復。瞑想修行場。②教育については，パーリ語と仏法を教える学校，大人のための学校の開設であり，僧侶が朝晩務め，仏日には信者がタンブンに集まる。祈祷，瞑想，Mondop（仏足跡等を納めた四角形の御堂）の周回，5戒の遵守を説く。③託児所の開設。152名の子供を7名の保母で面倒を見ている。④仏教日曜学校の開設（1984年）。近隣の村から来た子供達に僧侶と信者が仏教を教える。仏教の歴史，道徳等。8時から読経，祈りを行い，9時から12時まで学習を行う。小学校1年から高校3年までいる。成績優秀なものには奨学金の試験を受けるように指導する。⑤Lat 村の学校に奨学金の支給。黄衣奉献祭にて資金を集める。⑥現在，2階建てで20—30年前の古い品々を展示する博物館の建設を考えている。まぐわ，鋤など農具，本棚等々。これらは寄進物である。⑦その他，村人の様々な相談に応じる。例えば，貧しくて火葬代を出せないものへの相談とか。⑧同師は文化面での功労が認められて，1997年から Kalasin 県の宗教局文化委員会の委員になり，地域文化の振興に貢献している。

師はモーヤー（民間薬草医）として，自分で薬草をこしらえる。卒倒，排血，白帯下，腹痛等の内服薬，つぼや靱帯等の痛み止め等。昔は村の物知りに学んでいたが，近年は，Mahidon 大学の研修や，Roi Et 県，Kalasin 県，郡などでの研修を受けている。

モータム（民間呪医）として，人間にとりついた各種の精霊を祓除可能。結膜炎や頭痛のために呪文を唱えて息を吹きかける。頭痛で寺まで来ることができないものは寺に電話し，和尚に頼めばよい。和尚が祭文を唱えてくれるので，頭痛はほどなく快癒する。

モーナンマン（民間油医）として，傷や骨折を治す。ゴマ，椰子，果実等で作ったもので，塗ってもよいし，食事に混ぜてもよい。

特技：テート・スィアン各種可能。パーリ語と仏教学の教授。その他，モーヤー，モータム等の医療行為に通じている。

仏教の教え：僧侶として，仏法，瞑想，仏法の遵守，仏の知恵など，仏教において重要なことを説く。

開発の問題：なし

支援者：寺に来る様々な人々。村々にタンブンなどで呼ばれ説法をした際に受け取る喜捨などを用いる。

将来計画：郡の僧団長のために，Mondop を建立したい。それ以外は僧堂を拡張するなどである。

6 Anan Nimmalo

出身：Kalasin 県，Kamalasai 郡，Lak Mueang 区1班

寺院住所：Kalasin 県，Kamalasai 郡，Lak Mueang 区， Khet Samakhom 寺

マハーニカーイ派
僧位：なし
年齢：53歳
安居年：33年
学歴：小学4年
仏教学習：仏教学1級，パーリ語8段
寺院内地位：住職
僧団内地位：区僧団長
生育歴：出家する前は農業に従事。20歳で出家したが，信仰と慣習による。出家したときは何も分からなかったが，学ぶ中で少しずつ仏教を理解していった。それで僧侶を続けようと決心した。Khet Samakhom 寺で仏教学3級を学び，2級と1級は，Borabue Salaram 寺（マハーサラカーム県ボラブー郡）で学んだ。その後，1965—1966年を Maha Sarakham 寺で安居を過ごし，バンコクの Thepkidaram 寺でパリエンを学んだ。1967—1992年までそこで安居を過ごしたが，それから，この Khet Samakhom 寺に戻ってきた。

知識を与え，心の内面，宗教的情操を高めるという僧侶の仕事以外に，この僧は，自分の老衰した母親を扶養するという仕事がある。庫裡の近くに母親をおき，面倒を見ている。

帰ってきたのは，自分が学んで大いに自身を啓発したことを教えたいと思ったことがあるが，最も大きな要因は母親の扶養であった。もし，父親がいてそれができるならよかったのだが，いないので自分が引き受けなければいけなかった。

寺院：僧侶4名，沙弥なし。
開発内容：①Thep Thida Ram 寺にいたときは，そこに敷設された学校で仏法とパーリ語を教えていた。行事があるときは，そこで大切なことを一般の人々に教えていた。それで，自分が行ってきた開発は教育に関わることであった。②帰ってきてからは，ここに布薩堂を建築した。比丘や沙弥，在家の人達に，仏を拝むことを教え，道徳や信仰，朝晩の務め，5戒を守ることを教えたが，毎夕村人が集まってくるようになった。③年中行事があるときは儀式を行う。そこで，仏法を説く。また，僧侶への招請があれば，行政の仕事など，様々なところへ出かけていき，儀式を行い，法を説く。④開発の仕方は，仏法を説くことである。仏教で大切な日を教える。例えば，今日は仏教でいえば何かと関係がある日かどうかなど。そうしてから，在家の人達と一緒に，仏塔の周りを右回りに3周する。
仏教の教え：仏法の教えとして，最低限五戒を守ることが何よりも大切であり，また，子供や青年達に強調しているのは，父母や学校，社会的地位のある人

を敬う態度・価値である。

開発の問題：村人が僧侶の活動を理解しないこと。村人の行動や宗教的に大切なことを欠いているなどについては，宗教を受け入れているものが半数くらいしかいないということであろう。仏法に背く行いが生まれていること自体，開発の障害であり，仏教の理解が十分でないことを示す。しかし，村人は僧侶の活動に反対するほどではない。

支援者：村人。行政や民間の職員。

将来計画：将来について語ることは難しい。ここでの開発が完了するためには皆が力を合わせなければならない。考えだけ述べても意味がないのだ。しかし，考えていることをあげることはできる。

つまり，病院，学校などの公共的施設の支援である。寺院における教育に関しては，寺の中に学校を作るというのは難しいだろう。しかし，行いと内心の事柄に関して教育をするのは可能である。

この寺に関しては，予算は少ないがそれほど問題はない。村人が忙しくて一緒に活動できないことが問題である。

その他：バンコクの僧侶と地方の僧侶では全く異なる種類のものである。しかし，教えられることは同じであり，規律を守るという点でも同じである。バンコクでは僧侶は必ず托鉢に出なければならない。また，僧院内の水道代とか電気代も自分たちで払わなければならず，僧院に財団をもっているところもある。地方では，村人が助け合って全てのことをやってくれるところが異なる。しかし，こと教育面に関しては，20—30年に戻って考えるにしても，バンコクの方がいいと思われる。

地域における僧侶の役割とは，考えるに，タイ人は仏教と密接な関係を持っており，生まれてから死ぬまでその関係は切れることがないため，僧侶はタイ人の社会生活に対して大きな役割を持っていると言えるし，社会に貢献できることは多いだろう。特に地方ではそうである。僧侶は地域の指導者である。村人は何かことを始めようとする際は，僧侶に相談しに来るものである。

7 Khampun Satharo

出身：Kalasin 県，Kamalasai 郡，Lak Mueang 区，Lat 村

寺院住所：Kalasin 県，Kamalasai 郡，Lak Mueang 区，Lat 村，
Sattha Ruam Ban Lat 森の寺　マハーニカーイ派

僧位：なし

年齢：36歳

安居年：9年

学歴：中学3年と職業教育教員免許証取得　及びラームカムヘーン大学ローイエット校で学習中
仏教学習：仏教学1級
寺院内地位：住職
僧団内地位：区僧団長秘書
生育歴：Lat 村で出家。前職は，バンコクのシャングリラホテル接待客務係。出家のために休職して僧侶になったが，そのまま現在まで僧侶でいる。
寺院：2名の僧侶
開発内容：開発事項は，火葬台の建設。日曜学校で仏教を子供達に教える。Lat 村でも説法。安居期間に40名ほどの村人が寺に籠もりに来るので説法をする。
特技：テートスィアン。タイプ。自分で料理することなど。
仏教の教え：タンブンをしなさい。
開発の問題：なし。村人と森の寺の間の分離といった障害を取り除く。森の寺と村人のやり方は同じではないので。
支援者：黄衣奉献祭でくるバンコクの人達など（村出身者の喜捨）。
将来計画：庫裡の建設など，寺を立派にしていきたい。

8　Aon Rakkittathammo

出身：Kalasin 県，Kamalasai 郡，Lak Mueang 区，Lat 村
寺院住所：Kalasin 県，Kamalasai 郡，Lak Mueang 区，Lat 村，Ban Lat 寺　マハーニカーイ派
僧位：なし
年齢：27歳
安居年：3年
学歴：小学6年　現在中学課程のインフォーマル教育を受講中
仏教学習：仏教学1級
寺院内地位：住職
僧団内地位：なし
生育歴：出家する前は，労働者。出家は慣習に従ったまで。出家したら，このまま僧侶でいようと考えた。

昨今の人々は宗教に余り関心を持たないので，自分は仏教を深めていきたいと考えた。

寺院：5名の僧侶，1名の沙弥。
開発内容：仏日に村人に説法をする以外に特に開発事項はない。仏教行事等があれば，村の放送塔から村人にアナウンスをする。仏日には40名は村人が籠

もりに来る。

布薩堂は，Lat 村出身の僧侶で，郡の副僧団長であった Phratham Rakkit 師が，村人と協力して建設したものである。

仏教の教え：仏法の説法等。

開発の問題：予算不足だけ。

支援者：村人しかいない。

将来計画：寺を立派にしていきたい。村人に仏法を説くなど。

9 Uthai Ophaso

出身：Kalasin 県，Kamalasai 郡，Lak Mueang 区

寺院住所：Kalasin 県，Kamalasai 郡，Lak Mueang 区，Non Sawang 村，Phosi Non Sawang 寺　マハーニカーイ派

僧位：なし

年齢：54歳

安居年：6年

学歴：小学4年

仏教学習：仏教学2級

寺院内地位：副住職（住職は死去）

僧団内地位：なし

寺院：僧侶は2名，沙弥は1名。

生育歴：無回答

開発内容：開発事項は，寺の周囲の塀，山門の建設。火葬台と鐘楼を建設中。

特技：仏日の説法。趣味として鶏を飼っている。この鶏は，村人が寺にタンブンの時に来た際など，この僧から買っていく。

寺院：（この寺を訪問した際，僧侶は2人ともテレビに夢中であった）

仏教の教え：三蔵を把持する。

開発の問題：なし

支援者：村人と郡の役人。

将来計画：火葬台と布薩堂の建設。

10 Intharawichai

出身：Kalasin 県，Kamalasai 郡，Dong Ling 区，Don Wai 村

寺院住所：Kalasin 県，Kamalasai 郡，Lak Mueang 区，Phaengsimueang 寺　タンマユット派

僧位：師僧

年齢：58歳

安居年：38年
学歴：小学4年
仏教学習：仏教学1級　パリエン3段
寺院内地位：住職（1976年より）
僧団内地位：経験多数，引退　Kamalasai 僧団長秘書，Kalasin 僧団長秘書，Kamalasai 僧団長を歴任。
生育歴：Don Wai 村で出生。1959年，Phaengsimueang 寺にて最初の出家，仏教を学ぶ。戒和尚は，Kalasin 県の Sahat Sakhan 師僧であり，瞑想法は Khan Chanthapatchoto から学んだ。瞑想法は16歳で沙弥の頃から学んだ。
寺院：現在，7名の僧侶
開発内容：①仏日ごとの説教。朝晩の仏法の講義。葬儀，様々な儀礼などのタンブンの時に，或いは，寺や村人に招請されて出かけたときに，仏法を説く。②村人に瞑想法を指導する。50人ほどの村人が12時から布薩堂で瞑想を行う。③大きめの庫裡，住職用の庫裡，メーチー用の庫裡，公衆トイレ，物品庫の建築。④布薩堂の修復。寺院の塀の建設。布薩堂をコンクリート製にする。寺の山門から火葬台までの道をコンクリート製にする。寺を物陰でもすがすがしく，きれいなように整える。⑤Kacana（仏陀の十弟子の一人）の模型像を造る。⑥教育面に関しては，2，3回ほど Kamalasai 郡の小学校用に教育委員会あてに寄付したことがある。その他，ノート，本などの学用品を多くの学校に何度も寄贈している。⑦森林を保護するべく，植樹。センダンやつづらふじ等タイ方医療薬の木を植える。⑧水道敷設や黄衣奉献祭の時には村人が力を合わせてやってくれる。
特技：特になし。
仏教の教え：何度も，様々な説法・読経を行う。読経の頭の部分をあげれば，Phuttho，Loke，Uphanno。その意味は仏陀がこの世に生まれたということである。
開発の問題：それはある。開発を進めることそれ自体ではなく，開発をするにあたって予算が不足しているということである。
支援者：民間の組織が，建築に来てくれる。或いは，境内の道をコンクリートにしてくれると申し出る者など。
将来計画：いろいろ計画はあるが，なにぶん予算が不足している。

11　Phim Phatthanapunyo（Phim Kongnarong）

出身：Kalasin 県，Kamalasai 郡，Lak Mueang 区，Bung 村
寺院住所：Kalasin 県，Kamalasai 郡，Lak Mueang 区，Bung 村，Ban Bung 寺　マハーニカーイ派

僧位：なし
年齢：79歳
安居年：24年
学歴：小学4年
仏教学習：仏教学2級
寺院内地位：住職
僧団内地位：郡僧団長
生育歴：元は公務員。1968年5月11日に Chaimongkhon 寺で出家した。戒和尚は，現在，Kalasin 市内にある Si Bun Rueang 寺にいる Promchariakhum 師。また，同市内の Klang 寺にて研修を受けた。
開発内容：①僧侶の仕事。1983年に Kamalasai 郡の Ban Lat 寺にて三蔵を教える。仏教の布教。一般の人達，若者，主婦のグループなどへの道徳に関わる研修。寺に籠もりに来る者，仏法を聞きに来る者は常時いる。安居期間は250人，タンブンに来る者は116人来た。②地方の慣習的儀礼をやる。地方の習俗を守る。③サンガとの協力。行政とも協力し，若者や主婦グループ向けの研修に寺院を提供する。④1969年，4万バーツの予算で僧堂を建設した。1972年，3万7千バーツの予算で中央僧堂を建設した。1978年，13万バーツで寺の周囲の塀を建設した。1982年，12万バーツで庫裡を一棟建設した。1987年，25万バーツで火葬台を建設した。1990年，27万バーツで布施をする僧堂をさらに建設した。⑤これ以外に村の内部でやったことは，道をきれいにしたり，道路脇に水飲みを置くようにしたり，道路脇に木を植え，庭をきれいにするなど，村人に働きかけた。或いは，非常時に備えて井戸を掘ったり（いくつかは出た），災害にあった人を助けたりなどした。⑥また，寺院内にも植樹し，境内を整頓，美観の維持につとめている。⑦1987年から村の開発委員を務めている。
特技：建設。
仏教の教え：仏法の重要な教え，道徳，四聖諦などを説く。
開発の問題：予算を確保すること。時には不足して困る。
支援者：村人やタンブンに来る人達，或いはタンボン行政機構など。
将来計画：布薩堂の建設や，僧堂の建て替えなど。

12 Siriphothitham

出身：Kalasin 県，Kamalasai 郡，Lak Mueang 区，Bueng Hai 村
寺院住所：Kalasin 県，Kamalasai 郡，Lak Mueang 区，Bueng Hai 村，Phosi Bueng Hai 寺　マハーニカーイ派
僧位：師僧　Phra Khru Panya

年齢：66歳
安居年：46年
学歴：初級教員免許証取得
仏教学習：仏教学１級
寺院内地位：住職
僧団内地位：区僧団長
生育歴：生まれは Roi Et 県の Selaphum 郡だが，家族がこの村に移ってきた。比丘になる前に沙弥を２年やっていた。出家した理由は，俗世での経験は十分に積んだので，仏法によって規律・秩序を学ぼうとしたからである。

　最初に出家したのは，Kalasin 県 Rong Kham 郡の Pathom Phengsi 寺である。頭陀行には９―10回ほどでるが，Kalasin 県やChiang Rai 県にいった。1957年より住職をしている。

寺院：僧侶５名　沙弥なし。
開発内容：①庫裡，僧堂，火葬台，鐘楼などの建築。②仏日ごとの説法。道徳心を持つように村人の内面を啓発。仏日には寺に来て，戒を守るよう指導。普通は40名，多いときには90―100名の村人が来る。③瞑想修行の指導。歩行瞑想や祈念の指導など。④村人に自然農法の紹介。⑤村人の相談に応じる。村人は日常的に寺を訪れ，住職に相談するので。とりわけ，村内の道路，僧の寝床などについて。僧侶は開発に関して村人を指導する義務と役割を与えられている。⑥教師を助け，若者の指導をする。⑦1997年から託児施設の開設。
特技：在家の人達に法を説く。説法僧のやり方で。
仏教の教え：安詳（心が自然で落ち着いた状態），羞恥心（罪を恐れること），報恩（両親，師に対しての）などを教える。

　また，仏教を尊ぶことは，タイ国民の義務であるなどを説く。

開発の問題：村人の多くは住職が話したことを守りよくやっており，問題はない。
支援者：村人。よそから来て，タンブン儀礼を主催する人など。
将来計画：農業の開発をやりたい。なぜなら，農民の生活を今以上にしてやりたいからである。

13　Saat Suchitto

出身：Roi Et 県郡都
寺院住所： Kalasin 県，Kamalasai 郡，Lak Mueang 区，Lao 村，Chaisi Ban Lao 寺　マハーニカーイ派
僧位：なし

年齢：70歳
安居年：7年
学歴：高校3年
仏教学習：仏教学3級
寺院内地位：住職代理
僧団内地位：なし
生育歴：Roi Et 県市内で出生。高校3年終了後，商業学校に進学したが，修了せずに，公務員になった。郡教育長下にある小学校の教師になった。Roi Et 市内の Amnuai Witthaya 校で教え，その後，結婚して，妻の出生した村である Lao 村に1952年に来た。もう，45年になる。

出家した理由は，飲酒などの悪癖から逃れたかったからである。アル中であった。Roi Et 市内 Phu Phan 区の Ban Khok Phila 寺にて出家した。

雨安居に入って10日目にこの寺に移って来て，3ヶ月経ったばかりである。住職が正式に決まりこちらに来られれば，私の役目は終了する。この寺には僧侶が常住することが少ない。

村では常住する僧侶がいない場合，隣村の Bueng Hai 村の Ban Bueng Hai 寺の僧侶を招請してタンブンを行う。
開発内容：①村人のために，タンブンや年中行事を行う。②現在，寺を開発している最中であり，道路に砂利をひく，植樹する，村人に伝える拍子木を備えるなど。副村長やタンボン行政機構の人達が手伝いに来る。③境内に菜園を作り，村人に任せている。④郡内のマラリアをなくす。かつては，この近辺はマラリアの巣であった。現在は特効薬ができて問題ないが。しかし，Phetchabun 県や Prachin Buri 県の森林から帰ってきた兵隊はこの病気にかかっていることがある。
特技：薬学の領域に知識がある。かつて，薬学関連の勉強をした。マラリア撲滅のボランティア組織で有能な医者（正式なものではない）であった。
仏教の教え：五戒，八戒を守る。
開発の問題：あまりない
支援者：村人。副村長，タンボン行政機構
将来計画：仏法を学ぶための僧堂。既に託児施設設置の認可を取ったので，その施設の建設。
その他：村落の経済状態を考える。郡役所の言い方では，この村は貧しい。学校もない。隣村まで2キロも歩いて通わなければならない。小さな子供達のために，小学校を設置したいものだ。

14　Phomma Thawaro

出身：Kalasin 県，Kamalasai 郡，Kamalasai 区市内

寺院住所：Kalasin 県，Kamalasai 郡，Pak Nam 村12班，Anomanthi 寺マハーニカーイ派

僧位：なし

年齢：71歳

安居年：4年

学歴：中学3年

仏教学習：仏教学1級

寺院内地位：副住職

僧団内地位：なし。

生育歴：Kamalasai 郡市内に生まれる。沙弥になったことはない。しかし，21歳で出家し，25年間 Chaimongkhon 寺で僧侶であった。Kamalasai 郡僧団長とは友人の仲である。1971年に還俗して，労働者をやっていた。田を持っていなかったので。家族は持ったことがない。年をとり仏教への信仰が出てきたので，もう一度出家した。

寺院：僧1名　沙弥1名

前住職は死去。

開発内容：①火葬台の建設。植樹。仏日ごとの説法。12人ほどが寺に籠もりに来る。②精霊により病気になったものに対して，符呪を唱える。悪霊にとりつかれたとき，和尚は呪文を唱えて，精霊を呼び出し，病気の人についている理由を尋ねる。病人の加減が相当に悪いときは，精霊にすぐさま退散するよういう。精霊の中にはしつこいものがおり，なかなか出ていこうとしない。和尚はろうそくに火を付け，それを口にくわえ，精霊が体の中に入り込んだ人に炎もろとも息を吹きかける。病人の髪の毛が焦げるようなものもいる。しかし，ここまでやると，頑固な精霊も病人から出て行かざるを得なくなる。

特技：モータム，モーピーである。精霊を退散させる。心霊のわるさのせいで病気になったものの治療をすること。例えば，取り憑かれて狂ったようになったもの。ピーポープ（内臓を食べ尽くす森の精）。或いは，正気を失っているもの，知的障害者など。

仏教の教え：戒を守る。信仰する。道徳の研修をする。仏教を知らしめ，仏教の中核となる教えに従って行動する。

開発の問題：なし。村人は協力して生活している。

支援者：森林局。村の学校の先生。村人。ガチン祭，黄衣奉献祭，ブン・パウェート祭などのタンブンに来た人など。

将来計画：山門を修繕したい。それが終わったら，庫裡という具合に，自分が死ぬまで寺院を整えていきたい。

その他：村人の生活はまずまずといえるが，水田は限られているので，それだけでは十分に食べていけないものが出てきている。彼等は様々な雇われ仕事をしていかなければならない。或いは，市場でものを売るか。市場が近いので便利ではあるが。

15 Awut Acharo

出身：Kalasin 県，Kamalasai 郡，Kamalasai 区 7 班，Nam Chan 村

寺院住所：Kalasin 県，Kamalasai 郡，Kamalasai 区 7 班，Nam Chan 村，Thamalanthi Nam Chan 寺　マハーニカーイ派

僧位：なし

年齢：54歳

安居年：7 年

学歴：小学 4 年

仏教学習：仏教学 1 級

寺院内地位：住職

生育歴：Nam Chan 村に出生。出家する前はバンコクで34年ほど，ペンキ塗り，家具の職工などの労働者をしていた。その後，結婚し，バンコクで家族を持った。しかし，1983年に離婚。

　出家の理由は慣習に従い，両親への報恩ということで1年間の出家をしたが，そのまま現在に至っている。

寺院：僧侶 5 名　沙弥なし

開発内容：①寺の開発として，火葬台，遺体安置所等の建設。庫裡の建築はまだ不十分なままで，2 階はできているが，階下はまだ。寺の中でやっていることはたくさんある。②学校で自我の教育ができるように奨学金を出す。③村人が仏教に従い行動できるように教え，社会での実践力をつけるよう導く。仏日ごとの村人への説法。25―30名の村人が寺に籠もりに来る。④就学前児童の保育施設の設置を申請中である。宗教局から予算の配分を求めているが，まだ来ていない。今年の経済状態の悪さ故であろう。

特技：ない。あるとしても，法を説き，慣習を知っていることである。

仏教の教え：持戒。信仰。団結力等。

開発の問題：なし。

支援者：村人だけ。120世帯。彼等がよく寺のことをやってくれる。村の中には200―300世帯もあるが，お寺に来るものはどこの村でも少ない。

将来計画：就学前児童の保育施設の設置のみ。

その他：村の経済状態についていえば，100を超える世帯の内，4，5世帯のみが豊かといえる。あとは中位か貧しい部類である。90%が農民であり，5%が雇われ労働者，残りの5%が公務員である。

16　Bai Phutthasaro

出身：Kalasin 県，Kamalasai 郡，Nong Paen 区，Sema 村7班
寺院住所：Kalasin 県，Kamalasai 郡，Kamalasai 区，Don Pluai 村5班，Sa-at Chaisi 寺　マハーニカーイ派
僧位：なし
年齢：74歳
安居年：24年
学歴：小学4年
仏教学習：仏教学1級
寺院内地位：住職
僧団内地位：なし。
生育歴：sema 村に出生。出家前は農業に従事。家族がおり，息子と娘が1人ずつ。

出家した理由は，ひきつけをおこす慢性病にかかり，医者にみてもらったが治らなかった。そのうち，薬や日々の食料を買う金もなくなった。このような病気は遺伝病（業，カルマのせい）であり，父親から受け継いだものである。出家したところ，病状が良くなり，また，薬を買う金もできた。仏法を体の中に入れている。

1986年より住職。

開発内容：①この寺に常住する前は，庫裡と僧堂があるだけだった。僧堂といっても中は整っていなかった。そこで，鐘楼，寺の周囲の塀などを作った。②学校に奨学金はやったことがない。この村は戸数が50—60戸の小さな村である。③村人に持戒，布施をするよう指導する。仏日に寺に籠もりに来るものは10名ほどである。
特技：なし。
仏教の教え：道徳，仏教の重要な部分を教える。説法はそれほど深刻な話ではなく，子供でも大人でも聞けるように，頭を使うようなことは余りいわない。
開発の問題：自分の身体が痛むことと，村人があまり寺のことに関心を持たないという点を除いては，ない。
支援者：黄衣奉献祭で村人と一緒にやる。しかし，あまり布施の額は多くない。外から来る人で，この村が出生地で Kamalasai 市内に住む県議会員の Prasit 氏が貢献している。

将来計画：村人に仲良くしてもらうことであろうか。お金が絡む問題については，私が自ら行く必要のないことなので。

その他：村人は仏教に今ひとつ関心がない。これは僧侶のせいかどうかは知らない。むしろ，彼等の性質の問題とも言えよう。

村の経済状態については，貧しいものが多く，豊かなものは少ない。しかし，食べることに関しては，みなそう困ってはいない。

17　Thiang Banyatko

出身：Kalasin 県，Kamalasai 郡，Nong Paen 区，Sema 村

寺院住所：Kalasin 県，Kamalasai 郡，Kamalasai 区，Khao Lam 村，Ban Khaolam 寺　マハーニカーイ派

僧位：なし

年齢：36

安居年：9年

学歴：小学4年

仏教学習：仏教学1級

寺院内地位：住職

僧団内地位：なし。

生育歴：Sema 村で出生。出家前は農業に従事。この寺で出家した。出家した理由は慣習に従い，友人達と出家したのであるが，その後，還俗しようと思わなかった。

寺院：僧侶4名　沙弥1名

開発内容：①火葬台の建設。僧堂の建て替え。②1997年から就学前児童の託児施設の設置。③学校等へ奨学金をやったことはない。④年中行事等があれば，皆で協力するようにいったり，調整役をしている。⑤仏日ごとに村人に説法を行う。寺に籠もりに来るものは10名ほど。

特技：なし。

仏教の教え：吉祥の神聖なパーリ語の祭文

開発の問題：なし。村人は協力し合っているから。

支援者：村人。バンコクへ出稼ぎに行っている若い衆など。役人は殆ど来ない。

将来計画：特になし。

18　Phing Kammaphutthasiri

出身：Chantha Buri 県

寺院住所：Kalasin 県，Kamalasai 郡，Kamalasai 区，Khao Lam 村，Pa Dong Mafai Butsabaram 寺　タンマユット派

僧位：なし
年齢：40歳
安居年：6年
学歴：小学6年
仏教学習：仏教学1級
寺院内地位：住職臨時代理
僧団内地位：なし。
生育歴：Chantha Buri 県に出生。Chantha Buri 県 Tha Mai 郡で公務員をし，家族を持っていた。その後，出家のため，公務員を辞めた。

出家した理由は，信仰をしたかったからで，それから，師匠が私にここにいるように命じた。

寺院：僧侶3名　沙弥なし。
開発内容：①寺の開発については，まだ寺の外観を示すようなものは十分に建設されていない。この寺にある仏陀像とかは前の住職がここに持ってきたものである。②学校への奨学金配布。③村人への瞑想修行指導。仏日は特に。④村人への仏法の説教。13名ほど来る。
特技：なし。
仏教の教え：瞑想の修養。
開発の問題：なし。
支援者：村人。Withaya 国会議員。この土地が彼から分与され，建物が建てられたときに，放送された。(国会議員が信仰心を示して，政治的権勢を正当化するために喜捨したと思われる。筆者註)
将来計画：寺院内に水のタンクが欲しい。また，この寺の土地を買って増やしたい。村人で分けるというものがいるが金がない。この寺は2ライほどの土地であるが，2カ所ほどの古い死体埋葬地であった。
その他：Chantha Buri 県とこの村の経済状態を比較すると，Chantha Buri 県の方が，工業があり，宝石類の鉱山もある。しかし，ここでは村人の性格がいいので，過ごしやすい。

19　Prayun Katapunyo

出身：Khon Kaen 県，Phu Wiang 郡
寺院住所：Kalasin 県，Kamalasai 郡，Kamalasai 区6班，
Don Yang Chan Thararam 寺　マハーニカーイ派
僧位：なし
年齢：23歳
安居年：3年

学歴：小学6年
仏教学習：仏教学3級を学習中
寺院内地位：住職
僧団内地位：なし。
生育歴：Khon Kaen 県 Phu Wiang 郡に出生。小学校卒業後，よそに働きに出た。友人と一緒に生活したりして，家に戻ることは少なかった。青年期にもなると村にいるよりも外に出た方が勉強になる。私は好奇心が強く，いろいろな経験をしたがっていた。

出家したときはこの村にいた。先の住職が亡くなっており，また自分の父親も死んだので，追善の供養と，ここの村人達に恩返しをしたいと思い，出家し，そのままいる。

頭陀行はしたことがない。しかし，この年末に頭陀行に出る予定はある。Udon Thani 県にいってみたい。行く先までの距離によっては自動車に乗って適当なところまで行き，その先歩くかもかもしれないが。今，Udon Thani 県の歴史の本を読んでいるところで，興味深い。今は，年中行事が多いので，出かけることはできないが。
寺院：僧侶1名　沙弥1名。
開発内容：①境内の樹木に，格言や座右の銘などを板に書き設置している。②村人が寺のことや村の開発に関心を寄せるよう指導する。③仏日ごとに村人に説法をする。5，6人は寺に籠もりに来る。タンブンや年中行事の時は多くの人が訪れるが，農繁期に来る人は少ない。
特技：なし。信仰はあるが，いろいろな治療儀礼等はできない。
仏教の教え：善行や社会への貢献とか，麻薬撲滅などの話を分かりやすく説く。
開発の問題：なし。村人がよく協力してくれる。
支援者：村人。この寺はバンコクの Pathomwan にある Pathomwannaram 寺の Phawanathisantho 師のネットワークに入っているので，その関係で支援を得ることはある。
将来計画：このままこの寺で過ごしたい。67歳で死去された先の住職を弔い，村人にも恩を返すためにも。
その他：この村の経済状態は他のタイの地域と殆ど同じであろうが，この村の経済状況が心配である。

今の政府のやり方に関しては，性急な判断を下すよりも，しばらくみてから判断しないといけないだろう。

20　Phunwan Attothammo

出身：Kalasin 県，Kamalasai 郡，Kamalasai 区3班，Song Yang 村

寺院住所：Kalasin 県，Kamalasai 郡，Kamalasai 区３班，Song Yang 村，Phochai Song Yang 寺　マハーニカーイ派
僧位：なし
年齢：35歳
安居年：２年（初回12年）
学歴：不明
仏教学習：仏教学２級
寺院内地位：副住職
僧団内地位：なし。
生育歴：Song Yang 村に出生。出家する前は農業に従事し，寺院の世話をする役であった。最初に出家したのは21歳の時で，12年ほど僧侶であった。還俗して結婚したが妻が亡くなったので，再び出家した。
寺院：僧侶３名　沙弥なし。
開発内容：①仏日ごとの説法。50―60名ほど寺に籠もりに来る。安居入りは特に多い。②火葬台の建設中。③就学前児童の託児施設は計画しているが予算不足でまだできない。④先日は草刈り機を購入するため，１万２千バーツを学校に寄付した。⑤寺院内の建築に関しては，庫裡，僧堂の改築，布薩堂について，住職が建設の中心になった。住職の名は，Phochai 師，70歳で20安居年。住職は，Mophi Mosaiyasat（呪医）の能力がある。悪い奴から身を守る能力を与えることができるので，撃たれても不死身の体にしてやることができる。しかし，今，師は老衰であまり元気がない。
特技：疾病の神霊治療ができる。呪医。Motham Mosaiyasat.
仏教の教え：仏教の歴史を村人に説く。
開発の問題：なし。
支援者：村人。民間の人々で寺に来る人達。
将来計画：寺，村，学校との関係などで開発できるところは，おいおいやっていく予定である。この寺に収入があれば，村と学校に分けてやる。

21　Pheng Paphatsaro

出身：Kalasin 県，Kamalasai 郡，Kamalasai 区，Sabua 村
寺院住所：Kalasin 県，Kamalasai 郡，Kamalasai 区５班，Sabua Rat Pradit 寺　マハーニカーイ派
僧位：なし
年齢：72歳
安居年：10年
学歴：小学４年

仏教学習：仏教学３級
寺院内地位：住職
僧団内地位：なし。
生育歴：　出家前は農業に従事。最初の出家は，20歳の時。そして，１年もせず還俗。妻は74歳で現存。子供も７人をもうけ，１名が死んでいる。皆，農業をやってくらしをたてている。

出家した理由は，最初，１，２年ほど僧侶になってみるつもりであったが，僧侶になってからずっとこのままやろうと思った。この５，６年ほど住職をつとめている。

寺院：僧侶３名　沙弥なし。
開発内容：境内をきれいに清掃する。僧堂，火葬台，庫裡の建築。1997年９月に，就学前児童託児施設の設置予定。
特技：なし。
仏教の教え：百八つの善果の話とかの説法。いろいろな本から適切な話を抜き出して語る。
開発の問題：なし。
支援者：この村以外から寄付や喜捨等をもらったことはない。
将来計画：布薩堂と鐘楼の建設。

22　Saengchan Siriwaro

出身：Kalasin 県，Kamalasai 郡，Kamalasai 区９班，Don Yung 村
寺院住所：Kalasin 県，Kamalasai 郡，Kamalasai 区9班，Don Yung 村，Silarak Don Yung 寺　マハーニカーイ派
僧位：なし
年齢：68歳
安居年：３年
学歴：小学６年
仏教学習：仏教学１級　パーリ語４段
寺院内地位：副住職
僧団内地位：なし。
生育歴：別の村で生まれたが，この村で育った。1950—1963年の間，14年間僧侶であった。出家したのは，学習欲からで，パーリ語の３—４段まで進んだが，それ以上には行けなかった。それで，テートスィアンの練習を７年ほどやったが，これもあまりものにならなかった。それで還俗し，家族を持った。

２度目の出家は，息子からの助言による。息子は商売をしたがっていたが，元手がなかった。それで，私は神霊治療ができるので，もし，出家して僧に

なれば，かなり儲けられるのではないかということであった。(息子を助けたのである：筆者註)

2年間は Chaimongkhon 寺で安居を過ごし，それからこの生まれた村に戻ってきて，1安居を過ごした。

寺院：僧3名　沙弥なし。

開発内容：①境内に石と盛り土を運んだ。8万7千バーツかかり，その後さらに1万バーツの石を運んだ。②寺院の修復。③Kamalasai 病院にVIP用の病室設置のために8万バーツ寄贈した。また，病院に医者用の宿舎を建築する予定だが，ガチン祭がまだ終わっていないので，金が集まっていない。④寺の周囲の塀。まだ，完全ではないが。⑤学校には奨学金などまだ支給していない。財源が不足していたからだが，1997年からは実施の予定。⑥村人に団結を呼びかける。村人に日常的に仏法を実践することを説く。仏日ごとの説法。寺に籠もりに来るものは30―60名ほど。⑦僧の宿泊所（瞑想修行の道場）に村人を誘う。現在，そこには僧侶がいない。⑧病気のものに，薬草の処方，祭文，聖水，神霊治療を行う。治療方法の学習，薬草の学習も行っている。薬草医のグループのメンバーにもなり，研修等にも出席する。1日に5―10人ほどの患者が来る。全く来ない日もあるが。⑨以前は，薬草サウナも作った。しかし，資金が続かなくなりやめた。1998年から，このために喜捨してくれるという人物が現れたので再開する予定である。⑩この寺の前は平地で風が強く，ほこりがひどいので，道に敷き詰める石が必要である。5,300，5,000，7万8千バーツと3回ほど道路修繕に使った。

特技：薬草医，神霊治療医

仏教の教え：持戒，団結，信仰，慈悲など，仏法で最も大切と思われることを説く。

開発の問題：なし。

支援者：布薩堂建築のために宗教局が1万バーツほど予算を支援。それ以外は，ガチン祭，黄衣奉献祭の喜捨，村人からの布施でまかなった。

将来計画：あと，5年で1200万バーツかけて仏塔を建てたい。村から寺に続く道の建設。1万4千バーツほど予算は取ってあるが，たりないのでいつ完成するかは分からない。いろいろなことで村人を助け，導く。

23　Somsi Katapunyo

出身：Kalasin 県，Kamalasai 郡，Kamalasai 区10班，Polo 村

寺院住所：Kalasin 県，Kamalasai 郡，Kamalasai 区10班，Polo 村，Phochai Polo 寺　マハーニカーイ派

僧位：なし。

年齢：58歳
安居年：17年
学歴：小学4年
仏教学習：仏教学1級
寺院内地位：住職
僧団内地位：なし。
生育歴：Polo 村に出生。出家前は農業に従事。出家した理由は，何をしたらいいか分からず，何をしてもこれまでと同じだという思いがあって，出家を決意した。Somdet 郡の寺で出家し，そこでそのままパーリ語を勉強したかったが，Chaimongkhon 寺の住職が，今の寺は誰も面倒をみるものがいないので，帰るようにいわれ，戻ってきた。
寺院：僧侶2名，沙弥1名。
開発内容：①鐘楼，火葬台，説法所，山門，寺の周囲の塀の建設。現在，説法所を解体しており，新しく僧堂を立てる予定。②1997年から就学前児童託児施設の設置。③村人に仏法の説教を行う。昔ながらの村の団結を説く。④村内の小学校児童に昼食の提供。学校の運動会に資材等を提供。⑤村の10，12班の仕事を手伝ってやる。⑥村の公共施設を運営するボランティアの支援。⑦Chaimongkhon 寺で沙弥として学ぶこの村出身の子供達の支援及び助言。⑧仏日ごとの説法。寺に籠もりに来るものは男性7名，女性49名である。⑨祭文，聖物などによる神霊治療を行い，交通事故，精霊の憑依等々を治す。患者は結構多く，だいたい治る。医者によっては，父母からの遺伝（因果）など分からず，調べても何の原因か判定できないことがある。師は Surin 県で象を飼っているところにいったこともあり，そこで，この種の神霊治療をいろいろと見聞してきた。⑩若者で薬物中毒になっているものの相談にのる。中には，そのものをつかまえてきてそのまま出家させることもある。夜のおつとめが終わった後，師は寺の周囲をパトロールする。そこらで薬物を吸飲したりするものがいるからである。そういうものが見かければ追いかけ，つかまえたときは用水路にたたき落としてやる。1984年よりずっとこうしてきて，村内の薬物中毒者を減少させてきた。
特技：Mophi，Motham（呪医）である。聖水儀礼。車の御祓い（車の天上に吉祥の点粉をする）等。
仏教の教え：報恩，五戒の遵守。慈悲喜捨を説く。
開発の問題：ある。わけの分からぬものもいる。アル中のものとか。法律的な規制によってよくしていなかいといけないのではないか。
支援者：村人。村の娘でスイスやドイツ人と結婚したものがおり，彼等が寺を助けてくれる。

将来計画：スイスに仏教を伝えに行こうと考えている。1998年の1月にスイスのMarkutz という人の案内で行くことになっている。もちろん，これは区，郡，教区の僧団長から認許の書状をとらないといけない。道を求めているもの，様々な理由により難儀しているものを救わなければならない。これは自分がやろうと思ってやっていることである。たぶん，死ぬまで少しずつこうしたことをやっていくのだろう。

その他：この村の経済に関しては，貧しいものはとことん貧しく，金持ちは本当に金を持っている。中位の階層にいるものは少ない。殆どが農家であり，その他行商や雑貨店経営，キノコ栽培など。外国で働いているものは３人いて，２人はスイス，１人は台湾に行っている。

24　Chanthi Kittiko

出身：Kalasin 県，Kamalasai 郡，Khok Sombun 区７班，Nong Ikum 村

寺院住所：Kalasin 県，Kamalasai 郡，Khok Sombun 区７班，
Ban Nong Ikum 寺　マハーニカーイ派

僧位：副区僧団長

年齢：40歳

安居年：20年

学歴：小学４年

仏教学習：仏教学１級

寺院内地位：住職

僧団内地位：副区僧団長

生育歴：Nong Ikum 村に出生。両親は農業に従事。沙弥の経験はない。21歳で慣習に従い出家したが，そのまま今に至っている。仏教学３級はこの寺で学んだが，２級と１級は Roi Et 県 Phon Thong 郡の寺で学んだ。

寺院：僧侶２名　沙弥なし。

開発内容：寺の周囲の塀を建築。2539年に就学前児童の託児施設を設置，２―４歳の84名の子供達がいる。これは宗教局の事業である。村人に開発や村内の清掃を指導。仏日に説法。

特技：テートスィアンはできない。説法のみ。

仏教の教え：持戒を勧める。

開発の問題：予算のないこと。たいていは黄衣奉献祭で喜捨を集める。

支援者：村人のみ。

将来計画：塀はまだ一方向が建設されたのみなので，周囲にめぐらせたい。

その他：この村は殆どが農民なので，彼等の生活，経済状態はよくないだろう。

25 Phrom Chanthawangso

出身：Kalasin 県，Kamalasai 郡，Khok Sombun 区，Na Mon 村

寺院住所：Kalasin 県，Kamalasai 郡，Khok Sombun 区，
Sakhaen Na Mon 寺　マハーニカーイ派

僧位：師僧

年齢：65歳

安居年：30年

学歴：小学4年

仏教学習：仏教学1級

寺院内地位：住職

僧団内地位：区僧団長

生育歴：沙弥の経験はない。出家前は農業，日雇い，労働者をやっていた。Nong Khai 県で生活しており，子供が1人いた。妻はその土地の出身。計4回ほど結婚し，35歳で出家。

出家した理由は，間男した妻もおり，この世のものは永遠ではないと悟り，仏教を信仰してみようと思ったからである。

寺院：僧侶2名　沙弥なし。

開発内容：布薩堂，庫裏，寺の前の溜池の建設。

1989年に仏教を教える日曜学校の設置。小学5，6年から中学2，3年まで120名ほどの子供達に教えている。

仏日ごとに，瞑想修行と仏塔を周回して祈念するよう指導。

Khok Sombun 区にある6つの寺の管理・指導。

村人と協力して開発を進める。バンコクやチョンブリ県などで働く村の関係者から，ガチン祭などの折りに喜捨を集める。

特技：説法のみ可能。テートスィアンはできない。

仏教の教え：仏法の習得，持戒，善行，仏法に従った行い，自分だけのことを考えない，一致団結など。

開発の問題：予算不足。この村では天水依存の稲作であり，溜池や灌漑用水路がないので，大変である。

支援者：なし。

将来計画：村に水道を敷設し，村人に清潔な水を飲ませてやりたい。境内をきれいにし，植樹も進めたい。本を読める場所を作りたい。僧堂の改修及び本堂の礎石の改修。

26　Samrit Phutthathammo

出身：無回答。

寺院住所：Kalasin 県，Kamalasai 郡，Khok Sombun 区，Na Mon 村，Dong Na Mon 保全林の，Thi Phak Song（僧宿泊所）

僧位：なし

年齢：43歳

安居年：2年

学歴：小学4年

仏教学習：仏教学3級

寺院内地位：なし。

僧団内地位：なし。

生育歴：父親に頼まれて出家したことがある。おまえは，出家前は相当の放蕩三昧をしたので，還俗してくれるなと，子供にさとした。還俗すれば，また同じように放蕩するだろうからと。

出家する前は村で雑貨店や自転車・バイク修理などの仕事をしていた。たいした仕事はこれまでしてこなかった。子供が4歳の時に妻と離婚し，生きていれば，もう，その子は20歳になっているはずである。かつては船に乗り，漁や漁師の食事を船で作っていたこともある。子供は姉の家に預けていた。漁に遠くに出かけて，帰ってきたときに，自分の家族は台風に遭い，高波・洪水にのまれて，子供やその他大勢の人が亡くなった。父親もなくなった。その後，僧侶を呼び，災難を取り除いてくれるように願った。

出家した理由は，それからというもの，人生に張りがなくなり，仏教を学んでみようと思ったからである。

開発内容：現在は僧宿泊所周辺の整備に手一杯であり，日中は本を読むか，宿泊所の屋根を葺いている。あまり，村の人達もこない。それで1人でやっている。平日は2，3人，仏日でも4，5人が来るだけである。ここで在家の人が休め，仏教を学べるようなところにしたいと考えている。

仏教の教え：毎日，仏法に従った行いをする。

特技：聖水を作ることができるが，それを塗り薬にするほどには至っていない。効能があったので村人が求めに来る。現在はあまり使われていない15種類の祭文を用いて，完成度の高い聖水を作ることができる。研究中である。

開発の問題：問題は森の件である。自分が宿泊所付近の森を切り開いていると，僧団長の僧が警察と一緒にやってきて，ここを開墾したのは確かにあなたかと尋ねられた。自分はそうですが，開墾した部分はほんのわずかですと答えた。その方は，僧の宿泊所ではなく，ここには寺が造られるべきであるとい

い，ここに自分がいることを望んでいないという言い方をした。そこで，自分は，今は安居の期間であるから移動するにふさわしくない時期である，安居が開けたら，ここにいるのか，別のところへ行くのか，その時に話し合おうということを言った。しかし，どこかへ行くといっても，村人から招請を受けなければ，移動の先がない。また，ここに入るときも，村人は入ってくるなと言ってはいないし，自分に敬意を示してくれた。この森は，昔墓所があったところで，古い寺院の跡地でもある。自分はよそへ行こうとは考えていない。この件はまだ解決がついていない。

（筆者註　森林保全が寺院及び僧の役割であることは確かであり，僧といえども勝手に森を開墾することはできない。しかし，実際に開墾した部分は森林面積にすればわずかである。また，僧団長は寺院設置に関わる僧団への上申，管轄の権限を持つ。この僧侶が僧団長と折り合いが悪いために，僧宿泊所の設置をめぐって葛藤しているものと考えられる。）

支援者：最初は全て自分でやったが，その後，他のところの村人がやってきていろんなものを寄進してくれるようになった。村の人達もたまに手伝ってくれる。

将来計画：仏法と一般社会に関する本が読みたい。寺に安置する古い仏像がほしい。この宿泊所を寺にして，整備していきたい。

27　Si Siripanyo

出身：Kalasin 県，Kamalasai 郡，Khok Sombun 区 5 班，Phon Thong 村

寺院住所：Kalasin 県，Kamalasai 郡，Khok Sombun 区 5 班，
Kham Phon Thong 村，Kham Phon Thong 寺　マハーニカーイ派

僧位：下から 2 つめ Samu

年齢：72歳

安居年：16年

学歴：小学 4 年

仏教学習：仏教学 1 級

寺院内地位：住職

生育歴：出家する前は農業に従事。家族はこの村で生活している。子供は 8 名いる。妻は出家する前に亡くなった。

寺院：僧侶 1 名のみ

開発内容：僧堂，庫裡，寺の塀の建築。

仏日ごとの説法。10―20名の村人が寺に籠もりに来る。

寺の内部に米銀行がある。運営は政府の指導で村人があたり，住職は後見役をしているだけである。

特技：ゴザを編むこと。
仏教の教え：五戒の遵守。善行，美徳。
開発の問題：あまりない。資金は余りないが，ほどほどにやっている。村人も食べて生活していける。
支援者：村人と学校の生徒が手伝いに来てくれる。
将来計画：布薩堂の建築と僧堂の改築。現在は資金がないが。

28　Bunsuk Panyakhamo

出身：Kalasin 県，Kamalasai 郡，Khok Sombun 区3班，Ngio Ngam 村
寺院住所：Kalasin 県，Kamalasai 郡，Khok Sombun 区，Ngio Ngam 村，Ngio Ngam 寺　マハーニカーイ派
僧位：なし
年齢：74歳
安居年：4年
学歴：小学4年
仏教学習：仏教学2級
寺院内地位：住職
僧団内地位：なし。
生育歴：出家する前は農業と大工をしていた。現在，家族は Na Mon 村に住んでいる。子供達は3人おり，2人はバンコクで会社員をやっており，一人娘は結婚し，その村にいる。
　出家した理由は，俗事に関わる仕事をやめて休息したかったからである。
寺院：僧侶3名
開発内容：①僧堂，庫裡の建築。②村人にタイの慣習に沿った生活を教えること。③仏日ごとの説法。④開発の資金は，バンコクで働いている村人から出してもらうことが多い。
特技：説法を行うこと。
仏教の教え：報恩。持戒。聴聞。
開発の問題：村人は寺に来てくれているのでほとんどない。
支援者：村人だけ。宗教局からも支援を受けたことはない。
将来計画：布薩堂と境内にめぐらす塀の建築。

29　Simchai Charuwanno

出身：Kalasin 県，Kamalasai 郡，Khok Sombun 区6班
寺院住所：Kalasin 県，Kamalasai 郡，Khok Sombun 区6班，Nong Phai 村，Nong Phai Khunatham 修行場

僧位：なし
年齢：40歳
安居年：5年
学歴：高校3年
仏教学習：仏教学1級
寺院内地位：住職
僧団内地位：なし。
生育歴：出家前は農業に従事し，家族もあった。しかし，結婚生活がうまくいかず，離婚した。

沙弥は5年ほどやった。Roi Et 県の Bunphaphiram 寺で出家し，Tha Tum 区の寺で安居を過ごした。それから，Nong Phai 村や Kut Wiang 村，Hang Fuai 村の寺にもいった。Roi Et 県の寺で仏教学3級を取り，最後に，Nong Phai 寺に勉強に来た。1996年に仏教学1級を取る。Udom 和尚に瞑想法を師事した。それから，Roi Et 県の Phak Waen 寺の Ophan Supphakit 師のもとでさらに勉強した。
寺院：僧侶2名。沙弥なし。
開発内容：①この場所は何にも使われていない衰退森（伐採地跡）であった。1996年から，そこに瞑想修行のため1年ほどかけて庵を建てたが，次第に村人が来て周辺を整えてくれるようになった。Roi Et 県の Suwansao から守護霊の木をもってきて植えてくれたりした。②開発事項として，村人の相談相手。宗教行事の実施。村人に寺に行くように勧める。15—20名の村人が仏日には籠もりに来る。③僧団長猊下の誕生日を祝う。④1996，1997年に沙弥の出家式を行う。⑤寺の宣教計画として Ophan Supphakit 師の説法録音テープを作成し，多くの人に分け与える。内容は，自身をいかに成長させるか，両親の恩を知る，善悪の違いを知ること等。⑥小さな庫裡，2棟を建てた以外に，寺の建築はない。村人がしてくれたことで十分であり，木々も植えてくれた。現在は資金もなく，特に援助してくれる人もいないので，考えてはいても実行できないでいるが，この森を子供や孫たちのために元のように復元したいと考える。
特技：話すこと。人に説いて感化すること。
仏教の教え：瞑想法として，座って，Phu To と唱え，呼吸を整え，個人ごとに休息をとる。

五戒を守り，座ることが信仰の要諦である。
開発の問題：気が重い。村人がいうには，Waram 寺から疎遠になり，寺を離れるもの，寺に行きたくないものが増えている（櫻井註：住職と村人の相性か？）。もう一つは，植林の計画を進めるにあたって手助けしてくれるものが

いないことである。
支援者：村人と，村の小学校の校長。
将来計画：この修行場の整備。ため池を作り，そこに魚を放つ。ソンクラーン，ローイカトン，その他東北地方の年中行事を活発化させる。境内に道を造る。
　信仰。読経は完全ではない。村人や若者に，土日や平日ここに来て行をするように導きたい。

30　Phim Paphatsaro

出身：Kalasin 県，Kamalasai 郡，Khok Sombun 区 6 班，Nong Phai 村
寺院住所：Kalasin 県，Kamalasai 郡，Khok Sombun 区，
Ban Nong Phai 寺　マハーニカーイ派
僧位：なし
年齢：58歳
安居年：10年
学歴：小学 4 年
仏教学習：仏教学 1 級
寺院内地位：住職
僧団内地位：なし。
生育歴：Nong Phai 村に生まれ，Pho Ngam 寺で出家した。安居は Ban Nong Phai 寺で過ごし，そのままずっといる。仏教学 1 級は Pho Ngam 寺で取得した。
　出家する前は，家族があり，Dan 村にいる。出家した理由は子供達がみな成長したからである。
寺院：僧侶 2 名のみ。
開発内容：①山門，火葬台，僧堂の補修。②1997年10月から就学前児童の保育所開設。③村人による村の開発を助ける。出家する前は村落衛生ボランティアをやっていた。④村人への説法。仏日には10人を超える村人が寺に籠もりに来る。
特技：説法のみ。
仏教の教え：仏法に関わることを，少しずつ話を変えて教える。
開発の問題：なし。
支援者：村人。開発自衛村落の研修センター等。
将来計画：僧堂をコンクリート製のものに改築したい。

31　Son Mahayano

出身：Kalasin 県，Kamalasai 郡，Khok Sombun 区 8 班，Rat Samran 村
寺院住所：Kalasin 県，Kamalasai 郡，Khok Sombun 区，Rat Samran 村，

Rat Bamrung 寺　マハーニカーイ派
僧位：なし
年齢：64歳
安居年：3年
学歴：小学4年
仏教学習：仏教学3級
寺院内地位：住職
僧団内地位：なし。
生育歴：出家する前は農業に従事し，1979—1993年まで村長を務めていた。村長を退職したので，出家し，3年目である。家族は村にいる。出家した理由は前立腺肥大で小用が足せなくなっていたが，治った。願をかけてあったので，御礼に出家した。
（この寺は，住職が村長であった頃からあり，1974年開基といわれている。）
寺院：僧侶2名のみ。
開発内容：①村長の頃から，庫裡の建築は進めていた。説法所の改築。鐘楼，トイレ，山門の建築。僧の水浴場の建築。②仏日ごとの説法。村人は20人近く，寺に籠もりに来る。③住職は村長をやっていたこともあり，村を積極的に歩いて，親族の所にいったり，バンコクで働いている親族を持つものに年中行事の際にタンブンするよう働きかけ，開発予算を集めてきたりする。
特技：建築など。昔，大工もやっていたので。
仏教の教え：家族を大切する事，村を発展させ，環境を守ることなど。
開発の問題：少しはある。寺と村人の関係はうまくいっている。しかし，若い衆がささいなことで諍いをはじめる。
支援者：村人のみ。
将来計画：庫裡の建築。学校の支援。
その他：村の経済状態では十分に食べていけない。しかし，田を作り始めると食べることもできるようになるだろう。その間，村人は，機織りや編み物などをしてしのぐ。若者であれば，バンコクか他県に稼ぎに行っている。

32　Bunma Yasintharo

出身：Kalasin 県，Kamalasai 郡，Chao Tha 区7班，Chao Tha 村
寺院住所：Kalasin 県，Kamalasai 郡，Chao Tha 区7班，Chao Tha 村，Sawang Khongkha Chaengchom 寺　マハーニカーイ派
僧位：なし
年齢：71歳
安居年：3年

学歴：小学4年
仏教学習：なし
寺院内地位：住職代理
僧団内地位：なし。
生育歴：Chao Tha 村に出生したが，Sakon Nakhon 県で所帯をもち，農業に従事した。34歳の時に2年間出家したことがある。今回の出家は妻が亡くなった後，子供達はもう成長し，それぞれに家族を持っていることから，子供達に出家を勧められてそれにしたがったものである。子供や孫達が寺に来る。
寺院：僧侶2名のみ。
開発内容：境内の清掃。僧堂の改築。村人の仕事の手助け。若干の寄付等。安居期間中は，10―20名の村人が寺に籠もりに来る。
特技：なし。
仏教の教え：特段なし。村人は年老いて説法を聞きに来ることもできなくなっているので，寺の日常的なことは住職代理のこの僧が行っているのみ。
開発の問題：なし。
支援者：村人。
将来計画：僧堂の修繕がまだ済んでいない。

33　Phrom Rangsiborirak（俗名 Chingchai）

出身：Kalasin 県，Na Mon 郡
寺院住所：Kalasin 県，Kamalasai 郡，Chao Tha 区6班，Tha Mai 村，Phrom Rangsi 森の寺　タンマユット派
僧位：師僧
年齢：40歳
安居年：15年
学歴：小学4年
仏教学習：仏教学1級
寺院内地位：住職
僧団内地位：区僧団長
生育歴：Na Mon 郡にて出生。しかし，家族がこの村に来て，ここで自分は成長した。日雇い等の労働仕事に従事していた。出家の理由は，父親が亡くなったので，報恩のためと，頭陀行をしてみたいと思ったからである。自分の友人達や師が頭陀行で各地へ行っているのを見て自分もやりたくなった。森へ行ってみると，そこにいたくなった。それで出家し，現在に至っている。北タイを巡り歩き，1975―1993年まで，Tak 県 Mae Sot 郡 Thamin Thanin 寺にいた。祠に仏像を祀ってから，これをマハーニカーイ派の僧侶に管理し

てもらう手はずを整えた後，この村に戻ってきて5年目である。
寺院：僧侶6名，沙弥1名。
開発内容：①寺の業務としては，毎朝の托鉢，寺の清掃・管理。②森を囲む塀の建築。③村人に瞑想法，仏教の指導。安居の期間は寺で指導。④村の子供達に昼食を学校で出すことに資金提供。⑤3年ほど前から子供達に仏教学3級から1級の内容を講義する学校を設ける。100名は参加したろう。⑥就学前児童の託児施設開所の計画はあったが，子供数が少ないなど，幾つかの問題があり，開設には至っていない。⑦ Tha Phe Ling 村1班と15班にある小学校，Tha Mai 村の小学校で建築等があった時に寄付をした。また，さらに建築などする場合には何度も寄付をしている。
特技：調合した油，聖水，呪文等で骨接ぎをやる。薬草医の経験もある。腫瘍，結石，肺病，生理不順などを治す。患者はきれることなく来るので，薬が底をつくこともある。それで，資金があるときに買い置きをしている。境内には10種類ほど栽培しているが，多くは外で買っているので。
仏教の教え：五戒と八戒の遵守。
開発の問題：ある。仕事をやっている際に，委員会がまとまらない。そのこと自体はそう大きな問題ではないが，委員会が準備不足であることの方が問題である。また，委員会管轄の仕事があったとして，一番頭を悩ませるのが僧侶である。つまり，何をやったとしても，一般の人は意見が分かれる場合がある。しかし，僧侶は中道を行かなければならない。
支援者：この村では村人が貧しいので，あまり寺のことを手伝うことができない。それで，他県から，或いは，バンコクのもので助けてくれるものがある。
将来計画：寺院の整備。村人を助けることにもなる。なぜなら，寺は村の一部であるから，寺の開発は村の開発でもある。

34 Sunthonchariyaphirak

出身：Kalasin 県，Kamalasai 郡，Chao Tha 区，Muatae 村
寺院住所：Kalasin 県，Kamalasai 郡，Chao Tha 区2班，Muatae 村，Muatae 寺　マハーニカーイ派
僧位：師僧
年齢：58歳
安居年：38年
学歴：小学校4年
仏教学習：仏教学1級
寺院内地位：住職
僧団内地位：1996年より戒和尚

生育歴：(村の寺に関して実感のこもった語りが聞かれた。) Muatae 村に出生。この村は，昔は Dong Ling 区にあったが，今は Chao Tha 区になっている。出家前は農業に従事し，父母を手伝っていた。1959年20歳の時に出家した。Kalasin 県，Phu Phan 山地，Sakon Nakhon 県，Rayong 県 Khlaeng 郡等を迷走修行のために頭陀行して回った。

寺院：僧侶5名，沙弥なし。

開発内容：①寺院内の学校で，パーリ語をのぞく学習分野を教える。年間20—30人ほどの学生を3人の僧侶で教える。宗教局からの年間1千バーツの経費支給と村人の支援でやっている。(昔は500バーツだけだった。) 教授料は，3名の僧侶で分けている。これ以外に資金はない。それで教材にも事欠くありさまだ。それで，沙弥や小僧同士に協力して学ばせている。②山門の建設であるが，まだ未完成。③Thapleng Muatae 小学校に年間500バーツの寄付を2年前から行う。また，Kamalasai 郡市街地の小学校にも寄付をしている。④僧堂改築。庫裡，布薩堂の建築。⑤寺の境内をめぐる塀建築。⑥1996年に鐘楼の建築。

特技：聖水などにより，病人を治す。

仏教の教え：仏法の重要な部分，布施，持戒，慈悲，信仰，四聖諦を守ること。

開発の問題：多少ある。交通手段が不便である。足がない。仕事はしなければいけないときはどうしてもやらなければならないのだが，車を探すことが先決である。村人の車を借りなければならないので，遅れることがしばしば。村人は私が来るのを気長に待っていなければならない。

支援者：村人。

将来計画：村人を助けたい。しかし，先立つものがない。村人もなんとか生活しているが貧しい。仕事がない。これ以外には，寺院内の建築を整備したい。

その他：村の経済状態はあまり良くない。寺の資金も同じようなものだ。今年のように日照りで不作であれば，寺に喜捨する額も減り，寺は大変になる。もし天候に恵まれれば，あがりもよくなる。田舎の寺というのは殆どこんなもんだ。町の中にある大きな寺のように宗教局から多額の予算をもらえるようなわけにはいかない。

要するに，寺は大変だ。なぜなら，村人が大変だからだ。支援する資金も不足している。しかし，ものは高いし，人を雇うにも労賃がかさむ。バンコクから黄衣奉献祭に来てくれれば，支援の金が1回で何万バーツにもなるが，この村で今年やったガチン祭では5000バーツしか集まらなかった。

35　Khun Thitmetho

出身：Kalasin 県，Kamalasai 郡，Chao Tha 区，Dong Ling 村

寺院住所：Kalasin 県，Kamalasai 郡，Chao Tha 区11班，Dong Ling 村，
Sikhanaram Dong Ling 寺　マハーニカーイ派
僧位：なし
年齢：72歳
安居年：5年
学歴：小学4年
仏教学習：仏教学3級を学習中
寺院内地位：住職
僧団内地位：なし。
生育歴：Dong Ling 村に出生。出家前は農業に従事し，家族があった。また，村で1977年の467期虎の子隊（ボーイスカウト）の訓練を受けたことがある。また，1987年に119期の薬草の講習も受けた。これは国王がお考えになった森林の薬草計画の一環であり，3度ほど講習を受けて課程を終えた。

これ以外に，Mophi（神霊治療医）の術も習った。1997年に Roi Et 県の Kasetwisai 郡の師匠に習ったが，この人はもう亡くなった。ちょうど，この年に，飲酒などの煩悩を断ち切るために出家した。ほどなく，出家し，二度目の出家が1992年である。

神霊治療を習ったのは，一族所有の田に凶暴な精霊が取り憑いていたからである。親族には病気やけがをし，命を落とすものが多かった。親族は12人いたが，取り憑かれたものは皆命を落とした。結婚した妻で亡くなったものも多い。嫁で亡くなったものは1名。その後再婚したが。要するに，一族で何ともなかったのはこの和尚と現在この村で暮らしている和尚の妻だけであるという。恐るべき話なので，それで，この悪霊から身を守る術を学びに各地を歩いてみたのである。
寺院：僧侶4名。沙弥なし。
開発内容：①様々な病気にかかった人に，薬草治療を施す。②薬草治療の識者として，この村では何度も講演・指導を行う。③境内に薬草を栽培。薬草の種子の中には山から取ってきたものもある。薬草治療の資格も持っているし，これは生涯有効なものだ。薬草は採取可能であるから，金を払って購入する必要はない。かかる費用はこちらから出かけるときの交通費だけで，最高で800バーツくらいか。現在，5人ほどこの治療法を教えてくれと通っているものがいる。④神霊治療医でもある。精霊が憑依した患者の身体から精霊を追い出す。最初は，精霊に捧げるものを用意し，祭文を唱え，精霊と問答をする。最後に，精霊を患者の身体から追い出す。現在，この方法を学びに来ているものは極めて多い。⑤鐘楼，僧堂，火葬台の建築。⑥境内を囲む塀の建設。まだ，完了していない。⑦仏日ごとの説法。10—20名の村人が籠もりに

来る。この村は小さいので，この位であり，殆どが女性である。
特技：薬草医。神霊治療医。
仏教の教え：道徳を説く。貪欲を捨て，耽溺しない。煩悩をたつ。自信過剰になるなとか。村人にはアングラの宝くじを当てるのがうまいと評判の神霊治療医に行くことは勧めない。
開発の問題：ない。村人は協力しあい，徳もある。
支援者：村人のふだんの喜捨や，彼等の親族がバンコクから黄衣奉献祭等で来て，喜捨するくらい。
将来計画：僧堂の建設。寺院の塀の建設の完了。

36　Saman Anantho

出身：Kalasin 県，Kamalasai 郡，Chao Tha 区10班，Chot 村
寺院住所：Kalasin 県，Kamalasai 郡，Chao Tha 区10班，Chot 村，Ban Chot 寺　マハーニカーイ派
僧位：なし
年齢：37歳
安居年：17年
学歴：小学4年
仏教学習：仏教学1級　パリエン4段
寺院内地位：住職
僧団内地位：なし。
生育歴：Chot 村で出生。小学校を卒業後，両親を手伝って農業に従事。沙弥にはならなかった。20歳で慣習に従い，出家。最初は，これほど長く出家していようとは考えてもいなかった。Nong Khai 県の寺で最初の安居を過ごし，それから Buriram 県の Khang Nangrong 寺に行った。それから1987年から6年間そこで安居を過ごし，1996年に今の寺に戻ってきた。
寺院：僧侶5名，沙弥2名。
開発内容：私自身はここでまだ安居を過ごしていないので，特段やったことはない。1996年に，先代の住職，Suk Supanno 師が亡くなられてから，私が来たので。①火葬の間，休む場所の設置。②10歳から41歳くらいまでの140名に仏法を講義した。しかし，これから試験を受けに行かせるものは69名ほどであり，最近は小学生で学ぶものが少なくなっている。殆どが中学に進学するようになったので。③仏日ごとの説法。寺に籠もりに来るものは，40—45名ほど。
特技：装飾文字を書いたりすること。
仏教の教え：五戒の遵守と在家としての徳をもつこと。

開発の問題：なし。寺と村，学校の協力関係はしっかりしている。村は寺のことを世話してくれる。町にある寺は自分たちでやるしかないのであるが，この点が大きく違う。
支援者：村人とバンコクに出ていった親族。黄衣奉献祭，ガチン祭，ソンクラーンの時に彼等は帰ってくる。
将来計画：1981年に建てられた庫裡を改築すること。

37 Sisai Yanthilo

出身：Kalasin 県，Kamalasai 郡，Chao Tha 区９班，Nongbua 村
寺院住所：Kalasin 県，Kamalasai 郡，Chao Tha 区９班，Nongbua 村，Pathum Keson Nongbua 寺　マハーニカーイ派
僧位：なし
年齢：25歳
安居年：６年
学歴：中学３年
仏教学習：仏教学２級
寺院内地位：住職代理
僧団内地位：区僧団長秘書
開発開始年：1992
生育歴：無回答。
開発内容：①1996年に鐘楼の建設。山門の建設。②村人の相談に乗る。③僧堂と布薩堂の建築中。④仏日ごとの説法。60名ほどが寺に籠もりに来る。
寺院：９名の僧侶と３名の沙弥。
特技：なし。
仏教の教え：人生において大切なこと。家族の大切さ。その他，仏法で身近な話をする。
開発の問題：一つもない。お寺の資金を銀行に預けるときでも，事業をする際資金不足になったときも，村人が助けてくれる。
支援者：村人及び，バンコク等で働いている彼等の親族。
将来計画：寺の開発。村には男達や若者達の自助グループが既にある。

38 Khwanchai Kantasilo

出身：Kalasin 県，Kamalasai 郡，Thanya 区８班，Tha Klang 村
寺院住所：Kalasin 県，Kamalasai 郡，Chao Tha 区３班，Tha Samakkhi 村，Ban Mai Samakkhi 寺（寺院用地未下賜寺）マハーニカーイ派
僧位：なし

年齢：49歳
安居年：6年
学歴：小学4年
仏教学習：仏教学1級
寺院内地位：住職代理
僧団内地位：なし
生育歴：Tha Klang 村に出生。現在この村は Tha Samakkhi となっている。寺の所在地に同じ。出家前は小商いをやっており，家族もいた。沙弥は4年やり，出家して比丘となってからは3年である。出家した理由は世俗の生活に飽き飽きしたことである。それでこの世の生活を諦め，仏法に身を委ねることにした。

頭陀行で最も遠くへ出かけたのは，ミャンマーであり，山に登り，森に分け入った。その他，タイの国内は遠くへはバスを使い，殆どの地方を歩いた。

現在の寺の敷地が，元々古い寺の跡地であったかどうかは分からない。掘ってみた人の話によると仏像を収めた地下室があったという。相当に古く，チャムパーサック時代（1707—1779(頃)）のものであるという。

寺院：僧侶4名。サクナックソン（寺院用地が未下賜の寺であるので）住職代理である。
開発内容：①寺の周囲の塀，僧堂，鐘楼等の建設。②Kamalasai 郡の学校に奨学資金の寄付。時にはこちらから持っていったり，学校が寄付を請いに来たりする。③村人に仏法の指導。仏日ごとに教え諭す。40人ほどの村人が寺に籠もりに来る。④庫裡は Roi Et 県から来た信者により建てられた。
特技：病者快癒の油作成，長寿祈願の儀礼ができる。村人の求めに応じて宝くじを当てる。薬草医。薬草はよそから買い求める。神霊治療。占い。吉凶の運勢を見る。テートスィアン，普通の説法もできる。

僧侶から治療や教えを受けるものが非常に多い。月の中旬から月末にかけて，宝くじが売り出される時期で一山当てようとするものが来る。完全な当たりくじや確実なくじの番号などを知りたがる。これらは連れだって，或いは人づてに聞いてくる。

こうした術を学ぶために信者になるものも多いが，僧侶は何を学びたいのかとその度に尋ねることにしている。

仏教の教え：戒の実践。瞑想，智恵。
開発の問題：なし。村人は僧侶の言うことをよく聞き，喜捨をしによく寺に来る。
支援者：村人。会社，商店など。
将来計画：貧しいものの支援。或いは，地域の知識の中心に寺をしたい。或いは観光名所などに。仏像や仏塔等を作って。また，ジャータカ物語に沿った

仏像の建築などで。

39　phrom Narintho

出身：Kalasin 県，Kamalasai 郡，Chao Tha 区５班，Nong Makluea 村
寺院住所：Kalasin 県，Kamalasai 郡，Chao Tha 区５班，Nong Makluea 村，Mai Samakkhi Tham 寺　マハーニカーイ派
僧位：なし
年齢：68歳
安居年：25年
学歴：小学４年
仏教学習：仏教学１級
寺院内地位：住職
僧団内地位：なし。
生育歴：Nong Makluea 村に出生。農業に従事し，家族があり，息子１人がいた。妻の死後，出家を決意した。その後，もう一度世俗に戻りたいと思ったことはない。安居は，Nong Khai 県 Bueng Kan 寺で15年を過ごした。
寺院：僧侶３名，沙弥２名。
開発内容：①僧堂の一棟を建築しているが未完成部分あり。300万バーツの総費用であるが，現在，170万バーツをつかったところである。庫裡を二棟，さらに一棟を建築中。②村人を寺と村の開発に導く。仏日には村人が12名ほど寺に籠もりにくる。③学校に奨学金等出したことはまだない。
特技：病のものに生気を与える聖水を作ること。相談事に乗ること。
仏教の教え：道徳と開発をどちらも大切にと説く。
開発の問題：なし。村人が協力してくれる。
支援者：村人のみ。この寺はまだ寺院用地を下賜されていない寺であるので，宗教局から経費を支給されていない。
将来計画：寺院の建築を終えたら，道路の整備，村に電気を引くことなど。

40　Samu Khamsi Paphatsaro

出身：Roi Et 県，郡都 Din Dam 区，Khawaochi 村
寺院住所：Kalasin 県，Kamalasai 郡，Chao Tha 区12班，Muatae 村，Ban Muatae 森の寺道場　マハーニカーイ派
僧位：Samuha
年齢：62歳
安居年：９年
学歴：小学４年

仏教学習：仏教学1級
寺院内地位：住職代理
僧団内地位：なし。
生育歴：Khawaochi 村に出生。農業に従事。時に小商いや車の運転手をやる。Chatchai 首相が退任したときに出家し，以来，僧侶を続けている。この寺には1991年より居る。
　現住職が存命しているので，自分はまだサンガ内の役職にはついていない。
寺院：僧侶2名，沙弥なし。
開発内容：①村のものと協力して，寺院境内を囲む塀を建築。②在家のものを仏法に導く。仏日には20—30人の村人が寺に来る。祭典の時40—50人は来る。ここは墓地があったところに作られた道場である。他の寺との協力関係を維持。③村人，学生達，全ての善人に仏法を説く。タンマトゥート（仏法の使節）の使者として説法に行く。また，村人から招請があれば，どこにでも出かけて行くが，いつもはここに居る。
特技：テートスィアン。瞑想法の指導。聖水，膏薬の作成。これらは，病気やけがで苦しんでいるものたちのために行う。
仏教の教え：道徳。文化，伝統の学習。五戒の遵守。報恩。欲，信，念，慧。
　現代を知る。価値を教える。8万巻もの経典があるので，教えることは無数にある。それで，大事なところだけを選んで教えているが，持戒，瞑想，知恵が最も大事な部分である。
開発の問題：なし。村人達は僧侶の言うことをよく聞いてくれ，反論するものはいない。
支援者：村人。寺は村人に頼んで労力を提供してもらうときもあるし，お金を出して仕事としてやってもらうこともある。　何でも可能であるが，道徳と価値を重視したものであるべき。
将来計画：子供達に寺に来て仏法を聞くように促したい。生徒達に仏教学，一般社会のことを学ばせ，道徳的価値や宗教の儀式を教えたい。一般の人達を支援する。学費の軽減。正しい行いで仕事になるようなものを作りあげることなど。

41　Prathip Chantharaphon

出身：Kalasin 県，Kamalasai 郡，Chao Tha 区，Tha Muatae 村
寺院住所：Kalasin 県，Kamalasai 郡，Chao Tha 区1班，Tha Muatae 村，Ban Tha Phloeng 寺
僧位：師僧
年齢：41歳

安居年：18年
学歴：中等学校6年
仏教学習：仏教学1級
寺院内地位：住職
僧団内地位：なし。
生育歴：Tha Muatae 村に生まれる。出家前に，バンコクでサムローの運転手をしていた。出家したのは仏教の信仰による。出家により善果をえた。Ban Muatae 寺で出家し，Nakhon Sawan 県で開催された29回目の布教師研修会にいったりもした。また，Nakhon Pathom 県で瞑想法の修行をしたこともある。
　村人達は田舎に住んでいるが，子供が病んだときなどどうしてよいかわからず，不憫であった。この世に生まれたものは同じ人間であるはずなのに差がある。そこで，村人達を助けたいと思った。
寺院：僧侶5名，沙弥2名。
開発内容：①庫裡，鐘楼，水道の建設。②この地域にある学校外教育の施設があまりに古いので，4つの扇風機と3000バーツを寄付した。③近くの学校に奨学資金の提供。1600バーツの自転車を二台寄付。④仏日ごとの説法。⑤病院へ患者を運ぶ前に，地域で応急処置をするやり方を学び，そのセンターの代表をしている。
特技：説法。瞑想法指導。儀式の執行など。
仏教の教え：四無量心（慈・悲・喜・捨）を強調する。
開発の問題：村人を支援しようとすれば，その予算の手当などで大変になる。この寺が町から離れていることである。これは村人も同じ。タンブンで出かけるときも，寺の車がないので，毎度，車の手配から始めなければならず，時間がかかる。
支援者：民間の会社などはない。寺で何か計画をしていたとしても，それが分からなければ支援を申し出るものはいない。しかし，建物を建築するような場合，それが外から見ていて分かれば，支援を申し出るものが出てくる。通常は，村人，信心の篤い人達の喜捨しかない。
将来計画：就学前児童の託児施設の開設。昼食の給食。これらを運営するために組織を作るなど。土日に若い者達のために仏法を教えることなど。

42　Udon Chanthasaro

出身：Kalasin 県，Kamalasai 郡，Chao Tha 区，Kao Noi 村
寺院住所：Kalasin 県，Kamalasai 郡，Chao Tha 区，Kao Noi 村，Ban kao Noi 寺　マハーニカーイ派

僧位：plat （副僧団長）
年齢：34歳
安居年：13年
学歴：小学6年
仏教学習：仏教学1級
寺院内地位：住職
僧団内地位：戒和尚の介添え
生育歴：Kao Noi 村に出生。沙弥になったことはない。農業に従事。出家の理由は慣習に従った。その後，村人は自分に僧侶のままでいてほしいと願った。たぶん，このまま僧侶を続けるだろうが，絶対ということは言えない。将来，還俗してもいい。仏法は様々なところで学んだ。しかし，その学習の大部分は，この寺でなしたものである。
寺院：僧侶4名，沙弥なし。
開発内容：①道路の修復。その他，村人に慣習的な年中行事を指導。②仏法の研修。仏日ごとに説法。50名は村人が寺に籠もりに来る。重要な行事があるとき200名は来るであろう。③1998年より，就学前児童託児施設の開所を予定。④現在，300万バーツの総予算で僧堂建設を始めている。
特技：病気治療はできない。しかし，時々は膏薬をあげたりすることはできる。それを職業にするほどのレベルではない。説法はできるが，テートスィアンはできない。
仏教の教え：一致団結，慈悲とか，そういった教えである。
開発の問題：なし。仮にあったとしても小さいものであり，言って聞かせれば解消可能である。
支援者：会社などもしょっちゅう顔を出すのだが，実際に支援してくれるところは少ない。宗教局からの給付金か，村人の喜捨である。
将来計画：考えはいろいろあるが，実際にやるだけの予算がない。あれば，すぐにでもやる。あえて，挙げれば，貧しいもの，子供，年寄りなどを世話するセンターのようなものを作りたい。僧堂の建設が終わったら，もう一棟庫裡を建てたい。
その他：Kalasin の県都や Kamalasai 郡の中心地と比べれば，ここは農民ばかりで，階層的には中程度であろう。この村は年に2度稲作ができる。7月と1月に稲刈りをする。

かつて二期作はできなかったが，1985年に用水路が完成してできるようになった。米はホームマリー種がほとんどである。しかし，これ以外に仕事になるような産業もないので，農業だけである。

43 Chanthi Kawitsaro

出身：Kalasin 県，Kamalasai 郡，Chao Tha 区，Tha Klang 村
寺院住所：Kalasin 県，Kamalasai 郡，Chao Tha 区，Tha Klang 村，Tha Klang 寺　マハーニカーイ派
僧位：なし。
年齢：63歳
安居年：16年
学歴：小学４年
仏教学習：仏教学１級
寺院内地位：住職
僧団内地位：区僧団長，戒和尚
生育歴：Tha Klang 村に出生。農業や他県でトラック運転手，バンコクでバス運転手等に従事。出家前に結婚したことはない。出家した理由は叔父（父の弟）の追善供養である。Kalasin 県市内の Tai Pho Kham 寺で出家した。
寺院：僧侶10名
開発内容：①布薩堂，火葬台，山門，庫裡３棟，寺の境内にめぐらした塀等の建設。②植林など。③学校に教育資金を交付など。④仏日ごとの説法。安居の時期には，10人程度の村人が寺に籠もりに来る。⑤古美術品の収集等。
　Chao Tha の和尚は Sema（布薩堂の境界）に書かれている。Chi 川の中をタワーラワディー時代の美術品のように漂い浮かんでいた Chao Tha 和尚の Sema に村人が出くわしたという。村人は和尚の Sema を聖なるものとあがめている。もし，許可をとらずにその写真をとろうとすると，それは現像しても写っていないか，或いは，シャッターそのものがおりない。聖遺物の一種。
特技：聖水の作成。
仏教の教え：タンブン，五戒，八戒の遵守。
開発の問題：なし。
支援者：村人のみ。或いはバンコクで働いている村の出身者など。行政等からの支援はない。
将来計画：寺の境内にめぐらした塀の完成を目指す。
その他：村の経済状態はまずまずであろう。しかし，中部タイほど豊かではない。稲作について比べてみると，ここでは年に２回収穫できるが，以前と比べて農業に投資が必要になり，収穫物を売っても収益があがらないこともある。稲刈りの出面賃もあがっている。120―150バーツの日当を出さなければならない。しかも食事をつけてである。今では，手間替え，結いの伝統はな

くなったろう。あってもわずかではないか。このような慣習を残したいものだ。なくなった理由は，皆，自分たちの生活を守るために収入を得ることに精一杯で，中には出稼ぎにいって人手がなくなっているからである。

これ以外にも，親族は一つの竈，飲み食いは皆一緒といった習慣も廃れてきている。バンコクに出稼ぎに行って，戻ってきては何もせずに家でボーとしているものも多い。なぜなら，村の生活において，食事はあるし，金を出して食料を求めることもない。機織りをして反物を売ることもできる。村では金がかからないので生活ができる。海外に出稼ぎに行っているものはいない。

44　Wichansathukit

出身：Kalasin 県，Kamalasai 郡，Nong Phaen 区，Hua Non Plueai 村
寺院住所：Kalasin 県，Kamalasai 郡，Thanya 区12班，Kae 村，Thipphawan Ban Kae 森の寺　タンマユット派
僧位：師僧
年齢：73歳
安居年：21年
学歴：小学４年
仏教学習：仏教学１級
寺院内地位：住職
僧団内地位：区僧団長
生育歴：Hua Non Plueai 村に出生。農業に従事。富裕な農家だった。妻が死んだ後，出家を決意。一人娘は結婚したがまだ子供がいない。娘は事業をやっており，大きなコンドミニアムを作って家賃収入を得ている。自分が持っていた田圃は，土地なし農民に分けてやった。小作料とか御礼とか受け取っていない。

出家後は仏法を学び，タンマユット派として布教活動を行ってきた。Thamanuwat 師を戒和尚，Mongkhon 師が導師，Mae 師が教戒師である。1978年よりこの寺にいる。

皆のために，また，国家のために貴重な古美術，資料を残そうと考えた。また，村人も住職の意を察して，そのようなものがあれば寺に持ってくる。
寺院：僧侶４名，沙弥１名。
開発内容：①寺の開発。説法庁，僧堂，鐘楼，布薩堂，倉庫，火葬台などの建設。②４千本の植樹。もし，子供や孫のために植樹をしておかなければ，必ずやこの地域は干害を受けるだろう。③毎年，地域内の貧しい学校に対して，学校の教育資金を配布。④貧しいものに対する支援は毎日のこと，お金，衣

類，寝具，その他の家財道具をあげる。⑤1987年，Kalasin 県 Khongchai 分郡 Lam Chi 区 Tha Iam 村に Tha Iam 森の寺を建設。⑥1994年，Kalasin 県 Kamalasai 郡 Thanya 区 Sa-at Somsi 村に Sa-at Somsi 森の寺を建設。⑦仏日ごとに瞑想法の指導。師は毎日実践。安居入り，明けの仏日には60―70人ほどの村人が説法を聞きに寺に来る。これが村の寺のように安居入りの時だけ村人が集まるところと違う所である。その他，近場の人達は年中寺に来る。⑧沙弥の指導と教育資金援助。父母が子供を連れて，寺にやってくるが，師は子供の資質を見定めて，見込みのありそうな子は徹底して面倒を見て，高い学歴や教育を施そうとしている。

現在，古美術品等を収蔵する仏塔を建設中。仏塔の形はタワーラワディー時代を模したもの。収集品はタワーラワディー時代，アユタヤー時代，近代のものなど。種類は，仏像，Sema 石，武器，スコータイ時代の焼き物，民具，王様からの下賜品，狩猟のわな，年代物の家具，高価な装身具，古書等。師はこれらを維持・管理して，見学してもらうようにしている。師はこうしたものの収集と目利きに優れているので，いろんな人が持ち込んでくるのである。

師は美術品と生活資料収集を国の未来のために行っている。これらを私的利益のために所蔵したり，売り買いしたりするものは本来収集の権利がない。若者や子供達の学習のためにやり，現代の美術や学問をやる人々にも貢献する。仏塔が完成したら，これらのものを展示し，本当に興味関心があるものだけに見せる。また，展示品には説明文をつけ，案内係なども置こう。来館者を歓迎する（在家信徒の談)。

過去から現代までの歴史と美術の価値を学習する。師は有識者を訪ねていろいろと歩き回っているので，普通，寺に来てもなかなか会えない。師は歴史に関わる質問をされても正確に答えることができる。年中，勉強しているからである。

寺の縁起，ウィエンチャンの王朝年代記，ラタナコーシン朝年代記，その他の都市国家の年代記（Khon Kaen, Udon Thani, Kalasin)，を記したいと考えたことがある。しかし，これらは考案中であり，まだ，具体的な執筆計画はない。自伝も未だ書いていないし。出家してからのこと，寺の開発のことなど。それらは自分から書くこともないだろう。自分の信者が記すであろうから（師の談)。

宗教局に資金援助の要請をしたことはない。村に奉加帳を回すこともしない。村人が，ガチン祭や，黄衣奉献祭などのタンブンで寄進した金が殆どである。篤信のものもいる。しかし，一度も寄進を請うたことはない。師自身の人柄と功徳の故に，人が寄進するわけである。師はそれを受け入れるだけ。

特技：師自身は黙して語らないが，師自身の中に聖性がある。行いが正しい。

Kalasin 県の副知事にせよ，或いは Phatthalung 県の知事にせよ，師と知り合い，程なくして官職を得ている（信徒の談）。

仏教の教え：子や孫に仏法を教えるために法の大事な部分を分かりやすく説く。最初は，布施，戒，信仰（布施，持戒，修習），次に，行。行いがよく，正しい言葉を使い，信仰を持つものは自然に分かることであり，特段学習するまでもないことである。

開発の問題：なし。

支援者：師に帰依するものたち。

将来計画：仏塔や火葬前に遺体を安置する棟の建設が終わったら，三蔵を収蔵する宝物館を作る。

その他：僧侶は国民の帰依の対象である。また，仏法に従って行いをするものである。もし，規律がゆるめば，行いは悪くなる。僧侶は社会を助ける役割を持つ。人々を導く法を説く。これこそ，僧侶が貢献できることであり，社会を法で正していくことである。

45 Tha Rattanayano

出身：Udon Thani 県，Tan Riang 村

寺院住所：Kalasin 県，Kamalasai 郡，Thanya 区，Nong Thu 村，Prasai Khantitham 森の寺 タンマユット派

僧位：なし

年齢：71歳

安居年：9年

学歴：小学4年

仏教学習：仏教学3級

寺院内地位：住職

僧団内地位：なし。

生育歴：Udon Thani 県 Tan Riang 村に出生。この寺に移ってきてから2安居過ごしている。村人はそれなりに寺に来ているが，寺の世話人であることが多い。住職は行いが正しい人であるので，信仰してくるものがいる。

聞き取りは，住職ではなく，Bunma Sonset 氏（寺の世話人）に行った。

寺院：Samnaksong（準寺院）僧侶1名のみ

開発内容：村人，世話人が境内に植樹や花壇を作ってくれたりする。それまでここには木が殆どなかった。井戸をつくる。台所，僧堂の建築，未完成。タンマユット派の仏事を行う。説法。特に安居入りから明けまでの期間は毎日行う。8—20名の村人が仏日には寺に籠もりに来る。年中行事の時は若者も

来る。住職は村人を導く指導者と考えられている。信心深いものが喜捨をしてくれる。
特技：瞑想法の指導と説法。
仏教の教え：持戒，布施，悪徳，福運，思念の集中（瞑想法）などを教える。
開発の問題：あまりない。
支援者：郡の役人等，信仰の篤い村人など。
将来計画：僧堂の完成，庫裡の建築，植樹。
その他：村人は程々の暮らしをしている。この村には灌漑用水路が通っているので，米が作れる。

46 Saeng Thittapunyo

出身：Kalasin 県，Kamalasai 郡，Thanya 区，Nong Tu 村
寺院住所：Kalasin 県，Kamalasai 郡，Thanya 区，Nong Tu 村，Saeng Udom Prasit Tharam 寺　マハーニカーイ派
僧位：なし
年齢：60歳
安居年：5年
学歴：小学4年
仏教学習：仏教学2級
寺院内地位：住職代理
僧団内地位：なし。
生育歴：Nong Tu 村にて出生。Dong Ling 村で家族を持つ。農業に従事した。出家した理由は仏教への信仰である。
寺院：僧侶4名のみ。
開発内容：説法庁の建築。300万バーツの予算，200万バーツかけて建築したところで予算切れとなり，工事がストップしている。資金は村人の寄付である。村人に宗教と教育の指導を行う。仏日ごとの説法。20—25人の村人が寺に籠もりに来る。
特技：村人を仏教に導く以外の特技はない。
仏教の教え：行，善行の強調。
開発の問題：あまりない。村人がよく寺に協力してくれる。
支援者：村人のみ。
将来計画：ない。村人を宗教と教育に導く以外のことは。

47 Bunmi Thirapunyo

出身：Kalasin 県，Kamalasai 郡，Thanya 区，Non Makham 村

寺院住所：Kalasin 県，Kamalasai 郡，Thanya 区，Non Makham 村，Sawang Aran Non Makham 寺
僧位：なし。
年齢：70歳
安居年：6年
学歴：小学4年
仏教学習：無回答。
寺院内地位：住職代理
僧団内地位：なし。
生育歴：Non Makham 村に出生。農業に従事し，副村長を13年やっていた。20歳の時に最初に出家し，2年ほど僧侶であった。仏教学3級を取った。しかし，その後この認証をなくしてしまった。再び出家して，仏教学を学んだがもう忘れてしまっている。

先代の住職，Bun Sappanno 師が亡くなってから，住職代理を務めている。しかし，僧団のほうからまだ住職に任ずる連絡が来ていない。

寺院：僧侶1名，沙弥1名。
開発内容：村人をタンブンや年中行事を行うように導く。東北タイのヒットシップソーンの行事であるが，ロケット祭りだけはこの村ではやったことがない。
特技：なし。村人がよく協力してくれる。2，3年前は村長選をめぐって村を2つにわった対立構造があったが，今はだいぶよくなった。
仏教の教え：無回答。
開発の問題：無回答。
支援者：村人。宗教局からの資金援助もない。
将来計画：宗教局から助成金をもらって様々なことをしたい。他村の村人からも寄付をえて布薩堂建設に取りかかりたい。1998年の1月か2月には工事に取りかかれるだろう。たぶん，予定より長くかかるだろう。村人達はあまりお金の余裕がないので寄進の額も多くはないだろうから。
その他：この村は100年からの歴史があり，和尚はこの村を開拓した草分けの孫にあたる。和尚の母親が草分けの娘だった。多くの村人が Bo 村から移ってきた。婿入りしたものの中には中部からきたタイ人もいるし，中国系のものもいる。

この村には64世帯あり，殆どが農業に従事している。みな，自給自足には足りるが，経営規模も小さく，現金収入をえられるような稼ぎをするレベルではない。一口に言えば貧しい村である。主食用に餅米をつくり，うるち米は出荷する。銘柄は香り米で14号か11号。村人の世帯収入は年間1万バーツ

に達しない。規模の大きな農家で2万バーツ前後である。この村に電気は1964年からきた。その後，Bo村，Lao村，Kae村，Polo村，Song Yang村，Yang Tatat郡へ至る農業用水路が敷設された。この村で公務員になったものは，警察官が1名，兵士が1名である。この村の子供達は，Bo Non Makham村小学校に通うが，雨期は通学に支障が出る。今年は例年より就学児童の数が多いが，それでも10名ほどである。

48 Monthian Thirasaro

出身：Kalasin県，Kamalasai郡，Thanya区2班，Bo村
寺院住所：Kalasin県，Kamalasai郡，Thanya区2班，Bo村，Phaengsi Ban Bo寺　マハーニカーイ派
僧位：なし。
年齢：30歳
安居年：5年
学歴：中等学校6年
仏教学習：仏教学1級
寺院内地位：なし。
僧団内地位：なし。
生育歴：この村で出生。出家した理由は，友人が出家するので一緒にと誘われたからである。
寺院：僧侶8名，沙弥1名。
開発内容：①1984年より，境内に幼稚園があったが，現在は別の場所にある。寺としては，仏教学の学校を作ろうと考えている。②仏日ごとの説法。安居期間中は60—70名の村人が寺にくる。普通は，仏日のみ朝晩村人が来るだけである。
特技：なし。出家者として心の平安をえるように実践するだけ。要するに，心の中の問題を解決することである。
仏教の教え：布施。美徳，善行等。
開発の問題：あるがたいしたことではない。話せばお互いに了解可能なものである。
支援者：村人のみ。家族ごと800バーツくらいの寄進を願っている。この家族というのは，一世帯ではなく，子供や孫夫婦含めての親族単位である。民間企業はないし，宗教局からの支援もない。
将来計画：仏教を教える学校と就学前児童の託児施設設置であるが，どちらも資金のあてがないので，その任にあたる人や保母を雇えない。

49　Phong Thammathinno

出身：Kalasin 県，Kamalasai 郡，Thanya 区２班，Bo 村
寺院住所：Kalasin 県，Kamalasai 郡，Thanya 区２班，Bo 村，
　Si Phothong 森の寺　マハーニカーイ派
僧位：なし。
年齢：59歳
安居年：30年
学歴：中等学校３年
仏教学習：仏教学１級
寺院内地位：住職
僧団内地位：なし。
生育歴：Bo 村で出生。出家前は農業に従事。出家した理由は仏教への信仰からである。Chaiyaphum 県 Kaeng Khro 郡 Chaisammo 寺で出家した。そこに親族がいたからである。そこで３安居を過ごし，同県内の Khong 山地内を頭陀行して回った。その後は各地を巡り歩き，この寺では４安居，Kaset Sama Khom 寺では２安居，Kalasin 県 Somdet 郡の Rangsi Chatwat 寺で２安居，Kamalasai 郡の Lak Mueang 区 Ban Non Sawang 寺で２安居過ごした後に，最後に，現在の森の寺に居を定め，自分で寺を築いてきたのである。
寺院：僧侶１名。Samnaksong
開発内容：①火葬台，葬儀参列者休憩所，説法庁，庫裡，便所等の建築。②教育資金を出したことはない。中央の僧団の指示に従って，それ以上でも以下でもないやり方をしている。③仏日には18－19 人の村人が説法を聞きに来る。安居期間中は村人が多く来るが，それ以外は仏日のみ。平日は，この寺が村からかなり離れているために，住職は托鉢に出かける。村人がわざわざくるまでもないように。
特技：聖水をつくることくらいか。
仏教の教え：布施，持戒，信仰，三福業（布施，持戒，修習）
開発の問題：なし。
支援者：村人が来てくれる以外にない。
将来計画：学校等に教育資金や，昼食の資金などを供与したい。

50　Yutthana Chanthasalo

出身：Kalasin 県，Kamalasai 郡，Thanya 区，Song Plueai 村
寺院住所：Kalasin 県，Kamalasai 郡，Thanya 区，Song Plueai 村，
　Wiwektham 仏法道場　マハーニカーイ派

僧位：なし。
年齢：26歳
安居年：6年
学歴：小学6年
仏教学習：仏教学2級
寺院内地位：住職
僧団内地位：なし。
生育歴：この村に出生。
寺院：Samnaksong 2年前に開設。僧侶2名，沙弥3名。
開発内容：説法庁を建設中。基礎工事は完了。Kamalasai 郡僧団長，Chaimongkhon 寺住職の Sophano Phothiwan 師が定礎式を行う。
瞑想法の研修。村人は修練を行った後，村へ帰る。来るものは1度に10人ほどである。常時，この道場に籠もりに来るものはいない。
特技：薬草医，護符作成
仏教の教え：無回答。
開発の問題：無回答
支援者：村人と，同じ系列の僧侶。
将来計画：将来のことは分からない。状況に合わせてやるまでである。

51 Khamphrai Katasalo

出身：Kalasin 県，Kamalasai 郡，Thanya 区7班，Song Plueai 村
寺院住所：Kalasin 県，Kamalasai 郡，Thanya 区7班，Song Plueai 村，Phothaong Song Plueai 寺　マハーニカーイ派
僧位：なし。
年齢：28歳
安居年：6年
学歴：小学6年
仏教学習：仏教学3級
寺院内地位：住職
僧団内地位：なし。
生育歴：Song Ploi 村に生まれ，出家前は農業に従事していた。出家は慣習に従った。
寺院：僧侶2名のみ。
開発内容：①資金不足もあり，自分がやった新しい建築はない。②僧堂と境内の塀の一部の建築がこれまでなされた。③Wiwektham 仏法道場を手伝いに行く。④村人にタンブンと慣習を教え，年中行事を行う。⑤仏日ごとに籠も

りに来る村人は20名ほど。⑥同じ信仰の派で，タンブン等の行事等があった場合は，出張する。⑦サンガに従った行為をなす。研修等も。⑧かつては，寺で薬草を栽培し，薬草サウナなどの療法もやっていたのだが，今はやっていない。⑨村人に働きかけて，境内に植樹を行っている。これは寺で一番大事な事業であり，村人に森を守り，種子や樹木，薬草を維持していくことをとく。これはメリットがあるし，身体にもよいことである。

特技：なし。

仏教の教え：村人に，持戒，慣習を守ること，悪癖におぼれて生活を崩さないこと，知恵で生活を改善すること，すべきこと，すべきでないことなどを説いていく。説法の内容は村人がそれぞれに持ち帰るであろう。これは物事の効果を知り，贅沢をせずに本物だけを選んで使いなさいということである。やることに何の益もなければすることもない。自分の状態に満足することも大切である。

開発の問題：なし

支援者：村人，篤信のもの。

将来計画： 村人を悪癖から遠ざけること。善行をさせたい。問題が多いのだから。何の問題もないと思いこんでいるとしたら，これは無明の状態にある。その後の生活は苦労が多いであろう。智恵を持たなければならない。無明のままで歩いても目的地に着けないし，迷うばかりである。

　こうしたことを Wiwektham 仏法道場の瞑想修行で教えるのである。同じ派の師にもおいでいただき，瞑想法の指導をいただくようにしていきたい。

52　Khamsing Chanthupamo

出身：Kalasin 県，Kamalasai 郡，Thanya 区９班，Nongbua 村

寺院住所：Kalasin 県，Kamalasai 郡，Thanya 区８班，Non Kho 村，Sawang Don Kaeo 寺　マハーニカーイ派

僧位：なし。

年齢：70歳

安居年：８年

学歴：小学４年

仏教学習：仏教学３級

寺院内地位：住職

僧団内地位：なし。

生育歴：Nongbua 村に出生。出家前は農業に従事。子供達がみな大人になり，妻に先立たれたので出家しようと思った。

寺院：僧侶１名のみ。

開発内容：境内の塀，庫裡の建築。僧堂は今年着工。火葬台がないので，薪で死体を焼いているが，今後，建築したい。

村人は僧侶を信頼しているので，寺で説法を聞く。雨安居入りには，沙弥達の出家式を行う。朝晩は在家のものや子供達が寺に来る。仏日には24人ほどの村人が寺に籠もりに来る。

特技：なし。

仏教の教え：子供達に道徳を教える。学問を志させる。悪癖をやめさせる。大人には，寺に来て籠もり，タンブンするようにいう。忙しくて毎日来ることができないというものにはたまにこいという。

開発の問題：寺に泥棒が入ったのが2回ほどある。しかし，警察が犯人を逮捕し，盗まれたものを返させた。今では，寺の周囲に丈夫な塀をめぐらしたので，このような泥棒が入ることはない。

支援者：村人のみ。

将来計画：700万バーツくらいの予算で，僧堂を1棟たてたい。稲刈りが終わった時期に，宗教局に予算を請求可能であるが，請求してもらえるものやら定かではない。

53　Sao Santakitto

出身：Kalasin 県，Kamalasai 郡，Thanya 区6班，Cik Ngam 村

寺院住所：Kalasin 県，Kamalasai 郡，Thanya 区6班，Cik Ngam 村，Sawang Arom 寺，マハーニカーイ派

僧位：なし。

年齢：74歳

安居年：3年

学歴：小学4年

仏教学習：仏教学3級

寺院内地位：住職

僧団内地位：なし。

生育歴：Cik Ngam 村に出生。出家した理由は，安居期間だけでは短いし，子供達も成長し，妻も他界したので，そのまま出家していようと思った。

この村は70世帯ほどあり，殆どが農業に従事している。

寺院：僧侶1名。

開発内容：説法庁の建築だが，まだ終わらない。庫裡の建築。火葬台はまだない。

仏日ごとの説法。安居期間は，僧侶や沙弥になるものが多いが，安居明けに殆ど還俗する。

特技：なし
仏教の教え：三界経の教え
開発の問題：なし
支援者：村人のみ。
将来計画：山門の建設。

54　Aonsa Chanthawanno

出身：Roi Et 県，Changhan 郡，Dong Sing 区14班，Plueaitan 村
寺院住所：Kalasin 県，Kamalasai 郡，Thanya 区，Sa-at Somsi Khonoi 村，Sa-at Somsi Khonoi 寺　マハーニカーイ派
僧位：なし。
年齢：89歳
安居年：3年
学歴：小学4年
仏教学習：仏教学2級
寺院内地位：住職
僧団内地位：なし。
生育歴：Roi Et 県 Changhan 郡 Dong Sing 区14班 Plueaitan 村に出生。出家する前は Kalasin 県 Rong Kham 郡 Rong Kham 区 Dong Krayom 村小学校に勤務していた。

出家した理由は，年をとって宗教的な行いをしたくなったからである。村人が，この僧侶に，寺に常駐してくれるよう招請してきた。

この村は，実際は100年近くの歴史を持つ村であるが，規模が小さい。小さな丘であるため，耕地の拡大もできない。

寺院：Phak Song（準寺院）僧侶2名。

この僧の居宅は4年前に建てられている。村は10世帯，47人が暮らす。この村は，Kae 村と Sa-at Somsi Khonoi 村14班から分かれてできた。

開発内容：寺の整頓，清掃。庫裡，説法庁，トイレの建設。

村人を誘って，タンブン，年中行事を行う。村人に，仏を拝むこと，読経すること，朝夕来ることなどを説く。仏日との説法。寺に籠もりに来るのは5名ほど。

特技：神霊呪術師。他の地域から，師の治療を願ってくるものが多い。
仏教の教え：地獄と極楽，悪行をしない。持戒。親族をともなって寺でタンブンすることなど。
開発の問題：なし。この村は10世帯しかないので，たいしたこともおこらない。
支援者：村人。他村からも手伝いに来てくれるものがいる。

将来計画：台所を供えた庫裡，井戸の建設など。

55　Bunyung Khantiko

出身：Udon Thani 県
寺院住所：Kalasin 県，Kamalasai 郡，Thanya 区11班，Som Hong 村，Sawang Phosi 寺　マハーニカーイ派
僧位：なし。
年齢：56歳
安居年：26年
学歴：小学４年
仏教学習：仏教学２級
寺院内地位：住職
生育歴：Udon Thani 県に生まれる。出家前は農業に従事。同県市内 Mak Khaeng 区 Matchi Mawat 寺にて出家。その理由は妻が亡くなったからである。1993年にこの寺に移ってきた。その当時，この寺の住職が亡くなっており，頭陀行中であった師を村人がこの寺に招請したのである。
寺院：僧侶１名のみ。
開発内容：①説法庁の建築。寺までの道路を舗装する。道路の清掃，整備等。②学校などに資金供与はしたことがないが，村の貧しい家庭を助けている。父親を亡くした家庭であるとか，面倒見るものがいない老人の一人暮らしとか。③この村では職業支援のようなことはしたことがない。村人は二期作で忙しいので。④安居期間中，寺に籠もりに来るものは12人，寺にだけ来るものが50—60名はいる。仏日には，朝食を取る前に説法を行い，村人の仏教理解を進めるような修養をとく。⑤今日においては，経済状態がよくないので，贅沢をしないようにいう。ちゃんと収支がつりあうようにものを買いなさいと。この時期は，タイの製品を使い，タイの伝統を維持せよと。こうしたことができていないように見えるので，ことあるごとにいってきかせる。
特技：薬草による治療ができる。しかし，今は薬草等を寺においていないのでできない。また，自分自身も胆嚢の病気をわずらい，手術したので体力がない。
仏教の教え：五戒を守ること。
開発の問題：なし。村人，僧侶ともに協力する，何かやる場合は相談して行っている。
支援者：国会議員が寺を修復する費用をだしてくれて，2，3ヶ月で修復が済んだことがある。
将来計画：計画はあるが資金はない。可能であれば，就学前児童託児施設を作

り，保母を雇いたい。これが子供達に一番必要なものであることが分かっているので。

その他：村人の生活はほどほどに食べていけるだけのもので悪くはない。しかし，今年は物価が高騰し（ガソリンや肥料：袋買いで260バーツのものが335バーツに），他に食料や出面賃もあがって，農業経営が難しい。まあ，幸いなことに，自然から食べるものをえることができるが。今のところ，米は値上がりしているのでいいという話しもあるが，豊作かどうか，また，刈り入れの時に値段が下がる可能性含めて，先のことは分からない。

56　Thanya Watthanakhun

出身：Kalasin 県，Kamalasai 郡，Thanya 区，Kae 村

寺院住所：Kalasin 県，Kamalasai 郡，Thanya 区，Kae 村，Ban Kae 寺　マハーニカーイ派

僧位：師僧

年齢：56歳

安居年：36年

学歴：小学４年

仏教学習：仏教学１級

寺院内地位：住職

僧団内地位：Thanya 区１区僧団長

生育歴：Kae 村に出生。沙弥の経験はない。慣習に従い，20歳で出家。頭陀行を行い，タンマトゥート僧侶として仏教の布教も行った。Udon Thani 県，Khon Kaen 県，南タイにも行った。

開発内容：①庫裡，僧堂，火葬台，寺の塀，山門の建築。②タンボン行政機構の議長，治安維持予備役隊の議長。その他，村落の開発に関わる仕事。③1998年から就学前児童託児施設開設。④仏日には説法を行う。村人70―80名がくる。この村は大きいので人が多い。貧しいものを支援する。

特技：聖水を作る。スークワン儀礼（クワン：生気を強める儀式）で運気を強めるなどをやるが，常時行うものではない。

仏教の教え：道徳。家族，国家のことを考える。

開発の問題：ない。村人はよく協力してくれる。時に，依頼や布施に応じてもらえないときもあるが。

支援者：村人，会社，宗教局。タンボン行政機構。その他の役人。篤志家など。

将来計画：貧しいものを救う基金を創設したい。布施や基金を申し出るものがいるかもしれないし，その趣旨なら集められるかもしれない。こう考える理由は，村の経済基盤が十分ではなく，田を１ライ程度しか持たないものもい

る。他，身よりのないもの，夫を亡くしたもの，食べ物を作るための土地のないもの出面賃だけで暮らすもの，子供をバンコクで働かせてその送金だけでやっているもの，こうしたものをなんとか支援できないかと考える。

その他：僧侶というものは地域で役割を持つ。すなわち，村人を導き，村人の人間性や国家，宗教を発展させるのである。在家のものが悪行や不適切なことをやったときには道徳を説き，事の善し悪しを見極め，贅沢をせず，正しい行いをするようにいうのであって，経済的な繁栄だけではダメだと言い続けるのである。

57　Sing Sinwanno

出身：Kalasin 県，Kamalasai 郡，Thanya 区５班，Sa-at Somsi 村

寺院住所：Kalasin 県，Kamalasai 郡，Thanya 区15班，Sa-at Somsi 村　マハーニカーイ派

僧位：なし。

年齢：84歳

安居年：20年

学歴：中等学校３年

仏教学習：仏教学３級

寺院内地位：住職

僧団内地位：なし。

生育歴：Sa-at Somsi 村に出生。出家前は教師。僧侶や沙弥に特別講義をすることもある。

（これらのデータは，住職が耳が遠く，体調も悪いために，住職代理の Bunchu Antaro 僧から代理で聞いた。）

寺院：僧侶２名。

開発内容：①僧堂，説法庁，布薩堂，鐘楼，洗面所，庫裡，境内の塀等の建設。②村人に職業訓練を施す。内容は不明。③境内に植樹。④村人に説法。仏日には30名ほどが寺に来る。日曜学校で仏教を教える。

特技：Motham（呪医）である。厄除けの儀式を執行。

仏教の教え：五戒，八戒を守る。

開発の問題：なし。村人は団結して協力してやっている。

支援者：宗教局，村人。

将来計画：資金があれば，寺，村，学校に役立つことをしたい。

58　Somchai Suntharo

出身：Kalasin 県，Kamalasai 郡，Thanya 区10班，Hua Hat 村

寺院住所：Kalasin 県，Kamalasai 郡，Thanya 区，Hua Hat 村，
Phosi Ban Hua Hat 寺　マハーニカーイ派
僧位：師僧
年齢：52歳
安居年：31年
学歴：中等学校6年
仏教学習：仏教学1級
寺院内地位：住職
僧団内地位：Thanya 区僧団長，戒和尚
生育歴：Hua Hat 村に出生。学校を卒業後，出家した。Udon Thani のマハーマクット仏教大学で仏教学とパーリ語を学ぶ。多くを学んだが，殆ど忘れてしまった。また，パーリ語の試験は通らなかった。1981年に住職になり，1983年に Thanya 区の僧団長，1984年に戒和尚となり，師僧の位をもらっている。

（この寺には2度訪ね，朝食後は休息をとられているということでなかなか話が聞けなかった。）

寺院：僧侶4名，沙弥2名。
開発内容：①庫裡を三棟，布薩堂，説法庁，鐘楼，山門，境内の塀の建設。②ヒートシップソーン等の年中行事を手伝う。③タンボン行政機構と一緒に，村内の外周及び通りの道路を整備する。④子供の日とか，学校行事のある日に，毎年，教育資金か学校の備品を寄付している。⑤政府が設置したインフォーマル教育の施設維持の資金や備品を寄付。⑥村人に農業の指導。⑦仏日やその他の行事の日に説法する。村としては大きくないが100名は村人が来る。
特技：聖水，薬草，呪文等で病者を治癒させる。骨接ぎもやった。昔は患者が来たが，今はあまりこない。
仏教の教え：仏法の心，生活の指針などを説く。
開発の問題：なし。わけが分からないものもいるが，言い聞かせる。
支援者：村人，宗教局，県会議員，国会議員，国家開発党で情報通信技術省副大臣の代議士など。
将来計画：毎年少しずつやるだけである。具体的にはない。王室と政府関係の儀式を行いもする。
その他：経済状態は悪いが，ここは2つの用水路があるために，なんとかやっていける。

59　Noi Phutasaro

出身：Kalasin 県，Kamalasai 郡，Phon Ngam 区，Phon Ngam 村
寺院住所：Kalasin 県，Kamalasai 郡，Phon Ngam 区，Phon Ngam 村，

Phon Ngam 寺　マハーニカーイ派
僧位：なし。
年齢：52歳
安居年：23年
学歴：小学４年
仏教学習：仏教学１級
寺院内地位：住職
僧団内地位：区僧団長
生育歴：自分は整理整頓，きちんとしていないとすまない性格である。出家前は仕立屋の仕事をしていた。

出家した理由は，現世のことに飽き飽きし，仏法に関心が向いた事による。出家後，Phon Ngam 寺，Sukhothai 県の Rasat Ratthatham 寺，Rayong 県の Ophasi 寺，Chachoengsao 県の Phanom Phanawat 寺，Kalasin 県の Huai Phueng 寺，Saraburi 県の Kha Kaeo 寺，Tham Siurai 寺などを７年かけてまわり，Phon Ngam 寺に戻り，６安居過ごした後に，1992年に住職につくことになった。

寺院：14名の僧侶，沙弥なし。
開発内容：①庫裡，僧堂，鐘楼の建設。②日曜日に生徒に仏法を教える。僧侶と沙弥に仏法を教える学校を作る。仏日ごとの説法。毎年，沙弥の出家式をやる。
事件：境内の椰子の木の近くに，椰子の新しい木が芽を出したが，その形が，普通と異なり，竜王に似ている。その脇には小さな井戸がある。それで村人が次々にやってきてこれを観察し，竜王ではないかと信じてしまった。この不思議な現象が出現する前に，出家した王族の女性の夢があり，そこで竜王と一緒にいることを願ったという。

椰子の木自体は17年目のものである。この新芽は1997年６月１日の12時に発見されたという。村人でこの話を信じるものがやってきて，この新芽を竜王として拝んでいる。宝くじを当ててもらうためとか。村人は，この新芽を「竜王大師」と呼び始め，その神通力を信じている。これから２週間後に，僧に，竜王の弟が側においてくれと頼んできたという。

この話は Kalasin 県中に広まり，一目竜王大師を見ようと，近郷から，他県からも常時人がやって来るという有様である。大師様とその弟がおられるところは，１メートル四方に結界が張られ，線香と花，供物が捧げられている。

僧侶達は，これを迷信としてしているが，村人が勝手にしていることなので構わないでやらせておいている。
特技：組織運営。

仏教の教え：持戒，瞑想。智恵，四聖諦。
開発の問題：なし。村人とは協力しあっている。
支援者：村人。宗教局に予算を申請したことはない。
将来計画：現時点ではいえない。しかるべき機会があればやるだろう。
その他：僧侶の役割とは慈愛をもって村人に接し，一致団結とお互いに許し合うことを説くことである。

60　Samu Prani

出身：Kalasin 県，Kamalasai 郡，Phon Ngam 区，Don Han 村
寺院住所：Kalasin 県，Kamalasai 郡，Phon Ngam 区，Don Han 村，Sawang Don Han 寺　マハーニカーイ派
僧位：なし。
年齢：42歳
安居年：21年
学歴：小学４年
仏教学習：仏教学１級
寺院内地位：住職
僧団内地位：なし。
生育歴：両親は農業に従事。学校卒業後は農業の手伝い，沙弥にはなっていない。出家したのは，信仰心からである。Phon Ngam 寺にて出家し，そこで仏教学１級を取るまで学んだ。その後，村の寺に戻り，安居を重ね1982年から住職を努めている。
寺院：僧侶４名。
開発内容：①庫裡１棟，研修施設１棟の建築。②道路と堰の建設。③仏日ごとの説法。50名ほどの村人が来る。④1997年より，就学前児童託児施設を開設。これは宗教局の方針による。予算は宗教局からもらうことになっており，2―3歳の子供が80名，保母４名で運営する。
特技：仏法を説くことのみ。
仏教の教え：団結心，倹約，麻薬撲滅などを説く。
開発の問題：なし。
支援者：村人のみ。以前，行政に支援を仰いだことがあったが，たいして何もしてもらわなかった。
将来計画：布薩堂の建築。堰の掃除を村人とともになす。沙弥に命じて掃除はさせているが。
その他：沙弥の教育と，若い世代への教育が必要である。村では区長と婦人会に働きかけて，若者が悪癖にふけるのを防ぐよう説いている。

61 Somsi Suchitto

出身：Kalasin 県，Kamalasai 郡，Phon Ngam 区，Don Han 村
寺院住所：Kalasin 県，Kamalasai 郡，Phon Ngam 区，Don Sai Ngam 村，Si Sawangtham 森の寺　タンマユット派
僧位：なし。
年齢：59歳
安居年：31年
学歴：無回答
仏教学習：仏教学１級
寺院内地位：無回答。
僧団内地位：無回答。
開発開始年：1986年
生育歴：両親は農業に従事。もう２人ともなくなった。母親が幼少時になくなったので，継母に育てられた。その人は当年129歳（？）になる。60歳を過ぎた娘や娘婿達と暮らしており，まだ達者である。家族の生活は貧しく，誰も面倒を見てくれるものもなかったので，なんとか支援してくれるものを探しているのであったが誰もいない。誰かいないかと方々を探しているうちに人が見つかった。これは前世での行いがよかったからだろうと思う。

僧侶の師匠は，Tha Ongma Tha Oro 師であり，５年前になくなった。出家する前は，結婚して娘を一人もうけていた。その娘は結婚したが娘婿が亡くなったために，今ではその娘と子供の生活を支援してやっている。

サンガが Dong Sai Ngam 村に1982年，寺を建設した。以後，寺は次第に整備されてきている。土地は29ライある。現在の住職はサンガにより1986年にこの寺に招請された。この寺で最初の安居を過ごしているときに「Duang Kaitheathida 最愛の天女」という名前の天女がお一人，夢の中に現れた。この方は2000年前に亡くなられ，おつきのものと一緒にゆかりの土地をめぐられ，ここでは以前に僧侶を助けられていたのだという。その天女がおっしゃるには，住職は，語ることによって社会の中に入っていくことができるものであるという。その方の言葉遣いは女性に近いものであった。夢から目覚めるとそのことを思い出しながら，言われたとおりにしようと思った。その言葉は言葉として分かるだけの示唆であったが，そのうちに姿が見えるようになったという。ただの夢ではないのである。

住職が寺や地域の開発を進める際，反発してきたものがあるが，誰もみな平等に扱うことで，事を進めていけるようになったという。
寺院：僧侶６名，沙弥１名。Sammaksong 準寺

開発内容：①この森の寺の創建は1982年。Don Han 寺を創建した。Non Samakkhi 森の寺を創建。②地方の人々に米を配給する際の議長。③牛や水牛などの動物で屠殺されるものを買い戻してやる。④学校，保健所，その他支援を必要としているところを援助する。⑤年中，子供達を教えたり，救いを求めてくるものに応じたりしている。⑥村人を支援する些細なことはきりがないくらいある。⑦説法，瞑想法を村人に指導する。タンブンと村人の一致協力を説く。⑧村の婦人会の活動を支援する。

芸術家を招待したときなどは村人に迷惑をかけないように寺で対応する(この寺ではモーラム・イサーンのような芸能を催すことに熱心であり，モーラムの芸人達も，住職の心意気に感じて，低額で或いは無料でモーラムを行っている)。また，タンブンに他村など遠方から人が集まった場合は，近くの村人が供応する。これが一致団結の意味である。

特技：無回答。

仏教の教え：一致協力。どのような仕事であっても力を合わせてやれば，自然とうまくいくのである。間違いは許してやる。タイの文化と地方の文化を大事にする。善行は自分だけで一人でやるものである。一般には，悪いことほど人はまねたがる。業と行為の報いは必ず受けるということを教える。したようにしかならないのである。善行をなせば結果もよい。必ず，行為はかえってくるものである。

開発の問題：準寺の扱いなので予算がおりてこない。住職は僧団の位階・仕事を引き受けないので，この種の職務手当がない。信仰心の厚い人達からの喜捨しか，開発のための資金がない。

支援者：村人，及び信仰心の厚い人達からの喜捨。

将来計画：無回答。

62　Phim Kusalo

出身：Kalasin 県，Kamalasai 郡，Phon Ngam 区４班，Khok Si 村

寺院住所：Kalasin 県，Kamalasai 郡，Phon Ngam 区，Khok Si 村と Nong Tao 村，Si Sawang Phaibun 森の寺　タンマユット派

僧位：なし。

年齢：67歳

安居年：16年

学歴：小学校４年

仏教学習：仏教学１級

寺院内地位：住職

僧団内地位：なし。

開発開始年：1982年
生育歴：Khok Si 村に出生，農業に従事していた。その後，Song Khla 県 Sadau 郡でゴム農園を経営しに行き，そこで結婚した。子供を1子もうけた後，離婚。住職は農園を妻にくれてやったが，それから苦労続きで，自分の農園を助けてくれるものもなく，これも売り払った。現在家族は，Song Khla 県の Hat Yai 郡で暮らしている。
　出家した理由は自分の両親へ恩返しをしたかったからである。1986年よりこの寺の住職である。
寺院：僧侶3名。
開発内容：①仏殿の境界標識，説法庁の建築。これ以外は，Thonburi 村に森の寺を建築するべく手伝いに出かけたことなど。ここは，まだサンガから寺としての許可証を得ていない。②個人の内面の発展，慣習の維持。瞑想法の指導。村人から寺の資金を募ったことはない。バンコクなどへ働きに行った篤信のものたちからの喜捨や黄衣奉献祭などで喜捨されたものを用いる。
特技：仏への帰依のみ。
仏教の教え：開発担当者の指導に従う。瞑想法において呼吸の仕方を教える。集中の仕方，歩行瞑想を教えるなど。
開発の問題：なし。喜捨したり，供物を持ってきたりする人はそのような機会をまた得るであろうから。
支援者：村人。
将来計画：説法所の完成。現在は基礎工事が済んでいるので。

63　Phong Charuwanno

出身：Kalasin 県，Kamalasai 郡，Khok Sombun 区，Nong Phai 村
寺院住所：Kalasin 県，Kamalasai 郡，Phon Ngam 区6班，Non Hai 村，Non Hai Uthithayaram 寺　マハーニカーイ派
僧位：なし。
年齢：70歳
安居年：4年
学歴：小学4年
仏教学習：無回答。
寺院内地位：無回答。
僧団内地位：なし。
生育歴：Kamalasai 郡 Khao Lam 村に出生。子供の頃，家族が離婚したので，自分は母方の祖母の実家がある Nong Phai 村で育てられた。それから Maha Sarakham 県に行き，出家までに三回結婚した。先の2人の妻との間にでき

た子供は9人，最後の妻との間に子はできなかった。最初と二番目の妻は死亡。3人目の妻は Roi Et 県 Pho Chai 郡 Nongbua 村にいる。

子供達はそれぞれに大きくなったので，2安居くらい一休みのつもりで僧になったのである。そうしたら，家族はそのまま僧侶を続けたらいいのではないかと言ったので，そのまま僧侶でおり，1997年に住職になった。

寺院：僧侶3名，沙弥1名。

開発内容：仏日ごとの説法。村のことは何でも手助けしてやる。助けられないこともあるが，それで十分であろうと思う。寺院の建築に関しては，まだ行っていない。僧堂は既にできており，これに30万バーツかかった。安居があけたら，バンコクに行き，黄衣奉献祭などの施主を募集しに歩く。

特技：ござなどを編む。いろんなものが作れる。

仏教の教え：どのようなこと，行為に関しても，原因がどうであれば，どのような結果になるかを説明する。

開発の問題：なし。この村はほぼ食べていける程度の経済状態であり，2—4ライほどの土地しか持たず，食うや食わずの農民は貧しいということになろうが，それでも出面仕事もあるし，自然の産物をとることもできる。

支援者：村人。協力しあっている。宗教局からの予算配当あり。1万バーツほど。

将来計画：説法庁が完成したら，火葬台，境内の塀，庫裡の新築など。

64　Khamtan Aphatsaro

出身：Kalasin 県，Kamalasai 郡，Phon Ngam 区2班，Don Nuae 村

寺院住所：Kalasin 県，Kamalasai 郡，Phon Ngam 区2班，Don Nuae 村，Pracha Satthatham 寺　マハーニカーイ派

僧位：なし。

年齢：63歳

安居年：8年

学歴：小学校4年

仏教学習：仏教学1級

寺院内地位：住職

僧団内地位：なし。

生育歴：出家前は農業に従事。現在，家族は Don Nuae 村に在住。出家した理由は，自分が病気がちであるので，仏法にすがってみようと考えた。また，閻魔大王の命で地獄の役人が自分の命を取ろうとしているので，死ぬ運命にあると聞いたので，出家して，報恩の行をし，功徳を積もうとした。こういうわけで出家した。

自分は静寂を好み，瞑想を楽しんでいる。Udon Thani 県 Suthothai 寺，

Tak 県，Roi Et 県等の寺で修行をした。
寺院：僧侶4名，沙弥2名。
開発内容：①火葬台，葬儀参列者の休憩所，台所，寺院の塀の建築。Papha Samakkhi（団結のための黄衣奉献祭）で集めた資金で山門を建築中。②公共林に植林。600—800本を寺の資金だけで植える。③仏日ごとの説法，14，15人の村人が寺に籠もりに来る。
特技：森の中で瞑想すること，及びその指導。
仏教の教え：仏陀が説いた教えの中で重要なものを説く。
開発の問題：あるが，それは日常的にどんなことでもありうる。何かをなそうとするときに資金が必要となるが，これは問題ない。その都度，喜捨を募ってその額でやればいい。
支援者：村人と，バンコクやサムットプラカーン等よそに働きに行った村の出身者。
将来計画：庫裡と寺の塀の完成など。

65 Phrom Paphatsaro

出身：Kalasin 県，Kamalasai 郡，Phon Ngam 区，Phon Ngam 村
寺院住所：Kalasin 県，Kamalasai 郡，Phon Ngam 区，Phon Ngam 村，Phon Thong 森の寺　マハーニカーイ派
僧位：なし。
年齢：74歳
安居年：8年
学歴：小学4年
仏教学習：仏教学1級
寺院内地位：住職
僧団内地位：仏教学試験監督
生育歴：Phon Ngam 村に出生。農業に従事し，家族を持ち娘8人，息子2人をなした。うち，1名がもう亡くなった。子供達はみな家族を持っている。

かつて，沙弥を2年やり，仏教学2級までとっていた。妻が亡くなったので，もう一度，出家した。
寺院：僧侶4名，沙弥なし。
開発内容：①火葬台，説法所，その他諸々を，2年前になくなった住職と一緒に建築した。②毎年，郡内の学校に教育資金を提供している。というのは，郡の教育担当事務所から，毎年，資金供与の依頼が来ているから。③村人のために，必要な物資を支給。ガチン祭などを行い，村に必要なものを購入する資金を集める。④仏日の説法。37，8人の村人が寺に籠もりに来る。この

数は，Phon Ngam の村の寺より多い。安居期間は村人が籠もりに来るが，明けると誰も来ない。これはどこの寺でも同じである。

特技：モータムであり，聖水を使っての厄払い，長命祈願等はできる。しかし，病気治療や邪霊抜除はできない。

仏教の教え：持戒。時には，寓話のような話しもする。

開発の問題：毎年，寺に泥棒が入る。この4年間，一度ずつではあるが。捕まっていない。僧侶が朝の托鉢に出かけた頃に寺に入り込み，僧侶の金を盗むのである。そこで，寺に金をおかなければいけないときには，村議会に預けることにしている。

支援者：村人，役人，篤志家など。

将来計画：庫裡から遠い水浴び場を新築したい。古い僧堂の新築など。

66　Phuttha Yasothare

出身：Kalasin 県，Kamalasai 郡，Nong Paen 区，Sema 村

寺院住所：Kalasin 県，Kamalasai 郡，Nong Paen 区，Sema 村，Phochai Sema Ram 寺　マハーニカーイ派

僧位：師僧

年齢：52歳

安居年：40年

学歴：中等学校3年　中学教員特別免許

仏教学習：仏教学1級

寺院内地位：住職

僧団内地位：Kamalasai 区僧団長

生育歴：1945年に出生。両親は農業に従事。沙弥の経験あり。比丘となったのはこの世と仏法について勉強を進めようと考えたからで，そのまま僧侶を現在まで続けている。この間，社会的活動を行い，特に，美術・文化の方面で貢献しているといえよう。

セーマー碑は重要な文化資産である。仏教にとっても重要なものであったにも関わらず，誰もこれを維持・管理しておらなかった。それで，セーマー碑を収集，また陳列するなどして，保管してきたというわけである。セーマー碑を最初に保管し始めたのは，1966年である。

開発内容：①美術・文化振興。寺院内に保管された寺の古美術品等の説明・案内。②仏塔内に収蔵されたもの等，古美術の管理，ロケット祭り等（雨乞い儀礼）の伝統を守る活動の指導。③官民を問わず，公式行事における開式の儀礼等を行う。④教育に関しては，東北タイの文化，仏教について公演等を頼まれて行う。⑤その他，開発に関わる事柄。

特技：様々な教育機関で講演を行うこと。子供達の指導。
仏教の教え：仏法で重要なもの，一致団結，報恩，これらは人々が健康で幸せに，繁栄していくために必要なこと。
開発の問題：各地で講演などしながらいうことは，若者達が麻薬やその他の悪癖に染まってきていることであり，教師達が宗教のことを適切に教えていないのではということを感じる。
支援者：村人，篤志家。
将来計画：計画を完遂させたいと思っているものが2つある。一つは，セーマー碑を保管する建物の建設である。完成までには相当の時間がかかるであろうが。今は，セーマー碑に関する変遷を史書として執筆しているので。もう一つは，子供達のために教育を充実するような計画を今後考えたいと思っている。

67 Buntham Santakitto

出身：Kalasin 県，Kamalasai 郡，Nong Paen 区，Nong Paen 村
寺院住所：Kalasin 県，Kamalasai 郡，Nong Paen 区 4 班，Nong Paen 村，Phochai Nonsung 寺　マハーニカーイ派
僧位：なし。
年齢：69歳
安居年：6 年
学歴：小学 4 年
仏教学習：仏教学 1 級
寺院内地位：住職
僧団内地位：なし。
生育歴：Nong Paen 村に出生。沙弥を 3 年，僧侶を 4 年やったことがあり，Nong Paen 寺の住職を努めたこともあった。その後，還俗し，家族を持ち，Nonsuk 村に在住。農業に従事していた。2 度目の出家をしたのは，仏教への帰依の気持ちが増したからである。
寺院：僧侶 5 名。沙弥なし。
開発内容：①Udon Thani 県 Nong Han 郡 Nasai 区 Nong Phai 村に寺を作り，そこに 4 年いてから，今の寺に戻った。②現在，説法所を建設中。もう少しで終わるというのに，予算がなくなってしまった。計260万バーツ使った。南タイ，東北タイ，バンコクなど各地の方から基金を集めた。そうしないと無理であった。③水タンク，布薩堂，庫裡，葬式の際の親族待機所などを作るのに 6 万バーツ（少なすぎる？）使った。④学校等へ教育資金を給付したことはない。⑤1998年より，就学前児童託児施設の開所予定。⑥雨安居の時期，

仏日ごとの説法。20名ほど寺に籠もりに来る。
特技：油と聖水を用いた骨接ぎなど。
仏教の教え：仏法に関心のあるものに，功徳，恩，布施，瞑想などを教える。
開発の問題：なし。
支援者：村人。
将来計画：村人をこれからも助けていきたい。

68　Bunrian Attathammo

出身：無回答。
寺院住所：Kalasin 県，Kamalasai 郡，Nong Paen 区，Na Chueak 村
Pho Thong Saeng Chan 寺　タンマユット派
僧位：なし。
年齢：48歳
安居年：27年
学歴：学校にいっていない
仏教学習：仏教学１級
寺院内地位：無回答。
僧団内地位：無回答。
寺院：僧侶５名，沙弥３名。
開発内容：①僧堂，庫裡，山門の建設。②生活に問題を抱えた人への相談。③神霊呪術師。多くの精霊や神霊への対処が可能。なぜなら，師は聖なるものを持っているから。台湾などの外国からも来て，師の霊験あらたかな術を受け，回復したことがある。④1998年から，就学前児童託児施設の設置。⑤スポーツなどの教育振興。⑥学校への教育資金はまだ供与したことがない。⑦仏日ごとの村人への説法。25名ほどが寺に籠もりに来る。
特技：Modu 占いもできる。聖水や現代の薬で治療可能。座って瞑想を行い，病者の症状等を診断できる。それから，どういう薬がいいのか紙に書いてやる。日によっては病人が多数来ることもある。テートスィアンができる。これは３人の僧侶で組みを作っていくものである。師は，テートスィアンを1985年以来 Maha Sarakham 県 Kantharawichai 郡 Makha 区 Mueang 村でやっている。
仏教の教え：説話などを用いる。吉祥，千里眼の話など。
開発の問題：なし。村と寺は一致協力している。寺で事業があれば，村人は協力してくれる。
支援者：村人。各地の篤志家や，この寺に治療や占いにやってくる人々。
将来計画：村の開発と，寺に周囲の道路整備。

69　Suwandi Techathatto

出身：Kalasin 県，Kamalasai 郡，Nong Paen 区 2 区，Non Phosi 村
寺院住所：Kalasin 県，Kamalasai 郡，Nong Paen 区 2 区，Non Phosi 村，Non Phosi 寺　マハーニカーイ派
僧位：なし。
年齢：50歳
安居年：8 年
学歴：小学 4 年
仏教学習：仏教学 1 級
寺院内地位：住職
僧団内地位：なし。
生育歴：Non Phosi 村で出生。家族は持ったことがない。17，18 歳の頃，父親が亡くなり，父親に代わって家族の面倒を見なければならなかった。母親，母の母，妹・弟たちである。それから，Prachin Buri 県に家族で移ったが，今は Sakaeo 県にいる。23歳の時，最初の出家をし，Kalasin 県のタンマユット派の寺で，1 年間僧をやった。そして，母親，祖母が亡くなり，妹・弟たちが家族を持った後，もう一度，出家しようと思ったのである。

それから一介の頭陀行僧となった。師は時間があれば，ラオスに10日間という具合に頭陀行に出かける。村人は師を尊敬しており，Son Ngam 僧に水浴びをさせる儀式を 2 度行っている。これは東北タイの慣習である。一度目は saa という位階を得，2 回目は Ya Khu となった。
寺院：僧侶 1 名のみ。
開発内容：①説法所，鐘楼，水浴び場，庫裡 2 棟の建築。②自身で物品庫，大きめの庫裡は20万バーツの予算で作ったが未完成。③竜王のための舞台を作る。雨安居入りの時にコンテストを行うので。Khao San 白米儀礼の際にも用いる。④村人と協力して，村内の道路を修繕する。⑤村の学校に奨学資金を提供。子供 1 人あたり100バーツ程の金を配り，それで学用品等を買わせる。毎年行っている。⑥安居入りの時は，仏日ごとに説法をする。寺に籠もりに来る村人は25名ほど。安居明けは来ないが，朝晩寺に村人が来る。住職がいないときでも，村人が誘い合って寺に来て，お勤めを行っている。⑦毎年 9 月の師の誕生日に（？）9 名の僧侶が招請され，この寺に来る。そこで，来世に生まれても家族が温かく，難儀に遭わないようにと誓願する。⑧大きなタンブン，黄衣奉献祭やガチン祭の時は，喜捨された金を寺は取らず，社会に還元するべく寄付することにしている。
特技：薬草医。酒をやめる薬なども調合できる。それを飲むと，酒を飲めば吐

き気がする。それで酒をやめられる。或いは月経がとまり，子供を持てない婦人の治療とか。

仏教の教え：布施，知恵等仏法の重要な箇所を村人に語る。死んだら，どんなものを所有していてもあの世へ一緒に持っていくことはできない。布施を知らなければならない。布施をした心のみがあの世に届くのである。

開発の問題：なし。しかし，詐欺師にあったことはある。その男は寺にやってきて，自分は運輸関連の業務を取り仕切っているものだと名乗り，もし，この寺院で大きな石をほしければ，格安でおろすことができるといった。そのためには1000バーツの前金を現金で払ってもらわねばならないと言われ，住職は渡した。そのまま何の連絡もないので，その男の会社に連絡してみると，そんな男は知らないと言われ，いっぱいくわされたことがわかった。

支援者：村人。その他，バンコクにいるものとか，個人的に師を敬愛しているものが喜捨してくれる。

将来計画：寺及び村の発展のために少しずつ事業をやっていく。

70　Sirikhunawasai

出身：Kalasin 県，Kamalasai 郡，Nong Paen 区，Nong Paen 村

寺院住所：Kalasin 県，Kamalasai 郡，Nong Paen 区，Nong Paen 村，Nong Paen 寺　マハーニカーイ派

僧位：師僧

年齢：65歳

安居年：44年

学歴：小学４年

仏教学習：仏教学１級

寺院内地位：住職

僧団内地位：Nong Paen 区僧団長

生育歴：Nong Paen 村に出生。出家前は農業に従事。出家は慣習に従い，20歳を過ぎて行ったもの。出家後，仏法の学習を十分しなければ，心豊かになれないと思い，十分な学習をするまでずっと比丘のままでいようと決意した。他の地域へ頭陀行で出たことはない。しかし，1985，1986年に郡の寺と友人の寺を回ったことがある。

開発内容：①庫裡，説法所，火葬台，村内への拡声器塔，境内の塀，布薩堂，その他，寺院内の建物の建築。②寺院内には米銀行等は設置していない。それは村人が既に組合組織を持ち，米倉を持っているから。③土曜日に19―21時の間，生徒達に仏法を教える。村人達に，仏日ごとの説法。だいたい40名近くの村人が雨安居の期間は寺に籠もりに来る。殆どが女性である。男性は

自ら出家して仏法を勉強しているが，女性はその機会がないので，女性たちに機会を提供しているのである。④村人達の支援をする際に，師は村の中で最も力を発揮する。助けることが出きることであれば何でもやる。アイディアも出すし，はっきりと意見も言う。中学校建設の時も力になった。⑤村人でないものがあれば分け与えてやる。例えば，焚き付けの木などである。昔は寺院の境内に塀がなかったので，誰でも入って木を切ることができた。このようにして木をかなり切ってきたので植林を始めている。⑥タンブンや年中行事等の指導。ロケット祭（雨乞い儀礼）では，実行委員会の長になる。或いは，木綿糸を腕に巻いて運気を強めるプーク・クワンの儀礼など，村人の要請に応じて行う。⑦タイの伝統に従って村人が人間を修養するように指導する。良い，美しい行いをしておれば，古ぼけた道徳を守ることはない。なぜなら，文化，道徳，村人の慣習は様々である。僧侶は村人がうまく身を処せるように助けてやればよい。例えば，村の祖霊を饗応するようなとき，僧侶はその時が来た時を告げ，村人にその際の心の準備ができるように用意させるのである。⑧村人への指導の仕方は，まず相談してからことを始める。村人が寺に，寺の境内や寺のものを使わせてほしいと申し出てくれれば使わせてやる。村の協同組合の会合であるとかそういうものに，机，イス，音響機器等を貸す。

特技：治療行為はするが，息を吹きかけるか，綿糸を結んで，運気を強め，吉祥の祈りをするかである。薬草とか用いない。

仏教の教え：村人には一致団結の大切を説く。もし，協力し合わなければ，大したことはできないだろうし，失敗することが目に見えている。協力すれば，それがどんなに大変なことであっても成功に導くことができるであろう。

開発の問題：なし。

支援者：村人，篤志家。役人は殆どこない。

将来計画：無回答。

その他：この村は農業村落であり，程々の暮らしをしていて，富めるものもいないが，貧しいものも少ない。水稲は二期作が可能だし，日照りでも，トウモロコシなどを植えられる。

僧侶が地域社会に果たす役割とは，第一に，支援する労力を惜しまないことであり，第二に，学校のために教育資金を提供するような財団を作るなど資金的な援助をすることである。

71　Ophawaraphon

出身：Kalasin 県，Kamalasai 郡，Nong Paen 区 4 班，Na Bueng 村

寺院住所：Kalasin 県，Kamalasai 郡，Nong Paen 区 4 班，Na Bueng 村，

Sawang Arun Na Bueng 寺　マハーニカーイ派
僧位：師僧
年齢：59歳
安居年：36年
学歴：中等学校6年
仏教学習：仏教学1級
寺院内地位：住職
僧団内地位：なし。
生育歴：Na Bueng 村に出生。宗教に目覚めて出家し，生涯を仏教に捧げようとしてきた。Kalasin の Si Bun Rueang 寺で修行後，現在の寺へ。その他，勉強のために他県で学んだこともある。
寺院：僧侶2名のみ。
開発内容：寺の開発と地域開発。①庫裡，説法所，他寺院内全ての建築物の建築。②仏教で重要な日には，若者に仏法を説く。雨安居中は，22名の村人が寺に籠もりに来る。その他は年中行事の時に来る。③学校へ教育資金はずっと配布してきた。その勲功により表彰もされている。Kalasin 県 Kamalasai 郡学校外教育施設（教育省学校外教育局）より，1997年に400バーツの寄付への感謝状。kalasin 県 Kamalasai 郡小学校本部から，1995年に3度ほど感謝状をもらっている。
特技：なし。しかし，書物を読むのが好きで，一冊読めば，それに関連するまた別な本を読みたくなる。しかし，最近は視力が悪くなって，日中しか本を読めなくなった。
仏教の教え：三蔵から重要な教えを説く。
開発の問題：時々ある。会議などで割れることもあるが，収まるところに収まる。
支援者：村人と篤志家。
将来計画：将来のことはよく分からない。現在の様々な問題を解決しての話しであろう。
その他：村の生活レベルは次のようなものである。①農業を始め楽ではない。なぜなら，相当の労働力を用いないといけないので。②食料を得ることも楽ではない。自然から得ることができたのは昔の話し。店から買うしかなくなった。食材を買って調理するのがせいぜいである。もちろん，米はある。しかし，農民銀行や組合にもっていって，出面賃や肥料等々の借金を返済しなければならない。豊かなものは資本家や銀行であり，貧しいものは自分達だけで自力更正をやることは難しい。

この村には資本家層はいない。この村では水田を多く持っている農民がい

ないので，組合がお金を貸している。豊かで他の人に金を貸せるものといえば，チャオポーと呼ばれる地域の実力者，マフィア的な人物であるが，これらは南タイ，東部タイ，ペッチャブリー県などにいるだけである。

タイ人の性格は，中国人と比べて，勤勉さ，我慢強さ，人生観など様々な点で異なる。タイ人は遊びが好きだし，楽しいことが好きだ。中国人からものを買うことが好きだ。それで中国人の方が社会的地位は高くなった。中には田畑を有しているものもいるが，熱意に欠けるし，適当な勤勉さがない。しかも，学歴がない。現代の人々は世の中のことを知らない。教育に熱心ではない。自分の仕事に必要なだけ学ぶ，金儲けになることだけ学ぶだけである。自分達の生活の基盤については知らないのである。金儲けをしたいという時代傾向をグローバリゼーションという。

このような経済状態に陥った原因の一つは，若い世代に教育を受けて精神を鍛錬するという経験が欠けていたことがある。自分の労働時間を金に換えるだけという発想だから，仕事に質が伴わない。もちろん，現在の経済について語ることは難しい。しかし，簡単に語るとすれば，それは道徳の問題にもいきつく。五戒の三番目に，不邪淫戒とあるが，その意味は不品行をするなということであるが，そのようなものにエイズ患者が多い。そうなってしまえば，治療する金はない。或いは，宝くじに熱狂するのも問題としてあげられよう。それで有り金を全てすってしまうのである。貯蓄するということを知っているものには金がある。そして，道徳を知っているものがエイズになることはないし，遊びもしなければ，賭博も行わない。これらの諸問題は政府も指摘済みであるが，解決案はない。人に道徳心を持たせる以外に解決方法はない。現在，バーツの価値が暴落しているというが，そういった人間の問題が関係しているのであろう。

そういうわけで，僧侶は村人にこのような問題に気づいてもらい，どうしたら解決ができるのかを説く役目があるわけである。

要するに，現代の社会病理は，都市の人間と地方の人間との乖離にある。都市の人間はものの売り買いだけだし，地方は地方で自分達の労働力を使って生きるだけである。そして，都市の生活様式をまね始める。町の人間が持っているものを自分達も持ちたいというわけである。それはそれでいいものもある。町の人間は話し言葉も洗練されている。村の僧侶は，言葉は適切なものを選ぶが村の話し方で村人に話しかける。丁寧な言い方をすれば，村人はそれを使うようになるだろう。

政府の産児制限政策により，寺，村落，学校の関係は崩れようとしている。確かに，子供や孫は住民登録票のレベルでは村に存在している。しかし，よそへ行ったまま死んだものもいる。例えば，若い者同士で Rayong 県に働き

に行ったものがいる。両親は田植えのために出面を雇わなければならない。時には，子供達が孫を抱きかかえてきたまま，年老いた両親に預け，それで働きに町へ戻ることもある。これは寺にとっても大きな問題になるだろう。つまり，若者は町へ出たまま，年老いたものは農業と子守りで忙しいとなれば，誰が寺の世話をするのか。(筆者註：村の寺院が就学前託児施設を設置する理由)

72　Chuang Kowitho

出身： Kalasin 県，Kamalasai 郡，Dong Ling 区 9 班，Don Wai 村
寺院住所：Kalasin 県，Kamalasai 郡，Dong Ling 区 9 班，Don Wai 村，Palikaram Don Wai 寺　マハーニカーイ派
僧位：
年齢：89歳
安居年：40年
学歴：無回答
仏教学習：無回答
寺院内地位：住職
僧団内地位：なし
生育歴：Don Wai 村に生まれる。出家前の職業は稲作であった。数年前から高齢であるため，健康が優れない。去年はまだ歩けたが，今年に入ってから自分で立ち座ることや食事ができない。
寺院：僧 2 名
開発内容：村民の伝統的功徳の活動を手伝う。布薩堂，寺の鐘楼の建設。1998年 5 月本堂の建設が始まる。聖水を使って交通安全祈願や病人を癒す。
特技：なし
仏教の教え：なし
開発の問題：なし
支援者：2 カ所の村民（Don Wai 村 9 班 と 14班）
将来計画：1998年 4 月本堂の基礎部を建て，1998年 5 月本格的建設が始まる。
その他：

73　Kammalasayakhun

出身： Kalasin 県，Kamalasai 郡，Dong Ling 区 9 班，Don Wai 村
寺院住所： Kalasin 県，Kamalasai 郡，Dong Ling 区14 班，Don Wai 村，Kruea Wan 森の寺（タンマユット派派）
僧位：師僧　特別級

年齢：64歳
安居年：41年
学歴：小学校4年
仏教学習：仏教学1級
寺院内地位：住職（1963年以降）
僧団内地位：1967年以降，Kamalasai 郡僧団長（タンマユット派）
生育歴：出家前は米作り。最初の出家期間は1週間だと思う。仏教学を始めてからだんだん勉強したくなり僧侶になる。1957年の7月3日出家する。戒和尚は Phrakhru Selasansophit。導師 Phra Nu Akakamo。副導師は Phra Kuan Panyaphalo。出家してからは5年間 Kruea Wan 森の寺に住む。仏教学3級から1級まで学ぶ。1959年，仏教学の教師になる。1961年，Kamalasai 郡Lak Mueang 区 Pang Si Muang 寺院に移転して仏教学の指導を手伝う。瞑想のため各地を巡礼する。1974年，住職になるためのコースを受講，他の寺院で研修を受ける。彼は第一回目の卒業生である。安居年が長くなったので Kruea Wan 森の寺に戻る。
寺院：僧侶8名，沙弥2名
開発の動機：村民がひどく貧しいので，支援したいと感じた。
開発開始年：1959年
開発内容：①1959年僧堂1棟の建設。1963年僧房2棟の建設。1982年本堂1棟の建設。1982年—1984年布薩堂の改修。1984年 Somdet Phra Ariyawongsakottayan（仏教の法王猊下）は，Kruea Wan 森の寺で Luk Nimito（本堂の境界を示すために地面に埋める直径25cmほどの円い石）を主導で埋める。1987年寺院内の門と壁の建設。1991年—1996年老化した僧房の変わりに新しい僧房を建設。②仏教学学校での教師。子供に道徳研修。1997年 Kamalasai 県の仏教学コンテスト会長。③村内の道路を建設する支援。④青少年にコミュニティ開発についての研修。悪徳や麻薬に陥らないための道徳研修。毎年郡内や村内に所属している学校の5—6名学生に奨学金の支援。⑤編物細工の職業を紹介。⑥薬草師，薬草で治療する。薬草を植える。⑦毎月2回の仏教の日，瞑想や道徳研修。30—50人の村民が参加する。⑧16ライ森林保護。⑨僧侶からの開発政策が村民に広めるために，村民の指導者グループを作る。
特技：瞑想，説法，道徳研修。頭陀行。薬草で治療する。
仏教の教え：お互いに助けたり分け合ったりして，他人を苦しめないようにする。
開発の問題：殆どなし。村民の時間があったら，手伝ってもらう。
支援者：Prof. Dr. Ukrit — Monthane Mongkhonnawin の支援。信仰者。

将来計画：教育がない貧困村民や青少年福祉財団に入るための資金が欲しい。道徳研修の出張。

その他：村民の生活に僧侶は必要なので，僧侶はコミュニティに対して役割を果たすべきだ。開発をなす僧侶が全国にいれば，国がもっと発展する。その理由は，昔からタイ人は僧侶を尊敬してきた。人々に正しい仕事，社会の行動のための4つの仏法を使って教える。そうすれば，社会が平和になる。もし僧侶がこのような方法を紹介すれば，人々がお互いに幸せに生きることができる。それぞれの人々が自分の役割を行う。特に青少年には道徳研修に参加させたい。

74　Kosonpanyathon

出身：Kalasin 県，Kamalasai 郡，Dong Ling 区2班，Khok Lam 村

寺院住所：Kalasin 県，Kamalasai 郡，Dong Ling 区2班，Khok Lam 村，Khok Lam 寺　マハーニカーイ派

僧位：師僧2級

年齢：59歳

安居年：33年

学歴：中学校3年

仏教学習：仏教学3級

寺院内地位：住職

僧団内地位：区副僧団長

生育歴：両親の職業は稲作であった。Khok Lam 村小学校を卒業した後両親の仕事を手伝った。Kumphawapi 郡へ移動してから8―9歳頃に両親が他界した。その後，叔母のところで世話になった。25歳になってから出家した。最初は村落の寺院に止住し道徳を勉強した。その次は Nong Han 郡，Udon Thani 県，Si Saket 県，Nong Khai 県で2年間，Wat Chanprasit Ban Phai 郡 Khon Kaen，Chum Phae 郡で2年間，Phu Kaeo 郡も回った。そして，1976年以後 Khok Lam 寺に戻ってきた。1977年以後住職になった。

寺院：僧侶7名

開発開始年：1977年頃

開発内容：①2階建て僧房，僧堂，火葬場，遺体を安置する堂，山門，寺院の壁などの建設を行う。②木を植える活動。③小学校6年生に道徳を教えること。毎月2回の仏教の日，道徳研修。④村内の道路を開発する。⑤託児所を設置する計画。

特技：なし

仏教の教え：勉強を愛させること。道徳，我慢すること，勤勉努力，熱心にや

ること，親孝行，団結することを確信する。
開発の問題：問題があったが，小さな問題のみ。
支援者：村民，村の指導者，区自治体。
将来計画：立派な大人になるために青少年・子供達に道徳を教えて精神面の開発を行う。寺院，恒久建築物と共に道徳的開発を行う。
その他：

75 Man Kantasolo

出身：Kalasin 県，Kamalasai 郡，Dong Ling 区 3 班，Non Muang 村
寺院住所：Kalasin 県，Kamalasai 郡，Dong Ling 区 3 班，Non Muang 村，Wiweksamakkhitham 森の寺（タンマユット派派）
僧位：なし
年齢：76歳
安居年：4 年
学歴：小学校 4 年
仏教学習：無回答
寺院内地位：住職代行（住職が還俗）
僧団内地位：なし
生育歴：出家前の職業は稲作であった。現在，家族はまだ Kalasin 県 Kamalasai 郡 Dong Ling 区 8 班 Non Muang 村に住んでいる。出家の原因は，この村出身でない僧と，この村出身の僧との間にトラブルがあったから。自分が出家すれば，大丈夫かどうか試してみたいという思いがあった。
寺院：僧侶 3 名
開発内容：2 棟僧房の建設。信仰者への瞑想研修。森林を植える活動に村民を誘う。二つに分けられている森林は，一つがコミュニティ（村所有）でもう一つが寺院の土地である。僧侶と村民はお互いに森林を守る。昔は森林の面積が300ライより少しひろかったが，現在は200ライぐらい。そのうち，寺院の土地は96ライである。
特技：なし
仏教の教え：なし
開発の問題：なし
支援者：村民。宗教局から 4 万バーツの支援を受け，僧堂の建設。
将来計画：僧房の修理。未完成の僧堂を建て続けたいので，金銭的な支援が欲しい。
その他：なし

76　Prasit Chutinatharo

出身：Kalasin 県，Kamalasai 郡，Dong Ling 区，Suan Khok 村
寺院住所：Kalasin 県，Kamalasai 郡，Dong Ling 区，Suan Khok 村，Suan Khok 寺　マハーニカーイ派
僧位：Phra - Maha
年齢：52歳
安居年：6年
学歴：小学校4年
仏教学習：仏教学3級・パーリ語3段
寺院内地位：住職
僧団内地位：なし
生育歴：出家前は稲作。出家の理由は，仏教を信仰しているから。家族は村にいる。息子2人。Sara Buri 県での軍隊経験。妻が亡くなり，子供が成長してから，出家を決意。昔，Nakhon Pathom 県の Prathom Chedi 寺院で小僧の経験あり。沙弥になってから Suan Khok 寺院でパーリ語や仏教学を勉強する。
寺院：僧侶6名，沙弥7名
開発内容：①毎月2回の仏教の日，村民（参加者50人）に道徳研修。土・日曜日，村民や小・中学校の生徒に道徳を教える。研修時間は午前と午後2時間ずつで，参加者は40人ぐらい。②古い僧房の代わりに新しい僧房を建設する予定。学生に奨学金の支援。③文部省の予算や寺院内の土地により，1997年託児所を設置する。
特技：説法
仏教の教え：正しいおこない。悪より遠ざかり，善をなす。
開発の問題：問題なし。1年に2回米を作れるので，村の経済状況は普通。その他，水が溜めてある用水路があるので，雨が降らなくても問題がない。しかし，洪水が時々ある。特に，西部の方は Lam Pao 川から水が溢れるので，洪水が多い。
支援者：村民，文部省。一般人が時々仏教学を教える手伝いをする。
将来計画：村民を助けたい。30年たった古僧房にかえて，新しい僧房を建設する。
その他：なし

77　Sai Kowitho

出身：Kalasin 県，Kamalasai 郡，Dong Ling 区，Si Than 村

寺院住所：Kalasin 県，Kamalasai 郡，Dong Ling 区，Waeng 村，
Waeng Noi 寺　マハーニカーイ派
僧位：なし
年齢：82歳
安居年：22年
学歴：無回答
仏教学習：無回答
寺院内地位：住職
僧団内地位：なし
生育歴：出家前の職業は稲作であった。出家の原因は，最初7日間だけの出家だと思ったが，出家してからずっと僧侶の状態を続けることを決心した。
寺院：僧侶2名
開発内容：3棟僧房の建設（3棟目工事中）。副業としてゴザ織りに村民を誘う。村民から色々な活動についての相談を受ける（コンサルタント）。学校の垣根を作ること（未完成）。村民に対する道徳研修を行う。
特技：村民にお祝いの聖水を作る。
仏教の教え：基本的な仏法を中心に教える。
開発の問題：なし。村民が何らかの活動を行いたいならば，私を招待する。招待されなかったら，行かない。なぜなら，個人的な村民団体のことのみを考えるからである。
支援者：村民のみ。
将来計画：先ず，未完成の建築物の建設。資金がある場合，他の活動を行う。
その他：なし

78　Siripunyaphirat（Chan Katapanyo）

出身：Kalasin 県，Kamalasai 郡，Dong Ling 区
寺院住所：Kalasin 県，Kamalasai 郡，Dong Ling 区，
Si Than 寺　マハーニカーイ派
僧位：師僧
年齢：75歳
安居年：42年
学歴：小学校4年
仏教学習：仏教学3級
寺院内地位：住職（1965年以後）
僧団内地位：1区の Dong Ling 区僧団長，戒和尚
生育歴：出家前の職業は稲作であった。結婚後子供1人がいる。しかし，妻が

他界した。仏教を信じるから出家した。

寺院：無回答

開発内容：①僧房，僧堂，布薩堂，寺院の壁，台所などの建設。②数種類の木を植える活動。③村落と学校開発の活動に村民を誘う。学校に文具の提供。村落の学校とノンフォーマル学校に奨学金を支援し，1年30万バーツ。学校から奨学金を申請しないと支援しない。④1997年託児所を設置する予定。⑤村民の亡くなった親戚のための追善供養をする活動。村民に村落と学校に関する活動について相談を受ける者（コンサルタント）。⑥村民の職業を紹介し，特に農業。

特技：手造や文学作り。

仏教の教え：瞑想，村民のための基本な仏法。

開発の問題：なし。

支援者：村民，宗教局，バンコクにある株式会社や店からの資本。例えば，ある会社からの寄付10万バーツなど。この村落の出身者の部下がバンコクで勤めている会社のオーナーを誘い，その後寺院を信仰するようになるからである。

将来計画：宗教内の活動。例えば，仏教の布教や村民の支援など。毎週土日曜日の仏教学校の設立を行う予定。農業の支援，村民に農業についての方法をアドバイス。村民に絵画を教え，専門の職業を持たせたい。

その他：データの提供者（インタビューした僧位）

名前：Phra Maha Prakhen

年齢：51歳

寺院内地位：副住職

履歴：14歳で沙弥となり，17歳になってから住職はバンコクに勉強しに行かせた。ここ（現在の寺院）に戻ってからまだ3年間経ってない。バンコクに30年間暮らしした。最初の学んだ所は Phra Chetuphon - wimonmangkhalaram（Wat Pho）寺だった。その他，外国語（英語，トイツ語，フランス語，日本語）も勉強し，卒業書までをもらった。あまり使わないので，今は忘れた。現在とバンコクとの生活を比べたら便利さがほぼ同じで変わらない。どこか気楽があれば，どこでも住める。村落の経済的な状況がかなりいいと思う。この寺院は開発村落のエリアにいるから設備などが不足ではない。村民とバンコクの人々との比較をすれば，あまり変わらない。殆どの村民はバンコクに出稼ぎの経験を持つからだ。この村落は400世帯の中で村民の半分以上がバンコクに住んだり勉強したりする。ある家族は2—3人の子供をバンコクに連れて行く。コミュニティの文化について，コミュニティに関する昔からの文化習慣もある。現実は村民の団結と心情が強いと思う。時代と共にコミュ

ニティが変わっても昔の基本を守って欲しい。タイの僧侶はタイ社会での役割もっと担うべきだと考える。僧侶は社会で役立っているが，まだ足りない。バンコクに住んでいる1級層の師僧から Rachakana 層の師僧までの僧侶は村落開発のために一緒に田舎に出させるべきだ。特に東北地方である。偉い僧侶の指導者として村民が強く信仰するから。そうすれば，社会開発が少しずつ良くなっていく。このアイデイアは沙弥の時に考え始めている。

79 Un Paphatsaro

出身：無回答
寺院住所：Kalasin 県，Kamalasai 郡，Dong Ling 区，
Khok Si 寺　マハーニカーイ派
僧位：なし
年齢：83歳
安居年：23年
学歴：小学校4年
仏教学習：仏教学1級
寺院内地位：住職
僧団内地位：なし
生育歴：出家前は村長に2回選出された経験をもつ。1976年，出家。理由は他界した妻を供養するため。以後，現在まで出家生活を続ける。
寺院：僧侶2名，沙弥1名
開発内容：①僧房，僧堂，トイレ，寺院壁の建設を行う。現在，バンコクで村民が働いている事業所の上司と村民の寄付により，300万バーツの新僧堂を建設している。②村民に瞑想を教えること。仏教学学校がないが，毎日の朝（仏日以外）村民に仏教学を説教する。
特技：なし
仏教の教え：勧業処，善悪功罪を中心に研修する。
開発の問題：去年の僧房火事があって，建物や物をたくさん失った。
支援者：村民，区長補佐。
将来計画：予算問題。金銭がたくさんあれば，いろいろな活動ができる。今のところは，遺体を置く堂を建てたいと考える。
その他：なし

80 Worakitsaratham

出身：Kalasin 県，Kamalasai 郡，Dong Ling 区5班，Maui 村
寺院住所：Kalasin 県，Kamalasai 郡，Dong Ling 区5，11班，Maui 村，

Maui 寺　マハーニカーイ派
僧位：師僧（2003年12月5日，団扇を貰う）
年齢：63歳
安居年：11年
学歴：小学校4年
仏教学習：仏教学3級
寺院内地位：住職
僧団内地位：なし
生育歴：出家前，米作りとバンコクでタクシー運転手。現在家族は Bankhok に在住。娘はドイツ人と結婚し現在は Khon Kaen に在住。出家の理由は，バンコクで働いたときに不倫をし，不倫相手との間に二人の子供をなす。後に不倫相手と別れて Prachin Buri 県のある寺院で一年間の出家し，現在に至る。
開発内容：①1997年託児所を設置する。②門，火葬場，僧堂，寺院内の養魚池，僧房，公衆トイレ，Don-Chao-Pu 土地神の祠とその周辺の建設を行う。Don-Chao-Pou 土地神は村民にとって心のよりどころである。毎年6月に Don-Chao-Pou 土地神祭を行う。出家後，寺院を支える。例えば，古い僧房の修理や僧房にペンキを塗るなど。寺院内に木や花を植える。③毎月2回の仏教の日，村民に道徳研修。村民に瞑想をアドバイスしたり，お経をあげたり。④勉強している沙弥（子供僧）に奨学金の支援。
特技：なし
仏教の教え：無回答
開発の問題：飲み水が足りない。雨水の貯水タンクを建設したいが，予算がない。
支援者：村民，自分のお金（住職）を時々出す。
将来計画：寺院内に花園を作る。遺体を置く堂，寺の鐘楼，放送堂の建設。布薩堂の改装を行いたい。昔の古くて狭い布薩堂にかえて新しい布薩堂を建設する。
その他：なし

81　Wimonpraphakon

出身：Kalasin 県，Kamalasai 郡，Dong Ling 区，Waeng 村
寺院住所：Kalasin 県，Kamalasai 郡，Dong Ling 区12班，Dong Mueang 村，Non Mueang 寺　マハーニカーイ派
僧位：師僧
年齢：78歳

安居年：59年
学歴：小学校 4 年
仏教学習：仏教学 3 級
寺院内地位：住職（1939以降）
僧団内地位：2 区の Dong Ling 区僧団長
生育歴：沙弥なって以来出家を続けている。結婚の経験はなし。
寺院：僧侶 8 名
開発内容：①1979年—1987年919,759.25バーツを使って Pracha Samakkhi 僧房の建設。②コンテストをするために村落開発の活動に村民を誘い，1980年度全国大会の優秀賞をもらった。③僧侶や沙弥に仏教学を教える。村民に対する道徳研修。昔は土・日曜日仏教学学校で教師の経験。④インフフォーマルの学校や村落の学校に奨学金の支援。
特技：呪文で病人を癒す。事故で親戚が亡くなった家族に事故がならないように厄払いの儀式をする。
仏教の教え：無回答
開発の問題：問題なし。なぜなら，開発計画が何でも始まると言われると村民が全ての活動を信頼して行うからである。また，彼は偉い僧侶であるため。(Chaimongkhon 寺の郡僧団長と Pathom Kesaram 寺の住職も師の生徒である。)
支援者：村人のみ。
将来計画：本堂，古い布薩堂にかえて新しい布薩堂を建設したい。

参考文献

赤木攻，1991，「タイ国の『国境』確定」(矢野暢編『東南アジアの国際関係』弘文堂)

赤木功・北原淳・竹内隆夫編，2000，『続 タイ農村の構造と変動――15年の軌跡』勁草書房

浅井昭衛，2004，『日蓮大聖人に背く日本は必ず亡ぶ』富士大石寺顕正会

浅見靖仁，1994，「タイ仏教の新潮流――日本仏教批判の一視点」(『仏教29号』法蔵館)

浅見靖仁，1999，「東南アジアにおける3つの民主化の波」(古田元夫編『東南アジア・南アジア』大月書店)

足立明，1995，「経済2 開発現象と人類学」(米山俊直編『現代人類学を学ぶ人のために』世界思想社)

安満利麿，2003，『社会をつくる仏教――エンゲイジド・ブッディズムー』人文書院

池内恵，2004，「イスラーム的宗教政治の構造」(『講座宗教学 暴力』岩波書店)

生田真人編，2000，『アジアの大都市［3］クアラルンプール・シンガポール』日本評論社

池田寛二，2000，「東南アジアの社会変動と社会学」(『状況』)

石井由香，1999，『エスニック関係と人の国際移動――現代マレーシアの華人の選択』国際書院

石井米雄，1975，『上座部仏教の政治社会学――国教の構造――』創文社

石井米雄，1991，『タイ仏教入門』めこん

石川准，1988，「社会運動の戦略的ジレンマ――制度変革と自己変革の狭間で――」(『社会学評論154』)

泉経武，2002，「村落仏教と開発の担い手の形成過程――タイ東北地方「開発僧」の事例研究――」(『東京外大東南アジア学』第7号)

泉経武，2003，「『開発』の中の仏教僧侶と社会活動――タイ・スリン県の『開発僧』ナーン比丘の事例」(『宗教学論集』第21輯，93-110)

稲場圭信，1998「現代宗教の利他主義と利他行ネットワーク――立正佼成会を事例として――」(『宗教と社会』4)

稲場圭信，2004，「宗教団体の社会奉仕活動と社会制度――英米仏を中心とした一考察から展望する日本の宗教NGOの将来」(『神道文化』第16号)

井上芳保，1993，「情報社会における身体性メッセージ――自己啓発セミナー現象

再考――」(北海道社会学会『現代社会学研究6』)
乾美紀, 2004,『ラオス少数民族の教育問題』明石書店
今田高俊・園田茂人編, 1995,『アジアからの視線』東京大学出版会
岩崎育夫編, 1998,『アジアと市民社会――国家と社会の政治力学』アジア経済研究所
岩井美佐紀, 1999,「ベトナム北部農村における社会変容と女性労働」(『東南アジア研究』36-4)
ウィリアム・ウッド, 2002『教会がカルト化するとき』いのちのことば社
鵜飼孝造, 1993「ネットワーク型社会運動の可能性」(社会・経済システム学会『社会・経済システム』12)
浦崎雅代, 2002,「多様化する開発僧の行方――HIV/エイズ・ケアに関わる開発僧の出現を事例として」(『宗教と社会』8)
王柳蘭, 2004,「国境を越える『雲南人』」(『アジア・アフリカ言語文化研究』67)
大沢真理編, 2004,『アジア諸国の福祉戦略』ミネルヴァ書房
大谷栄一, 2001,『近代日本の日蓮主義運動』宝蔵館
岡部達味・池端雪浦・渡辺利夫・末廣昭・絵所秀紀・天児慧, 2001,「21世紀アジア社会を展望して」(『アジア研究』47)
落合恵美子・山根真理・宮坂靖子編, 2007,『アジアの家族とジュンダー』勁草書房
尾中文哉, 2002,『地域文化と学校――3つのタイ農村における「進学」の比較社会学』北樹出版
恩田守雄, 2001,『開発社会学――理論と実践』ミネルヴァ書房
外務省経済協力局編, 1988,『わが国の政府開発援助』
片岡樹, 2004,「領域国家形成の表と裏――冷戦期タイにおける中国国民党軍と山地民――」(『東南アジア研究』42(2))
加藤剛編, 2004,『変容する東南アジア社会――民族・宗教・文化の動態』めこん
加藤尚武, 1991,『環境倫理学のすすめ』筑摩書房
金子昭, 2002,『駆けつける信仰者たち――天理教災害救援の百年――』道友社
金子昭・天理教社会福祉研究プロジェクト編, 2004,『天理教社会福祉の理論と展開』白馬社
金子昭, 2005,『驚異の仏教ボランティア――台湾の社会参画仏教「慈済会」』白馬社
金子郁容, 1986,『ネットワーキングへの招待』中央公論社
金子郁容, 1992『ボランティア――もう一つの情報社会――』岩波書店
鹿又信夫・野宮大志郎・長谷川計二, 2001,『質的比較分析』ミネルヴァ書房
川田侃・鶴見和子編, 1989,『内発的発展論』東京大学出版会
キサラ・ロバート, 1997,『宗教的平和思想の研究――日本新宗教の教えと実

践——』春秋社
北原淳，1985，『開発と農業——東南アジアの資本主義化』
北原淳，1996，『共同体の思想』世界思想社
北原淳編，2005，『東アジアの家族・地域・エスニシティ』東信堂
木下康仁，2006，「グランデッド・セオリーと理論形成」(『社会学評論』225号)
倉沢愛子，1996，「開発体制下のインドネシアにおける新中間層の台頭と国民統合」(『東南アジア研究』34-1)
小泉順子，1994，「バンコク朝と東北地方」(池端雪浦編『変わる東南アジア像』山川出版社)
国際協力銀行，2003，『貧困プロファイル　タイ王国』
小林和夫，2005，「インドネシアにおける『伝統』の実践とポリティックス」(『社会学評論』55-2)
駒井洋，2001，『新生カンボジア』明石書店
古屋野正伍・北川隆吉・加納弘勝編，2000，『アジア社会の構造変動と新中間層の形成』こうち書房
櫻井治男，2002，「神社神道と社会福祉」(国際宗教研究所編『現代宗教2002』東京堂出版)
櫻井義秀，1996，「実践宗教の構成と社会変容——東北タイ農村社会を事例に——」(『社会学評論』46-3)
櫻井義秀，1999 a，「在タイ日系鉛筆製造企業における労働者のアイデンティティ形成と生活構造」(『社会学評論』49-4)
櫻井義秀，1999 b，「東北タイ地域開発に果たす僧侶の役割」(北海道大学文学部助教授足立明代表「文部省科学研究費　国際学術研究報告書：開発言説と農村開発——スリランカ・インドネシア・タイを事例に——」)
櫻井義秀，2000，「地域開発に果たす僧侶の役割とその社会的機能——東北タイの開発僧を事例に——」(『宗教と社会』6号)
櫻井義秀，2004，「宗教と社会開発——東北タイの開発僧——」(『印度哲学仏教学』19号)
櫻井義秀，2005 a，「宗教の社会的貢献——その条件と社会環境をめぐる比較宗教・社会論的考察——」(『宗教と社会』第11号)
櫻井義秀，2005 b，『東北タイの開発と文化再編』北海道大学図書刊行会
櫻井義秀，2005 c，「タイにおける継続型高等教育の展開」(『年報タイ研究5号』日本タイ学会)
櫻井義秀，2005 d，「高等教育の発展戦略と教育課題——タイとオーストラリアのコラボレーション——」(『高等教育ジャーナル——高等教育と生涯学習——』第13号)

佐々木教悟，1986，『上座部仏教』平楽寺書店
佐藤慶幸，1993，「現代産業社会と対話的コミュニケーション行為」（『現代社会学研究６』）
佐藤寛，2001，「社会資本関係の操作性」（佐藤寛編『援助と社会関係資本――ソーシャル・キャピタル論の可能性――』アジア経済研究所）
佐藤仁，2002，『稀少資源のポリティックス――タイ農村に見る開発と環境のはざま』東京大学出版会
重富真一，1992，「タイにおける農村開発の展開と現状」（アジア経済研究所『国別経済協力研究報告書　タイ』）
重冨真一，1996，『タイ農村の開発と住民組織』アジア経済研究所
重冨真一編，2001，『アジアの国家とNGO――15カ国の比較研究』明石書店
清水海高，2002，『仏教福祉の思想と展開に関する研究』大東出版社
白石隆，2000，『海の帝国』中央公論新社
末廣昭，2000，『キャッチアップ型工業化論――アジア経済の軌跡と展望』名古屋大学出版会
杉村美紀，2000，『マレーシアの教育政策と国民統合』東京大学出版会
鈴木規之，1996，「タイに学ぶ共生の社会」（沖縄国際大学公開講座委員会編『アジアのダイナミズムと沖縄』）
鈴木規之・浦崎雅代，1998，「タイ農村におけるオルターナティブな開発・発展に果たす仏教の役割――開発僧と在家者との関わりを中心にして――」（日本タイ学会大会報告）
鈴木基義・安井清子，2002，「ラオス・モン族の食糧問題と移住」（『東南アジア研究』40-1）
杉本均，2002，「マレーシアにおける宗教教育とナショナリズム」（江原武一編『世界の公教育と宗教』東信堂）
曹洞宗ボランティア会，1994，「農村の自立と仏教：東北タイの農村に学ぶ」（『シャンティ』）
染谷臣道，1996，「絶対依嘱・勇気・前進のための戦い」（『東南アジア研究』34-1）
タイ国投資委員会，（BOI：Board of Investment）各年資料
高橋徹，1988，「後期資本主義社会における新しい社会運動」（『思想』1988/11）
田坂俊雄，1991，『タイ農民層階層分解の研究』お茶の水書房
田坂敏雄，1992『ユーカリ・ビジネスータイ森林破壊と日本』新日本出版社
田坂俊雄編，1998，『アジアの大都市［1］バンコク』日本評論社
立本成文，1996，『地域研究の問題と方法――社会文化生態学の試み』京都大学学術出版会
田辺繁治，2003，『生き方の人類学――実践とは何か』講談社

田巻松雄，2005,「東・東南アジアにおける非合法移民」(『社会学評論』56-2)
玉田芳史，2003,『民主化の虚像と実像――タイ現代政治変動のメカニズム――』京都大学学術出版会
田村慶子・織田由紀子編，2004,『東南アジアのNGOとジェンダー』明石書店。
田中恭子，2002,『国家と移民』名古屋大学出版会
田中忠治，1988,『タイ　歴史と文化』日中出版
田中夏子，2004,「ソーシャル・キャピタル論から見たイタリアの非営利・共同事業組織研究の意味」(『現代社会の社会学的地平――小林甫教授退官記念論文集――』社会システム科学講座)
店田広文編，2005,『アジアの少子高齢化と社会・経済発展』早稲田大学出版部
丹野勲・原田仁文，2005,『ベトナム現地化の国際経営比較』文眞堂
坪内良博，1996,『マレー農村の20年』京都大学学術出版会
坪内良博，1998,『小人口世界の人口誌――東南アジアの風土と社会』京都大学学術出版会
坪内良博編，1999,『「総合的地域研究」を求めて――東南アジア像を手がかりに』京都大学学術出版会
坪内良博編，2000,『地域形成の論理』京都大学学術出版会
寺田勇文編，2002,『東南アジアのキリスト教』めこん
土佐桂子，2000,『ビルマのウェイザー信仰』勁草書房
戸谷修，1999,『アジア諸地域の社会変動――沖縄と東南アジア』御茶の水書房
中井真孝，1981,『行基と古代仏教』永田文昌堂
中西徹編，2001,『アジアの大都市［4］マニラ』日本評論社
中野毅，2003,『戦後日本の宗教と政治』大明堂
西井涼子，2001,『死をめぐる実践宗教――南タイのムスリム・仏教徒関係へのパースペクティブ』世界思想社
西川潤編，1997,『社会開発――経済成長から人間中心型開発へ――』有斐閣
西川潤，2001,『アジアの内発的発展』藤原書店
西川潤・野田真里編，2001,『仏教・開発（かいほつ）・NGO』新評論
日本キリスト教社会福祉学会編，1998,『社会福祉実践とキリスト教』ミネルヴァ書房
日本村落社会学会編，2004,『東アジア農村の兼業化――その持続性への展望』農文協
野崎明，1993,「社会開発に参画するタイの仏教僧」(ピッタター・ウォンクン『村の衆には借りがある――報徳の開発僧たち』燦々社)
野津幸治，1992,「仏教僧侶による地域開発――タイ国における開発僧侶の活動をめぐって――」(天理南方文化研究会『南方文化』19輯)

野津幸治，2001，「プッタタート比丘の思想と生涯」（西川潤・野田真里編，2001，『仏教・開発（かいほつ）・NGO』新評論）
野津隆志，2005，『国民の形成――タイ東北小学校における国民文化形成のエスノグラフィー』明石書店
萩原康生，2001，『国際社会開発――グローバリゼーションと社会福祉問題』明石書店
橋廣治，2004，『東南アジアにおけるイスラム過激派事情』近代文芸社
橋本卓，1984，「タイの地方行政と農村開発」（『アジア経済』25-10）
長谷川公一，1988，「社会運動の政治社会学――資源動員論の意義と課題――」（『思想』1988/11）
長谷川公一，1993，「環境問題と社会運動」（飯島伸子編『環境社会学』有斐閣）
秦辰也，2005，『タイ都市スラムの参加型まちづくり研究――こどもと住民による持続可能な居住環境改善策』明石書店
服部民夫・鳥居高・船津鶴代編，2002，『アジア中間層の生成と特質』アジア経済研究所
バンコク日本人商工会議所編，1989，『タイ国経済概況1988/1989』
林行夫，1991，「内なる実践へ」（『東南アジアの文化』弘文堂）
林行夫，2000，『ラオ人社会の宗教と文化変容――東北タイの地域・宗教社会誌』京都大学学術出版会
パスカル・ズィヴィー他，2002，『「信仰」という名の虐待』いのちのことば社
速水洋子，1994，「北タイ山地における仏教布教プロジェクト：あるカレン族村落郡の事例」（『東南アジア研究』32-2）
速水洋子，1998，「『民族』とジェンダーの民族誌」（『東南アジア研究』35-4）
平田利文，2007，『市民性教育の研究――日本とタイの比較――』東信堂
福島真人，1993，「もう一つの瞑想，あるいは都市という経験の解読格子――タイのサンティ・アソークについて――」（田辺繁治編『実践仏教の人類学――上座部仏教の世界』京都大学学術出版会）
マイケル・ロバーツ，1993，「ナショナリスト研究における情動と人」（『思想823』1993/1）
松宮朝，2004，「内発的発展論の課題とその可能性――共同体論，ソーシャル・キャピタル概念の検討から――」（『現代社会の社会学的地平――小林甫教授退官記念論文集――』社会システム科学講座）
宮内勝典，2005『焼身』集英社
宮坂靖子編，2004，『アジア諸社会におけるジェンダーの比較研究』科学研究費成果報告書
宮本謙介編，1999，『アジアの大都市［2］ジャカルタ』日本評論社

村木和雄，1993，「旧ユーゴ紛争の視点」(神戸大学社会学研究会『社会学雑誌10』)
村嶋英治，1996，『ピブーン――独立タイ王国の立憲革命――』岩波書店
室田保夫，1994，『キリスト教社会福祉思想史の研究』不二出版
森孝一，1994，「アメリカのファンダメンタリズム」(井上順孝・大塚和夫編『ファンダメンタリズムとは何か――世俗主義への挑戦――』新曜社)
森部一，1998，『タイの上座仏教と社会』山喜房佛書林
山口定，2004，『市民社会論――歴史的遺産と新展開』有斐閣
山田満，2000，『多民族国家マレーシアの国民統合――インド人の周辺化問題』教育出版
山下晴海，2002，『東南アジア華人社会と中国僑郷』古今書院
山本博史，1999，『アジアの工業化と農業・食糧・環境の変化――タイ経済の発展と農業・農協問題に学ぶ』筑波書房
矢野秀武，2002，「タイ都市部の仏教運動における自己と社会関係の再構築」(宮永國子編著『グローバル化とアイデンティティ・クライシス』明石書店)
矢野秀武，2004，「タイの上座仏教と公共宗教」(『岩波講座　宗教九　宗教の挑戦』岩波書店)
矢野秀武，2006，『現代タイにおける仏教運動――タンマカーイ式瞑想とタイ社会の変容』東信堂
山之内靖，1991，「システム社会の現代的位相――アイデンティティの不確定性を中心に――」(『思想』1991/7)
吉田九一・長谷川匡俊，2001，『日本仏教福祉思想史』法藏館
吉原久仁夫，1999，『なにが経済格差を生むのか』NTT出版
吉原直樹，2000，『アジアの地域住民組織――町内会・街坊会・RT/RW』御茶の水書房
吉原直樹，2005，『アジア・メガシティと地域コミュニティの動態――ジャカルタのRT/RWを中心にして』御茶の水書房
ムコパディヤーヤ・ランジャナ，2005，『日本の社会参加仏教』東信堂

Aeusrivongse, Nidhi, 2005, 'Understanding the Situation in the South as a "Millenarian Revolt," *Review Essay* March 2005, CSEAS Kyoto University.
Apichai Pantan, 2539 (1986) *neokhit tetsadi lae phapruam khong phatthana, botthi 4 kan phatthana chonnabot doi rat lae ongkon phatthana ekachon,* munithi phumipanya samnakgan kongthun sanapsanun kanwichai (「4章政府とNGOによる地域開発」『開発の概念,理論,構図』民衆の知恵財団とタイ科学研究費助成基金刊行
Bellah, Robert, 1979, 'New Religious Consciousness and the Crisis in Modernity,'

eds., by Glock, Charles Y. and Bellah, Robert, 1976, *New Religious Consciousness,* University of California Press.

Berger, Peter, Brigitte Berger and Hansfried Kellner, 1974, *The homeless mind : modernization and consciousness,* Penguin. (高山真知子訳, 1977, 『故郷喪失者たち:近代化と日常意識』新曜社)

Brown, Lester R. et al., 1993, *State of the World 1993,* W.W. Norton & Company, Inc. (加藤三郎監訳, 1993, 『ワールドウォッチ地球白書1993-94——持続可能な経済へ挑戦——』)

Buddhadasa Bikkhu, 1986 *Dhammic Socialism,* Thai Inter-Religious Commission for Development.

Buddhadasa Bikkhu, 1993, 'The Cause of External Degeneration : A Notion of Buddhist Ecology,' eds. by Sulak Sibaraksa et al, *Buddhist Perception for Desirable Societies in the Future,* 1993.

Bunmi, Thirayut, 1998 *sangkhom khemkeng thamrat hengchat yuthasat kuhaina prathetthai,* mathichonsutsabda 8/26, 9/2 (『強い社会;Good Governance : タイ国家救済の戦略)

Casanova, Jose, 1994, *Public Religions in the Modern World,* The University of Chicago Press. (津城寛文訳, 1997, 『近代世界の公共宗教』玉川大学出版部)

Chaiwat Satha-Anand, 2003, "War on Ignorance," Perspective, Bangkok Post, 28 Sep, 2003

Chaiwat Satha-Anand, 2004, 'Fostering "Authoritarian Democracy" with Violence : The Effect of Violent Solutions to Southern Violence in Thailand,' A paper prepared for the Empire Conference, National University Singapore, September 23-24 pp. 1-20

Chaiwat Satha-Anand, 2005a, 'The Silence of the Bullet Monument : Violence and "Truth" Management, Dusun-nyor 1948 and "Kru-Ze" 2004, A keynote Address to be presented at the 9th International Conference on Thai Studies, Northern Illinois University, April 3-6, pp. 1-20

Chaiwat Satha-Anand, 2005b, "Southern Thailand : Beheading citizens, Killing Teachers as the Trap of Violence," Bangkok Post, 5 July, 2003

Chidchanok Rahimmula, 2003, "Peace Resolution : A Case Study of Separatist and Terrorist Movement in Southern Border Provinces of Thailand," in S. Yunanto, *et. al, Militant Islamic Movements in Indonesia and Southeast Asia,* Jakarta : FES and The RIDEP Institute.

Croissant, Aurel S., 2005, 'Unrest in South Thailand : Contours, Causes, and Consequences Since 2001, '*Strategic Insights,* Vol. IV-2

Dobbelaere, Karel, 1981, Secularization：a multi-dimensional concept, *Current Sociology* vol. 29-2.（ヤン・スウィゲドー・石井研士訳，1992,『宗教のダイナミックス——世俗化の宗教社会学——』ヨルダン社）

Escobar, Arturo, 1984-85, 'Discourse and Power in Development：Micher Foucault and the Relevance of his Work to the Third World,' Alternatives 10.

Escobar, Arturo, 1991, 'Anthropology and the Development Encounter：the Making and Marketing of Development Anthropology,' American Ethnologist.

Frank, Andre Gunder, 1978, *Dependent Accumulation and Underdevelopment.*（吾郷健二訳，1980,『従属的蓄積と低開発』岩波書店）

Fuengfusakul, Apinya, 1993, 'Empire of Crystal and Utopian Commune：Two Types of Contemporary Theravada Buddhism Reform in Thailand', *SOJOURN* 8-1.

Fukuyama, Francis, 1992, *The End of History and the Last Man.*（渡辺昇一訳，1992,『歴史の終わり——歴史の終点に立つ最後の人間——』三笠書房）

Funatsu Tsuruyo, 1997 Environmental Disputes in Thailand in the First Half of the 1990s：Movements in Urban and Rural Areas, eds., by Sigeki Nishihira et.al., Institute of Developing Economies

Funatsu, Tsuruyo, 2005, Book Review：Sakurai Yoshihide and Somsak Srisontisuk, *Regional Development in Northeast Thailand and Formation of Thai Civil Society,* Khon Kaen University Press 2003, *IJJS* 14

Glaser, Barney and Anselm Strauss, 1967, *The Discovery of Grounded Theory：Strategies for Qualitative Research,* Aldine Publishing Company, New York.（後藤隆・大江春江・水野節夫訳，1996,『データ対話型理論の発見』新曜社）

Glenny, Misha, 1992, *The Fall of Yugoslavia.*（井上健他訳，1994,『ユーゴスラビアの崩壊』白水社）

Grillo, R. D, 1997 'Discourses of Development：The View from Anthropology,' eds. by R.D.Grillo and R.L.Stirrat, *Discourses of Development：Anthropological Perspective,* Berg

Habito, Ruben L. F. and Keishin Inaba, 2006, *The Practice of Altruism：Caring and Religion in Global Perspective,* Cambridge Scholars Press, London

Hammond, Philip and David W. Machacek, 1999, *Soka Gakkai in America：Accommodation and Conversion.* Oxford University Press.（栗原淑江/訳，2000,『アメリカの創価学会 適応と転換をめぐる社会学的考察』紀伊国屋書店）

Hancock, Graham, 1988, *Lords of Poverty,* Macmillan London Limited.（武藤一羊訳，1992,『援助貴族は貧困に巣くう』朝日新聞社）

Ishii Yoneo, 1986, *Sangha, State, and Society : Thai Buddhism in History,* Hawaii University Press

Jackson, Peter A, 1988a, 'The Hupphaasawan Movement : Millenarian Buddhism among the Thai Political Elite,' *SOJOURN* 3-2

Jackson, Peter A., 1988b, *Buddhadasa : A Buddhist Thinker for the Modern World,* The Siam Society Under Royal Patronage Bangkok

Jackson, Peter A., 1989, *Buddhism, Legitimation, and Conflict : The Political Functions of Urban Thai Buddhism,* Institute of Southeast Asian Studies.

Jackson, Peter A., 1993, 'Re-Interpreting the Traiphuum Phra Ruang : Political Functions of Buddhist Symbolism in Contemporary Thailand,' Trevor Ling eds., *Buddhist Trends in Southeast Asia,* Institute of Southeast Asian Studies.

Kitahara, Atushi, 1997,'Sociological Approach to Southeast Asian Countries,' *IJJS*

Kitahara, Atushi, 2004,' Agrarian Transformation and Rural Diversity in Globalizing East Asia,' *IJJS*

Krommakan sasana, 2537, 2547, 2548, 2549 *rai gan sasana pracampi.*（宗教局『宗教年鑑1994, 2004, 2005, 2006年版』）

Krommakan sasana, 2007, web site : http://religion.m-culture.go.th/

Lapthananon, Pinit, 1985, phrasong nai chonnabot phak isan kap kan phatthana tam lakkan phung ton aeng, phongan wicai thag sasana lae cariyatham.（「東北タイの僧侶と自力更生的開発」『宗教と道徳研究』1985）

Lapthananon, Pinit, 1986, *botbat phrasong nai kan phatthana chonnabot,* sathaban wichai sangkhom mahawithayalai Chulalongkon 2529.（ピニット・ラーパタナーノーン『地域開発における僧侶の役割』チュラーロンコーン大学社会科学研究所1986年）

Lapthananon, Pinit, 2007, phrasong nak phatthana den nai phak Isan 2546-2549 : chiwit lae kan thamgan.（ピニット・ラーパタナーノン『2003―06年 東北タイにおける傑出した開発僧――人生と業績――』チュラーロンコーン大学出版局）

Manok Tanchuanich, 2532（1989）raigan phon kanwicai ruang botbat khong phrasog to kanphatthana sangkhom chonnabot nai phak tawanokchegnua, wathanatham thai.（「東北タイの地域開発における僧侶の役割」『タイ文化』）

Martin E. Marty and R. Scott Appleby, 1993, 'Introduction : A Sacred Cosmos, Scandalous Code, Defiant Society,' eds. by Martin E. Marty and R. Scott Appleby, *Fundamentalisms and Society : Reclaiming the Sciences, the Family, and Education,* The University of Chicago Press pp. 1-19

McCargo, Duncan, 2004, 'Southern Thai Politics : A Preliminary Overview, Polis

Woking Paper No.3.
Meadows, Donella H., 1992, Dennis L. *Meadows and Jorgen Randers, Beyond the Limits,* Chelsea Green Publishing Comany.（茅陽一監訳, 1992,『限界を超えて――生きるための選択――』ダイヤモンド社）
Melucci, Alberto, 1989, *Nomads of the Present：Social Movement and Individual Needs in Contemporary Society,* Temple University Press.
Michinobu, Ryoko, 2005, *Lives in Transition,* KLED THAI-C
Mulder, Niels, 1993, 'The Urban Educated Middle Stratum and Religion in Southeast Asia' *SOJOURN* 8-1.
Nation, 2005a, Tak Bai and Krue Se Report,
http://www.nationmultimedia.com/specials/takbai/p2.htm
Nation, 2005b, Tak Bai and Krue Se Report,
http://www.nationmultimedia.com/specials/takbai/p1.htm
Naraset phisitphanphon lae Sak Prasandi, 2534（1991), *thamniap prhasong nak phathana phak Isan,* Khonkaen University.(『東北タイ開発僧ダイレクトリー』)
Office of Minister, *Statistical Year Book of Thailand.*　各年
Payutto, P. A., 1993, *Toward Sustainable Science：A Buddhist Look at Trends in Scientific Development,* Buddhadhamma Foundation
Payutto, P. A., 2001, 野中耕一編訳『自己開発――上座仏教の心髄――』タイ東京堂書店（講演集）
Payutto, P. A., 2004, 野中耕一訳『仏法――自然の法則と生きることの価値――』P. Press Co Ltd.（Phra Thama pidok, Phuttha Tham）
Perera, Jehan, 1997, In Unequal Dialogue with Donors：The Experience of the Sarvodaya Sharmadana Movement, eds., David Hulme and Michael Edwards, *NGOs, States and Donors,* Save the Children
Phimitawon, Nimit, 1981, *'Krasuwang Khalang Na.*（野中耕一訳, 1983,『農村開発顛末記』井村文化事業社）
Phongpaichit, Pasuk and Baker, Chris, 2004, *Thaksin：the Business of Politics in Thailand,* Silkworm Books, Thailand
Phongphit, Seri, 1988, *Religion in a Changing Society：Buddhism, Reform and the Role of Monks Community Development in Thailand,* Arena Press
Putnam, R.,1993, *Making Democracy Work,* Princeton University Press.（河田潤一訳,2001,『哲学する民主主義』NTT出版）
Queen, Christopher S. and King, Sallie B., 1996, Engaged Buddhism：Buddhist Liberation Movements in Asia, SUNY

Sakurai, Yoshihide, 1990, 'Aspects of Japanese Development Cooperative Activities in Thailand,' *Journal of Hokusei Gakuen Junior College* vol. 27.

Sakurai Yoshihide, 1999, 'The Role of Buddhist Monks In Rural Development and Their Social Function In Civil Society, Tai Culture vol. · no. 2 Southeast Asia Communication Center December

Sakurai Yoshihide and Somsak Srisontisuk, 2003, Regional Development in Northeast Thailand and Formation of Thai Civil Society, Khon Kaen University Press

Sato, Yasuyuki, 2005, *The Thai-Khmer Village : Community, Family, Ritual, and Civil Society in Northeast Thailand,* Graduate School of Modern Society and Culture, Niigata University

Scott, James C, 1976, *The Moral Economy of the Peasant : Rebellion and Subsistence in Southeast Asia,* Yale University Press.（高橋彰訳，1999年，『モーラル・エコノミー ――東南アジアの農民叛乱と生存維持――』勁草書房）

Sivaraksa, Sulak, 1988, *A Society Engaged Buddhism,* Thai Inter-Religious Commission for Development.

Suksamran, Somboon, 1977, P*olitical Buddhism in Southeast Asia : The Role of the Sangha in the Modernization of Thailand,* C.Hurst & Company

Sukusamran, Somboon, 1983, 'Buddhist Approaches to Development : An Alternative for the Future? ISIS Bulletin, vol. 2-3.

Suklsamran, Somboon, 2530（1987） kanphatthana tam neo phutthasasana : karani sukusa phrasong nak phatthana,「4章　開発の概念・原則・経験」「6章　開発過程に果たす僧侶の役割」『仏教に沿った開発-開発僧の事例』

sun ruam song chao isan 19 cagwat, 2541（1998） *ekasan prakop kanprachum samana ruang kanphatthana isan bep yangyun.*（東北タイ19県にわたる僧侶と在家の共同センター『持続可能な開発に関するセミナー文書』）

Tambiah, S. J., 1976, *World Conqueror & World Renouncer : A Study of Buddhism and Polity in Thailand against a Historical Background,* Cambridge University Press

Tambiah, S. J., 1984 *The Buddhist saints of the forest and the cult of amulets : A Study in Charisma, Hagiography, Sectarianism, and Millennial Buddhism,* Cambridge

Tantiwechakul,Sume, 2536（1993） phurabat somdetphuracaoyuhua kap phatthana chonnabot, Seri Phongpit eds., *phumi panya chaoban kap kan phatthana chonnabot,* muniti phumi panya.（「国王と地域開発」『民衆の知恵と農村開発』民衆の知恵財団刊）

Taylor, Jim, 1993a, 'Buddhist Revitalizing, Modernization, and Social Change in Contemporary Thailand', *SOJOURN* 8-1.

Taylor, J. L., 1993b *Forest Monks and the Nation State：An Anthropological and Historical Study in Northeastern Thailand,* Institute of Southeastern Asian Studies

Thanet Aphornsuvan, 2004, 'Origins of Malay Muslim "Separatism" in Southern Thailand, *Asia Research Institute Working Paper Series* No. 32.

Thích Nhất Hạnh, 1967, *Vietnam：Lotus in a Sea of Fire,* New York, Hill and Wang

Tiyavanich, Kamala, 1997 *Forest Recollections：Wandering Monks in Twentieth-century Thailand,* Silkworm Books and University of Hawaii（両版あり）

Tomlinson, John, 1991, *Cultural Imperialism：A Critical Introduction,* Pinter Publishers.（片岡信訳，1993，『文化帝国主義』青土社）

Wasi, Prawet, 2530（1987）*phutthakasetakam kap santisuk khong sangkom thai.*（『仏教的農業と社会平和』1987）

Weber, Max, 1905, "Die protestantische Ethik und der Geist des Kapitalismus," *Gesammmelte Aufsätze zur Religionssoziologie,* Bd. I.（大塚久雄訳，1988，『プロテスタンティズムの倫理と資本主義の精神』岩波書店）

Wilson, Bryan and Dobbelaere, Karel, 1994, *A TIME TO CHANT：The Soka Gakkai Buddhists in Britain,* Oxford：The Clarendon Press.（中野毅訳，1997，『タイムトゥチャント――イギリス創価学会の社会学的考察』紀伊國屋書店）

Wongkul, Phittaya, 1989, *Luang Por Nan,* Sangsan Publishing Co., Ltd.（ピッタヤー・ウォンクン，野中耕一訳，1993，『村の衆には借りがある――報徳の開発僧たち――』燦燦社）

Wouichaya, 2541（1998）*luangta maha bua watpa bantat udonthani.*（『マハー・ブア老師　ウドンタニー県タート村寺：マハー・ブア老師の生涯と事績を公表し，併せて国家救済計画へ理解と信仰（布施）を求める』1998年）

Wyatt, David K, 1984, *Thailand：A Short History,* Yale University Press, New Haven and London